U0563855

中国书籍学术之光文库

新时期党的政治建设研究

王炳林｜主编

图书在版编目（CIP）数据

新时期党的政治建设研究/王炳林主编. —北京：中国书籍出版社，2020.1

ISBN 978-7-5068-7368-0

Ⅰ.①新… Ⅱ.①王… Ⅲ.①中国共产党—政治建设—研究 Ⅳ.①D26

中国版本图书馆CIP数据核字（2019）第136771号

新时期党的政治建设研究

王炳林 主编

责任编辑 毕 磊
责任印制 孙马飞 马 芝
封面设计 中联华文
出版发行 中国书籍出版社
地 址 北京市丰台区三路居路97号（邮编：100073）
电 话 （010）52257143（总编室） （010）52257140（发行部）
电子邮箱 eo@chinabp.com.cn
经 销 全国新华书店
印 刷 三河市华东印刷有限公司
开 本 710毫米×1000毫米 1/16
字 数 418千字
印 张 24
版 次 2020年1月第1版 2020年1月第1次印刷
书 号 ISBN 978-7-5068-7368-0
定 价 99.00元

编委会

代序

论新时代党的政治建设

党的建设是党的十九大报告中浓墨重彩的一笔，是体现习近平新时代中国特色社会主义思想科学性和创新性的重要组成部分。习近平总书记在报告中突出强调了新时代党的政治建设，要求“以党的政治建设为统领”“把党的政治建设摆在首位”，这是对马克思主义建党学说的重要理论创新，深刻体现了新时代党的建设的根本要求和时代特征，充分体现了以习近平同志为核心的党中央与时俱进的理论品格和管党治党的使命担当，为推动全面从严治党向纵深发展，推进党的建设新的伟大工程指明了前进方向，提供了根本遵循。

一、为什么要把党的政治建设摆在首位

在党的建设历史上，曾经长期将思想建设放在首位，这是由党所面临的特殊党情、国情和党的发展历程决定的。尤其是在党成立初期，为了革命需要，曾大量吸收农民和小资产阶级加入。为避免党内思想混乱，用马克思列宁主义教育全党，毛泽东率先提出了“无产阶级思想领导”问题，强调要从思想上建设党。他在1928年11月写给中共中央的报告中就曾提到，“我们感觉无产阶级思想领导的问题，是一个非常重要的问题”“若不给以无产阶级的思想领导，其趋向是会要错误的”。① 思想建党的原则伴随着中国共产党从幼小到强大，走过了长期的革命、建设和改革历程，在统一全党思想、保持党的先进性方面发挥了巨大作用。

然而，随着改革开放和社会主义市场经济的深入发展，各种复杂的人

---

① 《毛泽东选集》第1卷，人民出版社，1991年版，第77页。

际关系和利益关系对党内生活带来了不可低估的影响，引发了种种问题，突出表现为：有的党员干部理想信念不坚定、对党不忠诚，纪律松弛、脱离群众、独断专行、弄虚作假、慵懒无为，形式主义、官僚主义、享乐主义和奢靡之风问题突出；有的党员干部对坚持党的领导讳莫如深、语焉不详甚至搞包装，没有前提地搞党政分开，在重大理论和现实问题上态度暧昧、丧失原则，结果弱化了党的领导，削弱了党的建设；极少数高级干部政治野心膨胀、权欲熏心，搞阳奉阴违、结党营私、团团伙伙、拉帮结派、谋取权位等政治阴谋活动。这些问题，有的本就是政治问题，有的虽然表现为经济问题、作风问题，但根本上还是政治上出了问题。从暴露出的问题来看，不仅是个人政治信念、政治立场的问题，更是党组织的政治生活、政治生态问题。加强党的政治建设，扭转党内政治风气，不仅势在必行，而且迫在眉睫。

党的十八大以来，以习近平同志为核心的党中央深刻把握马克思主义执政党建设规律，科学研判党的建设尤其是党的政治建设所面临的严峻形势，把全面从严治党纳入党和国家战略布局，并史无前例地将党的政治建设摆在了首要位置。习近平总书记在部署全面从严治党时，始终强调旗帜鲜明讲政治，强调政治上的问题必须从政治上解决，明确指出："不能只讲腐败问题、不讲政治问题。干部在政治上出问题，对党的危害不亚于腐败问题，有的甚至比腐败问题更严重。"① 怀着这样的信念，党中央层层落实管党治党政治责任，着力改善管党治党宽松软状况：坚持正风肃纪，严明党的政治纪律和政治规矩，全党的政治意识、大局意识、核心意识、看齐意识显著增强；开展党的群众路线教育实践活动和"三严三实"专题教育，推进"两学一做"学习教育常态化制度化，全党理想信念更加坚定、党性更加坚强；制定《关于新形势下党内政治生活的若干准则》，修订《中国共产党党内监督条例》，党内政治生活气象更新，党内政治生态明显好转；查处了一批党内的各类腐败分子，巩固了党的集中统一领导，维护了党的自身形象，赢得了党心民心。过去五年，全面从严治党之所以取得卓著成效，党之所以能够解决好自身内部存在的突出问题，经受住重大风险考验，最根本的是始终坚持旗帜鲜明讲政治、理直气壮讲政治，把

① 《习近平关于全面从严治党论述摘编》，中央文献出版社，2016年版，第80页。

政治建设摆在了党的建设首要位置。

把政治建设摆在首位，不仅是全面从严治党的实践经验总结，更是理论、历史和现实发展的逻辑必然。

从理论上说，政治属性是政党第一位的属性，政治建设是政党建设的内在要求。马克思主义认为，政党本质上是特定阶级利益的集中代表者，是具有共同政治纲领、政治路线、政治目标的政治组织。政治属性是政党第一位的属性。列宁指出，“一个阶级如果不从政治上正确地看问题，就不能维持它的统治，因而也就不能完成它的生产任务问题。”① 政党要实现自己的政治目标，就要制定和实施正确的路线方针政策，但如果这些路线方针政策不符合政党的政治方向和政治目标，或者党员没有认同、遵循和执行这些路线方针政策，就不能最终完成政党的历史使命。在政党内部进行政治建设，使全党具有高度的政治觉悟、统一的政治目标、坚定的政治立场和正确的政治方向，才能在全党形成统一的意志和行动，从而凝聚起全党的力量，为实现党的纲领和目标共同奋斗。因此，政治建设是政党建设的内在要求，是决定政党建设方向和效果的根本。中国共产党自诞生之日起就将消灭阶级差别、实现共产主义作为远大理想和奋斗目标，要实现这一目标就必须把政治建设摆在更加重要的位置，把政治信仰坚定、政治组织严密、政治纪律严明、政治生活严肃作为内在要求，使每一名党员都牢记政党使命和责任担当，为共同的政治理想而不懈奋斗。

从党的建设历史来看，中国共产党历来强调要讲政治，这是党领导各项事业取得成功的重要保障。中国共产党是按照马克思主义建党原则建立的先进政党，党的历代领导人都高度重视党的政治建设，强调政治工作和政治问题的重要性。毛泽东曾深刻指出，“共产党领导的革命的政治工作是革命军队的生命线”②，“政治工作是一切经济工作的生命线”③。在推进改革开放的过程中，邓小平一再要求各级领导干部要善于从政治上观察和处理问题，他强调“到什么时候都得讲政治”。④ 江泽民在《领导干部要讲政治》一文中明确提出了政治方向、政治立场、政治纪律的要求，强

① 《列宁选集》第4卷，人民出版社，1995年版，第408页。

② 《中共中央文件选集》第14册，人民出版社，2013年版，第207页。

③ 《毛泽东文集》第6卷，人民出版社，1999年版，第449页。

④ 《邓小平文选》第3卷，人民出版社，1993年版，第166页。

调："我们的领导干部一定要加强马克思主义理论学习，加强政治学习，增强政治敏锐性，善于从政治上观察和处理问题，发挥我们党的政治优势，保证经济和各项建设事业的健康发展。"① 胡锦涛指出，要"不断增强党性锻炼，提高政治素质，保持政治上的敏锐，始终站稳党和人民立场"。② 中国特色社会主义进入新时代，习近平进一步强调，"政治问题，任何时候都是根本性的大问题。"③ "讲政治，是我们党补钙壮骨、强身健体的根本保证，是我们党培养自我革命勇气、增强自我净化能力、提高排毒杀菌政治免疫力的根本途径。"④ 可见，讲政治任何时候都不是一个小问题，而是事关马克思主义政党根本政治立场的大问题。旗帜鲜明讲政治，已经内化成为中国共产党的优秀品质和重要基因。

从党所承担的新时代使命来看，坚定不移讲政治，才能保证党的团结统一，最终实现党和全国人民的奋斗目标。没有强有力的政治保证，党的团结统一就会变成一句空话。全党坚定不移讲政治，是确保党的团结统一和领导有力，确保实现党和全国人民奋斗目标的重要政治保障。党的十九大报告强调，"中国特色社会主义最本质的特征是中国共产党领导，中国特色社会主义制度的最大优势是中国共产党领导"，要"坚持和加强党的全面领导"。中国共产党作为一个长期执政的马克思主义政党，所面临的环境是复杂的。从内部来说，各种影响党的先进性、弱化党的纯洁性的因素仍然存在，思想不纯、组织不纯、作风不纯等问题在党内仍未得到根本解决；从外部来看，党面临的长期执政考验、改革开放考验、市场经济考验、外部环境考验仍然复杂，面临的精神懈怠的危险、能力不足的危险、脱离群众的危险、消极腐败的危险仍然严峻。在这样的形势下，要领导中国特色社会主义事业发展，要实现在本世纪中叶建成富强民主文明和谐美丽的社会主义现代化强国的战略目标，就必须把党的政治建设摆在首位，在党内外明确正确的政治方向，维护安定团结的政治局面，从而确保党和

① 《十三大以来重要文献选编》（下），人民出版社，1993 年版，第 1709 页。

② 《胡锦涛文选》第 1 卷，人民出版社，2016 年版，第 165 页。

③ 习近平：《在第十八届中央纪律检查委员会第六次全体会议上的讲话》，《人民日报》2016 年 5 月 3 日，第 2 版。

④ 《习近平在省部级主要领导干部学习贯彻十八届六中全会精神专题研讨班开班式上发表重要讲话强调以解决突出问题为突破口和主抓手推动党的十八届六中全会精神落到实处》，《人民日报》2017 年 2 月 14 日，第 1 版。

国家沿着正确航向不断前进。

二、如何坚持以党的政治建设为统领

“以党的政治建设为统领”突出强调了党的政治建设与其他建设之间是统领与被统领的关系。统领就是统率领导，也就是党的思想建设、组织建设、作风建设、纪律建设、制度建设和反腐败斗争都要向党的政治建设看齐，都要具有鲜明的政治意识，遵循正确的政治方向，设定明确的政治目标，以政治正确为首要依归。党的十九大报告强调，“党的政治建设是党的根本性建设，决定着党的建设方向和效果。”也就是说，党的其他建设最终必须落实到政治建设上。政治建设抓好了，就会对党的其他建设起到纲举目张的作用。但同时也要看到，党的政治建设也要通过其他建设才能更好地落到实处，取得实质性效果。

以党的政治建设统领党的思想建设，就是要通过思想建设坚定理想信念，牢记党的宗旨，坚守政治信仰。既要运用好党在长期思想建设中积累的经验和优势，又要赋予思想建设新的政治要求。思想建设要突出政治方向、政治灵魂，就是要用习近平新时代中国特色社会主义思想武装广大党员头脑，坚定共产主义远大理想和中国特色社会主义共同理想，加强党的政治路线和方针政策的学习教育。新时代党的思想建设要着力抓好党性教育这个核心，教育引导广大党员牢记党的宗旨，坚定政治信仰，牢固树立正确的世界观、权力观、事业观。

以党的政治建设统领党的组织建设，就是要坚持党管干部原则，突出选人用人的政治标准，强化党员干部的组织意识。政治功能是党组织第一位的功能。没有坚强有力的政治保证，就不会有坚强的组织体系和忠诚的党员队伍，党的凝聚力和战斗力就无从谈起。组织建设要突出政治标准，就是要在选人用人时，大力提拔重用牢固树立“四个意识”和“四个自信”、坚决维护党中央权威、全面贯彻执行党的理论和路线方针政策、忠诚干净担当的干部。还要求强化广大党员干部的党的意识、党员意识、组织意识，时刻牢记自己是党的人，是组织的一员，时刻不忘自己应尽的义务和责任，相信组织、依靠组织、服从组织，自觉接受组织安排和纪律约束，自觉维护党的团结统一。①

以党的政治建设统领党的作风建设，就是要持续净化党内政治生态，密切党群、干群关系，夯实党执政的政治基础。党的作风，体现党的宗旨，是党性的外在表现，也是反映党内政治生态的一面镜子，是事关全局的政治性问题。在作风问题上，起决定作用的是党性。衡量党性强弱的根本尺子是公、私二字。以党的政治建设统领党的作风建设，要求广大党员特别是党的领导干部，始终把人民放在心中最高的位置，弘扬党的光荣传统和优良作风，始终保持谦虚谨慎、艰苦奋斗的工作作风，坚决反对形式主义、官僚主义，坚决反对享乐主义、奢靡之风，坚决同一切消极腐败现象作斗争，永葆共产党人政治本色，矢志不移为党和人民事业而奋斗。

以党的政治建设统领党的纪律建设，就是要严守政治纪律和政治规矩，从严管党治党。加强纪律建设，严守政治纪律和政治规矩永远排在第一位。新印发的《中国共产党纪律处分条例》，将党的纪律整合为政治纪律、组织纪律、廉洁纪律、群众纪律、工作纪律、生活纪律这“六大纪律”，政治纪律排在首位。习近平总书记指出，“党的纪律是多方面的，但政治纪律是最重要、最根本、最关键的纪律，遵守党的政治纪律是遵守党的全部纪律的重要基础。”② 以党的政治建设统领党的纪律建设，要求广大党员干部严格执行新形势下党内政治生活的若干准则，切实增强党内政治生活的政治性、时代性、原则性、战斗性。要求时刻绷紧政治纪律和政治规矩这根弦，持之以恒正风肃纪，把党建设成为始终走在时代前列、人民衷心拥护、勇于自我革命、经得起各种风浪考验、朝气蓬勃的马克思主义执政党。

以党的政治建设统领反腐败斗争，就是要从政治高度看待问题，发挥政治巡视利剑作用，赢得反腐败斗争压倒性胜利。习近平总书记强调，“民心是最大的政治，正义是最强的力量。”③ “不得罪成百上千的腐败分子，就要得罪十三亿人民。这是一笔再明白不过的政治账、人心向背的账！”④ 以党的政治建设统领反腐败斗争，就要从关乎人心向背、关乎兴

① 《习近平谈治国理政》，外文出版社，2015 年版，第 396 页。
② 《习近平关于全面从严治党论述摘编》，中央文献出版社，2016 年版，第 95 页。
③ 《习近平关于全面从严治党论述摘编》，中央文献出版社，2016 年版，第 190 页
④ 《习近平关于全面从严治党论述摘编》，中央文献出版社，2016 年版，第 186 页。

衰成败的政治高度看待反腐败问题，从思想上警醒起来，持续加大反腐败工作力度，坚持无禁区、全覆盖、零容忍，坚持重遏制、强高压、长震慑，夺取反腐败斗争压倒性胜利。要充分发挥政治巡视利剑作用，贯彻中央巡视工作方针，推动巡视向纵深发展。要健全党和国家监督体系，加强对权力运行的制约和监督，让人民监督权力，让权力在阳光下运行，把权力关进制度的笼子。

要注意的是，与制度建设贯穿于党的建设不同，政治建设不是作为落实手段和巩固措施，而是作为方向指引和根本要求。在全体党员中，在党的思想建设、组织建设、作风建设、纪律建设、制度建设和反腐败斗争中，都要旗帜鲜明讲政治。党的政治建设是党的建设的根和魂，是党的各方面建设的“主心骨”，是党的各方面建设方向一致、有序衔接、融为一体的根本保证。

三、如何加强党的政治建设

政治建设既是党的建设的根本，对其他方面建设起统领作用，又是党的建设的重要内容。作为党的建设的一个方面，政治建设自成一体，有其具体的内涵和指向。通常认为，政治建设是政党为加强自身建设而在政治方面所进行的工作，即用一定的理论和方法，正确制定党的纲领和党在一定历史阶段的政治路线，正确制定与此相适应的各项工作方针政策，并用党的纲领、路线、方针和政策统一全党的思想和行为，通过正确处理党内矛盾，确保全党思想上政治上的高度一致，使全党步调一致地沿着正确的政治方向前进。① 党的政治建设关系到党举什么旗、朝什么方向、走什么路，是党在政治上成熟程度的集中表现和根本反映。新时代，发挥党的政治建设的统领作用，基础是把党的政治建设做好做实。具体来说，主要包括以下几个方面。

牢固树立“四个意识”，保证全党服从中央，坚决维护党中央权威和集中统一领导。党的坚强领导源于党的坚强核心；核心有力量，全党有担当，国家就繁荣富强、民族就团结进步、人民就幸福安康，这早已成为不

① 张静如、赵曜等：《中国特色社会主义理论大辞典》，山西经济出版社，1994 年版，第 306 页。

争的事实。恩格斯曾经深刻总结巴黎公社失败的教训："巴黎公社遭到灭亡，就是由于缺乏集中和权威。……如果有人对我说，权威和集中是两种在任何情况下都应当加以诅咒的东西，那么我就认为，说这种话的人，要么不知道什么叫革命，要么只不过是口头革命派。"① 邓小平也强调指出，"党一定要有领袖，有领导核心""领袖就是团结的核心，他本身就是力量"。② 我们党有8900多万党员、450多万基层党组织，在13亿多人口的大国长期执政，要治理好这样一个大党、大国，保证党的团结和集中统一至关重要，维护党中央权威至关重要。因此，加强党的政治建设，首要的就是牢固树立"四个意识"，保证广大党员尤其是领导干部对党绝对忠诚，始终同以习近平同志为核心的党中央在思想上、政治上、行动上，在政治立场、政治方向、政治原则、政治道路上保持高度一致，在大是大非面前做到政治态度坚决不暧昧、政治立场坚决不动摇，成为一名政治上的"明白人"。

牢牢把握党的基本路线不动摇，把全党思想和行动统一到党的十九大确立的政治方向和政治路线上。方向决定道路，道路决定命运。我国改革开放之所以能取得巨大成功，关键是我们把党的基本路线作为党和国家的生命线，既不走封闭僵化的老路，也不走改旗易帜的邪路。同时要认识到，政治的内涵在不同的时代有不同的规定性。在改革开放初期，邓小平曾指出，"社会主义现代化建设是我们当前最大的政治，因为它代表着人民的最大的利益、最根本的利益"。③ 党的十九提出了习近平新时代中国特色社会主义思想和基本方略，确定了决胜全面建成小康社会、开启全面建设社会主义现代化国家新征程的目标，对新时代推进中国特色社会主义伟大事业和党的建设新的伟大工程做出了全面部署，进一步指明了党和国家事业的前进方向。这代表了中国人民当前和未来一段时间的根本利益，是当前中国最大的政治。因此，加强党的政治建设，既要坚决拥护和执行党的基本路线，始终牢牢抓住"一个中心、两个基本点"，把以经济建设为中心作为兴国之要、把四项基本原则作为立国之本、把改革开放作为强

---

① 《马克思恩格斯选集》第4卷，人民出版社，2012年版，第500页。
② 《邓小平文集（1949—1974）》（下），中央文献出版社，2014年版，第222页。
③ 《邓小平文选》第2卷，人民出版社，1994年版，第163页。

国之路，任何时候都不能有丝毫偏离和动摇，又要把学习宣传贯彻习近平新时代中国特色社会主义思想和党的十九大精神作为政治责任、政治要求，自觉用习近平新时代中国特色社会主义思想武装头脑，把思想和行动统一到党的十九大确立的政治方向和政治路线上。

严肃党内政治生活，提高党内政治生活质量，在全党营造良好政治生态。党内政治生活是党组织教育管理党员和党员进行党性锻炼的主要平台，有什么样的政治生活就会有什么样的党组织，也就会有什么样作风的党员。因此，习近平总书记多次强调，“党要管党，首先要从党内政治生活管起；从严治党，首先要从党内政治生活严起。”① 党章是共产党人的“原教旨”。开展党内政治生活，首先要以党章为根本遵循，寻根溯源、返璞归真，始终保持理论上的清醒和政治上的坚定。政治性是党内政治生活的灵魂，绝不能搞政治虚无主义。严肃党内政治生活，关键是严格执行《关于新形势下党内政治生活的若干准则》，自觉抵制商品交换原则对党内生活的侵蚀，提高党内政治生活质量，在党内营造风清气正的良好政治生态。党的历史经验告诉我们，通过坚持民主集中制、严明党的纪律、开展批评和自我批评等政治生活途径来发现和解决自身存在的矛盾和问题，是最主动、最有效的。严肃党内政治生活，要始终坚持民主集中制这一根本组织原则和重要制度保障，坚持民主基础上的集中和集中指导下的民主相结合，要更加充分地发扬批评和自我批评这一优良传统，大胆使用、经常使用、用够用好这个有力武器。

加强党员的党性教育和党性锻炼，不断提高政治觉悟和政治能力，永葆共产党人本色。对组织而言，党性集中于党的性质、宗旨、指导思想、奋斗目标、组织原则、优良作风等方面；对个体而言，党性具体体现在每一个党员的政治立场、思想观点、理想信念、道德操守、工作作风、纪律观念和工作实践等方面。习近平总书记强调，“我们共产党人特别是领导干部都应该心胸开阔、志存高远，始终心系党、心系人民、心系国家，自觉坚持党性原则。”② 这就是从个体角度对党员党性提出的要求。党性是党员、干部立身、立业、立言、立德的基石，党性教育和党性锻炼是党的

---

① 《习近平关于全面从严治党论述摘编》，中央文献出版社，2016 年版，第 21 页。

② 《习近平谈治国理政》，外文出版社，2015 年版，第 395 页。

政治建设的经常性、基础性工作。加强党的政治建设，要求广大党员自觉强化党员意识，牢记自己的第一身份是共产党员，第一职责是为党工作，做到不忘初心、牢记使命，忠诚于理想信念，忠诚于党的宗旨，忠诚于党的组织，任何时候都与党同心同德。要求广大党员把忠诚老实、公道正派、实事求是、清正廉洁等作为个人的价值追求，坚决反对个人主义、分散主义、自由主义、本位主义、好人主义，坚决反对宗派主义、圈子文化、码头文化，不搞两面派、不做两面人，自觉把对党忠诚、为党分忧、为党尽职、为民造福作为根本政治担当，永葆共产党人政治本色。要求广大党员尤其是党员干部加强政治能力训练，牢固树立政治理想，正确把握政治方向，坚定站稳政治立场，严格遵守政治纪律，使自己的政治能力与担当的领导职责相匹配，确保党的事业始终沿着正确的政治方向胜利前进。

党的十九大报告第一次把党的政治建设纳入党的建设总体布局，并突出强调了党的政治建设的重要地位，为党的建设理论研究提出了新课题，对实践工作提出了新要求。只有准确把握党的政治建设的历史渊源、基本内涵和时代要求，才能真正处理好党的政治建设与其他建设的内在关系，从而更深刻地理解和把握新时代党的建设总要求，不断提高党的建设质量，推动全面从严治党向纵深发展。

（原文刊发于《毛泽东邓小平理论研究》2018 年第 2 期，作者为教育部社科中心王炳林、房正）

目　录

CONTENTS

《共产党宣言》与中国共产党人的初心和使命

西南大学　黄蓉生

1848年2月，伟大的无产阶级革命导师马克思、恩格斯为共产主义者同盟起草的纲领——《共产党宣言》在英国伦敦出版，标志着马克思主义的正式诞生。170多年来，《共产党宣言》深刻改变了人类历史的进程，使社会主义从理论变成了现实，其阐发的理论原理、提出的任务使命、确立的价值理念成就了中国共产党、成就了中华民族、成就了中国人民，指引中国共产党人领导革命、建设、改革取得辉煌成就，闪烁的真理光芒、蕴含的理论魅力在当代毫不减色，依旧熠熠生辉，不断释放出充满生机与活力的时代价值。

一、《共产党宣言》为中国共产党人的初心和使命提供坚实理论基础和行动指南

作为马克思主义经典著作的《共产党宣言》的问世及其在不同时空的实践运用，实现了人类思想史和社会发展史上的伟大变革，成为不朽的历史丰碑。时至今日，《共产党宣言》阐明的科学社会主义原理仍然闪耀着经世不朽的思想光辉，彰显出历久弥新的伟大生命力和强大战斗力。

《共产党宣言》的发表，标志着马克思主义和马克思主义政党的诞生，意味着马克思和恩格斯思想转变的完结。在此之前，马克思、恩格斯就对19世纪人类优秀的思想成果展开了深入的理论研究，相继完成了对德国古典哲学、英国古典政治经济学、法国空想社会主义学说的革命性改造，创立新的无产阶级革命理论和思想体系。“一个幽灵，共产主义的幽灵，在欧洲徘徊，旧欧洲的一切势力，教皇和沙皇，梅特涅和基佐，法国的激进党人和德国的警察，都为驱除

这个幽灵而结成了神圣同盟。”① 因而，“现在是共产党人向全世界公开说明自己的观点、自己的目的、自己的意图并且拿党自己的宣言来反驳关于共产主义幽灵的神话的时候了。”② 作为一部无产阶级政党的纲领性文献，《共产党宣言》在此公开阐明共产党人的政治主张，是全世界无产阶级最富战斗力的革命宣言，其在世界各国的实践运用，实现了人类思想史领域的深刻变革，影响着人类思想的发展进程。170 年来的历史，尤其是中国共产党对它的继承和创新发展雄辩地证明，《共产党宣言》没有被抛弃、没有被忘却，而是有了新的坚定的继承者，有了新的杰出的创造者，它必将伴随新时代前进的铿锵步伐继续闪耀出愈发灿烂的思想光辉。

作为马克思主义的奠基之作的《共产党宣言》，以尖锐的笔锋和深邃的思想回答了关乎无产阶级革命运动和人类社会发展命运的一系列理论与实践问题，使国际共产主义运动有了科学的理论指导。如，关于人类社会结构及其运行规律，指出：“每一历史时代的经济生产以及必然由此产生的社会结构，是该时代政治的和精神的历史的基础”③；关于资本主义制度的运行和发展，提出了人们熟知的“两个必然”，即“随着大工业的发展，资产阶级赖以生产和占有产品的基础本身也就从它的脚下被挖掉了，它首先生产的是它自身的掘墓人。资产阶级的灭亡和无产阶级的胜利是同样不可避免的”④；关于阶级斗争，指出：“（1）阶级的存在仅仅同生产发展的一定历史阶段相联系；（2）阶级斗争必然导致无产阶级专政；（3）这个专政不过是达到消灭一切阶级和进入无阶级社会的过渡”⑤；关于共产主义的特征，指出：“共产主义的特征并不是要废除一般的所有制，而是要废除资产阶级的所有制”⑥；关于人的发展，强调“代替那存在着阶级和阶级对立的资产阶级旧社会的，将是这样一个联合体，在那里，每个人的自由发展是一切人的自由发展的条件”⑦，等等。正如列宁给予的高度评价那样：“这部著作以天才的透彻而鲜明的语言描述了新的世界观，即把社会生活领域也包括在内的彻底的唯物主义，作为最全面最深刻的发展学说的辩证法，以

① 《马克思恩格斯选集》第 1 卷，人民出版社，2012 年版，第 399 页。
② 《马克思恩格斯选集》第 1 卷，人民出版社，2012 年版，第 399 页。
③ 《马克思恩格斯选集》第 1 卷，人民出版社，2012 年版，第 380 页。
④ 《马克思恩格斯选集》第 1 卷，人民出版社，2012 年版，第 412－413 页。
⑤ 《马克思恩格斯选集》第 1 卷，人民出版社，2012 年版，第 426 页。
⑥ 《马克思恩格斯选集》第 1 卷，人民出版社，2012 年版，第 414 页。
⑦ 《马克思恩格斯选集》第 1 卷，人民出版社，2012 年版，第 422 页。

及关于阶级斗争和共产主义新社会创新者无产阶级肩负的世界历史性的革命使命的理论。"① 正是这样一种战斗力极强的科学理论，吸引了无数的信仰者和追随者，显示出极大的理论魅力。至今，已被至少翻译成200多种文字，出版300多种版本，其理论影响穿越了世纪、跨越了时空，成为全世界共产党人和一切追随共产主义的进步人士名副其实的"圣经"。毛泽东读《共产党宣言》就不下一百遍，每读一次都有新的启发；刘少奇在入党前，把《共产党宣言》看了又看，最后决定参加共产党；朱德看到《共产党宣言》新译本后，不顾年高体弱，专程到中央党校与参与翻译的同志交流心得。在中国特色社会主义进入新时代的今天，习近平总书记也指出："历史和现实都证明它是科学的理论，迄今依然有着强大生命力。"②

19世纪中期《共产党宣言》的到来，受到国际无产阶级的普遍欢迎，引起了欧洲反动势力的惊恐，因为它"宣告现代资产阶级所有制必然灭亡"，"把一切生产工具集中在国家即组织成为统治阶级的无产阶级手里"③，极大地鼓舞了工人阶级的革命斗志，引领无产阶级革命运动走向新的高潮，在其产生之后的半个世纪内在欧洲社会产生了极为强烈的轰动效应。进入20世纪，作为《共产党宣言》忠实继承者和发展者的列宁，基于俄国现实国情，运用历史唯物主义，剖析了当时资本主义发展的新趋势，科学解答了经济落后国家能否取得社会主义革命胜利和怎样巩固和发展社会主义等重大而紧迫的时代课题。在我国，以毛泽东、邓小平等为代表的中国共产党人把《共产党宣言》中的科学原理同中国具体实际相结合，先后回答了中国革命、建设和改革中的重大实践课题，实现了马克思主义在中国发展的历史性飞跃。21世纪人类正在发生的事实表明，《共产党宣言》不仅没有远离我们，反而对解决当前面临的时代课题同样具有重大的指导意义。比如，世界范围内，如何看待当前资本主义社会发展的新特点新趋势？如何看待社会主义运动的前途和未来？怎样破解人类社会发展的共性危机？如何基于人类共识构建"人类命运共同体"？又比如，就我国而言，中国特色社会主义进入新时代，社会主要矛盾发生转化，国际环境发生新的改变，怎样在习近平新时代中国特色社会主义思想指引下，进行伟大斗争、建设伟大工程、推进伟大事业、实现伟大梦想？回答这些问题，都可以从《共产党宣言》

① 《列宁选集》第1卷，人民出版社，2012年版，第416页。
② 习近平：《在哲学社会科学工作座谈会上的讲话》，人民出版社，2016年版，第8页。
③ 《马克思恩格斯选集》第1卷，人民出版社，2012年版，第421页。

中找到智慧和答案。确切地说，《共产党宣言》为中国共产党人的初心和使命探索社会主义现代化建设的实践提供了坚实的理论基础和行动指南。

二、《共产党宣言》指引中国共产党人领导革命、建设、改革取得辉煌成就

中国共产党人是马克思主义最忠实且可靠的学生，自从学会了马克思列宁主义以后，就不仅科学有效地运用马克思主义这一锐利武器，还能创造性地发展马克思主义，正如1872年《共产党宣言》序言所指出的那样，对于马克思主义基本原理的运用，随时随地都以当时的历史条件为转移，在与中国具体实际相结合中寻求解决问题的正确方法，从而领导革命、建设、改革取得辉煌成就。

《共产党宣言》1888年英文版序言指出："经济生产方式和交换方式以及必然由此产生的社会结构，是该时代政治的和精神的历史赖以确立的基础，并且只有从这一基础出发，这一历史才能得到说明。"① 这深刻阐释了生产力决定生产关系、经济基础决定上层建筑这一历史唯物主义思想，揭示出人类社会发展的一般规律。中国共产党人在这一历史唯物主义思想指引下，将马克思主义基本原理同中国的基本国情相结合，将生产关系和上层建筑的变革与中国的现实生产力和经济基础相结合，并不断解放和发展生产力，走出了一条具有中国特色的社会主义道路。新民主主义革命时期，以毛泽东为代表的中国共产党人，根据当时中国落后生产力发展状况、内忧外患的半殖民地半封建社会现状以及农民占全国人口的绝大多数等实际，提出了"农村包围城市、武装夺取政权"这一具有中国特色的革命道路，取得了新民主主义革命的胜利。社会主义建设时期，中国共产党人充分认识到苏联模式存在的缺陷和弊端，及时调整工业、农业建设比重，促进国民经济又好又快的发展。改革开放之后，中国共产党人积极探索中国特色社会主义道路、理论、制度，把发展作为党执政兴国的第一要务，确定了公有制为主体、多种所有制经济共同发展的基本经济制度，鼓励支持引导非公有制经济发展，极大地解放了社会生产力。党的十八大以来，以习近平同志为核心的党中央坚定不移地贯彻创新协调绿色开放共享新发展理念，坚持和完善社会主义基本经济制度和分配制度，坚持社会主义市场经济改革方向，建设现代化经济体系，不断壮大我国经济实力和综合国力。

《共产党宣言》中的"共产主义革命就是同传统的所有制关系实行最彻底的

---

① 《马克思恩格斯选集》第1卷，人民出版社，2012年版，第385页。

决裂；毫不奇怪，它在自己的发展进程中要同传统的观念实行最彻底的决裂”①重要论断，有力地回答了共产党人如何坚定共产主义理想信念问题。在这一思想的指引下，一代又一代中国共产党人在革命、建设和改革的实践中，用实际行动践行着共产主义理想信念，推动中国特色社会主义事业不断发展。毛泽东在1929年的古田会议上就明确指出：要把党内思想教育作为最为迫切任务之一，“政治工作是红军的生命线”。② 抗战时期整风运动、解放战争时期“三查三整”整党运动、新中国成立后过渡时期的“三反”“五反”运动、社会主义建设时期整风运动等一系列教育活动，都是围绕加强党性锻炼，坚定理想信念展开的。改革开放以来，中国共产党人更加注重理想信念教育，特别是党的十八大以来，以习近平同志为核心的党中央高度重视中国共产党人的理想信念教育，强调共产主义远大理想和中国特色社会主义共同理想，是中国共产党人的精神支柱和政治灵魂，开展了党的群众路线教育、“三严三实”、“两学一做”、争做“四讲四有”合格党员等一系列教育活动，引导全党牢记党的宗旨，挺起共产党人的精神脊梁，补足精神之“钙”，时刻解决好世界观、人生观、价值观这个“总开关”问题，坚定中国特色社会主义、共产主义理想信念。

《共产党宣言》指出：共产党人同其他工人政党不同的地方在于：“一方面，在无产者不同的民族的斗争中，共产党人强调和坚持整个无产阶级的共同的不分民族的利益；另一方面，在无产阶级和资产阶级的斗争所经历的各个发展阶段上，共产党人始终代表整个运动的利益。”③ 中国共产党人在领导革命、建设和改革过程中始终坚持这一思想，保持党同人民的血肉联系。毛泽东1945年在党的七大上就指出：“我们共产党人区别于其他任何政党的又一个显著的标志，就是和最广大的人民群众取得最密切的联系。全心全意地为人民服务，一刻也不脱离群众。”④ 邓小平1956年在党的八大上所作的《关于修改党的章程的报告》中明确指出：“党的全部任务就是全心全意地为人民群众服务。”⑤ 习近平同志在庆祝中国人民政治协商会议成立65周年大会上指出：“我们必须把人民利益放在第一位，任何时候任何情况下，与人民群众同呼吸共命运的立场不能

① 《马克思恩格斯选集》第1卷，人民出版社，2012年版，第421页。

② 《建党以来重要文献选编（1921～1949）》第12册，中央文献出版社，2011年版，第98页。

③ 《马克思恩格斯选集》第1卷，人民出版社，2012年版，第413页。

④ 《毛泽东选集》第3卷，人民出版社，1991年版，第1094页。

⑤ 《邓小平文选》第1卷，人民出版社，1994年版，第217页。

变，全心全意为人民服务的宗旨不能忘。"① 关于无产阶级政党的先进性，《共产党宣言》指出："在实践方面，共产党人是各国工人政党中最坚决的、始终起推动作用的部分；在理论方面，他们胜过其余无产阶级群众的地方在于他们了解无产阶级运动的条件、进程和一般结果。"② 中国共产党人遵循《共产党宣言》的要求，加强自身先进性建设。1945 年中国共产党第六届中央委员会第七次全体会议通过的《关于若干历史问题的决议》明确："资产阶级出身的党员愈是众多，则党便愈须严格地保持自己的无产阶级先进部队的纯洁性。"③ 党的十八大以来，以习近平同志为核心的党中央极其重视党的先进性建设，采取若干重大战略措施，强调："以加强党的长期执政能力建设、先进性和纯洁性建设为主线……全面推进党的政治建设、思想建设、组织建设、作风建设、纪律建设，把制度建设贯穿其中，深入推进反腐败斗争，不断提高党的建设质量。"④ 关于无产阶级政党的奋斗目标，《共产党宣言》指出："共产党人的最近目的是和其他一切无产阶级政党的最近目的一样的：使无产阶级形成为阶级，推翻资产阶级的统治，由无产阶级夺取政权。"⑤ "共产党人可以把自己的理论概括为一句话：消灭私有制。"⑥ 中国共产党将此作为自己的最终奋斗目标。在中国共产党的领导下，经过新民主主义革命推翻"三座大山"建立了新中国，实现了"站起来"的目标；经过社会主义建设和改革开放，不断解放和发展社会生产力，消灭剥削，消除两极分化，缩小贫富差距，全面建成小康社会，实现"富起来"的目标；而今，正迈步行进在全面建成社会主义现代化强国，实现"强起来"目标的征程上。

三、《共产党宣言》明确中国共产党人"为什么人"谋幸福而奋斗的坚定信念

在中国共产党人看来，《共产党宣言》不仅是自己的理论基石，更是自身的"初心"和"使命"。这种"初心"建基于解救被资本主义压迫而生活在水深火

---

① 《习近平谈治国理政》第 2 卷，外文出版社，2017 年版，第 205 页。

② 《马克思恩格斯选集》第 1 卷，人民出版社，2012 年版，第 413 页。

③ 《建党以来重要文献选编（1921 ~ 1949）》第 12 册，中央文献出版社，2011 年版，第 107 页。

④ 习近平：《决胜全面建成小康社会，夺取新时代中国特色社会主义伟大胜利——在中国共产党第十九次全国代表大会上的报告》，人民出版社，2017 年版，第 62 页。

⑤ 《马克思恩格斯选集》第 1 卷，人民出版社，2012 年版，第 413 页。

⑥ 《马克思恩格斯选集》第 1 卷，人民出版社，2012 年版，第 414 页。

热中劳苦大众的崇高情怀，体现着把马克思主义的社会理想从理论变为现实，将社会主义推向高级阶段以至共产主义，实现无产阶级解放和全人类的彻底解放的价值追求。"中国共产党人的初心和使命，就是为中国人民谋幸福，为中华民族谋复兴。"① 中国共产党人的这一鲜亮"初心"是对《共产党宣言》所内蕴"初心"的承续与发展，是牢记历史使命、确立正确的政治方向的根本原则和方法论，是永葆马克思主义的赤诚忠心、增强中国特色社会主义的必胜信心、激发中国共产党人自我革新的顽强决心相统一的信念制高点。

《共产党宣言》明确了为"绝大多数人"谋幸福而奋斗的初心。作为《共产党宣言》创始人的马克思，在青年时期《青年在选择职业时的考虑》一文中就指出："如果我们选择了最能为人类福利而劳动的职业，那么，重担就不能把我们压倒，因为这是为大家而献身；那时我们所感到的就不是可怜的、有限的、自私的乐趣，我们的幸福将属于千百万人，我们的事业将默默地、但是永恒发挥作用地存在下去，而面对我们的骨灰，高尚的人们将洒下热泪。"② 立志为"人类的幸福和我们自身的完美而工作"③。这一"初心"成为马克思理论创作和实践探索的思想源头和逻辑起点，并伴随其终生。马克思恩格斯看到了"资产阶级在历史上曾经起过非常革命的作用"④，但仍然难以掩藏"资本来到世间，从头到脚，每个毛孔都滴着血和肮脏的东西"使"工人变成赤贫者，贫困比人口和财富增长得还要快"⑤ 的历史事实。在这样的环境条件下，"工人仅仅为增殖资本而活着，只有在统治阶级的利益需要他活着的时候才能活着"⑥。马克思恩格斯看到了这一切致力探求无产阶级摆脱苦难实现人的解放的理论指引和现实条件，并在此过程中创立和诠释了共产党人的"初心"与"使命"。1847年共产主义者同盟成立之时就旗帜鲜明提出自己的任务是："推翻资产阶级政权，建立无产阶级统治，消灭旧的以阶级对立为基础的资产阶级社会和建立没有阶级、没有私有制的新社会。"⑦ 1848 年震惊世界的《共产党宣言》明确规定："过去的一切运动都是少数人的或者为少数人谋利益的运动，无产阶级的运

① 《决胜全面建成小康社会，夺取新时代中国特色社会主义伟大胜利——在中国共产党第十九次全国代表大会上的报告》，人民出版社，2017 年版，第 1 页。

② 《马克思恩格斯全集》第 1 卷，人民出版社，1995 年版，第 459 – 460 页。

③ 《马克思恩格斯全集》第 1 卷，人民出版社，1995 年版，第 459 页。

④ 《马克思恩格斯选集》第 1 卷，人民出版社，2012 年版，第 402 页。

⑤ 《马克思恩格斯选集》第 1 卷，人民出版社，2012 年版，第 412 页。

⑥ 《马克思恩格斯选集》第 1 卷，人民出版社，2012 年版，第 415 页。

⑦ 《马克思恩格斯选集》第 1 卷，人民出版社，2012 年版，第 207 页。

动是绝大多数人的，为绝大多数人谋利益的独立的运动。”① 这不仅仅是一个庄严的承诺，更是共产主义运动的“初心”、无产阶级政党的使命。为“绝大多数人”谋利益、谋幸福，使共产主义运动从幽灵变成了一轮喷薄欲出的朝阳，使在从《乌托邦》到《共产党宣言》、从空想到科学的社会主义道路上盘桓330多年的人类，找到了一条通往理想社会的真正道路，找到了实现这个理想的领导者和战斗者及其初心和使命。自此以后，尽管共产党人因时代、环境、矛盾的变化而不断改变认识世界和改造世界的方式，但《共产党宣言》所阐发的“为绝大多数人”谋利益、谋幸福的共产党人的理想、信念、使命和追求等“初心”却如磐石般坚固而永不改变。

中国共产党人始终把为“绝大多数人”谋利益、谋幸福而奋斗，作为一以贯之的价值追求和崇高情怀。习近平总书记在党的十九大报告中指出，“全党必须牢记，为什么人的问题，是检验一个政党、一个政权性质的试金石。带领人民创造美好生活，是我们党始终不渝的奋斗目标。”② 坚持以人民为中心的发展，把调动人民的积极性、主动性、创造性作为群众路线的旨归，把实现好、维护好、发展好人民的最关心最紧密的问题作为工作出发点，把人民拥护不拥护、赞不赞成、高兴不高兴、答应不答应作为检验自己工作是否到位的根本标准，始终是中国共产党人的赤子之心和炽热情怀，是中国共产党人初心的深刻诠释和生动体现。早在1921年，中国共产党第一次全国代表大会通过的纲领中就旗帜鲜明地提出，中国共产党的使命是“革命军队必须与无产阶级一起推翻资本家阶级的政权，必须支援工人阶级，直到社会的阶级区分消除为止”③，表明党从成立那一天起，便把实现共产主义作为自己的最高理想和最终目标，这是建党以来一以贯之的政治品质和根本宗旨，是中国共产党人的初心和使命。回顾中国共产党的磅礴历史，从上海黄浦“小楼承大势、昂首对苍茫”与浙江嘉兴“轻舟入风雨、伟业初起航”，到江西井冈山“星火燎原处、新歌万里扬”，到贵州遵义“挺身辨真义、绝地挽威亡”，再到陕北延安“人心向宝塔、河山沐骄阳”，又到河北西北坡“雄鸡啼破晓、大国起东方”，直至21世纪的中国以东方强国的形象“引领新时代、迈向新征程”。近百年的砥砺前行，中国共

① 《马克思恩格斯选集》第1卷，人民出版社，2012年版，第411页。

② 《决胜全面建成小康社会，夺取新时代中国特色社会主义伟大胜利——在中国共产党第十九次全国代表大会上的报告》，人民出版社，2017年版，第44-45页。

③ 《建党以来重要文献选编（1921~1949）》第1册，中央文献出版社，2011年版，第459-460页。

产党带领全国人民取得了革命、建设、改革重大成就，实现了从“站起来”到“富起来”再到“强起来”的历史飞跃，以铁的事实印证和表征了中国共产党“全心全意为人民服务”、为人民的利益而奋斗的坚强初心。

四、《共产党宣言》激发中国共产党人创造“为中华民族谋复兴”美好社会的责任担当

一本书可以开辟一个新的时代，一部经典可以改变一个民族的命运。马克思恩格斯为了指导当时蓬勃发展的欧洲工人运动，驳斥各种旧势力对共产主义的攻击，起草的指导革命的理论和实践的纲领《共产党宣言》自觉担负起这样一个使命：“共产党人向全世界公开说明自己的观点、自己的目的、自己的意图并且拿党自己的宣言来反驳关于共产主义幽灵的神话”。① 中国共产党自成立以来就以马克思主义为指导，把为共产主义、社会主义而奋斗确定为自己的纲领，把为中华民族谋复兴作为自己的崇高使命，为担当的责任、为实现人们对美好生活的向往而不懈奋斗。

在波澜壮阔、开天辟地的民族复兴道路上，《共产党宣言》犹如一座灯塔，照亮了中国共产党人在漫漫长夜中探索前行的道路，开辟了中国人民救亡图存、寻求民族复兴的苦难辉煌的征程。它引领中国共产党登上历史舞台，成为民族复兴的领导力量；激励中国共产党人始终坚守初心和信仰走在时代前列，在应对国内外各种风险和考验中作全国人民坚定的主心骨，在发展中国特色社会主义进程中成为坚强的领导核心。曾记得：2013 年 12 月和 2015 年 1 月，习近平总书记前后两次主持中央政治局集体学习，内容分别是“历史唯物主义和方法论”。他说：“安排这两次学习，目的是推动我们对马克思主义哲学有更全面、更完整的了解。”事实也雄辩地证明，《共产党宣言》中“资产阶级的灭亡和无产阶级的胜利是同样不可避免的”②，“无产者在这个革命中失去的只是锁链。他们获得的将是整个世界”③，“每个人的自由发展是一切人的自由发展的条件”④。这些科学论断帮助中国共产党人找到了改变中华民族命运的依靠力量，人民成为中国共产党人为中华民族谋复兴的不竭力量源泉。

为中华民族谋复兴是中国共产党人始终坚定的理想信念，“中华民族历经磨

---

① 《马克思恩格斯选集》第 1 卷，人民出版社，2012 年版，第 399 页。
② 《马克思恩格斯选集》第 1 卷，人民出版社，2012 年版，第 413 页。
③ 《马克思恩格斯选集》第 1 卷，人民出版社，2012 年版，第 435 页。
④ 《马克思恩格斯选集》第 1 卷，人民出版社，2012 年版，第 422 页。

难，自强不息，从未放弃对美好梦想的向往和追求。实现中华民族伟大复兴的中国梦是近代以来中华民族的夙愿"①。只有把为中华民族谋复兴的价值理想与共产主义远大理想、中国特色社会主义共同理想相统一，才能真正使这一理想信念扎根于人民心中，成为激励全党和全国人民不断前进的根本动力。中国共产党人在九十多年的风雨飘摇、艰难岁月中，正是凭借着共产主义远大理想、中国特色社会主义共同理想、中华民族伟大复兴梦想，经受住了战争年代血与火的洗礼，经受住了国际风云变幻带来的风险挑战，团结带领中国人民进行了三次"伟大革命"，实现了三次"伟大飞跃"。历史发展到今天，我们比历史上任何时期都更接近中华民族伟大复兴的目标，比历史上任何时期都更有信心、有能力实现这个目标。这就需要当代中国共产党人更加坚定为中华民族谋复兴的责任使命，保持对远大理想和奋斗目标的清醒认知和执着追求，在任何情况下都能做到政治立场不变、政治方向不偏，坚守自己的崇高信念，牢牢占据推动人类社会进步、实现人类美好理想的道义制高点，自觉做共产主义远大理想和中国特色社会主义共同理想的坚定信仰者、忠实实践者，在为中华民族谋复兴的征程中奋力谱写壮丽篇章。

中国共产党一经成立，就义无反顾地肩负起实现中华民族伟大复兴的历史使命，团结带领人民进行了艰苦卓绝的斗争，使党的事业和人民的实践植根于中华民族的复兴土壤，书写了气吞山河的壮丽史诗。翻开历史厚重的画卷，在那片"山河破碎风飘絮"的中华大地上，中国共产党人中有"仰望星空"的风云人物，有"俯首大地"的实践者，他们共同为了民族的崛起和振兴，作出了伟大的奉献和牺牲，为今日之民族复兴打下了坚实的现实根基。如今，实现中华民族伟大复兴进入关键阶段，中国共产党人要担负起创造"为中华民族谋复兴"美好社会的历史使命，就必须用发展着的马克思主义作指导，"永远保持建党时中国共产党人的奋斗精神，永远保持对人民的赤子之心。一切向前走，都不能忘记走过的路；走得再远、走到再光辉的未来，也不能忘记走过的过去，不能忘记为什么出发。"② 既要有仰望星空的激情和能力，更要有扎根大地、久久为功的干劲和韧劲，坚忍不拔、锲而不舍为新时代中国共产党的历史使命不懈奋斗。

---

① 《习近平谈治国理政》，外文出版社，2014 年版，第 56 页。

② 习近平：《在庆祝中国共产党成立 95 周年大会上的讲话》，人民出版社，2016 年版，第 7－8 页。

从“共产主义的幽灵”到“报晓的雄鸡”

——《共产党宣言》的革命斗争逻辑及新时代的不忘初心回应

北京师范大学　高维峰

“一个幽灵，共产主义的幽灵，在欧洲游荡。”① 这充满激情的表达是《共产党宣言》（以下简称《宣言》）的开篇之语。作为工人阶级的“圣经”，《宣言》以美妙而富有激情的革命浪漫主义叙事语言和雄壮坚定的斗争逻辑表达，使之成为传诵百代的共产主义经典开山之作。《宣言》中的“共产主义幽灵”隐喻形象地表达了人类社会的普遍阶级斗争逻辑，并随着历史车轮在习近平的新时代伟大斗争思想中得到现实的回应和逻辑发展。

一、从人文主义“幽灵”到“共产主义幽灵”：人类阶级斗争的发展

近代“幽灵”喻一说肇始于1602年英国著名剧作家莎士比亚的著名悲剧《哈姆莱特》，在作品中作为新兴资产阶级人文主义者代表的主人公哈姆莱特，在其国王父亲的幽灵指点下一步步地成功复仇。“幽灵”从而成为“莎士比亚”式的现代文学隐喻，作为一种与封建罪恶抗争的人文主义形象，伴随着资产阶级的发展壮大而发展。而随着《共产党宣言》再次把“幽灵”作为对社会进行呐喊的象征，从人文主义走向共产主义是历史的进步，也成为“幽灵”力量的时代发展。

“幽灵”代表的反抗精神一直存在，但只有将其存在融入到现实的阶级斗争中，才真正体现其令人胆寒的革命本色。“生存还是毁灭，这是一个值得思考的

① 《马克思恩格斯选集》第1卷，人民出版社，2012年版，第399页。

问题。"① 哈姆莱特这句脍炙人口的呐喊，代表了一代代受到压迫从而奋起反抗的人们的心声。有压迫与对立就会产生革命与斗争，"至今一切社会的历史都是阶级斗争的历史。"② 压迫者与被压迫者之间的斗争，构成了过去每一个历史时代的主旋律。当人类社会步入资本主义社会，随着阶级日益分化为简单的两个对立阶级：资产阶级和无产阶级，阶级间的斗争也日渐尖锐。于是，阶级斗争成为人类社会演进的直接动力。《宣言》中所表达出来的共产党人的历史使命就是，使自己生存，同时必须毁灭一切阻碍生产力发展和人类进步的旧势力，特别是资本主义。而革命与斗争，则是唯一的实现路径。

资产阶级的出现是"幽灵"在世界舞台上的第一次起舞，这时它代表的是进步的力量，是能够对当时的旧势力进行革命并进而打破旧制度的先进力量。马克思说，资本主义一经出现，就"在它已经取得了统治的地方把一切封建的、宗法的和田园诗般的关系都破坏了。它无情地斩断了把人们束缚于天然尊长的形形色色的封建羁绊，它使人和人之间除了赤裸裸的利害关系，除了冷酷无情的现金交易，就再也没有任何别的联系了"③。这在当时确实推动了社会生产力的巨大发展和人类社会的巨大变革，因为"资产阶级在它的不到一百年的阶级统治中所创造的生产力，比过去一切世代创造的全部生产力还要多，还要大"④。而资产阶级也以其自身的聪明裹携着大工业技术，用货币的力量震撼并摧毁了传统世界的文明根基，使资本主义文明成为一种新的更具统治力的文明方式，使当时人们的个性得以自由的发展，虽然这种解放是在单纯的金钱关系和异化劳动的状况之下发生的。资产阶级在属于他的时代以资本的强大力量，创造出了属于自己的文明。

但是随着资本主义的更大发展和社会的更深刻变革，其深层次丑陋本质开始显现，资本贪婪的占有本性逐渐掩盖了其乐于变革的人文进步性。在资本的强大力量下，资产阶级追逐利润的步伐不断加快，从而把世界带入了一个其自身无法控制的时代。不断发生的经济危机，逐渐激化的阶级矛盾，使得资本主义社会危机四伏。在《宣言》问世之前的1825年7月，英国爆发了资本主义历史上第一次惨重的经济危机，戏剧化的是这次危机是从金融危机开始的，仿佛

---

① ［美］莎士比亚著，朱生豪译：《莎士比亚全集》第7卷，时代文艺出版社，2010年第2版，第3297页。

② 《马克思恩格斯选集》第1卷，人民出版社，2012年版，第400页。

③ 《马克思恩格斯选集》第1卷，人民出版社，2012年版，第402—403页。

④ 《马克思恩格斯选集》第1卷，人民出版社，2012年版，第405页。

从原点又回到了原点，2008年当代资本主义社会最次一近严重的经济危机也始于金融危机。马克思和恩格斯见证了英国的三次严重的经济危机，他们深切地感受到，资本主义经济危机的原因就在于生产力严重过剩与工人无力购买商品之间的矛盾。由于资本的根本逐利本性，资本主义企业共同形成了社会大生产复杂体系的各个环节，并共同作用使资本主义社会的生产力飞速发展；但同时自私的本性又驱使资本家以生产资料的私人占有为目的。资本主义越发展，这种矛盾越尖锐。在随后的《资本论》中马克思详细论述了这一资本主义社会不可调和矛盾的深度根源和必然结果。资本主义在促进生产力大发展的同时也孕育了其自身的天然掘墓人——无产阶级。

二、从“共产主义的幽灵”到“报晓的雄鸡”：无产阶级的历史使命

无产阶级的产生和发展比资产阶级更迅猛，他的出现像一个共产主义的幽灵，同资产阶级一同产生，却有着更强大的生命力和革命动力。恩格斯在《1883年德文版序言》《1888年英文版序言》中，两次指出了构成《宣言》核心的基本思想，这就是：“每一历史时代主要的经济生产方式和交换方式以及必然由此产生的社会结构，是该时代政治的和精神的历史所赖以确立的基础，并且只有从这一基础出发，这一历史才能得到说明：因此人类的全部历史都是阶级斗争的历史……”① 在资本的魔力下，资本家最大限度地压榨工人及其剩余价值，直接导致了工人劳动的异化以及劳动者的异化，人不仅背离了作为一个人而具有的独特本质，人与人之间也变成了一种冷漠而残酷的竞争关系，这进而造成了整个资本主义社会各阶级间关系的扭曲。封建阶级不再是社会的主要阻碍因素，因为其已经失去了改变社会的力量。而资本主义社会在尽情地释放生产力的同时，也造成了自身天然的困境：“资产阶级的生产关系和交换关系，资产阶级的所有制关系，这个曾经仿佛用法术创造了如此庞大的生产资料和交换手段的现代资本主义社会，现在像一个魔法师一样不能再支配自己用法术呼唤出来的魔鬼了。”② 无产阶级被剥削掉了所有的东西，但这一无所有反而成就其最彻底的革命性，《宣言》所表达的正是无产阶级永不妥协的革命斗争精神。

这一时期，无产阶级的革命性、进步性，与资产阶级的软弱性、保守性是泾渭分明的。“重重的顾虑使我们全变成了懦夫，决心的赤热的光彩，被审慎的

① 《马克思恩格斯选集》第1卷，人民出版社，2012年版，第380、385页。

② 《马克思恩格斯选集》第1卷，人民出版社，2012年版，第406页。

思维盖上了一层灰色，伟大的事业在这一种考虑之下，也会逆流而退，失去了行动的意义。"① 软弱的资产阶级从来不缺少借口，也从来不愿意真正为人类社会的进步而斗争，他们所关心的只是资本利润价值的获取，因而极力要维护既有的资本主义制度。这个曾经无比进步的阶级，而今却成为了社会发展的桎梏。相反，《宣言》以铿锵的金石之音，表达出无产阶级对于改造世界重塑生产力的强烈愿望。"无产者在这个革命中失去的只是锁链，他们获得的将是整个世界。"② 在《宣言》的感召下，共产主义者开始联合起来，共同为探索自身的命运，为探索人类社会的历史发展规律，为探索人类解放事业而进行革命与斗争。

革命斗争需要理论的指导并终将反哺于理论的创新。马克思在其著作中曾以形象的比喻说明了马克思主义理论的精髓和历史发展价值，在于对无产阶级革命斗争的辩证性指导意义。他认为工人阶级决不能仅仅停留在过去，一定要面向全人类发展的未来；而马克思主义的人文关怀也决不能仅仅是黄昏时才起飞的"密涅瓦的猫头鹰"，只知道用眼睛去看眼前，而应当是"清晨报晓的高卢雄鸡"，要用明澈的眼睛去观察未来，放眼全人类的解放。③ 只有充分理解了这一点，无产阶级才能真正从自发走向自觉，以马克思主义的理论指导无产阶级革命斗争的实践，并在长期曲折的斗争中不断地总结革命经验、探索理论创新，反哺于更高形式的革命斗争。正是这样，马克思才完成了哲学批判精神意义上的自我超越，从《宣言》到《资本论》，通过对资本主义社会本质及其生产方式规律的深入剖析，从对资本的批判、劳动异化的批判，到对资本主义社会"吃人"本性的无情揭露，进而提出"两个必然"的科学论断，提出以无产阶级的革命斗争去解放全人类，为无产阶级的革命和建设提供不竭的精神动力。《宣言》问世 170 年来，社会主义运动在全球经历了从理论到实践、从一国胜利到多国胜利的辉煌，期间也曾陷入低潮，但是在《宣言》的指引下，全世界的无产阶级真正实现了联合，并以无比坚忍的意志把共产主义事业不断推向前进。与此同时，西方资本主义也经历了多次重大危机，并且在当代出现了新的变化，更充分证明了"两个必然"的真理性。特别是科学社会主义在 21 世纪的中国焕发出强大生机活力，新时代中国特色社会主义在同资本主义的竞争中所体现出

---

① ［美］莎士比亚著，朱生豪译：《莎士比亚全集》第 7 卷，时代文艺出版社，2010 第 2 版，第 3297 – 3298 页。

② 《马克思恩格斯选集》第 1 卷，人民出版社，2012 年版，第 435 页。

③ 贾丽民：《从"密涅瓦猫头鹰"到"高卢雄鸡"——论马克思哲学思维范式的转换》，《社会科学战线》，2011 年第 1 期。

来的比较优势，以无可辩驳的事实进一步证明“两个必然”仍然是未来的历史发展趋势。就连曾经提出“历史终结论”的日裔美籍学者福山也不得不修正自己的观点，认为：“西方自由民主并非人类历史进化的终点。”①

三、把握“共产主义幽灵”时代意蕴，用新的伟大斗争回应历史发展

时代不断发展，理论需要不断丰富与创新，发掘时代价值是回溯经典之作的意义之所在。《宣言》发表170年后一个新的时代来临，新的伟大时代需要以新的伟大精神指导新的伟大斗争，传承《宣言》中“共产主义幽灵”的革命斗争精神，才能实现无产阶级在当代的伟大历史使命。

1. 习近平新的伟大斗争理论是对《宣言》的理论继承与时代创新

重温《宣言》要充分把握其理论创新意义。《宣言》是马克思和恩格斯在起草《共产主义信条草案》和《共产主义原理》的基础上写就的，与上述两个草案相比增加了“社会主义的和共产主义的文献”和“共产党人对各种反对党派的态度”两部分内容。增加这两部分的重要内容正是由于马克思在对当时的共产主义同盟进行组建和改造的实践和斗争经验中深刻认识到，只有用严密而科学的理论武装无产阶级同盟，才能使同盟成为一个有战斗力的政党，才能真正实现推翻资本主义旧秩序、实现人类解放的使命。由此可知，理论创新并武装于党，既是无产阶级政党生命力之关键，也是具有时代意义的最有效做法。而理论创新必须要体现时代性，找到最符合时代精神特征的理论路径和话语表达，才能真正地服务于无产阶级和人民。当前我们所处的时代需要新的理论创新，需要把马克思主义理论以符合当前时代的思考去指导我们的各项工作。习近平新时代中国特色社会主义思想正是应运而生，和马克思主义理论发展史上任何一种先进的思想一样，它不只是个人思想发展的产物，而是一代社会主义革命和建设者在带领人民群众经历曲折探索过程中不断凝炼而成，是把马克思主义理论与当代中国发展具体实践相结合的理论创新和经验总结。

恩格斯在1894年给意大利社会党人朱·卡内帕的信中曾反复强调了共产党人的永恒历史使命：“除了《共产党宣言》中的下面这段话，我再也找不出合适的了：‘代替那存在着阶级和阶级对立的资产阶级旧社会的，将是这样一个联合

---

① 石镇平、石柱邦：《从时代发展深刻认识“两个必然”的科学论断》，《世界社会主义研究》，2018年第1期。

体，在那里，每个人的自由发展是一切人的自由发展的条件。'"① 从"共产主义的幽灵"到"一唱天下白的报晓雄鸡"，这一历史使命在当代的现实观照，就体现为中国共产党人不忘初心，始终坚持人民的自由全面发展的宗旨，全心全意为人民谋福祉；体现为牢记使命，传承《宣言》"共产主义幽灵"的斗争精神，打好新时代科学发展的伟大斗争。《宣言》的理论科学性与思想价值性在当代得到了最真实的体现，习近平新的伟大斗争理论是其革命斗争理论的现实性与超越性的有机结合。

经过长期的实践与思考，习近平总书记在新时代中国特色社会主义思想论述中科学地提出了我国社会主义新时代的主要矛盾，已转化为人民日益增长的美好生活需要和不平衡不充分的发展之间的矛盾。这一主要矛盾既提出了当前社会的主要矛盾规律特点，又提出了在新时代中国共产党人所肩负的历史使命和实现这一伟大使命的实践理路，那就是要带领全国人民通过开展新的"具有许多新的历史特点的伟大斗争"②，通过探索以创新、改革、发展为核心理念的新型社会主义革命，从而实现国家的全面平衡发展，进而达到社会和谐与人民幸福。不忘初心，鼓足实现新的伟大斗争胜利的勇气，为中国人民谋幸福，为中华民族谋复兴，这就是170年前《共产党宣言》所提出的无产阶级伟大历史使命和斗争精神的现实表达。

2. 深入把握新的伟大斗争理论意蕴，探索新时代的斗争智慧

要运用唯物辩证法来指导、推进伟大斗争，坚持矛盾分析的理念，坚定四个意识，积极应对新的斗争的长期性、艰巨性和复杂性。③ 新时代的伟大斗争不一定都要流血，但是一定需要革命精神。新时代的伟大斗争已不再是革命年代那种疾风暴雨式的阶级斗争，也不是社会主义建设初期的大规模群众运动式斗争，而是为谋求发展进行的一系列伟大创新创造，是为了实现中华民族复兴梦想而实施的社会主义事业的战略举措、突破遏制、回应挑战、补齐短板的斗争。习近平强调全党要增强忧患意识、居安思危，时刻准备进行具有许多新的历史特点的伟大斗争，知危图安、尽职尽责、勇于担责，着力破解突出矛盾和问题，有效防范化解各种风险。《宣言》中的"共产主义幽灵"斗争精神在新时代就体现为习近平所倡导的不断开拓进取、勇于深化各项事业改革的探索精

① 《马克思恩格斯选集》第1卷，人民出版社，2012年版，第647页。
② 《习近平谈治国理政》，外文出版社，2014年版，第64页。
③ 陈志刚：《深入把握伟大斗争的哲学蕴涵》，《人民论坛》，2018年第1期。

神，展现出新时代中国共产党攻坚克难、从严治党，重塑党的生机与活力的气魄与定力，在斗争中不断坚持和发展中国特色社会主义，实现社会主义现代化和中华民族的伟大复兴。

要以历史唯物主义发展理论为基础，在伟大斗争中勇于和善于探索国家现代化治理的智慧和经验。“功崇惟志，业广惟勤。”新时代是奋斗出来的。习近平反复指出，新时代中国特色社会主义是党领导人民进行伟大社会革命的成果，也是党领导人民进行伟大社会革命的继续，在这一社会革命中要“勇于”并“善于”进行伟大斗争，科学应对我党目前面临的各种时代考验与挑战。党的十九大报告提出要“深化党和国家机构改革，构建系统完备、科学规范、运行高效的党和国家机构职能体系”，在此基础上通过有效改革“全面提高国家治理能力和治理水平。”①

当今时代国家间竞争日趋激烈，对于任何政府治理而言容错率都很低。因此，无论是纷繁复杂的世界形势还是党自身发展都要求中国共产党要对新形势下的斗争情况进行科学的研判，在此基础上涵养党自身形成具有现代化意义的执政智慧和治理理念，并形成科学的决策意见用于指导实践。具体来说，一是要不断提升党的执政和治理的技巧和艺术，在我国改革进入攻坚阶段时，用科学的思维和创新的理路去思考解决深化改革中遇到的更复杂的发展问题。二是要借鉴恩格斯“历史合力论”所述的合力思维，以新的执政智慧更有效的组织和动员更广泛的社会合力参与到政府治理，为国家治理现代化增添亮色。三是治理和执政合法性的有效提升，即在加强党的建设、确立良法的前提下，严格按照依法治国的原则进行治理。“不私，而天下自公”，在这方面党和政府是下了很大决心的，无论是刚刚颁布的中共中央关于深化党和国家机构改革的决定，还是已初见成效的司法体制和监察制度改革，都展现了中央以良法促善治的坚定信心和无畏决心。

3. 不忘初心，以全面从严治党理念决胜新的伟大斗争

马克思主义是通过与时俱进的理论创新来引领时代、展现其真理价值的。中国共产党人是马克思主义的忠实践行者和理论薪火相传者，而习近平新时代中国特色社会主义思想就是马克思主义在当代中国的最新理论传承。新的伟大斗争是新时代中国共产党人智慧的运用和创新，也是习近平新时期中国特色社

---

① 《决胜全面建成小康社会，夺取新时代中国特色社会主义伟大胜利——在中国共产党第十九次全国代表大会上的报告》，人民出版社，2017 年版，第 5、6 页。

会主义思想对《宣言》中共产党人初心和使命的一脉相承和历史回应。新的伟大斗争是对于加强党的建设根本宗旨的有效提升，而加强党的建设核心就在于坚持和发扬全面从严治党思想。

习近平全面从严治党思想是马克思主义政党理论的时代经验总结成果，它展现的是新时代共产党人在对于自身初心和使命的深入思考下，对于党的执政与建设的理论探索。时代要求中国共产党人基于战略层面去实现党的长期执政与引领民族复兴历史使命的有机融合，这就要求党首先要完成对于自身发展规律性的思考与经验总结。从中国共产党的长期执政来说，人民群众对党的支持既包括基于获得感的特定性支持，也包括基于对党的信心、信任、合法性信仰增强的散布性支持。① 面向未来，全面从严治党应当在更高程度上寻求更具有广泛性的群众支持和更具有合法性的权力动态平衡，正是《宣言》所说，要实现“全世界无产者的联合”，把人民的力量作为党执政的根基。从党的引领中华民族复兴伟大使命讲，不忘初心，从严治党，更强调一种党自身建设不断向纵深发展的要求。习近平提出：“全党要坚持问题导向，保持战略定力，推动全面从严治党向纵深发展，把全面从严治党的思路举措搞得更加科学、更加严密、更加有效，确保党始终同人民想在一起、干在一起，引领承载着中国人民伟大梦想的航船破浪前进，胜利驶向光辉的彼岸。”② 这段话，不仅指出了在新的历史条件下全面加强从严治党的重要性，而且提出了把全面从严治党作为党领导人民实现民族复兴的根本宗旨，这是二者的高度统一。从这个角度说，全面从严治党不仅是组织和制度上的加强建设，更是从思维和理念上的强党的建设，特别是党的政治建设与组织建设。③ 这也是对于《宣言》所提出的共产党人的不断革命斗争的历史使命相一致的。因此说，全面从严治党是习近平新时代中国特色社会主义思想对于《宣言》的革命斗争思想的核心理论升华和实践理路，只有坚持全面从严治党，不断加强党的各方面建设，才能真正取得新时代伟大斗争的全面胜利。

---

① 徐青：《全面从严治党的政治系统论分析——习近平新时代中国特色全面从严治党思想研究》，《南京师范大学学报（社会科学版）》，2018 年第 1 期。

② 《习近平谈治国理政》第 2 卷，人民出版社，2017 年版，第 323 页。

③ 任晓伟：《论习近平关于推动全面从严治党向纵深发展的思想》，《南京社会科学》，2018 年第 1 期。

中国共产党的初心和使命探析

牡丹江师范学院　葛翠茹　段满江

习近平总书记在党的十九大报告中，鲜明地提出："中国共产党人的初心和使命，就是为中国人民谋幸福，为中华民族谋复兴。"同时认为，这是中国共产党的动力之源，是中国共产党人始终不渝的追求和承诺。正是有了这样的初心和使命，中国共产党人才能历经千难万险、坚持不懈实现着的奋斗目标。一般认为，所谓初心，就是指人们做事的初衷或者最初的原因，就是本心，也就是本质。但随着时间的渐渐的远去，人们对做某件事的初心也会出现渐渐逝去的现象。而且时间越长，经历的事情越多，往往就比较容易淡忘当初出发时的初心和使命。对此，习近平总书记就不断地强调，"我们党已经走过了95年的历程，但我们要永远保持建党时中国共产党人的奋斗精神，永远保持对人民的赤子之心。一切向前走，走得再远，也不能忘记为什么出发。走到再光辉的未来，也不能忘记走过的过去，不能忘记为什么出发。"① 在中国特色社会主义进入了新时代，中国共产党人带领全国各族人民全面建成小康社会的征程中，习近平总书记再次强调了不忘初心、牢记使命、继续前行的重要性，充分展示了中国共产党人自我净化、自我革新、自我提升的主体自觉和政党优势。

一、马克思主义是中国共产党人初心和使命的理论来源

如何才能使全体党员真正做到"不忘初心、牢记使命"，我认为首先就必须弄清楚中国共产党人的初心和使命来自哪里？对此，马克思恩格斯在《共产党宣言》中就明确指出："过去的一切运动都是少数人的，或者为少数人谋利益的

---

① 《习近平谈治国理政》第2卷，外文出版社，2015年版，第32页。

运动。无产阶级的运动是绝大多数人的，为绝大多数人谋利益的独立的运动。"① 可见，《共产党宣言》所宣示的无产阶级的世界观和人生观，也就是与它同时诞生的共产党人的初心和使命。共产党人"没有任何同整个无产阶级利益不同的其他利益"。共产党作为无产阶级利益的政党，不仅代表整个无产阶级的利益，而且能够代表广大人民群众的利益，并成为他们团结奋斗的领导核心。

中国共产党在建立之初就确立了以人民为中心的发展理念。人民立场，是中国共产党的根本政治立场，是马克思主义政党区别于其他政党的显著标志。毛泽东同志指出："人民、只有人民，才是创造世界历史的动力。"人民性体现了"为了谁"的问题："党除了工人阶级和最广大人民群众的利益，没有自己特殊的利益。党在任何时候都把群众利益放在第一位，同群众同甘苦，保持最密切的联系，坚持权为民所用，情为民所系、利用民所谋，不允许任何党员脱离群众，凌驾于群众之上。"尊重人民的主体地位，保证人民当家做主，是我们党一贯的主张；坚持人民的主体地位，才使我们党获得了深厚的土壤与不竭的动力，党的根基在人民，血脉在人民，力量在人民。党与人民风雨同舟，生死与共，始终保持血肉联系，这是我们党战胜一切困难和艰险的保证。没有共产党就没有新中国，没有共产党就没有社会主义制度，没有共产党就没有中国特色社会主义事业，没有人民的幸福生活，更没有中华民族的伟大复兴。一切为了人民，一切依靠人民正是共产党人的出发点和落脚点。高度重视人民政权的巩固和完善，确保国家权力牢牢掌握在人民手中，坚定不移地把全心全意为人民服务的根本宗旨贯穿到党的执政职能的各方面和全过程。

不忘初心。牢记使命就是牢记党的根基在人民、力量在人民。"一个不记得初心的政党，是一个没有未来的政党"。共产党人的初心就是民心！民惟邦本，本固邦宁。正如习近平总书记在十九大报告中指出的那样，"人民是历史的创造者，是决定党和国家前途命运的根本力量"，没有这样的初心和使命，难以统揽全局、凝聚人心，有了这个初心和使命，就可以凝聚共产党人的强大的信心和威望，发挥这种社会主义制度的巨大优势。习近平总书记在党的十九大报告中再次强调"坚持以人民为中心、坚持人民当家作主、坚持在发展中保障和改善民生"，再次突出了人民至上的治党理念。在新的历史时期，党面临精神懈怠、能力不足、脱离群众、消极腐败四大危险和执政考验、改革开放考验、市场经济考验、外部环境考验，在这些困难和问题面前，全党的每名同志都应重归初

① 《马克思恩格斯文集》第2卷，人民出版社，2009年版，第30页。

心，牢记誓言、担当使命，真正肩负起实现中华民族伟大复兴的历史重任。

二、中国共产党的历史就是不断实现初心和使命的历史

在中国共产党人身上，初心和使命是统一体，初心决定使命，使命折射了初心，“中国共产党一经成立，就把实现共产主义作为党的最高理想和最终目标。”中国共产党人明确宣誓了对所肩负的使命的历史自觉意识和勇于担当精神。中国共产党的历史就是不断实现初心和使命的历史。“中国共产党历经革命、建设和改革的年代，在不同的时代面临不同的问题，唯一不变的是对初心的坚守。”中国共产党的初心决定了他始终把使命担当在肩，彰显了一个无产阶级使命型政党的本色。如恩格斯所说：“一个知道自己目的，也知道怎样达到这个目的的政党，一个真正想达到这个目的并且具有达到这个目的所必不可缺的顽强精神的政党——这样的政党将是不可战胜的。”不同的历史阶段中国共产党人根据时代的实际和社会主要矛盾，在完成历史重任的一个又一个目标中实现了自己的历史使命。新民主主义革命时期，中国共产党肩负起了民族独立和人民解放的历史重任，新中国的成立，标志着我们党带领全国各族人民顺利完成了第一大历史任务。新中国成立后在全国范围内建立和完善人民当家做主的社会主义制度，确立了人民代表大会的政治体制，建立社会主义制度，让人民当家做主是中国共产党的第二大历史使命。改革开放以后，基于当时社会主要矛盾党确立了解放生产力，发展生产力，走中国特色社会主义道路的基本方针，中国人民逐渐从站起来到富起来，完善和发展中国特色社会主义制度，推进国家治理体系和治理能力现代化，成为这一时期中国共产党人承担的重要历史使命。经过四十年的不懈奋斗和努力，中国逐渐形成了具有中国特色的社会主义道路和中国特色社会主义制度，带领中国人民从富起来走上了强起来的道路，正如习近平总书记所强调的：“中国共产党人和中国人民完全有信心为人类对更好社会制度的探索提供中国方案。”正是在这样的奋斗中，中国共产党人完成了自己的第三重历史使命。

党的十八大以来，我们党以新发展理念推动经济转型升级，以全面从严治党重塑政治生态为目标，加强反腐倡廉工作，反腐败斗争取得压倒性态势，赢得了党心赢得了民心。我们党的创造力、凝聚力、战斗力和领导力都显著增强，中华民族迎来从站起来、富起来到强起来的伟大飞跃，中国特色社会主义进入了新时代，新时代党的历史使命，就是要在完成好要坚持这个初心和使命在带领全体人民努力完成伟大斗争、伟大工程、伟大事业中实现中华民族复兴的伟

大梦想。党的十九大把四个伟大作为一个统一整体提出来，“体现了奋斗目标、实现路径、前进动力的高度统一，体现了历史传承、现实任务、未来方向的高度统一，体现了党的前途命运、国家的前途命运、民族的前途命运的高度统一，深刻回答了什么是新时代党的历史使命、怎样实现新时代党的历史使命这一重大理论和实践问题，使我们党对自身肩负历史使命的认识达到了新的高度。”①

三、中国共产党的初心和使命彰显了党的政治自信

中国共产党一经成立，就把马克思主义作为自己的指导思想，就把实现共产主义作为党的最高理想和最终目标，义无反顾地肩负起了实现中华民族伟大复兴的历史使命。彰显了共产党的政治自觉和政治自信。中国革命的成功，是马克思列宁主义、毛泽东思想的伟大胜利，中国社会主义制度的建立和社会主义建设的成就立党为公、执政为民的根本宗旨的体现。无论新民主主义革命时期的千难万险，还是社会主义建设的艰难困苦，无论是西方自由主义狂潮的侵袭还是东欧剧变，中国共产党从来没有放弃过对马克思主义信仰，从来没有放弃过实现共产主义的信念，更从不来没有停下为人民谋幸福，为民族谋复兴的脚步。中国共产党的这份政治自信，不是与生俱来，而是在伟大的革命和实践中积蓄起来的。中国共产党在任何时候，任何情况下，都坚持了马克思主义的指导思想，把尊重和发挥人民群众的主体地位、主体作用统一起来，把坚持党的领导、人民当家做主和依法治国统一起来，走出了一条既能充分体现社会主义国家本质，又能发挥社会主义制度优越性的政治发展道路。坚持了立党为公立党为公、执政为民，为人民执政、靠人民执政。

社会主义制度建立后，中国共产党抓住了发展面临的主要矛盾，坚决排除各种干扰，聚精会神搞建设，一心一意谋发展，坚持社会主义基本原则的同时大胆借鉴人类创造的有益成果，不断完善和发展生产力，坚持改革开放，使国民经济生产水平跃居世界第二位。使社会主义在世界得到认可，使科学社会主义在21世纪焕发出新的生机和活力。中国共产党的政治自信，还来自于始终拥护中国共产党领导的伟大的中国人民。中国共产党是一个勇于自我革新的政党。我们党历来都有从思想上建党的优良传统，这使得中国共产党始终保持了马克思主义政党的本色，保持人民至上的初心，也保持了党在人民心目中的威信和地位。特别是党的十八以后认真总结改革开放以来的经验和教训，党整风肃纪、

① 何毅亭：《新时代中国共产党的历史使命》，《人民日报》2017年11月28日，第007版。

高压反腐，真刀真枪地行动，形成了不敢腐不能腐不想腐的清明政治生态，再次赢得了党心民心。党的十九大，中国进入了中国特色社会主义新时代，人民对未来充满信心和动力，爱国热情空前涨，中国共产党再次彰显了无产阶级政党的政治自信和制度自信。

四、不忘初心、牢记使命、继续前行

习近平总书记反复告诫我们，实现中华民族伟大复兴的光荣梦想，中华民族伟大复兴，绝不是轻轻松松、敲锣打鼓就能实现的。全党必须准备付出更为艰巨、更为艰苦的努力。

不忘初心、牢记使命、继续前进，就要坚持马克思主义的指导地位。习近平总书记认为，“中国共产党之所以能够完成近代以来各种政治力量不可能完成的艰巨任务，就在于始终把马克思主义这一科学理论作为自己的行动指南，并坚持在实践中不断丰富和发展马克思主义。这使我们党得以摆脱以往一切政治力量追求自身特殊利益的局限，以唯物辩证的科学精神、无私无畏的博大胸怀领导和推动中国革命、建设、改革，不断坚持真理、修正错误。无论是处顺境还是逆境，我们党从未动摇对马克思主义的信仰”。指导思想是一个政党的精神旗帜。我们党始终高扬马克思主义的旗帜，始终坚持把马克思主义基本原理同当代中国实际和时代特点紧密结合，同改革实践相结合。

不忘初心、牢记使命、继续前进，就要坚持新时代中国特色社会主义思想的指导。就要坚持中国特色社会主义道路自信、理论自信、制度自信、文化自信，坚持党的基本路线不动摇，不断把中国特色社会主义伟大事业推向前进。正如恩格斯所说：“每一个时代的理论思维都是时代的产物。”当前我国社会发展进入了一个新的历史时代，这个时代是富国迈向强国的时代，在这样一个时代，全党面临一个重要的新问题，就是认识和妥善处理这个新时代不断出现的新情况新问题。正是基于这样的时代背景和现实需要，应势而产生了新时代中国特色社会主义思想。新时代中国特色社会主义从理论和实践层面回答了坚持和发展什么样的中国特色社会主义的理论问题和怎样坚持和发展中国特色社会主义理论的实践问题，在这个理论中，贯穿始终的依然是以人民为中心、人民至上的根本思想。就是要始终把人民放在心上，始终与人民在一起，为人民利益而奋斗。“我们要始终把人民立场作为根本立场，把为人民谋幸福作为根本使命，坚持全心全意为人民服务的根本宗旨，贯彻群众路线，尊重人民主体地位和首创精神，始终保持同人民群众的血肉联系，凝聚起众志成城的磅礴力量，

团结带领人民共同创造历史伟业。这是尊重历史规律的必然选择，是共产党人不忘初心、牢记使命的自觉担当。”

不忘初心、牢记使命、继续前进，就是要坚定共产主义共同理想。我们党从成立起就把为共产主义、社会主义而奋斗确定为自己的纲领，坚持理想信念教育，保持党在政治上的定力。理想远大，政治才能坚定。只有对远大理想和奋斗目标的清醒认识和执着追求，才能牢牢占据推动人类社会进步、实现人类美好理想的道义制高点。“理想因其远大而为理想，信念因其执着而为信念。我们要把理想信念教育作为思想建设的战略任务，保持全党在理想追求上的政治定力，自觉做共产主义远大理想和中国特色社会主义共同理想的坚定信仰者、忠实实践者，在全面建成小康社会、实现中华民族伟大复兴中国梦的历史进程中充分发挥先锋模范作用。”

关于“不忘初心、牢记使命”主题教育的思考

四川大学　张仁枫

党的十九大报告旗帜鲜明地将“不忘初心、牢记使命”写入大会主题，并贯穿整个大会报告当中，这既是对马克思主义理论的坚持和创新，也是开展中国共产党党内政治教育的强大号召，具有重大的历史意义和现实价值。中国特色社会主义进入新时代，党面临着更为复杂的国际国内形势，中国共产党人能否经得住各种挑战，始终坚守初心，保持战略定力，是考验党在新时代领导全国人民实现“两个一百年”奋斗目标的关键。正如习近平总书记所言：“我们要永远保持建党时中国共产党人的奋斗精神，永远保持对人民的赤子之心。……面向未来，面对挑战，全党同志一定要不忘初心、继续前进。”① 越是在关键时期，全党同志就越需要铭记立党誓言，不忘初心。因此，在党内开展以“不忘初心”为主题的系统教育，让每一位党员铭记党的立党誓言和奋斗使命，是新时代的现实需要，更是历史的嘱托。

党内“不忘初心”主题教育的本质是党性教育，要求全体党员同志增强中国特色社会主义“四个自信”，既要脚踏实地，又要坚定共产主义理想信念。党内开展“不忘初心”主题教育，是继承和发扬革命精神的重要载体、实现全面从严治党常态化的重要抓手、中国共产党自身发展的内在要求、实现中华民族伟大复兴的根本动力。“不忘初心”主题教育内涵丰富。深刻理解“不忘初心，继续前进”的政治蕴意，主要应把握好三个层面，即：不忘党的初心、不忘共产党人的初心、不忘自己的初心。② 因此，党内“不忘初心”主题教育应立足

---

① 习近平：《在庆祝中国共产党成立 95 周年大会上的讲话》，《人民日报》2016 年 7 月 2 日。

② 秦天：《擦亮共产党人的初心》，《红旗文稿》2016 年版，第 21 期。

于以马克思主义理论为主体的理想信念教育、以红色文化为载体的党史教育、以中国特色社会主义理论与实践为主线的“四个自信”教育、以提高道德素养为目标的社会主义核心价值观教育、以党内法规制度为核心的廉洁法治教育、以问题为导向的社会实践教育等六大内容。

一、以马克思主义理论为主体的理想信念教育

中国共产党是马克思主义政党。自党建立以来，党内以各种形式开展马克思主义理想信念教育。毛泽东指出：“掌握思想教育，是团结全党进行伟大政治斗争的中心环节。”① 井冈山革命时期，为适应革命发展形势，提高军队的战斗力和马克思主义水平，毛泽东于1927年亲自创办了工农革命军第一军第一师第一团军官教导队，并多次结合中国的革命实际讲解马克思主义理论经典著作。1938年，毛泽东在六届六中全会上号召全党同志认认真真研究马克思列宁主义，并要求理论水平较高的党员去教育马克思主义理论较低的党员。1941年开始的延安整风运动期间，针对党内存在严重的主观主义、宗派主义、党八股等学风、党风、文风问题，党内又掀起了声势浩荡的马克思主义理论教育。毛泽东高度重视，相机发表了《改造我们的学习》《整顿党的作风》和《反对党八股》等报告，并通过中央党校系统等开展系统全面的理论教育。

新中国成立后，中国共产党继续坚持实事求是的思想路线，在党内和全社会进行系统的理论教育，通过以“反贪污、反浪费、反官僚主义”内容的“三反”运动、整党整风运动以及过渡时期的马克思主义思想的宣传和教育，完成了社会主义“三大改造”。进入社会主义之后，党又将马克思主义理论与中国实际相结合，提出了中国走自己的社会主义道路的思想。从革命党转变到执政党，意味着党肩负的使命发生重大的变化。毛泽东多次强调党员要通过学习马克思列宁主义思想武装头脑，防止资本主义“糖衣炮弹”对党员干部的侵蚀。改革开放前后，为了平息“文化大革命”带来的影响和拨乱反正，党内又开展了真理标准问题的大讨论。以邓小平为代表的党的第二代领导集体提出了“实践是检验真理的唯一标准”的重大论断，并做出了实行改革开放的重大决策，开创了中国特色社会主义道路，逐步形成了邓小平理论、“三个代表”重要思想、科学发展观和习近平新时代中国特色社会主义思想等在内的中国特色社会主义理论，并以此进行马克思主义理论教育。

---

① 《毛泽东选集》第3卷，人民出版社，1991年版，第1094页。

以马克思主义为指导是中国共产党的本质属性，也是坚持和发展中国特色社会主义的根本原则。坚持和巩固马克思主义在意识形态领域的指导地位是马克思主义执政党的重大任务。因此，开展党内初心教育就需要全方位了解马克思主义经典原著，弄懂马克思主义的各种理论，并将这些理论真正运用到实际工作和生活当中去，理论联系实际，融会贯通。正如习近平总书记所言："认真学习马克思主义理论，这是我们做好一切工作的看家本领，也是领导干部必须普遍掌握的工作制胜的看家本领。"① "领导干部特别是高级领导干部要把系统掌握马克思主义基本理论作为看家本领，老老实实、原原本本学习马克思列宁主义、毛泽东思想特别是邓小平理论、'三个代表'重要思想、科学发展观。党校、干部学院、社会科学院、高校、理论学习中心组等都要把马克思主义作为必修课，成为马克思主义学习、研究和宣传的重要阵地。新干部、年轻干部尤其要抓好理论学习，通过坚持不懈学习，学会运用马克思主义立场、观点、方法观察和解决问题，坚定理想信念。"②

马克思恩格斯在《共产党宣言》中明确指出："过去的一切运动都是少数人的，或者为少数人谋利益的运动。无产阶级的运动是绝大多数人的，为绝大多数人谋利益的独立的运动。"③ 马克思主义是以广大人民的利益为奋斗目标的，这与中国共产党的历史使命一脉相承。因此，牢记党的初心，坚持全心全意为人民服务和为民族谋复兴，就必须吸取马克思主义理论的精神养分。党内初心教育应该将马克思主义形成的背景、原因、基本理念、具体内容和奋斗目标等内容结合起来，通过揭露资本主义的内在弊端和危机、宣扬社会主义的正义与公平、强调社会发展的大趋势大潮流等，坚定每一位党员为实现共产主义而奋斗终生的理想信念。

二、以红色文化为载体的党史教育

"一个不记得来路的民族，是没有出路的民族。"正如习近平总书记在庆祝中国共产党成立95周年大会上强调："一切向前走，都不能忘记走过的路；走得再远、走到再光辉的未来，也不能忘记走过的过去，不能忘记为什么出发。"中国共产党的历史见证了近代以来无数先进人士为实现国家繁荣和人民幸福的

① 《习近平谈治国理政》，外文出版社，2014年版，第404页。

② 参见2013年习近平在全国宣传思想工作会议上的讲话，《习近平谈治国理政》，外文出版社，2014年版，第153－154页。

③ 《马克思恩格斯选集》第1卷，人民出版社，2012年版，第411页。

革命和奋斗史。1840年鸦片战争后，中国被沦为半殖民地半封建社会。面对列强的侵略和政府的无能，拯救民族危亡并实现中华民族伟大复兴的希望寄托在一些爱国人士的身上。从农民运动、洋务运动、戊戌变法到辛亥革命，一代又一代的先烈奋起直追，开始了艰辛的探索，但均没有从根本上解决中国向何处去的重大问题。1921年中国共产党的成立是中华民族命运发生重大转折的历史先声。党选择马克思主义理论作为自己的行动指南，并将之与中国革命实际相结合，成功开创了一条适合中国革命、建设、改革发展的崭新道路，开创了中国特色社会主义道路。

从历史维度来看，不忘初心主题教育的实质就是党性教育。回归当下，以革命历史为载体的红色文化本身也成为广大党员不忘初心，历练党性，提高凝聚力的精神落脚点①。九十多年来，中国共产党带领全国人民进行了惊天动地的新民主主义革命、社会主义建设和改革，铸造了永垂不朽的红色文化。在党内开展红色文化教育，是加强共产主义理想信念和党性修养，保持党的先进性和纯洁性的需要②。党的十八大和十九大都从高度的历史责任感出发，强调了坚定理想信念、学习党的历史、弘扬党的优良传统和作风的重要性。红色文化具有鲜明的政治导向性、与时俱进的创新性、实践领域的广泛性和潜移默化的感染性③。因此，加强初心教育中的红色文化教育，就需要准确把握其特征和规律，充分挖掘红色文化中的马克思主义信仰和理想信念、勇于改革和创新、为人民服务等精神，通过讲解经典案例和榜样人物在全党开展有效的宣传教育。

三、以中国特色社会主义理论与实践为主线的“四个自信”教育

“不忘初心”与“四个自信”是相互关联的有机整体。坚定“四个自信”是不忘初心的理论基础；不忘初心是坚定“四个自信”的逻辑必然。从历史渊源来看，中国特色社会主义的道路自信、理论自信、制度自信和文化自信均来自于党的初心④。开展“不忘初心”主题教育，应以“四个自信”教育为统领，以国内外发展形势为现实基础，以问题导向为方针，以广大人民群众的福祉为着力点，切实解答和解决当今世界和党内、国内面临的一列重大难题，实现人

① 邹广文、王纵横：《人类命运共同体与文化自信的心理建构》，《中国特色社会主义研究》，2017年版。

② 马静：《红色文化教育理论与实践研究》，南开大学出版社，2015年版，第209页。

③ 马静：《红色文化教育理论与实践研究》，南开大学出版社，2015年版，第34－37页。

④ 阎占定：《“四个自信”的多维阐释》，《学习月刊》，2016年版，第15期。

民利益、国家利益以及全球利益的高度统一。不忘初心，必须充分认识到中国特色社会主义道路、理论、制度、文化的合理性与先进性，就必须敢于和善于同世界上其他道路、理论、制度和文化进行比较，批判性地吸收其他文化的精髓，创造性地坚持和发展自身的优越性。因此，也就必须秉持包容并蓄的发展心态，以开放共享的姿态挖掘自身的自信资源，提升自信认同度。

“四个自信”教育，既是不忘初心的历史结果，也是开拓未来的根本遵循。党内的“不忘初心”主题教育，既要弄清楚坚持“四个自信”的理论根基，也要厘清不忘初心与“四个自信”的内在关系，更要树立远大理想，以“四个自信”的精神状态和一往无前的奋斗姿态，实现党消灭一切剥削的初心。

四、以提高道德素养为目标的社会主义核心价值观教育

社会主义核心价值观是在继承中华优秀传统文化和吸收西方文明成分的基础上发展的马克思主义新思想，具有深厚的文化底蕴和强大的育人功能。社会主义核心价值观内含国家、社会和个人三个层次的思想，规定了国家的发展、社会发展和个人发展的根本性要求，是新时代公民必须恪守的道德准则和应有的核心素养。中国共产党党员作为我国社会发展的先进代表，是核心素养的重要引领者和示范者。因此，有必要进一步发挥社会主义核心价值观教育对党员的约束和教化作用，增强党员干部对社会主义核心价值观的理性认知、情感认同和实践培养，使社会主义核心价值观转化为每一位党员的思想追求和行为准则①。加强党员的社会主义核心价值观教育，是提升自身道德素养的核心要义。共产党人怀揣着实现共产主义社会的崇高理想，内在地要求道德高尚、大公无私、勇于奉献。社会主义核心价值观规定的爱国、敬业、诚信、友善是提升个人道德素养的最好标准。社会主义核心价值观教育是鞭笞每一位党员净化自我、不忘初心的道德教育。

五、以党内法规制度为核心的廉洁法治教育

古语有云：“防微杜渐，忧在未萌。”“不忘初心，牢记使命”不仅是一种催人奋进的时代号角，更是一种振聋发聩的政治提醒②。党在历史上之所以能

---

① 孙蔡威、卿瑜：《党员干部社会主义核心价值观的心理认同研究》，《探求》，2015 年版，第 2 期。

② 王建南：《重大关头“不忘初心”是对党的历史经验的深刻总结》，《思想理论教育导刊》2016 年版，第 9 期。

够经受住各种风险和挑战，正是因为中国共产党及时地提醒着每一位党员坚定理想信念、追求远大目标、肩负历史使命和为人民服务，开创了党内马克思主义理论教育的新形式。当前，全党上下正以“四个伟大”为引领，向着实现全面建成小康社会和社会主义现代化强国奋力拼搏。

开展党内初心教育，不仅需要正确的价值引导，也需要各种法规制度的约束。习近平总书记时刻强调广大党员干部要“照镜子，正衣冠，洗洗澡，治治病”，都是非常生动的警示教育。2014 年 11 月，习近平在视察南京军区机关时强调：“要以徐才厚、谷俊山案件为反面教材开展警示教育，使各级干部特别是高级干部受警醒、明底线、知敬畏，切实引以为戒。”① 党的十八届六中全会明确要求，高级干部特别是中央领导层组成人员必须以身作则，模范遵守党章党规，严守党的政治纪律和政治规矩，坚持不忘初心、继续前进，坚持率先垂范、以上率下，为全党全社会作出示范。这种示范性、关键性指标必然包括廉洁性②。这充分说明，各级党组织和党员个人要从其他犯错误的人身上吸取教训，对照自身存在的问题，才能真正不断提高自身水平和素养，也才能更全面、更有效地践行党的初心和使命。

六、以问题为导向的社会实践教育

实践是理论之源。任何的理论教育都不能离开鲜活的、具体的实践活动教育。马克思主义理论建立在广泛的工人运动之上，共产党不忘初心教育也应该紧紧依靠实践教育。光有远大的理想信念，没有脚踏实地的实践和为人民服务的亲身体验，难以实现理论教育的生根发芽。因此，党内不忘初心主题教育必然包括丰富的社会实践活动教育。

恢复了与人民的血肉和情感联系，我党才会信仰人民、信仰人民的权力和权利。党以基层百姓自组织的诉求为政治路线和大政方针的起点，方能“不忘初心”③。我们党在长期的革命、建设和改革过程中，始终坚持理论联系实际，密切联系群众、批评与自我批评以及艰苦奋斗、求真务实的优良作风，始终与人民保持密切的联系，形成了独具特色的以问题为导向的社会实践方式。正如习近平总书记所言：“我们强调，要有强烈的问题意识，以重大问题为导向，抓

① 《习近平：要以徐才厚案件为反面教材开展警示教育》，新华网，2014 年 12 月 15 日。
② 孙乐艳：《廉洁型政党的内涵及其建设》，《中国特色社会主义研究》，2016 年第 6 期。
③ 潘维：《信仰人民：中国共产党与中国政治传统》，中国人民大学出版社，2017 年版，第 16 页。

住关键问题进一步研究思考，着力推动解决我国发展面临的一系列突出矛盾和问题。我们中国共产党人干革命、搞建设、抓改革，从来都是为了解决中国的现实问题。可以说，改革是由问题倒逼而产生，又在不断解决问题中得以深化。”① 中国特色社会主义进入新时代，全面深化改革的难度史无前例。坚持和践行党的初心和使命，就要敢于啃硬骨头，敢于冲破改革盲区，敢于涉险滩。通过攻破难题丰富社会主义建设和改革的实践。“我们一定要始终与人民心心相印、与人民同甘共苦、与人民团结奋斗，夙夜在公，勤勉工作，努力向历史、向人民交出一份合格的答案。”②

“人民对美好生活的向往，就是我们的奋斗目标。”③ 中国共产党始终将人民的利益和福祉作为检验党践行初心的试金石，并将自身的行动付诸实施，为人民的美好生活是不懈奋斗。共产党人必须将群众满不满意、高不高兴、答不答应作为衡量党政部门一切工作的唯一标准，必须以更加务实的行动带领广大人民群众实现既定目标。因此，全体党员同志应该将自身的理论知识运用到社会领域，开展社会实践活动，服务于广大人民群众。这既是中国共产党历史经验总结，也是实现立党初心的根本归宿。

“为人民谋福利，为民族谋复兴”是中国共产党的初心。中国特色社会主义进入新时代，谋取人民幸福生活和实现民族伟大复兴也进入了最为关键的历史时刻。在党情、国情和世情发生错综复杂变化的背景下，党内“不忘初心”主题教育是新时代保持党的先进性和纯洁性的重要途径和方法。开展“不忘初心”主题教育，应以马克思主义理论教育、红色文化教育、四个自信教育、社会主义核心价值观教育、党的廉洁法治教育和社会实践教育为主要内容，实现理论与实践、国际与国内、历史与现实、个人与国家的高度统一。每一位党员要坚定不忘初心的理想信念，为实现中华民族伟大复兴和社会主义现代化强国贡献智慧。

---

① 《习近平在中共十八届三中全会上作的说明》，新华网，2013 年 11 月 9 日。

② 《习近平谈治国理政》，外文出版社，2014 年版，第 5 页。

③ 《习近平谈治国理政》，外文出版社，2014 年版，第 4 页。

习近平总书记关于党建的重要论述的新特点

中国农业大学　陈东琼　刘紫璇

高度重视和加强党的自身建设是中国共产党领导人民不断从胜利走向新的胜利的重要法宝。党的十八大以来，为了团结带领人民进行伟大斗争、推进伟大事业、实现伟大梦想，以习近平同志为核心的党中央围绕管党治党提出了一系列新思想、新观点、新论断，开创了全面从严治党的新局面，开辟了治国理政的新境界，体现了鲜明的时代特点和高超的辩证思维。

一、依规治党和依法治国有机统一

中国共产党依据党内法规从严治党，依据国家法律治国理政。无论是治党还是治国，其本质上是一致的，就是要把党建设好，进而实现好、维护好、发展好最广大人民的根本利益。

1. 发挥国家法律的权威性

依法治国是党带领人民群众治国理政的基本方略。法律的权威来自于法律制定的严谨性和法律约束力的普遍性。法律的制定过程分为提出、审议、通过三个阶段。可以向全国人民代表大会、全国人大常务委员会提议的主体是有限制的。审议的过程中分别需要各代表团、法律委员会对草案进行审议，分组会议对法律草案再进行审议。在此过程中也会听取社会的多方意见。全国人民代表大会的代表半数以上同意表示通过，向社会公布之后，法律生效。法律的制约对象是国家的全体公民。在目前的社会生活中，人们可能还会在文化水平、经济收入、社会地位等方面存在差异，但无论是官员、商人，还是农民，无论是高收入群体还是贫困群众，所有人在法律面前一律平等。任何组织和个人都必须在宪法法律范围内活动。全面推进依法治国，就是要依照宪法这个治国安邦的总章程治理国家社会，坚持党的领导、人民当家做主、依法治国有机统一。

中国共产党带领人民制定了宪法法律，但本着“宪法为上，党章为本”的原则，约束党员行为的党内法规同样要与宪法法律相协调，体现宪法法律的精神和要求。

2. 发挥党内法规的严肃性

党的领导和依法治国是有机统一的，只有把党管好、治好，依法治国才能有可靠保证。要依规治党就要明确党内法规，纪法分开，发挥党内法规的严肃性。一方面，党纪和国法约束的对象不同。党规是约束党员干部的党内规章。法律是约束全体公民的规章制度。法律约束的对象范围更为广泛。另一方面，党纪和国法的要求不同。作为共产党员，党规是底线。普通公民的红线是国家法律。相对而言，党纪严于国法。纪在法前，是对共产党员的高标准。只有以更严格的党规党纪要求党员干部，才能永葆党的先进性。习近平总书记指出：“无数案例证明，党员‘破法’，无不始于‘破纪’。只有把纪律挺在前面，坚持纪严于法、纪在法前，才能克服‘违纪只是小节、违法才去处理’的不正常状况，用纪律管住全体官员。”① 所以需要在法律面前再架起一道防护栏，发挥党内法规的严肃性来管理党员。

3. 实现依规治党和依法治国双轨并行

依法治国和依规治党并行不悖。在全面依法治国和全面从严治党的大背景下，我们不仅要坚持纪严于法，也需要实现依规治党和依法治国双轨并行。首先，实现依规治党和依法治国的统一是完成中国共产党肩负的历史使命的需要。中国共产党要带领人民群众实现“两个一百年”的奋斗目标，需要依靠依法治国这一基本方略治国理政。但是治国必先治党。依靠党内法规管党治党是党的建设的重要方式。所以要实现依规治党和依法治国的有机统一。其次，实现依规治党和依法治国的统一是全面推进依法治国的需要。全面依法治国的总目标是建设中国特色社会主义法治体系，建设社会主义法治国家。完善党内法规体系同样是全面依法治国的重要任务，依规治党和依法治国的有机统一可以推动国家的法治建设。最后，实现依规治党和依法治国的统一是中国共产党遵守党内法规的需要。党的规矩不仅有党章、党的纪律、优良的传统作风，也包括法律。法律法规不仅约束着公民也同样约束着党员干部。中国共产党不仅要遵守党的法规，还需要模范遵守国家法律法规，起到带头作用。

---

① 中共中央文献研究室：《习近平关于全面从严治党论述摘编》，中央文献出版社，2016年版，第114页。

二、依规治党和以德治党相辅相成

中华民族历来重视德法相依。党的十八大以来，以习近平同志为核心的党中央，在推进全面从严治党的进程中坚持法治和德治相统一，把党的建设推向新境界。

1. 发挥以德治党的基础作用

以德治党，就是把党的理想信念宗旨、优良传统作风融入全面从严治党的过程中。① 中国共产党历来重视党性修养和作风建设。在长期的革命和建设过程中形成了特有的“井冈山精神”“长征精神”“两弹一星精神”“抗震救灾精神”等精神，形成了理论联系实际、密切联系群众、批评与自我批评和艰苦奋斗的优良作风。在当前管党治党的进程中，党中央通过一系列的实践活动，力求把长期形成的优良传统作风落实到党员工作和生活当中。党的十八大以来，中央提出的“八项规定”，在党的群众路线教育实践活动中反对形式主义、官僚主义、享乐主义和奢靡之风的“四风”运动，开展“三严三实”“两学一做”的专题教育，这些强化了党员的作风建设，推动了政治生态改善，在反腐倡廉的斗争中形成不能腐、不敢腐、不想腐的思想道德防线，体现了党中央坚持以德治党的高标准。

2. 发挥依规治党的根本作用

没有规矩，不成方圆。中国共产党自诞生之日起，就重视用纪律管理党员。中国共产党第一次全国代表大会讨论和通过了《中国共产党纲领》，中国共产党第二次全国代表大会讨论和通过了《中国共产党章程》，对党的组织原则、组织机构、党的纪律和制度都作了具体的规定。随后根据形势和任务的发展变化，党的全国代表大会对党章作了不同程度的修改，并对党章进行了延伸和细化。为党员应该做的事情划清界限。尤其是党的十八大以来，党中央提出“有权不可任性”，要把“权力关进制度的笼子里”，既对广大党员提出普遍性要求，又对“关键少数”尤其是高级干部提出了更高更严的标准，有贪必肃，“老虎”“苍蝇”一起打，不仅树立了党规党纪的严肃性，也为党员干部敲响了警钟。

3. 实现依规治党和以德治党齐头并进

中国共产党是先锋队组织。“党员干部既要是遵纪守法的模范，也要是道德

① 中共中央文献研究室：《十八大以来重要文献选编》（中），中央文献出版社，2016 年版，第 763 页。

品质的标杆，这是永葆党的先进性和纯洁性的必然要求。”所以实现依规治党和以德治党齐头并进是推进党的建设的必然要求。一方面，以德治党是自律式的高标准。“既要注重规范惩戒、严明纪律底线，更要引导人向善向上，发挥理想信念和道德情操引领作用。”① 党员干部要提高党性修养，发挥党的优良传统作风，要自觉地成为纯粹的共产党人；另一方面，依规治党是他律式的守底线。自律和他律既相互对立又相互补充。当“德”的高标准难以达到时，党规党纪要发挥底线的作用，约束党员干部的行为。新修订的《中国共产党廉洁自律准则》继承和发扬了党的优良传统和作风，新修订的《中国共产党纪律处分条例》则划出了党组织和党员不可触碰的底线。《准则》和《条例》实现了依规治党和以德治党的完美统一。

三、思想建党和制度治党紧密结合

坚持思想建党和制度治党紧密结合，既是长期以来管党治党的重要经验也是新时期全面从严治党的必然要求。

1. 发挥思想建党的引导力

思想建党是党的建设的基础。为了以无产阶级思想克服各种非无产阶级思想，毛泽东在《古田会议决议》中提出注重党的思想建设，强调通过学习马克思主义理论来坚定政治信仰、政治立场，做到不仅从组织上入党，更要从思想上入党。在和平时期，一些党员干部安逸享乐，理想信念动摇，损害了党在人民心中的形象。习近平总书记指出：“理想信念就是共产党人精神上的‘钙’，没有理想信念，理想信念不坚定，精神上就会‘缺钙’，就会得‘软骨病’。”② 只有注重思想建设，坚定理想信念，才能解决好世界观、人生观、价值观这个“总开关”问题，守护好共产党人的政治灵魂。

2. 发挥制度治党的约束力

制度治党是党的建设的重要保障。早在改革开放初期，邓小平就明确提出：“领导制度、组织制度问题更带有根本性、全局性、稳定性和长期性。这种制度问题，关系到党和国家是否改变颜色，必须引起全党的高度重视。”③ 党要管党，从严治党，必须用坚强的制度作保证。制度治党中的“制度”不仅包括党

① 《习近平关于全面从严治党论述摘编》，中央文献出版社，2016 年版，第 68 页。

② 《十八大以来重要文献选编》（上），中央文献出版社，2014 年版，第 80 页。

③ 《邓小平文选》第 2 卷，人民出版社，1994 年版，第 333 页。

内法规还包括国家法律。制度治党就是利用制度的长期性、规范性、强制性的特点来约束党员的行为。党的十八大以来，以习近平为核心的党中央在制度建设方面取得了突破性进展，我们党在对现有党内法规进行全面清理的基础上，依据《中国共产党章程》《中国共产党党内法规制定条例》有关规定，抓紧制定和修订出台了一批重要党内法规，使党内法规成为管党治党的重要组成部分。

3. 实现思想建党和制度治党同向发力

中国共产党是靠革命理想和铁的纪律组织起来的马克思主义先进政党。习近平指出："从严治党靠教育，也靠制度，二者一柔一刚，要同向发力、同时发力。"① 这一论述清楚地说明了思想建党和制度治党的关系。一方面，思想建设是制度建设的基础。思想建设主要是坚定理想信念，坚定政治立场。另一方面，制度建设为思想治党提供保障。相对于思想建设，制度是一条明确的警戒线。制度规范为党员的行为明确了标准，具有强制性。新形势下，坚持党要管党、从严治党，既要靠理想信念的引领，也要靠严明纪律作保障。"要使加强制度治党的过程成为思想建党的过程，也要使思想建党的过程成为加强制度治党的过程"②。

四、建章立制和落地生根共同推进

习近平总书记指出："坚持依规治党，必须一手抓制定完善，一手抓贯彻执行。"③ 建章立制和落到实处要共同推进，做到有规可依、有规必依、执规必严、违规必究。

1. 完善以党章为中心的党内法规体系

"国有国法，党有党规"。要依法依规治党，首先要有规可依。党章是党的根本大法，建章立制首先要以党章为中心。党内法规与党章的内容相一致，全党要共同维护党章的权威性和严肃性。其次，形成系统的党内法规体系。制定的党内法规要前后衔接、左右联动、上下配套、系统集成。而且"制度不在多，而在于精，在于务实管用，突出针对性和指导性"。④ 所以党内法规要尽可能地细化，涉及各个方面：党的领导和党的工作方面的法规，党的思想建设方面的党内法规，党的组织建设方面的党内法规，党的反腐倡廉建设方面的党内法规，

---

① 《十八大以来重要文献选编》(中)，中央文献出版社，2016 年版，第 94 页。
② 《十八大以来重要文献选编》(中)，中央文献出版社，2016 年版，第 95 页。
③ 《习近平总书记系列重要讲话读本》，人民出版社，2016 年版，第 117 页。
④ 《十八大以来重要文献选编》(中)，中央文献出版社，2016 年版，第 95 页。

党的民主集中制建设方面的党内法规。形成程序严密、配套完备、运行有效的党内法规体系，提高党的建设的科学化水平。

2. 加强党员干部对于制度的执行力

制度的生命力在于实施。要加强党员干部对制度的执行力，“使纪律真正成为带电的高压线。”① 首先执纪要严。习近平总书记反复强调和倡导“钉钉子”的精神，要求党员干部树立制度意识，根据党内法规办事。坚持党规党纪面前人人平等，不留“暗门”、不开“天窗”，要做到令行禁止，发挥党规党纪的刚性约束。其次，监督要严。“我们党有严密的组织性和纪律性，党的根本宗旨是全心全意为人民服务，那么，接受组织和人民的监督就天经地义。”② 党的各级纪委作为党内监督的专门机关，要准确定位，树立监督的权威，提高监督的效率，重视发挥巡视利剑作用。同时，要把党内监督同国家监察、群众监督结合起来，同法律监督、民主监督、审计监督、司法监督、舆论监督协调起来，形成监督合力，确保权力始终在阳光下运行。最后，惩治要严。要树立宪法法律和党内法规的权威性和严肃性，坚持党纪国法面前没有例外，对于违规违纪行为要以党纪国法为准绳，严肃追究、严格惩治。

党的十八大以来，习近平总书记提出的一系列关于管党治党的新思想新观点新论断，体现了我们党对中国特色社会主义建设规律和中国共产党自身建设规律认识的进一步深化，不仅丰富和发展了马克思主义党建理论，也为全面推进党的建设新的伟大工程提供了重要的理论指导。这些新思想、新观点、新论断构建了管党治党新的话语，具有鲜明的时代特色和突出的问题意识，不仅重塑了中国共产党的形象，更给了中华民族一个光明的未来。

① 《十八大以来重要文献选编》(上)，中央文献出版社，2014年版，第770页。

② 《十八大以来重要文献选编》(中)，中央文献出版社，2016年版，第679页。

习近平总书记关于严明党纪的重要论述

中南大学　曾长秋

严明党的纪律是党要管党、从严治党的题中之义。党的十八大以来，以习近平同志为核心的党中央站在全面深化改革、实现“两个一百年”奋斗目标和中华民族伟大复兴“中国梦”的历史高度，以马克思主义者的高超政治智慧、非凡理论勇气与强烈担当精神，以整顿吏治和加强党的建设为突破口，实施了一系列旨在严明党纪且极具现实针对性的举措。认真地梳理习近平关于严明党纪的重要论述，有利于深化对习近平新时代中国特色社会主义思想的学习和理解。

一、以政治纪律为基础，强化全党的纪律意识

近年来，习近平同志反复强调，铁一般的纪律是我们党历时近一个世纪得以不断成长壮大的光荣传统，也是同世界上其他政党相比起来的独特优势，加强纪律建设是我们党应对愈加复杂多变的国内外形势、愈加艰巨繁重的执政任务的必然要求。他强调，我们党的政治纪律是维护党的政治路线方向，规范各级党组织和每位党员的政治立场言行的最为根本的行为准则，是党的全部纪律的前提基础和最重要的纪律。遵守党的政治纪律最核心要求，就是坚持党统揽全局的领导核心地位不动摇，坚持党的“五个基本”（健全基本组织、建强基本队伍、开展基本活动、完善基本制度、落实基本保障。其中，基本组织是基础，基本制度是根本，基本队伍是关键，基本活动是载体，基本保障是前提）不动摇，坚持党对历史上的重大政治事件和政治人物的基本结论和态度不动摇，始终一贯地同党中央保持思想和政治上的高度一致，自觉地维护中央领导集体的崇高威望。

一段时间以来，一些地区和部门对中央的决策措施采取自由主义和实用主

义的态度，合意的就执行，不合意的就阳奉阴违，造成了“禁不止、令难行”的不良局面；一些党员和领导干部公开发表有违党的路线方针政策的言论，歪曲和随意解构党的光荣历史、污蔑党的领袖人物，甚至为一些臭名昭著的历史罪人“平反”而积极奔走；一些党员甚至领导干部脱离国情、崇尚欧美“民主宪政”和“普世价值”，为西方资产阶级自由化思潮摇旗呐喊；有的党员热衷于探听小道消息、传播政治谣言，甚至参与非法组织，混淆视听，蛊惑群众，造成极其恶劣的影响。对以上违反党的政治纪律的不良现象，一些党员和领导干部抱着“明哲保身”的态度，把自己打扮成“豁达”的“开明绅士”，在大是大非的原则问题面前态度暧昧、“骑墙观战”，甚至默许纵容。习近平对此严正指出，在事关党和国家思想政治组织路线等全局性问题上，全党必须积极响应中央的号令、服从中央统一决策部署，始终做到上下联动、协调一致。大局和政治意识必须深深植根于每位党员领导干部的头脑中，要在坚持贯彻中央精神的前提下，既保证中央政令畅通，又立足本地本单位实际进行创造性工作。地方和部门工作中存在的保护主义和本位主义等不良倾向要坚决反对并予以克服，做到令行禁止，基于一己私利的狭隘立场，对中央的决策安排选择性实施和变通性贯彻是绝不允许的。

要从严格遵守和贯彻党章入手来严明党的政治纪律。党章集中体现了党的“两个先锋队”性质和服务人民的宗旨、呈现了党的精炼思想和理论主张，规定了党内的基本制度架构及其运行机制，是党的根本大法和全党必须共同遵守的总规矩、总规范。习近平强调，要更加注重把对党章的学习和贯彻作为加强新形势下党的建设新的伟大工程的一项基础性、经常性、长期性工作。要以党章为“据”来科学完善党内治理体系，要以党章为“镜”来全面审视各级党组织和党员的现实表现，要以党章为“经”来稳妥处理党内和干群矛盾。他进一步指出，各级党校和行政学院要使经常性地学习党章成为培训党员干部的必备课程。各级党组织要把对本单位学习、遵守、执行党章的检查督促纳入的组织生活的议程安排，开展以此为主题的党日活动，对实际工作中出现的党章意识淡漠、不照章办事等情况要“大喝一声”“猛击一掌”，及时敲响警钟，对严重违反党章规定的行为则要态度鲜明地予以纠正，使党章的权威性牢固地树立在每一个共产党员特别是领导干部的心中，在任何情况下都自觉做到信仰不变、立场不移、方向不偏。

党员的政治纪律意识强不强，与理想信念固不固有莫大关系。习近平指出，共产党人之所以能经受各种风险和诱惑的考验，就是因为我们有马克思主义的信仰和对共产主义的信念作为精神支柱。一些党员和干部之所以在现实生活中出现了这样或那样的问题，归根结底是世界观、价值观和人生观这个“总开关”出了问题，具体表现为信仰迷茫、精神“缺钙”。因此，学好马克思主义理论是我们党的领导干部必须掌握的工作制胜的看家本领，否则就容易在错综复杂的国内外形势和纷繁复杂的社会思潮中被迷惑或俘虏。他还指出，历史是最好的教科书和营养剂，认真学习党史、国史能使我们这一代共产党人了解中国特色社会主义伟大事业的来龙去脉，正确认识党和国家历史上的重大事件和重要人物，更加明确对民族、人民和党的历史责任，从而增添心中的正能量。在鸦片战争之后170多年以来无数仁人志士筚路蓝缕、持续奋斗的基础上，在我们党领导各族人民经过97年艰苦创业、接力探索的基础上，在改革开放40年开创和发展中国特色社会主义事业的基础上，前所未有的民族复兴光明前景已经展现在全体中华儿女面前。每一个共产党员都要具备强烈的历史担当精神，忠诚履责、尽心尽责、勇于担责，不断地巩固理想信念和强化政治纪律意识，把我们的党建设好，带领各族人民沿着中国特色社会主义的康庄大道共圆民族复兴中国梦。

二、以组织人事纪律为关键，营造风清气正的政治生态

党的力量源自组织。严密的组织体系与严格的组织纪律，是中国共产党区别于世界上其他政党的重要特征之一。组织人事纪律即组织纪律和人事纪律，前者侧重于组织制度、组织原则的建构，是调整党组织之间、党组织与党员之间、党员与党员之间关系的行为规则；后者则规范了发展党员、选拔任用党员领导干部、党组织的领导班子建设以及基层党组织建设等的基本规则①。

组织纪律的核心是民主集中制，坚持“四个服从”（个人服从组织、少数服从多数、下级服从上级、全党服从中央）就是坚持民主集中制首要要求。然而，在一段时期以来，一些地区和单位的党组织纪律性淡化，组织制度落实不到位或是迟迟不能建立健全，组织程序能省则省，个人主义、自由主义、形式主义和好人主义蔓延；有的领导干部把个人等同于组织或凌驾于组织之上，把搞家长制、“一言堂”当成具有权威性的表现；有的班子内部各自为政，“山头主义”盛行，把分管领域和自己的下属当成“私人领地”和“家臣”；有的干部

① 石伟：《中国共产党纪律的分类与体系》，《中国党政干部论坛》，2014年第2期，第66－67页。

热衷于搞小圈子，党性原则让位于哥们义气，江湖人情代替了党内纪律；有的把对组织负责变为对领导个人负责，把上下级关系和同志关系庸俗化为人身依附关系，不琢磨事、只琢磨人；还有一些领导干部在处理本应由上级组织或集体决定的重要事项时，惯于抛开纪律和政策，搞先斩后奏、边斩边奏，甚至斩而不奏。为此，习近平指出，全党都要强化党的意识、组织意识，牢记共产党员是自己首要的身份标识，为党耕耘是当然的职责本分，做到忠诚于党、信任于党、服从于党，时刻牢记忧党之心、恪尽兴党之责，推动和维护全党更加紧密的团结统一这个关键性大局。他还强调，各级领导干部特别是主要领导干部，要带头严格执行民主集中制、组织生活制度、请示报告制度等党内重要的组织制度。

实现党的十九大确定的宏伟蓝图，关键在党，成事在人。在人事纪律方面，有的领导干部卖官鬻爵、任人唯亲、唯“财”是举，甚至沦为黑恶势力的保护伞；有的则把入党当作筹码，进行利益交换，甚至直接将入党名额明码标价；有些党员经常伸手向组织要位子要待遇，岗位和待遇不满意就闹情绪、发牢骚，没提拔更有意见；有的热衷于“架天线”，攀龙附凤，跑官买官，自己的职责晾一边，一门心思趴在歪门邪道上。习近平指出，选人用人就是标立一面旗帜、确立一种导向、树立一种追求，在一定程度上决定了干部作风和党风的整体面貌。各级党委及组织部门要坚持德才兼备、以德为先的用人原则和“三严三实”等科学合理的用人导向，努力做到选贤任能、知人善任，保证人才用当其时、人尽其才。要高度重视培养选拔年轻干部这个事关党的事业薪火相传的工作，多压些担子给那些有潜力和发展前途的年轻干部，使他们在锻炼中快速成长。国之安危在于政，政之治乱在于吏，从严治吏是党要管党、从严治党的关键一环。要坚持从严教育、管理和监督，让每一个干部深刻懂得，当官和发财是“鱼与熊掌不可兼得”，当干部就理应付出更多辛劳、接受更严格的约束。要让好干部受到大家的尊重和组织的重用，不断铲除作风漂浮、阿谀奉承、玩权弄柄的生长土壤，绝不姑息跑官要官、买官卖官的人和事。他还指出，党员是党的肌体的细胞，党组织要始终把政治标准置于首位，对发展党员严格把关，确保政治合格，使广大党员干部明使命、敢担当、能碰硬、善团结，从而充分发挥先锋模范作用。基础不牢，地动山摇，要把每个基层党组织打造成名副其实的战斗堡垒，并以此作为抓基层、打基础工作的关键一环，要充分理解信任、格外关心爱护战斗在基层工作一线的广大基层干部，各级领导部门都要为其多办一些雪中送炭、温暖人心的事情。

习近平同志深刻地指出，加强党的建设，必须营造一个良好的政治生态①。一个地区和单位好的政治生态不是凭空产生的，与其实际工作中是否坚持党的组织人事纪律密切相关。松弛的组织纪律造成松散的组织和不良生态，而不良或恶劣的政治生态不仅难以使优秀的人才脱颖而出，甚至会“劣币驱逐良币”，导致最终大量的人才外流或受抑制。营造良好的政治生态，各级领导干部尤其是高级干部要身先士卒、率先垂范：要带头坚守沧桑正道、弘扬社会正气，坚持以信仰信念、人格魅力和实干精神作为个人安身立命之本；要坦荡磊落，对上对下不讲虚话假话、不行虚招假招；要坚持原则、严守底线、嫉恶如仇，严格按党纪国法办事，对不正之风要敢于亮剑；要有政治意识、大局意识、核心意识和看齐意识，拥护中央和领袖的权威，自觉地与党中央高度一致；要保持艰苦奋斗的精神风尚、坚守清正廉洁的政治本色、坚持谨慎用权的责任态度，在各种诱惑面前算得清人生账，经得起大风大浪考验，守得住“底线”。久而久之，就能形成“讲正气”的大气候，让党内和社会上那些看起来无影无踪的潜规则逐渐失去通道和市场。

三、以作风建设和廉政纪律为抓手，立破并举和扶正祛邪

习近平深刻地指出，党风就是党的形象，关系人心向背，关系党的生死存亡②。作风体现党风，作风问题蛰伏于实际工作之中，绝不能等闲视之，甚至“大事化小，小事化了”。“千里之堤，溃于蚁穴”，如果任不良作风肆意发展，就等于筑起一座无形的墙，将党和人民隔离开来，党由此就会失去根基、血脉和力量。我们党是代表人民长期执政的马克思主义政党，在任何时候都不能对作风问题掉以轻心。作风建设抓和不抓、真抓和虚抓、小抓和大抓都迥然不同，党内的一些不良作风、违纪现象、腐败问题和体制机制上的顽瘴痼疾，只有在切实地动真格、打硬仗之中才能彻底扫除，并让人民群众因感受到实实在在的成效而满意。

面对经济全球化的历史潮流和改革开放40年来世情、国情、党情的风云变幻，全党面临着“四大危险”和“四大考验”更加尖锐的挑战，形式主义、官僚主义、享乐主义和奢靡之风集中体现了党内脱离群众的种种不良现象。这

① 习近平：《坚持从严治党落实管党治党责任　把作风建设要求融入党的制度建设》，《人民日报》2014年7月1日，第1版。

② 习近平：《坚持从严治党落实管党治党责任　把作风建设要求融入党的制度建设》，《人民日报》2014年7月1日，第1版。

“四风”水火不容于党关于“立党为公、执政为民”的性质和宗旨，是浮在表面上、人民群众深恶痛绝、反映强烈的问题，对当前党群和干群关系造成了严重的损害。把这个问题解决好了，就能为解决其他党内问题赢得时间、提供更好的条件。为此，习近平指出，“八项规定”就是抓作风改进工作的一个很好的切入口和动员令。作风建设是一个立破并举、扶正祛邪的过程，其中要十分注意治理庸、懒、散和好人主义等不良风气，这些庸俗作风盛行之处，往往就是党的政治软弱、思想混乱、组织涣散的地方，就是党员干部队伍中问题出得多的地方。批评和自我批评是我们党的优良传统，必须运用好这个清除党内政治灰尘和微生物的有力武器，以不断提高领导班子发现和解决自身问题的能力，不断增强党内生活的政治性和原则性。他强调，党的群众路线教育实践活动有期限，但贯彻群众路线没有休止符，各级党委、纪委和相关职能部门要以踏石留印、抓铁有痕的劲头抓下去，让人民不断看到切切实实的成效和变化①。

旗帜鲜明地反对腐败、高扬中国共产党人清正廉洁的精神操守，是我们党始终坚持的政治立场；建设干部清正、政府清廉、政治清明的良好局面，是我们党一以贯之的政治追求。习近平告诫全党：“秦人不暇自哀而后人哀之”，近些年来，曾长期执政于一些国家，甚至还一度甚有政绩的政治党派和政治团体以其倒台、黯然落幕的惨痛教训警示我们，愈演愈烈的腐败之风一旦刹不住，亡党亡国就会成为必然下场。他进而指出，我们的党员干部队伍的主流始终是好的，但当前一些领域消极腐败现象仍然易发多发，反腐败斗争的形势依然严峻②。党风廉政建设和反腐败斗争之所以关乎党和国家的生死存亡，核心问题就在于党须始终做到一切为了人民，紧紧依靠人民，一刻也不脱离人民。为此，必须义无反顾地将反腐倡廉常抓不懈，对拒腐防变做到警钟长鸣。既要打“老虎”坚决处理党员干部违法乱纪事件，又要拍“苍蝇”解决潜藏于群众身边的腐败问题，确保党始终同人民群众舟水共济、鱼水相依。他强调，全党同志要深刻认识反腐败斗争的长期性、复杂性和艰巨性，以猛药去疴、重典治乱的决心，以刮骨疗伤、壮士断腕的勇气，把党风廉政建设和反腐败斗争进行到底③；

① 习近平：《扎实开展第二批教育实践活动　努力取得人民群众满意的实效》，《党建》，2014 年第 2 期，第 19 – 20 页。

② 习近平：《更加科学有效地防治腐败　坚定不移把反腐倡廉建设引向深入》，《党建》，2013 年第 2 期，第 4 – 5 页。

③ 习近平：《强化反腐败体制机制创新和制度保障　深入推进党风廉政建设和反腐败斗争》，《人民日报》2014 年 1 月 15 日，第 1 版。

各级领导干部要把严于律己与对亲属、身边工作人员加强教育约束结合起来，使自己和身边人都自觉坚守廉政阵地，坚决反对以权谋私、行特权之事；官商交往要相敬如宾，不能过度亲密乃至勾肩搭背；不管涉及谁，只要违反了党纪国法，都决不手软留情。

习近平同志指出，思想纯洁是最根本的纯洁，道德高尚是清正廉洁的基础①。要大力加强反腐倡廉教育和廉政文化建设，引导广大党员干部牢固树立马克思主义的世界观、权力观、事业观、地位观和利益观，以思想清醒确保用权清醒，始终保持共产党人的政治操守和事业情怀。特权思想和现象不仅是党风建设和反腐斗争锋芒所指的重点对象，而且也是阻碍党和国家永葆蓬勃生机的重大现实问题。永远当劳动人民中的普通一员应是每一名共产党员的人生信条，在法律政策内的工作职权和个人利益以外谋求任何私利和特权都是不允许的。要站在党和国家顶层高度加强对权力制衡和运行监督体系的设计，着力健全不想腐、不敢腐、不能腐和不易腐的教育机制、惩治机制、预防机制和保障机制，使权力在扎紧了的制度笼子里和阳光下有序、透明运行。要运用“四种形态”（批评和自我批评成常态、多数从轻处分、少数从重处分、刑法处理是个别）管党治党，实现抓早抓小、防微杜渐。惩治这一手必须始终抓得硬，党的十八大以来坚决查处了一些人的严重违纪违法问题向全国人民表明，不论什么人，只要触犯了党纪国法，都要受到严肃追究和严厉惩处②。切实把党风廉政建设和反腐败斗争这项关乎党和国家命运的任务不断引向深入，需要发扬我们党在国家治理实践中积累的有益经验，需要总结继承我国历史上反腐倡廉的宝贵遗产，需要积极借鉴各国反腐倡廉建设的有效做法。

四、以制度建设和深化改革为根本，形成维护党纪的长效机制

制度比其他防范保障措施更具有根本性和长期性。随着40年中国特色社会主义伟大实践的持续推进和改革开放伟大事业的不断深入，今天我们党和国家的各项制度规范基本趋于完善，各项“摸着石头过河”的有益探索成果也亟待上升为国家层面的制度规范。习近平同志进而明确指出，坚持完善中国特色社会主义制度、推进国家治理体系和能力现代化，是全面深化改革的总目标，是

① 习近平：《积极借鉴我国历史上优秀廉政文化　不断提高拒腐防变和抵御风险能力》，《党建》，2013年第5期，第7页。

② 习近平：《更加科学有效地防治腐败　坚定不移把反腐倡廉建设引向深入》，《党建》，2013年第2期，第4－5页。

今天摆在我们面前的一项重大历史任务①。

依法治党是新时代依法治国的前提和基础。习近平同志指出，健全权力制衡和运行监督体制机制是加强党内制度建设的着力点，尤其要贯彻好民主集中制这个党的根本组织制度，推进公开施政行为制度和党风廉政建设责任制，保证对“一把手”的监督不空场、不缺席。制度设计要以党章这个立党、治党、管党的总章程为基石和总的判断标准，本着于法周延、于事简便的原则，以凸显其中的针对性、操作性和指导性，进一步着眼于协调实体性规范和保障性规范之间的关系。要全面推进惩治和预防腐败体系建设，以更加科学有效地防治腐败，加强自身执行力建设，让法律制度刚性运行；全党要无条件遵守纪律和制度，每一位党员在党纪国法面前一律平等，违规违法制裁没有特殊和例外；各级党组织不能使纪律和制度降格为一种软约束、只装样子的“稻草人”，甚至是束之高阁的一纸空文，要敢抓敢管，使之成为闪光带电的“高压线”。各级领导干部要增强按制度办事、依法办事的意识，坚持用制度管人、管事、管权，善于运用制度和法律治理国家，把中国特色社会主义制度的优势及其中蕴含的核心价值转化为管理国家的现实效能，不断提高科学、民主、依法执政的水平。

当前，全面深化改革是决定当代中国命运和实现“两个一百年”奋斗目标、民族复兴梦的关键一招，依法治党、从严治党、反腐倡廉，同样需要向深化改革要动力。习近平指出，要适应时代和实践要求的变化，不断改革和构建党内的体制机制、法律法规，促进党内治理工作更加科学化和程序化。要深化对典型腐败案例的解析剖析，通过深化改革最大限度地减少腐败问题多发领域和环节的体制缺陷和制度漏洞，不断地铲除腐败滋生蔓延的土壤。要加强党对党风廉政建设和反腐败工作的统一领导并健全相应的工作机制，进一步划分和明确对于党风廉政建设的党委主体责任和纪委监督责任，改革和完善各级反腐败协调小组职能，制定实施切实可行的责任追究制度。强化纪委系统的垂直领导体制机制，全面落实中央纪委向中央一级党和国家机关派驻纪检机构，改进中央和省区市巡视制度，做到对地方、部门企事业单位全覆盖②。国家各项改革措施的制定都不能与防范腐败绝缘，而应与其同步设计和同步施行，从而从根本上堵塞漏洞出现的可能性，确保全面深化改革工作的稳步推进。

---

① 习近平：《完善和发展中国特色社会主义制度　推进国家治理体系和治理能力现代化》，《人民日报》2014年2月18日，第1版。

② 习近平：《关于〈中共中央关于全面深化改革若干重大问题的决定〉的说明》，《求是》，2013年第22期，第19－27页。

习近平同志指出，践行党的群众观点、贯彻党的群众路线、保持党同人民群众的鱼水情，是一个常做常新的课题。建立健全党员干部为民、务实、清廉从观念到实践的长效机制，要以群众路线教育实践活动为契机，通过深化改革，从体制机制层面进一步破题，制定新制度、健全老制度、废止旧制度，并坚决做到有章必循、违规必究。他进一步指出，作风建设的关键是常抓、细抓、长抓：一是经常抓，作风问题有其顽固性并显身于日常工作之中，要把作风建设置于恰当地位并有机融入各方面工作，使之常态化、日常化，通过管思想作风来管人、通过管人来管事；二是细处抓，细处往往是解决作风问题、牵一点带动一片的突破口，因此对干群特别是基层群众反映强烈的作风问题要"事事过问""人人过关"，同时着力解决面上带有普遍性的问题；三是长期抓，绝不能集中抓的时候雷霆万钧、平时则放任自流，也不能"三天打鱼，两天晒网"或是"雷声大雨点小"、光摇旗呐喊，"再而衰三而竭"，而应真抓大抓、反复抓、抓反复。他还提出，协商民主是我国社会主义民主政治的特有形式和独特优势，是党的群众路线在政治领域的重要体现①。要将协商民主与构建党的群众路线教育实践活动长效机制结合起来，将完善人民民主的多渠道多样化和推进协商民主广泛多层制度化结合起来，以利于促进人民有序政治参与、加强民主决策和民主监督、营造文明理性民主协商的良好氛围，以健全维护党纪的强大合力和长效机制，来推进中华民族的伟大复兴。

---

① 习近平：《关于〈中共中央关于全面深化改革若干重大问题的决定〉的说明》，《求是》，2013 年第 22 期，第 19 – 27 页。

习近平总书记关于巡视工作的重要论述

北京师范大学　王　峰

习近平巡视工作思想是以习近平同志为核心的党中央在全面从严治党的形势下提出的管党治党的重要思想，是习近平新时代中国特色社会主义思想的重要组成部分。从理论性来看，习近平巡视工作思想是对马克思主义政党民主集中制原则的具体化、程序化；从实践性来看，习近平巡视工作思想是对党的十八以来如火如荼的巡视监督实践经验的提炼总结；从历史性来，习近平巡视工作思想是对中国共产党监督思想和中国古代巡视监察思想的有益借鉴。习近平巡视工作思想体现了理论逻辑、实践逻辑和历史逻辑高度统一，为新时代坚持和加强党的全面领导，坚持党要管党、全面从严治党提供了强有力的理论指导。

一、理论的逻辑：坚持和贯彻了民主集中制原则

民主集中制是马克思主义政党最鲜明的特征，是马克思主义政党监督理论最本质的内容。党的十八大以来，以习近平同志为核心的党中央从做好党内监督体系的顶层设计出发，把巡视工作作为贯彻和执行民主集中原则的重要制度纳入到全面从严治党的总体部署中，探索出的实现自上而下的党内监督与自下而上的群众监督相结合的有效方式，破解了党在长期执政条件下实现自我监督的难题。

1. 巡视工作坚持和贯彻了民主基础上的集中原则。按照民主集中制的原则，党员个人服从党的组织，少数服从多数，下级组织服从上级组织，全党各个组织和全体党员服从党的全国代表大会和中央委员会。巡视工作创新党内监督方式，以上级党组织派出巡视组对下级党组织进行监督的方法，维护党中央的权威和集中统一，贯彻执行中央的路线方针政策和重大决策部署，把民主集中制真正严格起来、执行下去。

第一，巡视是中央授予的权威，巡视组具有自上而下巡视的监督权力。巡视的权威是党章赋予的，巡视组的派出主体是党中央和省区市党委，体现的是党集中统一领导的权威。在巡视过程中，巡视组以“四个意识”为政治标杆对被巡视党组织进行巡视检查，监督检查被巡视党组织执行党的路线方针政策方面存在的问题，督促被巡视党组织整改落实巡视过程中发现的各种问题。习近平同志特别强调，巡视是政治巡视，不是业务巡视。巡视工作之所以定位于政治巡视，是因为不管是作风问题、用人问题，还是贪污腐败问题，归根结底是政治上出了问题。只有从政治上开展巡视，发现并纠正问题，才能从根本上推动各级党组织和党员领导干部自觉向核心看齐、自觉维护核心，始终在政治立场、政治方向、政治原则、政治道路上同党中央保持高度一致，确保党的路线方针政策和党中央决策部署得到贯彻落实。

第二，巡视组必须担负起巡视监督的责任。巡视是党章赋予的重要职责，是从严治党、维护党纪的重要手段，巡视组必须担负起巡视监督的责任，尽职尽责地完成巡视检查被巡视党组织的主体责任、纪委的监督责任落实情况和组织纪律执行情况等任务，发挥巡视利剑的震慑作用。习近平同志要求巡视组“要落实监督责任，敢于碰硬，真正做到早发现、早报告，促进问题解决，遏制腐败现象蔓延的势头”①。制度是管根本和管长远的，为使巡视组的监督职责更加明确和固化，2017 年修订的《中国共产党巡视工作条例》对巡视组的监督职责进行了详细规定，并做出了“对领导巡视工作不力，发生严重问题的，依据有关规定追究相关责任人员的责任”的明确要求，特别是划出了“对应当发现的重要问题没有发现的”“不如实报告巡视情况，隐瞒、歪曲、捏造事实的”②进行处理等六条红线，不仅奠定了问责各类巡视责任主体失职、渎职等行为的法规基础，更推动责任落地生根，全面加强了对落实管党治党责任的刚性约束。

第三，被巡视党组织必须支持和配合巡视组的工作。巡视是政治巡视，巡视的内容聚焦坚持党的领导、加强党的建设、全面从严治党，其根本目的是严肃党内政治生活，净化党内政治生态，促进管党治党标本兼治。为此，被巡视党组织支持和配合巡视工作，既是增强政治意识、大局意识、核心意识、看齐意识，自觉同党中央保持高度一致，更是坚定贯彻落实党的路线方针政策和党

---

① 《习近平总书记关于发挥巡视利剑作用重要论述摘录（2013 年 4 月 – 2017 年 2 月）》，《中国纪检监察》，2017 年第 8 期。

② 《中国共产党巡视工作条例（2017 年 7 月 1 日修改）》，《人民日报》2017 年 07 月 15 日。

中央决策部署，维护党中央权威和集中统一的表现。同时，新修订的《巡视条例》对被巡视党组织接受巡视监督的要求做了明确规定："被巡视党组织领导班子及其成员应当自觉接受巡视监督，积极配合巡视组开展工作"，"党员有义务向巡视组如实反映情况"。对于"隐瞒不报或者故意向巡视组提供虚假情况的；拒绝或者不按照要求向巡视组提供相关文件材料的"① 等干扰巡视工作的行为，巡视条例规定视情况对该地区（单位）领导班子主要负责人或者其他有关责任人员，给予批评教育、组织处理或者纪律处分；涉嫌犯罪的，移送司法机关依法处理。

2. 巡视工作坚持和贯彻了民主集中制基础上的民主原则。坚持民主集中制原则，还必须坚持集中基础上的民主原则。按照党章的规定，党的上级组织要经常听取下级组织和党员群众的意见，及时解决他们提出的问题；党的各级组织要按规定实行党务公开，使党员对党内事务有更多的了解和参与。党的十八大以来巡视监督的实践证明，巡视监督尊重党员主体地位，发挥同级相互监督和自下而上民主监督作用，实现权力与责任、权利与义务的统一，彰显中国特色社会主义民主监督的制度优势。

第一，巡视发挥了同级相互监督作用。巡视的威慑力在于发现和反映问题，为更有效、更广泛地发现问题，巡视组在进驻被巡视单位前就公布巡视对象，接受相关单位和个人的信息举报，充分听取纪检监察、组织人事、信访、审计等部门的情况通报。这样，巡视组在开展巡视前便掌了握巡视对象的相关情况及有关线索，使巡视工作具有明确的问题导向，提高巡视的实效性和针对性。巡视发现问题并不是最终目的，巡视的威慑力最终体现在于巡视成果运用过程中。所以，巡视组在巡视的过程中和巡视成果的运用过程中，需要和相关部门合作，实现巡视成果共享、监督无缝对接的联动效果，形成强大监督合力。习近平同志指出，"纪检机关、组织部门要及时跟进，分清问题性质，不合适的要交流，造成重大损失的要免职，违纪违法的要依法依纪处理，所有问题都要有个明确说法。"② 党的十八大以来，党在全面从严治党中创造性提出了处置党员违纪违规的"四种形态"，便是巡视监督要与纪检监督、组织监督、审计监督、社会监督和行业监管有效结合，综合用好批评教育、组织处理、纪律处分等处

---

① 《中国共产党巡视工作条例（2017 年 7 月 1 日修改）》，《人民日报》2017 年 07 月 15 日。

② 《习近平总书记关于推动巡视工作向纵深发展重要论述摘录（2013 年 4 月 – 2017 年 6 月）》，《中国纪检监察》，2017 年第 14 期。

理方式的具体表现。

第二，巡视发挥了自下而上的监督作用。在巡视的过程中，巡视组进驻被巡视单位后，公开信箱邮箱和举报电话，接待群众来访，充分调动党内外干部群众参与监督的积极性。仅从巡视工作收集信息的方法来看，2017 年新修订的巡视条例在总结巡视经验的基础上，设计了 13 种巡视的工作方式。其中涉及干部群众参与的方式主要有 10 种：（一）听取被巡视党组织的工作汇报和有关部门的专题汇报；（二）与被巡视党组织领导班子成员和其他干部群众进行个别谈话；（三）受理反映被巡视党组织领导班子及其成员和下一级党组织领导班子主要负责人问题的来信、来电、来访等；（四）向有关知情人询问情况；（五）召开座谈会；（六）列席被巡视地区（单位）的有关会议；（七）进行民主测评、问卷调查；（八）以适当方式到被巡视地区（单位）的下属地方、单位或者部门了解情况；（九）提请有关单位予以协助；（十）派出巡视组的党组织批准的其他方式。巡视实践证明，广大党员干部群众积极参与到巡视的过程中，使违纪违法的党员干部陷入人民监督的汪洋大海之中。党的十八大以来，中央 12 轮巡视共处理来信来访159 万件次，与党员干部和群众谈话5.3 万人次，发现各类突出问题8200 余个。十八届中央纪委执纪审查的案件中，超过 60% 的线索来自巡视。①

第三，巡视实现了权力与责任、权利与义务的统一。信任不能代替监督，监督别人的人首先要接受监督。党的一切权力是人民授予的，因而必须要接受人民的监督，保证党的权力被正确行使到为人民服务的过程中。2015 年 6 月 26 日，习近平同志主持中央政治局会议审议巡视工作条例修订稿时，专门强调了党内监督和人民群众监督的关系，他说："巡视发现问题要深挖线索、顺藤摸瓜，既要叫板，也要较真。发现了问题，查处要到位，如果迂回而过，发现了跟没发现问题一样，或者发现了解决不了，还不如不巡视。人们常说，'人在做、天在看'。'天'是什么？'天'就是党和人民。"② 以人民为中心，为人民利益而奋斗，接受人民的监督，永远保持共产党人的政治立场，是习近平同志巡视工作思想的核心要义。按照习近平同志关于发挥人民监督作用的指示思想，新修订的巡视条例明确规定：被巡视地区（单位）的干部群众发现巡视工作人

---

① 《十八届中央纪律检查委员会向中国共产党第十九次全国代表大会的工作报告》，《人民日报》2017 年 10 月 30 日。

② 《习近平总书记关于推动巡视工作向纵深发展重要论述摘录（2013 年 4 月 – 2017 年 6 月）》，《中国纪检监察》，2017 年第 14 期。

员存在违规违纪违法的行为，可以“向巡视工作领导小组或者巡视工作领导小组办公室反映，也可以依照规定直接向有关部门、组织反映”。① 巡视条例以党内法规的形式赋予了被巡视党组织的干部群众监督巡视工作人员监督的权力，将人民赋予的权力始终牢牢掌握在人民的手里。

二、历史的逻辑：吸收和借鉴中国共产党党内监督思想和中国古代巡视监察的历史经验

巡视是中国共产党党内监督思想的重要内容，也是中国传统政治文化的重要组成部分。前者是党加强自身监督的重要手段，后者是维护封建王权的重要工具，二者有着本质的区别，但是二者在治党和治国过程中都积累了丰富的实践经验，是习近平巡视工作思想形成的历史经验来源。

1. 从中国共产党党内监督的历史经验中汲取营养。党自建立之日起，就开始探索如何在坚持党的领导下更好地发挥纪律检查机构的监督作用。大革命失败后，党分别于1928年10月和1931年5月颁布了《巡视条例》和《中央巡视条例》，以成文法规的形式规定了中央以派遣巡视员的方式加强对地方党组织的领导和整顿，维护党中央的集中统一领导，保证党的方针政策在各级党组织中得到贯彻执行。《巡视条例》开宗明义强调了巡视的目的“为使上级党部之一切策略，工作计划和指导能正确的被下级党部（直至支部）接受和执行”。② 改革开放以来，在市场经济冲击下，党内出现了影响党的纯洁性和先进性的腐败问题和现象，基于此，党于2009年制定了《中国共产党巡视工作条例（试行）》，明确提出巡视的对象是“中央负责省部级领导班子和领导干部以及中央要求巡视的其他单位的党组织领导班子及其成员，省级负责巡视区域内至县一级领导班子和领导干部以及省、自治区、直辖市党委要求巡视的其他党委得党组织领导班子及其成员”。③ 加强对“一把手”监督的制度设计，这是改革开放以来党的制度建设的最大创新，使巡视制度更具有明显的针对性，填补了新时期党内监督制度建设的一个空白。

习近平重视从党的历史中汲取发展的营养，强调指出：“我们党抓党的建

---

① 《中国共产党巡视工作条例（2017年7月1日）》，《人民日报》2017年7月15日。

② 中共中央文献研究室、中央档案馆编：《建党以来重要文献选编（1921—1949）》（第5册）中国文献出版社，2011年版，第652页。

③ 李洪峰编著：《〈中国共产党章程〉集注》（下），党建读物出版社，2013年版，第1441页。

设，很重要的一条经验就是不断总结我们党长期以来形成的历史经验和成功做法，并结合新的形势任务和实践加以创新。”① 针对党内存在的组织涣散、纪律松弛等问题，习近平强调创新的党内监督的体制机制，把巡视制度作为党内监督的重要制度纳入到全面从严治党的布局中，推动党内监督制度的创新发展。

第一，强化中央对巡视工作的领导。针对党内曾长期存在的“双重领导体制”下同级纪委监督无力软弱的问题，党中央通过修改巡视工作领导体制，将中央巡视工作领导小组对省区市巡视工作原“指导”关系改变为“领导”关系。上下级巡视机构的隶属关系的改变，强化了中央巡视工作领导小组的集中统一领导，为加强中央对省区市党委和巡视机构落实巡视工作主体责任和监督责任，执行中央关于巡视工作的决策部署，按照中央要求加强和改进巡视工作提供了法规依据。

第二，明确监督对象，提高监督效率。领导干部因为职责重大、岗位重要，抓住关键少数的领导干部，就等于抓住了全面从严治党的牛鼻子。习近平强调指出：切实加强对党组织领导班子及其成员特别是主要负责人的监督，无论是谁，包括中央政治局委员兼任省区市党委书记的，都在巡视监督范围之内。② 按照习近平对巡视工作的指导思想和重要部署，2015 年 7 月新修订的《中国共产党巡视工作条例》在坚持中央巡视组对省区市四套班子开展巡视的基础上，将“省、自治区、直辖市高级人民法院、人民检察院党组主要负责人，副省级城市党委和人大常委会、政府、政协委员会党组主要负责人”以及“中央部委领导班子及其成员，中央国家机关、人民团体党组（党委）领导班子及其成员；中央管理的国有重要骨干企业、金融企业、事业单位党委（党组）领导班子及其成员”③ 纳入中央巡视范围，对省一级巡视对象和范围也作了相应规范。巡视目标进一步明确，巡视监督的针对性就进一步增强，巡视监督的震慑效果也就更加明显。党的十八大以来的巡视实践也证明，巡视监督发挥了政治“显微镜”和政治“探照灯”作用，对“关键少数”的腐败行为进行了曝光，产生了更大的震慑力。

第三，建立运用巡视成果的体制机制。纵观党的发展历史，党内监督措施

---

① 习近平：《关于〈关于新形势下党内政治生活的若干准则〉和〈中国共产党党内监督条例〉的说明》，《人民日报》2016 年 11 月 3 日。

② 《锻造巡视监督利剑　探索自我净化路径　推动全面从严治党向纵深发展——党的十八大以来中央巡视工作综述》，《人民日报》2017 年 9 月 29 日。

③ 《中国共产党巡视工作条例》，《人民日报》2015 年 8 月 14 日。

真正要发挥实效，党内监督制度必须要落地生根，具有可操作性和执行性。习近平高度重视发挥巡视成果的作用，反复强调巡视作是党内监督的战略性制度安排，不是权宜之计，要做到件件有着落、条条要整改、事事有回音，“对巡视整改落实情况，要开展‘回头看’，揪住不放；对敷衍整改、整改不力、拒不整改的，要抓住典型，严肃追责”。① 按照习近平对正确运用巡视成果的指导思想，党进一步完善了巡视成果运用体制机制：一是明确职责派出巡视组的党组织应当及时听取巡视工作领导小组有关情况汇报；二是实行巡视情况“双反馈”，巡视组应当及时向被巡视党组织领导班子和主要负责人分别反馈巡视情况，指出问题，有针对性地提出整改意见；三是整改情况“双报告”，被巡视党组织在规定时间内将整改情况报告和主要负责人组织落实情况报告，报送巡视工作领导小组办公室；四是巡视工作领导小组办公室应当了解和督促被巡视地区（单位）整改落实工作并向巡视工作领导小组报告；五是将巡视进驻、反馈、整改等情况应当以适当方式公开，接受党员、干部和人民群众监督。建立健全运用巡视成果的体制机制，等同于进一步磨砺了巡视监督的利剑，扩大了巡视监督的威慑力，为实现标本兼治的目的奠定了法规依据。

2. 吸收和借鉴中国古代巡视监察的历史经验。中国古代的巡视制度是古代监察制度的重要内容，是中国传统政治文化的重要组成部分，在几千年来的发展演变过程中积累了丰富的历史经验。一是巡视监察人员具有权威性。古代的监察御史、刺史等巡视监察人员是代表朝廷巡视各地，他们的官阶小于被巡视人员，但是他们具有位卑权重的权威性，他们可以“大事奏裁，小事立断”，甚至可以“风闻奏事”。二是巡视监察具有震慑作用。中国古代不仅在中央和地方建立了固定的监察区和监察机构，以实现坐镇监察的效能，同时还实行监察官不定期地或专项巡察地方的监察方式，以克服单纯依靠坐镇监察的被动性。例如，汉武帝时期，将全国划分为 13 州部监察区，京师设司隶校尉“察举百官以下，及京师近郡犯法者”，其余 12 州各设刺史一名，刺史代表朝廷巡视地方，“掌奉诏条察州”，以“六条问事”。三是对巡视监察人员权利与义务的相统一。为保证巡视监察人员能够忠诚履职、公正执法，古代的巡视制度对巡视监察人员的选拔任用、纪律约束等方面制定有明确的要求。例如，宋代在都司御史处都配备专门人员，掌握御史对六部纠察情况；明代，御史“出按复命，都御史

① 《习近平总书记关于发挥巡视利剑作用重要论述摘录（2013 年 4 月 – 2017 年 2 月）》，《中国纪检监察》，2017 年第 8 期。

覆劾其职称不称职以闻。凡御史犯罪，加三等，有赃从重论”。中国共产党的巡视制度与中国古代的巡视制度有着本质的区别，但是中国古代巡视制度赋予巡视监察人员权威和巡视方法多样性的经验为党开展巡视工作提供了有益借鉴。

习近平重视从中国传统政治文化中汲取治国理政的智慧，强调指出：“中国的今天是从中国的昨天和前天发展而来的。要治理好今天的中国，需要对我国历史和传统文化有深入了解，也需要对我国古代治国理政的探索和智慧进行积极总结。”① 党的十八大以来，以习近平同志为核心的党中央在实施全面从严治党的伟大战略中，特别重视从中国古代的巡视制度中借鉴经验，推动巡视制度创新发展。

第一，巡视组要有权威性。习近平在指导巡视工作时反复强调要让巡视成为“国之利器、党之利器”。要让“利器”生威，就必须保证权威性。2013 年 9 月 26 日，中央政治局常委会审议《关于二〇一三年上半年中央巡视组巡视情况的综合报告》，习近平就强调指出：“中央给了巡视组尚方宝剑，是‘钦差大臣’，是‘八府巡按’，就要尽职履责，不能大事拖小，小事拖了，对腐败问题要零容忍。”② 2016 年 1 月 12 日，在第十八届中央纪律检查委员会第六次全体会议上的讲话时，习近平再次强调巡视是党内监督的战略性制度安排，“明代以后有八府巡按，走到哪里，捧着尚方宝剑，八面威风。我们的巡视不是八府巡按，但必须有权威性，成为国之利器、党之利器。”③ 党的十八大以来，一批如同苏荣、令计划等大老虎的违纪违法线索被巡视发现，正是巡视组织具有权威性、敢于挑战不可能的生动体现。

第二，巡视组要发挥震慑作用。巡视之所有威力，能够发挥震慑作用，在于其能够发现问题。习近平强调指出，“现在的巡视有点‘八府巡按’的意思了，群众说‘包老爷来了’，有‘天’之感，有问题的干部害怕了。”④ 他引用唐代御史韦思谦“不能动摇山岳，震慑州县，为不任职”的话来表达党中央对任何腐败行为实行“零容忍”的态度，实现监督“全覆盖”、防控“零死角”

---

① 《习近平在中共中央政治局第十八次集体学习时强调　牢记历史经验历史教训历史警示为国家治理能力现代化提供有益借鉴》，《人民日报》2014 年 10 月 13 日。

② 《习近平总书记关于巡视工作的重要论述》，《中国纪检监察》，2015 年第 7 期。

③ 《习近平总书记关于加强和改进巡视工作重要论述摘录（2013 年 4 月 –2017 年 6 月）》，《中国纪检监察》，2017 年第 17 期。

④ 《习近平总书记关于发挥巡视利剑作用重要论述摘录（2013 年 4 月 –2017 年 2 月）》，《中国纪检监察》，2017 年第 8 期。

的决心。为提高巡视发现问题的能力，党的十八大以来，党中央以深化专项巡视、强化“机动式”巡视、加强巡视巡察上下联动等方式，推动巡视工作创新发展。例如，“机动式”巡视便是发挥巡视震慑作用的重要创新。“机动式”巡视的显著特点就以问题为导向，一方面要针对巡视重点，盯住重点人、重点事、重点问题，哪里问题集中就巡视哪里，提高发现问题的精准度；另一方面，要闻风而动，谁问题突出就巡视谁，出其不意，形成更大震慑力。这样，让被巡视单位摸不着规律，巡视之剑时刻悬在头顶之上，巡视的震慑作用就体现出来了。

第三，建立责任主体清晰的工作体系。有权必有责，失责必问责，巡视因为权责利的统一而更加有效。为提高巡视监督发现问题的能力，习近平要求中央巡视组率先垂范，层层传导压力，层层落实责任，做到横向全覆盖、纵向全链接、全国“一盘棋”，形成上下联动遏制腐败现象的网络。习近平明确指出：“各级党组织整改不力是失职，不抓整改就是渎职。中央巡视组是代表中央去反馈，要找党委（党组）书记直接说事，坚决把责任压下去。细化整改问责制度，建立问题清单、任务清单、责任清单。对敷衍整改、整改不力、拒不整改的，抓住典型严肃问责。”① “巡视发现的问题，根本责任在被巡视单位党组织，自己的问题必须自己‘买单’，不能发现问题后还当‘看客’和‘说客’。对巡视整改落实情况，要开展‘回头看’，揪住不放。”② 按照习近平对巡视工作的指示精神，中央巡视工作建立了以落实“两个责任”为核心，以明确“三个第一责任人”为重点，以抓好“五责”为支撑的巡视工作责任体系，层层落实责任，确保责任落地。习近平站在党要管党、从严治党的战略高度，认真分析了巡视工作的新形势、新任务、新要求，准确把握巡视工作的重点，科学界定了巡视工作定位，为巡视工作深入开展定准了坐标、指明了方向。

三、实践的逻辑：总结和凝练了党的十八以来巡视工作的创新经验

时代是思想之母，实践是理论之源。党的十八大以来，针对党内存在的种种问题和弊端，习近平以强烈的历史担当意识和深沉使命忧患意识，以巡视为手段深入推进党内监督的理论创新、实践创新、制度创新，探索出了党在长期

① 《中央巡视组反馈要找书记直接说事，坚决把责任压下去》，中央纪委监察部网，2016年1月2日。

② 《习近平总书记关于发挥巡视利剑作用重要论述摘录（2013年4月－2017年2月）》，《中国纪检监察》，2017年第8期。

执政条件下自我净化的有效路径，彰显了中国特色社会主义民主监督制度的优越性。

1. 创新巡视监督的方法。工欲善其事，必先利其器。习近平高度重视巡视方法的创新，强调："要抓好工作创新，在总结经验的基础上，适应形势发展，推动巡视工作方式方法、制度建设等方面与时俱进，完善工作机制，增强巡视工作的针对性、实效性。"① 党的十八大以来巡视监督之所以发挥出利剑作用，与巡视方法的创新密不可分。第一，实施"两个不固定"。为避免巡视过程中产生的利益共生的问题，党在巡视实践中建立和完善巡视组长库。巡视组组长不再是"铁帽子"，而是一次一授权。巡视组长即可以是任现职的，也可以是刚离开工作岗位的；每次巡视人员不固定，巡视地区和单位不固定，既可以是原有纪委人员，也可以是从相关单位借调人员。习近平很重视"一次一授权"的成功经验，认为这种方法很好，要求将这种经验制度化并进行推广。第二，实行常规巡视和专项巡视相结合。专项巡视是党的十八大以来，在巡视实践中创新出来的巡视方法，是在坚持常规巡视的基础上，对部门和企事业单位则以专项巡视为主，分领域、分类别开展巡视。习近平高度称赞在常规巡视基础上开展的专项巡视的试点工作，认为专项巡视的试点工作"效果很好"，发挥了"定点清除、精准打击"的震慑作用，强调："现在对全国面上的常规巡视已完成一遍，下一阶段的重点要转向专项巡视，更加机动灵活，根据动静随时就去，让人摸不着规律。"② 第三，强化巡视回头看。巡视回头看是按照习近平关于增强巡视震慑作用指导思想创新出来的巡视方法，一批诸如天津市委原代理书记、市长黄兴国，辽宁省委原书记王珉，山东省济南市原市长杨鲁豫，安徽省原副省长杨振超等"老虎"，均在巡视'回头看'中被拿下。实践证明，"通过'回头看'，一方面切实督促落实整改责任；另一方面对新的问题线索深入了解，可以形成更大威慑力"。③ 党的十八以来巡视工作之所以能够取得巨大的震慑作用，一个重要的经验就是不断推进巡视工作方式方法创新发展，及时将成熟的经验制度化，精心"锻造"巡视监督的利剑。

---

① 《习近平总书记关于发挥巡视利剑作用重要论述摘录（2013 年 4 月 - 2017 年 2 月）》，《中国纪检监察》，2017 年第 8 期。

② 《习近平总书记关于加强和改进巡视工作重要论述摘录（2013 年 4 月 - 2017 年 6 月）》，《中国纪检监察》，2017 年第 17 期。

③ 《习近平总书记关于推动巡视工作向纵深发展重要论述摘录（2013 年 4 月 - 2017 年 6 月）》，《中国纪检监察》，2017 年第 14 期。

2. 深化巡视监督的规律认识。巡视监督的本质，就是利用党内严密的组织结构和严格的组织纪律，通过上级党组织派员对下级党组织进行流动式的监督，割断监督者与被监督者的利害关系，解决同级监督过弱、过松的弊端，强化上级党组织对下级党组织的领导，维护党的集中统一领导。党的十八大以来巡视实践的发展推动着党对巡视工作的认识愈加明晰，巡视的政治定位越来越精准，目标任务越来越清晰。第一阶段，确立了“一个中心”“四个着力点”的巡视工作方针。2013 年 4 月，习近平同志在听取中央巡视工作领导小组汇报时，明确指出“巡视工作要明确职责定位，巡视内容不要太宽泛”。① 按照习近平的指示要求，党中央在首轮巡视工作中将巡视的目标确定为以党风廉政建设和反腐败斗争为中心，把发现问题、形成震慑作为主要任务，着力发现执行党的政治纪律、开展党风廉政建设和反腐败斗争、贯彻落实中央八项规定精神、选拔任用干部等方面的突出问题。第二阶段，明确要求发挥巡视在全面从严治党中的“利剑”作用。根据前期巡视发现的问题及其性质，习近平强调巡视工作要紧紧围绕党的领导、党的建设，紧扣“六项纪律”查找问题，实现巡视全覆盖，坚持发现问题零容忍，发挥震慑遏制作用。第三阶段，提出深化政治巡视的新理论。2016 年 1 月，习近平在第十八届中央纪律检查委员会第六次全体会议上讲话中指出：“巡视发现的问题触目惊心，主要表现在违反政治纪律、破坏政治规矩，违反党章要求、无视组织原则，违反廉洁纪律、寻租腐败严重，‘四风’屡禁不绝、顶风违纪多发。”② 政治巡视抓住了管党治党的根本性、全局性、方向性问题，政治巡视理论的提出，是对十八大以来党内巡视工作本质的深刻把握和精准定位。基于这种认识，习近平要求深化政治巡，视聚焦坚持党的领导、加强党的建设、全面从严治党，突出严肃党内政治生活，净化党内政治生态，促进管党治党标本兼治。巡视重点在巡视实践中的变化，反映了以习近平同志为核心的党中央对深化管党治党认识规律的逐步深化。

3. 健全和完善巡视制度。巡视制度是巡视工作经验的提炼和固化，十八大以来的巡视制度建设成就凝聚着习近平关于巡视监督的理论、实践、制度创新的重要思想。第一，强调制度建设的重要意义。习近平重视巡视制度建设，强调必须不断从巡视实践中总结成功经验，依靠制度化的措施来发挥巡视制度的

---

① 《习近平总书记关于巡视工作的重要论述》，《中国纪检监察》，2015 年第 7 期。

② 习近平：《在第十八届中央纪律检查委员会第六次全体会议上的讲话（2016 年 1 月 12 日）》，《人民日报》2016 年 5 月 3 日。

震慑作用。2014 年 10 月，中央政治局常委会在听取中央巡视工作领导小组关于 2014 年中央巡视组第二轮巡视情况汇报时，习近平特别强调了重视巡视工作制度建设的重要意义，指出："巡视条例是党内法规重要组成部分，要及时总结党的十八大以来巡视工作经验，把聚焦中心、坚持'四个着力'、发现问题形成震慑、创新组织制度和工作方法、善用巡视成果等写入条例，不断完善巡视制度，更好依纪依法巡视。"① 2017 年 5 月，习近平在主持召开中央政治局会议审议《关于修改〈中国共产党巡视工作条例〉的决定》时，充分肯定了《条例》修改总结吸纳巡视工作实践创新成果的做法，强调"对中央和国家机关巡视工作、市县巡察工作、一届任期内巡视全覆盖等作出明确规定，为依纪依规开展巡视、推动巡视工作向纵深发展提供了制度保障"。② 第二，推进党内制度建设。法规制度是带有根本性、全局性、稳定性和长期性的，预防和惩治各种腐败问题，首要的工作是扎紧制度的笼子。党的十八大以来，习近平在巡视实践中不断推进巡视制度创新发展，最显著的体现就是一届之内两次修订《中国共产党巡视工作条例》，及时将巡视过程中的实践创新成果固化为制度。例如，2017 年 7 月中央修改《中国共产党巡视工作条例》的重点和亮点，便是增加"政治巡视"的相关要求。为加强党内规范的相互衔接和协调，扎紧制度的"笼子"，党将巡视工作的制度创新成果也及时写入《中国共产党章程》《新形势下党内政治生活若干准则》《中国共产党党内监督条例》等重要党内法规之中，完善了中国特色社会主义党内监督制度体系，为全面从严治党向纵深发展提供了制度保障。

综上所述，习近平巡视工作思想是马克思主义监督理论同新时代条件下中国具体实际相结合的又一次飞跃，是根植于中国的历史文化传统、针对当前全面从严治党的现实问题、着眼于提高党长期执政能力和领导能力建设的理论创新成果。全面从严治党永远在路上，巡视工作永远不停滞。当前，我们要以习近平新时代中国特色社会主义思想为指导，坚决贯彻执行习近平巡视工作思想，坚定不移地深入推进党的建设新的伟大工程，夺取党风廉政和反腐败斗争的压倒性胜利，为实现中华民族伟大复兴中国梦提供坚强保障。

---

① 《习近平总书记关于巡视工作的重要论述》，《中国纪检监察》，2015 年第 7 期。

② 《习近平主持中央政治局会议审议〈关于修改中国共产党巡视工作条例的决定〉和〈关于巡视中央意识形态单位情况的专题报告〉》，《人民日报》2017 年 5 月 27 日。

全面从严治党的历史脉络、科学内涵及时代价值

哈尔滨师范大学　辛宝忠

“全面从严治党”是建设先进、纯洁、革命的共产党的题中应有之义，始终坚持从严要求是中国共产党管党治党的根本原则。从“治党”到“从严治党”再到“全面从严治党”展现着党自我管理、自我完善、自我发展的历程。党的十八大以来，以习近平同志为核心的党中央提出了治国理政“四个全面”战略布局，并将“全面从严治党”作为其中重要的战略布局之一，可见党对我自管理的高度重视。新时代我们党高举全面从严治党旗帜，坚持无禁区、全覆盖、零容忍、长震慑举措，在以习近平同志为核心的党中央的坚强领导下持续坚定不移地进行着反腐败斗争并获得压倒性胜利。

一、全面从严治党的历史脉络

“从严治党”是马克思主义政党的建党原则。1921 年，在建党之初我们党就提出党组织“接受党员要特别谨慎，严格审查”。党的二大在《党章》中专门设立了一章阐述党员“纪律”处分的细则。在以后党的全国代表大会上，我们党不断修订党章中关于管理党员、党组织的各项规定，形成了民主集中制的指导原则，提出了“理论联系实际、密切联系群众、批评与自我批评”等工作作风。党的八大详细阐述了必须坚持民主集中制的原则、细化了党员的权利和义务等。这些革命和建设时期的党的优良作风对规范党员队伍、加强党的建设发挥了积极作用。

党的十一届三中全会以来，我们党在大力推进经济建设的同时不断丰富管党治党的方法和举措。1985 年 11 月 24 日，中共中央发布了《关于农村整党工作部署的通知》，提出：“要从严治党，坚决反对那种讲面子不讲真理，讲人情

不讲原则，讲派性不惜牺牲党性的腐朽作风。"① 这是"从严治党"第一次出现在党中央的具体文献中。从此，"从严治党"进入历史新征程，这在我们党的建设历史上是很重要的一步。党的十四大将"坚持从严治党"写入章程，标志着我们党正式将从严治党作为管党治党的总原则。党的建设从"管党治党"到"从严治党"的转变，体现党加强自身建设的深入化、系统化。党的十五大突出党的先进性和纯洁性，并从"从严治党"的角度明确提出"从严治党，是保持党的先进性和纯洁性，增强党的凝聚力和战斗力的保证"。2012 年党的十八大修订的新《党章》提出："整体推进党的思想建设、组织建设、作风建设、反腐倡廉建设、制度建设，全面提高党的建设科学化水平。"党的建设"科学化"的提出将党的建设目标提升到了一个新的水平。2014 年 10 月 8 日，习近平总书记在党的群众路线教育实践活动总结大会上第一次提出了"全面推进从严治党"，并结合这一重大战略提出了具体要求，对全面从严治党思想进行了系统论述。2014 年 12 月，习近平总书记在江苏调研期间，将"全面从严治党"与全面深化改革、全面依法治国、全面建设小康社会并成为"四个全面"，突出全面从严治党的战略地位。2015 年 3 月，在参加二十届全国人大上海代表团审议时，习近平总书记强调："全面从严治党，是我们党在新形势下进行具有许多新的历史特点的伟大斗争的根本保证。"② 2015 年 10 月 8 日，在十八届中央政治局常委会第一百一十九次会议关于审议中国共产党廉政准则、党纪处分条例修订稿时，习近平总书记明确提出：全面从严治党，核心是加强党的领导。2016 年 1 月，在十八届中央纪律检查委员会第六次全体会议上再次指出，"党要管党、从严治党，是党的建设的一贯要求和根本方针。"③ 并提出"全面从严治党永远在路上"④ 的重要论断。2017 年 10 月，在十九大上习近平总书记提出："坚定不移全面从严治党，不断提高党的执政能力和领导水平。"⑤ 要"坚持问题导向，保

---

① 《中共中央整党工作指导委员会关于农村整党工作部署的通知》，《人民日报》1985 年 11 月 25 日。

② 《在参加十二届全国人大三次会议上海代表团审议时的讲话》，《习近平关于全面从严治党论述摘编》，中央文献出版社，2016 年版，第 9 页。

③ 《在第十八届中央纪律检查委员会第六次全体会议上的讲话》，人民出版社，2016 年版，第 15 页。

④ 《在第十八届中央纪律检查委员会第六次全体会议上的讲话》，人民出版社，2016 年版，第 16 页。

⑤ 习近平：《决胜全面建成小康社会　夺取新时代中国特色社会主义伟大胜利——在中国共产党第十九次全国代表大会上的报告》，《人民日报》2017 年 10 月 28 日。

持战略定力，推动全面从严治党向纵深发展"[①]。2018 年 1 月，在十九届中央纪委二次全会上，习近平总书记再次强调，要深化标本兼治，既要夯实治本的基础，又要敢于用治标的利器，为全面从严治党提供路径指导。

"全面从严治党"，既传承了党的建设的优良传统，又根据形势变化提出了新的要求，体现了我们党对中国特色社会主义建设规律认识的深化，展现了新时代党加强自身建设的决心和信心。

二、全面从严治党的内涵解析

习总书记指出"全面从严治党，核心是加强党的领导，基础在全面，关键在严，要害在治"[②]。这段精辟论述是对"全面从严治党"内涵的科学阐释，为"全面从严治党"实践提供了理论指向。

（一）"全面性"是全面从严治党的基石

全面从严治党首要的是要实现"全面性"。习近平总书记说，"'全面'就是管全党、治全党。"[③] 这就要求我们：

一是覆盖领域、部门、层级的全面性。全面从严治党就是要使党的建设各个领域、各个方面、各个部门实现全覆盖，要使 8900 多万全体党员，450 多万个党组织一个不能少。要坚持全体党员和党组织在党纪面前一律平等，纪律执行没有特例，遵守纪律没有特权，不受纪律约束的特殊组织、阶层、部门和个人坚决不能存在。

二是党的建设内容的全面性。要以党的政治建设为核心，不断加强党的思想建设、组织建设、作风建设、纪律建设，同时将制度建设作为红线，深入推进反腐败斗争，不断提高党的建设质量和水平。要全面履行党章赋予的监督执纪问责职责，坚持纪严于法、纪在法前，把党章党规中的纪律要求落到具体党组织、党员身上，严格执行党的政治纪律、组织纪律、廉洁纪律、群众纪律、工作纪律和生活纪律。特别要强化政治纪律和组织纪律，带动其他各项纪律的落实。

---

① 习近平：《决胜全面建成小康社会　夺取新时代中国特色社会主义伟大胜利——在中国共产党第十九次全国代表大会上的报告》，《人民日报》2017 年 10 月 28 日。

② 习近平：《在第十八届中央纪律检查委员会第六次全体会议上的讲话》，人民出版社，2016 年版，第 16 页。

③ 习近平：《在第十八届中央纪律检查委员会第六次全体会议上的讲话》，人民出版社，2016 年版，第 16 页。

三是全面从严治党主体的全面性。中国共产党内的所有组织和个体都必须在宪法和法律许可的范围内活动，这是根本大前提。在此前提下抓住“关键少数”是全面从严治党的全面性的必要手段。可以说，上至以习近平同志为核心的党中央下至党的各级党组织及主要负责人都是全面从严治党的主体。党的各级纪律监察部门、全体党员又是全面从严治党的监督主体。这三个层面的党员和党组织既是全面从严治党的参与者，执行者又是被监督者、受管理者。

（二）标准严格是全面从严治党的关键

从严是我们做好一切工作的前提与保障。习近平总书记说，“‘严’就是真管真严、敢管敢严、长管长严。”① 坚持全面从严治党，必须把“严”的要求落实到党的建设“全面性”的各个领域和全过程。

一是教育管理要严。习总书记强调“我们干事业不能忘本忘祖、忘记初心。”② 党的十九大闭幕后不久，他就带领中央政治局常委集体专程瞻仰上海中共一大会址和浙江嘉兴南湖红船，参观南湖革命纪念馆，向全党全国全世界宣示新一届中央领导集体不忘初心、牢记使命的坚定政治信念。向全体党员提出教育目标：不忘来时的路，走好脚下的路，建设好未来的路。因为“坚定理想信念，坚守共产党人精神追求，始终是共产党人安身立命的根本。对马克思主义的信仰，对社会主义和共产主义的信念，是共产党人的政治灵魂，是共产党人经受住任何考验的精神支柱”③。走好脚下的路就要从党内政治生活严起。“党内政治生活是党组织教育管理党员和党员进行党性锻炼的主要平台，从严治党必须从党内政治生活内容严起。有什么样的党内政治生活，就有什么样的党员、干部作风。”④ 要严格执行“三会一课”等基本组织制度和规范党内政治生活，通过作风整顿将党内政治生活从严从实，彻底净化党内不良风气，为巩固党的团结统一、增强党的生机活力。

二是作风纪律要严。十八大以来，以习近平同志为核心的党中央，以整顿作风为突破口，进入了全面从严治党的新征程。从中央“八项规定”的提出到

---

① 习近平：《在第十八届中央纪律检查委员会第六次全体会议上的讲话》，人民出版社，2016 年版，第 16 页。

② 习近平：《在全国党校工作会议上的讲话》，人民出版社，2015 年，第 7 页。

③ 习近平：《紧紧围绕围绕坚持中国特色社会主义学习宣传贯彻党的十八大精神》，《十八大以来重要文献选编》（上），中央文献出版社，2014 年版，第 80－81 页。

④ 习近平：《在党的群众路线教育实践活动总结大会上的讲话》，《十八大以来重要文献选编》（中），中央文献出版社，2016 年版，第 95－96 页。

各省市改进作风、密切联系群众实施细则的落地，从深入开展党的群众路线教育实践活动，“三严三实”专题教育，到“两学一做”学习教育活动以及即将开展的“不忘初心、牢记使命”主题教育活动，都是对作风从严的很好诠释。“严明党的纪律，首要的就是严明政治纪律。党的纪律是多方面的，但政治纪律是最重要、最根本、最关键的纪律，遵守党的政治纪律是遵守党的全部纪律的重要基础。”① 党的各级组织和全体党员特别是党的领导干部必须守纪律、讲规矩，就是要使全体党员干部不断增强“四个意识”，坚决维护党中央权威和集中统一领导，在思想上政治上行动上和以习近平同志为总书记的党中央保持高度一致。

三是组织制度要严。组织建设是党的建设的重要内容，党的基层组织是党的全部工作和战斗力的基础。落实全面从严治党战略部署，强化基层党组织整体功能，必须从党的细胞—党员、党组织抓起，扎实做好制度建设。习近平总书记在十八届中央政治局第三十三次集体学习时的讲话重指出：“要对现有的制度规定进行梳理，该修订的修订，该补充的补充，该新建的新建，让党内政治生活有规可依、有章可循。”用完善的制度将全面从严治党规矩固定下来是党建工作的必要手段。同时，要从严吏政，选拔党和人民满意的好干部。这就要求管理好党员队伍，严把入口关，抓好质量关，认真执行《准则》和《条例》，坚持以德治党与依规治党相结合，二者在重申党的理想信念宗旨、优良传统作风的同时划出了党组织和党员不可触碰的底线，为构建基层党建新格局提供准则。

（三）标本兼“治”是“全面从严治党”的要害

习近平总书记说：“‘治’就是从党中央到省市县党委，从中央部委、国家机关部门党组（党委）到基层党支部，都要肩负起主体责任。”② 必须扎牢不能腐的笼子，坚持制度治党，在制度机制上管起来、严起来、硬起来，保证权力受到监督，自觉净化党内政治生态。

一是把权力关进制度的笼子。根治党内思想不纯、组织不纯、作风不纯等突出问题要靠制度约束，增强党的领导、加强党的建设也需要通过制度的完善。

① 习近平：《严明政治纪律，自觉维护党的团结统一》，《十八大以来重要文献选编》（上），中央文献出版社，2014 年版，第 131 – 132 页。

② 习近平：《在第十八届中央纪律检查委员会第六次全体会议上的讲话》，人民出版社，2016 年版，第 16 页。

十八大以来，党中央惩治腐败力度的不断加大，权力被制度的笼子越收越紧，“敬畏权力、谨慎用权”成为党员领导干部的基本从政规范。领导干部要善于用法治思维和法治方式反对腐败，要做尊法学法守法用法的模范。全面从严治党的又一重大举措是“权力清单”的推出，“权力清单”使权力的使用有了规范和界限，让权力得以在阳光下运行。

二是强化主体责任，加强党内监督。党内监督要加强党的自我监督，要重点破解一把手监督难题。对一把手的监督要多措并举，加强同一系统内部对领导干部的监督管理。既“要落到领导干部个人身上，也要落到整个领导班子身上。领导班子主要负责人要增强抓班子、带队伍的意识，带头做到清正廉洁、干净干事”①。纪检部门要将“关键少数”纳入监督重点，定期将一把手落实主体责任、执行民主集中制、廉洁自律等情况进行监督检查，并把党内监督同社会监督、人民监督相结合，综合运用法律、审计、舆论等多种途径不断形成治理合力，推动各级党委认真履行全面从严治党主体责任，强化日常管理监督，使全面从严治党成为常态，大力推进国家治理体系和治理能力的现代化。

三是发挥纪检巡视的探查作用。“党内监督是党的建设的重要内容，也是全面从严治党的重要保障”②。要“强化巡视监督，发挥从严治党利器作用”③。将巡视作为党内监督的战略性制度安排。十八大以来，中央纪委设置了派驻纪检组和巡视组，“以问题为导向，派出‘侦察兵’，哪里反映声音大、问题多，就派到哪里去侦察”。根据对中纪委官网每月发布的数据汇总，截至 2018 年 3 月 31 日，全国查处违反“中央八项规定精神问题”事件 216442 起，处理 295184 人，给予 168094 人党纪处分。也就是说，从 2013 年我们党开始设立纪检组和巡视组以来，在“全面从严治党”的“治”理上践行了“越是艰险越向前”，“狭路相逢勇者胜”的箴言。

党的十八大以来，经过近六年的持续努力，全面从严治党深入推进并成为作风建设的代名词，全面、从严、治理的内容大大拓展，党的政治生态不断向良性态势稳步前进。

---

① 习近平：《习近平在吉林调研时强调：保持战略定力增强发展自信　坚持变中求新变中求进变中突破》，《人民日报》2015 年 7 月 19 日。

② 《关于〈关于新形势下党内政治生活的若干准则〉和〈中国共产党党内监督条例〉的说明》，《人民日报》2016 年 11 月 3 日。

③ 习近平：《在第十八届中央纪律检查委员会第六次全体会议上的讲话》，人民出版社，2016 年版，第 24－25 页。

三、全面从严治党的时代价值

习近平总书记说“全面从严治党永远在路上”，表明了我们党全面从严治党的持续性、长期性。“全面从严治党”的新征程以党的十八大为开始，没有终点。它既是“不忘初心”的彰显，又是“牢记使命”的志愿，更是“砥砺奋进”的保障。“全面从严治党”在坚持中深化发展，为新时代建设中国特色社会主义事业，全面建成小康社会提供组织保障，具有重要时代价值。

（一）全面从严治党是保证党的先进性和纯洁性的必然选择

保持党的先进性和纯洁性是马克思主义政党加强自身建设的永恒主题。“先进性和纯洁性是马克思主义政党的本质属性，我们加强党的建设，就是要同一切弱化先进性、损害纯洁性的问题作斗争，祛病疗伤，激浊扬清”①。建党90多年来，中国共产党以马克思主义为指导，充分发挥理论优势、政治优势、制度优势，领导广大人民群众在政治建设、经济精神、文化建设、社会建设、生态建设以及党的建设等各个方面取得举世瞩目的成就。但是，成就和优势不是一劳永逸的，国际共产主义的经验教训、国内外环境的变化使党面临各种危险和考验，实践告诉我们，必须通过全面从严治党管党来保持优势。党员理想信念宗旨的坚定性，党员、党组织贯彻落实党的路线方针政策的有效性至关重要，因此必须解决好党员干部在作风和廉洁自律上存在的突出问题，加强对党员干部的教育、监督和管理。对党员干部的治理从政治意识、核心意识、大局意识、看齐意识等方面到思想建设、组织建设、作风建设、反腐倡廉等方面都要从更高标准、更严要求实现自我净化、自我完善、自我革新、自我提高。必须自觉运用马克思主义中国化最新成果武装头脑、净化思想。必须大力弘扬马克思主义优良学风，深入把握习近平新时代中国特色社会主义思想的丰富内涵、精神实质、历史地位，才能永葆党的先进性和纯洁性。

（二）“全面从严治党”是有效应对各种风险考验的内在要求

党始终成为坚强领导核心的关键在于“党要管党、从严治党”，这是从“党建经验”“现存危险”和“政党安全”等众多因素中得出来的重大实践命题，更是在于遵循思想建党和制度治党的根本要求。“当今世界，国际力量对比发生新的变化，世界经济进入深度调整，我国发展面临的国际环境更加复杂严峻。

① 习近平：《在庆祝中国共产党成立九十五周年大会上的讲话》，人民出版社，2016年版，第22页。

我们前进的道路上有各种各样的‘拦路虎’‘绊脚石’。在这样的国内外形势下，我们要赢得优势、赢得主动、赢得未来，就必须把党建设得更加坚强有力，使我们党能够团结带领人民有力应对重大挑战、抵御重大风险、克服重大阻力、解决重大矛盾。”① 因此，要在全党营造民主又集中，自由又有纪律的政治环境，在统一意志、安定团结的政治局面下实现个体的表达畅通、心情愉悦。治党管党的基本路径和价值指向是重要的顶层设计。全面从严治党是手段，是过程，目的在于提升政党素养，增强政党本领，激发全党同志对党的工作的积极性、主动性与创造性，提高党的执政能力。随着建设中国特色社会主义现代化事业的发展，我们党迎来了各种考验和危险，党组织队伍面临一些新情况和新问题，对党员的管理提出了新要求，只有全面从严治党，全面提高党员的素养、能力和水平，才能不断改善执政党形象，提高执政党威信。在新的历史条件下，面对复杂形势和艰巨任务，需要党领导经济社会发展的科学化、法治化、专业化的能力和水平的不断提高，需要全面从严治党的深入持续推进。

（三）“全面从严治党”是实现中华民族伟大复兴中国梦的重要保障

“实现中华民族伟大复兴，关键在党”②，必须“增强党要管党、从严治党的自觉，提高党的执政能力和领导水平”③。我国作为处于社会主义初级阶段的国家，虽然社会主要矛盾已经发生变化，社会生产力快速发展，但是以经济建设为中心仍然不能动摇，发展仍然是第一要务。党作为领导经济建设的核心，必须打造一支忠诚于党章，坚决贯彻党的路线方针政策的党员领导干部，坚持全面、从严、治理，加强自身建设，积极发挥党员、党组织的作用，为进行现代化建设提供组织保障。“坚持和完善党的领导，是党和国家的根本所在、命脉所在，是全国各族人民的利益所在、幸福所在。”④ 全面从严治党，要使党员干部充分认识党的革命、建设、改革的艰辛历程，认识中国国情和中国特色社会主义发展道路的重要意义，深化党员干部对伟大目标的认知和理解，为实现“两个一百年”目标，实现中华民族伟大复兴的中国梦提供理论支撑。全面从严

① 习近平：《在党的十八届六中全会第二次全体会议上的讲话》，《习近平关于全面从严治党论述摘编》，中央文献出版社，2016 年版，第 19 页。

② 习近平：《在纪念毛泽东同志诞辰一百二十周年座谈会上的讲话》，《十八大以来重要文献选编》（上），中央文献出版社，2014 年版，第 701 页。

③ 习近平：《在纪念毛泽东同志诞辰一百二十周年座谈会上的讲话》，《十八大以来重要文献选编》（上），中央文献出版社，2014 年版，第 701 页。

④《在庆祝中国共产党成立九十五周年大会上的讲话》，人民出版社，2016 年版，第 22 页。

治党，必须以群众观点和群众路线为指导方针，以让人民满意为出发点和落脚点，充分调动人民群众的积极性和主动性，把人民高兴不高兴、满意不满意、答应不答应作为检验工作的标准，不断凝聚党与人民群众的共识，为实现伟大事业提供主体动力。总之，全党、全国各族人民紧密团结在以习近平同志为核心的党中央周围，在中国共产党的带领下投入到中华民族复兴的伟大实践中来，我们的社会主义现代化建设事业必将乘风破浪，一路向前。

新时代全面从严治党的三维建构

北京师范大学 马振清 杨礼荣

全面从严治党是以习近平同志为核心的党中央在对国内时空条件进行审慎分析和准确判断后做出的重大选择，全面从严治党的提出展现了共产党人的政治智慧和担当精神，是实现党的历史使命的必然选择。准确地理解全面从严治党的科学内涵、明确基本要求、把握主要特征是将全面从严治党落细落小落实的关键所在。

一、新时代全面从严治党内涵解读

深入理解全面从严治党的科学内涵，对于提高党的建设实效性具有重要意义。全面从严治党以“全面”为从严治党的基础，以“从严”为全面治党的关键，以“治理”为全面从严治党的利器。

1. “全面”规定管党治党的广度

全面从严治党，在从严治党的基础上突出了“全面”二字，拓展了管党治党的维度。“全面”在管党治党中起基础作用，保证管党治党举措的全方位、多维度展开和落实，是新时代管党治党的关键所在。

“全面”体现为内容具有全面性。从严治党包括思想建设、政治建设、组织建设、制度建设、作风建设等多个方面。思想建党是党管党治党的一大创造和优良传统，对于统一党内思想、激发创造活力、凝聚党内智慧具有不可忽视的作用。思想从严就是要使广大党员树立坚定的理想信念，不为各种利益诱惑和错误思潮所动，坚定中国特色社会主义道路、理论、制度和文化自信，沿着中国特色社会主义道路去实现共产主义最高理想。政治从严即要将政治建设摆在党的建设的首要位置，着力提升党员干部的政治素质，做到坚定政治立场、坚守政治底线、牢记政治纪律、规范政治行为。组织从严即要严把入党关，在保证党员基础素质同时，以坚持民主集中制来完善组织管理、丰富组织生活等。制度从严即要在已有制度的基础上依据管党治党新形势不断优化制度构建，在丰富制度内容的同时保证制度的可操作性，着重党内法规建设，保证党章的统领地位，实现党的建设有据可依。作风从严即要重视广大党员的思想作风、生活作风、工作作风，切实继承和发扬三大优秀作风，向人民群众展现党的良好形象，因为党员的作风展现党的精神风貌，关系到党在人民群众心中的地位。

“全面”体现在治理要素所具有的多元性。从治理的主体看，全面从严治党是各级党组织义不容辞的责任。尽管不同级别的党组织所要重点关注的内容不同，但都是管党治党的重要主体，必须担当管党治党的责任。从治理的客体看，全面从严治党涉及各个行业和领域，包括企业、学校、各类社会团体等。要充分发挥各行业领域基层党组织的引领、指导、凝聚和激发作用，保证社会各行业领域党的建设沿着正确的方向发展。从治理的维度看，全面从严治党就是要实现提高党的领导水平和方式、执政水平和方式的全方位提升，实现党的建设科学化。

“全面”体现于时间的连续性中。全面从严治党具有持久性，这是由管党治党的基本特点决定的。全面从严治党是一项系统工程，涉及多种内容、多元主体、多重目标，其实现不可能一蹴而就，需要长期的努力。同时，党的建设形势具有复杂性。各类风险和挑战具有多变性、多样性和综合性，从不同方面对党的先进性和纯洁性提出要求。只要长期将全面从严治党落到实处，才能有效应对新时代新挑战。

2. “从严”彰显管党治党的力度

治党从严是消除顽瘴痼疾，锻造过硬的党组织的必然选择，展现了中国共产党自我革新的智慧和决心。

从严是一种态度。真正做到从严要有真管的责任感，明确职责并将自身职责落实到位，做到不缺位不越位；要有敢管严管的勇气。管党治党必然会触及利益问题，这是阻碍党自身建设的一大障碍。真正做到从严要做到真管敢管，要有一颗对党对人民的赤诚之心，始终站在最广大人民群众的立场上，敢于突破利益固化的藩篱，促进利益的重组和整合，使党始终成为时代的引领者和人民的代言人。真正做到从严要有会管的智慧。从严并不意味着强硬的态度，而是要以理服人、以情感人、以文化人，善于对高标准、严要求进行理论解读，挖掘其历史底蕴和文化内涵，使广大党员认识到严格并不是强硬的约束，而是立足社会实际、党的建设现状及党员自身发展需要提出的，进而自觉接受严要求。

从严是一种标准。按照党纪和党内法律法规治党是从严治党的根本依据，党纪高于国法，党内法律法规内含高标准严要求。首先，要坚持党章的统领地位并在党章的指导下不断丰富和完善党内法律法规，设置覆盖面广、可操作性强、针对性突出的党内法律法规体系。其次，要切实将党纪和党内法律法规落到实处，根据党纪和党内法律法规的基本要求作出具体的执行和评判标准，遵守党纪，实现党内法律法规的规范、引导和评判作用。

从严是一种实践。“从严”内在要求突出问题导向，以薄弱环节为突破口，以高标准严要求集中力量解决关键问题，在多管齐下中解决热点难点和焦点问题。“从严”内含层次性。对于不同层次的党员设立不同的最高标准，并以此标准规范实践，同时，“从严”要做到无禁区，保证“严”字落实于各领域、各环节、各主体，做到规矩面前人人平等，以在强化震慑力的同时树立规矩的威望。

3. “治理”体现管党治党的强度

“全面”与“从严”的要求只有通过“治”才能实现，治理是实现全面从严治党的雷霆手段和关键环节。在全面把握“全面”与“从严”内涵的基础上，深入理解“治理”的内在意蕴是推进党的建设的绝对保障。

全面从严治党要求零容忍的治理态度。所有党员都要保持马克思主义政党的政治本色，始终站在人民群众的立场上，勇于自我反思和剖析，永葆党的先进性和纯洁性。一方面，要有“猛药去疴、重典治乱的决心，刮骨疗毒、壮士断腕的勇气，坚持惩治不放松，保持高压态势”，敢于直面和彻底解决党内存在的各种问题，防止新问题的产生；另一方面，要筑牢高压防线，任何超越底线和红线的问题都必须严惩，形成不敢犯错、不能犯错、不想犯错的震慑。

全面从严治党要求树立综合治理的基本理念。其一，实现治标与治本的有机统一，从一定层面上说即实现思想建党与制度建党的统一，既要借助外力对各种失范行为形成震慑，又要通过理论指导、理念指引、信念支撑、文化熏染等向内发力，在外在约束与自我反思中规范行为。只有标本同时治理，才能获得持久稳定的成效。其二，实现正面宣传与负面惩戒的统一，分析问题产生的基本原因，找到问题出现的根源所在。一方面要广泛树立先进典型，鼓励以上率下，以先进带动落后，营造良好的党内风尚。另一方面，要列出负面清单，起到警示及告诫作用。

二、新时代全面从严治党的内在要求

中国共产党是人民利益的代表者，是社会发展的引领者。全面从严治党，要始终坚守以人民为中心的政治立场，以维护和加强党的集中统一领导为根本，将从严治党实践落到实处。

1. 坚持以人民为中心的政治立场

坚守人民立场是中国共产党性质和宗旨的根本体现。中国共产党自成立以来就将实现中国人民的利益作为奋斗的使命，始终代表最广大人民的根本利益。只有坚守人民立场，保证管党治党不变形不变质，才能坚持全面从严治党的根本方向。反观现实，脱离群众、忽略群众的现象时有发生，极大地影响了人民群众对党的认同感和信任感，成为当前党执政面临的重要风险。中国特色社会主义进入新时代，人民群众对党的要求更高、期待更多。要铭记宗旨、不忘初心，坚守中国共产党人的根本政治立场。

坚持人民立场贯穿于全面从严治党的全过程。只有相信和依靠人民群众，中国特色社会主义才能不断推向前进，这是每一位共产党员都应该具有的政治认识。要不折不扣地执行“一切为了群众，一切依靠群众，从群众中来，到群众中去”的群众路线，增强人民群众的安全感、获得感和幸福感，就要不断完善群众工作的组织建设和制度建设，将群众路线的践行情况作为衡量党组织建设的标准。

全面从严治党要善于汲取人民群众的智慧。习近平总书记指出：“人民群众中蕴含着治国理政、管党治党的智慧和力量，从严治党必须依靠人民。”要走进群众生活，知道群众所思所想，了解基层基本情况，全面把握当前急需解决的热点难点焦点问题，并在实践中找到解决方法。同时，要善于将人民群众的智慧上升到理论高度。“人民群众具有巨大的创造力，每时每刻都在创造着新事物、新经验”①，只有对人民群众的智慧进行系统化理论化的加工，才能真正使其转化为党治国理政的重要依据。

2. 以维护和加强党的集中统一领导为核心

维护和加强党的集中统一领导是全面从严治党的重要目标。坚持党的领导是历史的选择、现实的需要和民心所向，是中国特色社会主义的本质特征和最

---

① 杨胜群：《遵循人民的方向：全面从严治党之本》，《人民日报》2016 年 7 月 22 日，第 7 版。

大优势。党的领导地位不是一劳永逸的，执政的合法性需要执政成效作支撑，而党的强有力的领导是取得执政成效的根本保证。全面从严治党要着力于统一政治信仰、完善组织制度、优化治理实践，最大限度地巩固和保证党的执政权威和执政基础，从根本上维护和加强党的集中统一领导。

全面从严治党要牢牢把握党的先进性和纯洁性建设这一主线。党的十九大报告将党的先进性纯洁性建设作为贯穿于党的建设全过程的主线，突出其紧迫性和重要性。党的先进性建设和纯洁性建设互为条件，相互促进，共同构成党执政的力量源泉。全面从严治党是保证党的先进性和纯洁性的根本抓手。要严把思想关、组织关、纪律关，在提升思想与规范行为中使党员干部能跟上时代步伐，维护和实现人民群众的根本利益。

全面从严治党要着力提高党的领导水平和执政水平。其一，着力提高党应对风险和挑战的能力和水平。中国特色社会主义进入新时代，党担负带领全国人民进行伟大斗争、推进伟大事业、实现伟大梦想、建设伟大工程的历史使命，必然会遇到更多考验。全面从严治党就要在思想从严、组织从严、作风从严中提高对风险挑战的认识、分析、驾驭和转化能力，以有效应对新时代新挑战。其二，要在主要矛盾的解决中提高党的领导能力和水平。党的十九大报告指出我国社会矛盾已经转化为人民日益增长的美好生活的需要与不平衡不充分的发展之间的矛盾。正视和解决当前的主要矛盾是当前党领导和执政的重要任务。全面从严治党就是要在严思想、严行为中增强责任意识、增强统筹能力，不断提高领导水平和执政水平。

3. 以具体措施落到实处为全面从严治党的基本实践

在责任落实中推进全面从严治党实践。其一，强化责任意识。强烈的责任担当是将全面从严治党落在实处的内在驱动。强化责任意识就是要强化党员干部的角色意识，使党员干部愿担当、要担当、敢担当、勇担当，使全面从严治党的责任得以按层级落实。其二，明确责任分工。只有明确责任，才能使党内各部门各司其职，才能将全面从严治党推向深入。“不明确责任，不落实责任，不追究责任，所谓从严治党就会成为一句空话。”① 要做到合理分工、明确分工，将职责履行情况列入干部考核指标，确保责任得以充分、彻底落实。其三，发挥主要干部的示范引领作用。主要干部作为“关键少数”，其言行直接影响党内风气，主要干部要在以高标准要求自身的同时保证治党举措不折不扣地落实，

---

① 韩振峰：《加大全面从严治党力度，把责任落到实处》，人民网，2016 年 10 月 26 日。

充分发挥其标杆作用。

以党内政治文化涵养全面从严治党实践。政治文化蕴含政党的精神基因，制约和影响思维方式与行为选择。以政治文化涵养全面从严治党实践，首先要保证政治文化的性质，以马克思主义为指导，汲取优秀传统文化、革命文化和社会主义先进文化的相关内容，最大限度地厚实党内政治文化底蕴。其次要加强党内政治文化建设，以社会主义核心价值观引领为核心，“弘扬忠诚老实、公道正派、实事求是、清正廉洁等价值观。”① 充分发挥政治文化的价值渗透和引领作用。

在规范党内政治生活中推进全面从严治党实践。重视党内政治生活是党的优良传统和政治经验，党内政治生活情况反映组织的精神风貌和发展态势，在党风塑造和党性锤炼中发挥不可忽视的作用，是全面从严治党的基础。当前，一些地方的党内政治生活存在形式化、无序化等问题，损害了党的肌体的健康发展。

严肃党内政治生活成为全面从严治党的内在要求。严肃党内政治生活要规范政治生活制度，以制度保证政治生活的有序开展；要保证党内政治生活性质，宣传和弘扬正确的政治价值观；要丰富政治生活形式，不断增强政治生活的吸引力和感召力。

三、新时代全面从严治党的特征呈现

全面从严治党是立足当前世情、国情、党情、社情做出的战略判断，有着鲜明的中国特色。全面从严治党充分体现系统性、发展性与彻底性的有机统一。

1. 在协调与配合中体现系统性

从整体性视角来看，全面从严治党是“四个全面”战略布局的重要组成部分和推进“四个全面”战略布局的重要维度。全面从严治党为“四个全面”战略推进提供有力主体，把握正确方向。党是中国特色社会主义的领导核心，只有全面从严治党，将党锻造成坚强有力的政党，“四个全面”战略布局才能顺利推进。同时，全面深化改革、全面依法治国、全面建成小康社会分别从不同方面对全面从严治党提出了更高的要求。“四个全面”相互规定，相互作用，不可分割，共同构成中国特色社会主义的建设蓝图。

---

① 习近平：《决胜全面建成小康社会　夺取新时代中国特色社会主义伟大胜利》，《人民日报》2017 年 10 月 28 日，第 1 版。

从要素构成来看，全面从严治党的实现需要各要素的协调配合。其一，全面从严治党的内容具有系统性。思想从严、组织从严、作风从严、纪律从严、政治从严等相互独立又相互影响和渗透，从不同方面规定了合格的党员干部应具有的基本素质。政治从严是根本，思想从严是内在动力，组织从严、纪律从严等是外在保障。其二，全面从严治党需要有系统的评价标准。所制定的具体标准可因领域、区域、任务及时间的变化而变化。其三，从现实践履来看，全面从严治党需以多重举措共同推进，要提高思想认识，充分认识到全面从严治党的必要性、必然性和紧迫性；要建立具体章程，为全面从严治党提供基本遵循；要构建良好的环境，引导引领价值观塑造。

总之，不论是站在治国理政的整体视角，还是将全面从严治党作为一个系统对其进行要素分析，都明确了全面从严治党具有系统性。只有充分把握全面从严治党的系统性，最大限度地实现各要素之间的协调与配合，才能最大限度地保证全面从严治党的实效性。

2. 在继承与创新中体现发展性

从严治党是党的优良传统。中国共产党自成立起来，始终将加强自身建设摆在突出地位，积累了许多高贵的经验。早在 1927 年，党的建设就被设为独立章节写入党章，而后毛泽东在《〈共产党人〉发刊词》中将党的建设视作共产党人的“三大法宝”之一。从严治党首次提出于党的十三大，并于党的十四大被写入党章。而后的历次党章修改都从不同方面对从严治党思想做了补充完善。回顾党的发展历史，从严治党贯穿于党的发展各个阶段，是党的建设的优良历史传统和宝贵经验，需要被传承和发扬。

继承和发扬从严治党的优良传统，需要结合新的时代背景。习近平总书记指出：“我们党是一个具有长期奋斗历史和优良革命传统的党，也是一个紧跟时代步伐、善于与时俱进的党。党的建设必须坚持继承和创新相结合，结合时代条件发扬党的光荣传统和优良作风。”① 在对国情、世情、党情、社情进行洞察和分析后，习近平总书记于 2014 年提出了全面从严治党并将其列入“四个全面”战略布局，标志着全面从严治党上升到治国理政新高度。新时代全面从严治党，立足新时代党的历史使命、党所面临的风险挑战、党内出现的种种问题及人民群众的新期待，更注重内容的丰富性与系统性，更强调举措的协同性与时代性，充分展现了党的责任担当与长远眼光，是立足当下，面向未来的必然

① 《从延安精神中汲取从严治党力量》，《人民日报》2015 年 10 月 16 日，第 14 版。

选择。

3. 在勇气与奋斗姿态中展现彻底性

全面从严治党敢于直面问题。党的建设取得重要成效但仍存在诸多问题，这些问题具有突出的多样性、复杂性和变化性，成为阻碍党的先进性和纯洁性建设的重要因素。习近平总书记指出："问题是时代的声音，人心是最大的政治。推进党和国家各项工作，必须坚持问题导向，倾听人民呼声。"① 善于发现问题、勇于面对问题、科学分析问题、有效解决问题是全面从严治党的题中之义和重要维度。首先，要敢于突破利益固化的藩篱。很多情况下，全面从严治党举措落实不力的重要原因即不敢挑战权威，未能冲破固有的利益格局。要从党的发展全局出发，站在最广大人民群众的立场上，以壮士断腕的决心和勇气促进利益的合理分配和重组，以保证党的健康有序发展。其次，在治理实践中推动全面从严治党。党的十八大以来，先后开展了群众路线教育实践活动，"三严三实"专题教育活动等，大力推进反腐倡廉建设，从不同方面厘清和解决了党内存在的各类问题，展现了党自我革新的勇气与智慧。

在一往无前的奋斗姿态中体现全面从严治党的彻底性。新时代带来机遇的同时也意味着挑战。只有矢志不渝将全面从严治党推向前进，才能把握和引领时代发展，才能抓住机遇迎接挑战，满足群众的需要与期待。习近平同志在参加党的十九大贵州省代表团讨论时明确指出："在全面从严治党这个问题上，我们不能有差不多了，该松口气、歇歇脚的想法，不能有打好一仗就一劳永逸的想法，不能有初见成效就见好就收的想法。"② 充分体现了将全面从严治党推向纵深发展的坚定信念。

总之，全面从严治党是当前党的建设的主基调，贯穿于党的建设全过程。只有全面把握全面从严治党内涵、特征和要求，才能将全面从严治党推向纵深发展。

---

① 《习近平在中国人民政治协商会议全国委员会举行新年茶话会讲话》，《人民日报》2015年1月1日，第2版。

② 《万众一心开拓进取把新时代中国特色社会主义推向前进》，《人民日报》2017年10月20日，第1版。

全面从严治党规律的新探索、新认识、新创见

山东大学　房世刚

毛泽东曾指出，中国马克思主义者“不但应当了解马克思、恩格斯、列宁、斯大林他们研究广泛的真实生活和革命经验所得出的关于一般规律的结论，而且应当学习他们观察问题和解决问题的立场和方法”。① 从方法论的角度看，实现两个事物有机结合乃至相统一，是马克思主义普遍联系观点在具体领域的运用，也是中国共产党人认识世界和改造世界的理论武器。党的十八大以来，以习近平同志为核心的党中央立足新的时代高度，紧紧盯住全面从严治党不力这个症结，在坚持发扬我们党历史上行之有效的好经验好做法的基础上，进一步深化了对现代政党治理规律的认识，创造了弥足珍贵的经验，集中体现在习近平总书记在十九届中央纪委二次全会上提炼总结的“六个统一”。这一来源于新时代党的建设伟大实践且经过深度凝练的成功经验，是全面从严治党自身规律的新探索、新认知和新创见，是习近平新时代中国特色社会主义思想的重要组成部分，具备了提高党的建设科学化水平的思想遵循及行动引领的重大意义。然而当前理论界和学术界关于“六个统一”思想研究的文献，解读性大于学理探究，多侧重对全面从严治党实践经验的阐释。② 鉴于此，本文以习近平总书记在十九届中央纪委二次全会上的讲话和在纪念马克思诞辰200周年大会上的讲话精神为指导，从马克思主义执政党治国理政与自身建设关系的视角，通过深刻领会把握“六个统一”的丰富内涵和辩证关系，以系统阐明这一成功经验

① 《毛泽东选集》第2卷，人民出版社，1991年版，第253－254页。

② 代表性的研究成果有：金民卿：《坚持和深化全面从严治党的宝贵经验》，《光明日报》2018年2月2日；郑志飚：《学好全面从严治党的宝贵经验》，《光明日报》2018年2月5日；谭评：《不断深化对管党治党规律的认识——深刻领会党的十八大以来全面从严治党的六条经验》，《紫光阁》，2018年第2期；李忠杰：《深刻领会和长期坚持“六个统一”的宝贵经验》，《中国纪检监察》，2018年第4期，等等。

是党中央对全面从严治党自身规律的自觉探索和深刻把握，是习近平全面从严治党思想的最新组成部分，是推动党的建设新的伟大工程的基本遵循和重要抓手。

一、坚持思想建党和制度治党相统一

“坚持思想建党和制度治党相统一”，既是马克思主义政党特别是执政党加强自身建设的优良传统，又是全面从严治党丰富实践的经验总结。党的十八大以来，以习近平同志为核心的党中央在推动全面从严治党的伟大实践中，坚持解决思想问题和制度问题同时并举，“把坚定理想信念作为根本任务，把制度建设贯穿到党的各项建设之中”①，实现了思想建党和制度治党过程的高度统一。

一方面，思想上的先进性，是马克思主义政党先进性的首要标志。思想建党旨在立根固本，通过不断强化党性修养，加强理论武装和思想教育，永葆政党初心，始终坚定理想信念，并把思想上的先进性和纯洁性转化为政治上的坚定性和正确性，从而为党的建设提供强大的精神动力和理论支撑。其中，理想信念是思想建党的灵魂所系，是政党组织的精神之钙，发挥着“总开关”的作用。加强思想建党必须把坚定对马克思主义的信仰，对社会主义和共产主义的信念作为根本任务，并以之为牵引，从而为防止党员干部政治上变质、经济上贪婪、道德上堕落、生活上腐化等问题的发生筑牢一道真正的防火墙。另一方面，制度具有根本性、全局性、稳定性和长期性。贯穿于党的各项建设之中的制度建设，是马克思主义政党得以强大的外在约束力量。制度治党旨在以党章为根本遵循，通过健全完善党的建设制度，不断推进依规治党，为全面从严治党架起“高压线”，进而实现管党治党方式的科学化和长效化。思想建党和制度治党在本质上是统一的，两者一柔一刚、相辅相成，共同助力于“全党同志思想统一、步调一致地完成党的使命任务”。其中，“思想建党是制度治党的前提和基础，影响、规定着制度建设的性质和方向”，只有坚持思想教育先行，首先在思想上强化党员干部的制度意识和制度理念，才能为制度治党奠定思想基础。与此同时，“制度治党是思想建党的有力保障，思想建党的经验和成果只有靠制度来巩固和扩展，才能落地生根、行稳致远”。② 思想建党和制度治党的统一性，源于思想和制度的内在统一。具体言之，思想为了实现对行为的规范，必

① 《习近平在十九届中央纪委二次全会上的讲话》，《人民日报》2018 年 1 月 12 日。

② 《坚持思想建党和制度治党紧密结合》，《人民日报》2016 年 6 月 28 日。

然以制度的形式呈现出来，离开了制度的保障作用，思想将有可能变成空洞的说教。而制度作为规则的体现，必然反映着思想的价值追求，脱离了思想的根本指导，制度就有可能迷失价值的指向。

党的十八大以来，全面从严治党之所以能够砥砺奋进，关键在于党中央既结合制度规定加强思想引领，又突显思想导向强化制度保障，让思想建党与制度治党刚柔并济，同向发力，相得益彰，打出了一套现代政党治理的组合拳。第一，连续开展党的群众路线教育实践活动、“三严三实”专题教育和“两学一做”学习教育等一系列旨在加强党内思想政治教育的铸魂工程，并通过建章立制和强化制度执行的巩固保障，引导党员干部坚定理想信念。以党的群众路线教育实践活动为例，在整个学习教育过程中，党中央把学习习近平总书记重要讲话精神、中共中央办公厅印发的关于在全党深入开展党的群众路线教育实践活动的意见和中央党的群众路线教育实践活动领导小组发出的通知等，以制度的形式加以固化，并围绕解决“四风”问题制定出台党政机关厉行节约反对浪费、公务接待、公车改革等一系列体制机制，实现了思想建党和制度治党的有机统一，为确保教育实践活动取得实实在在的成效发挥了极为关键的作用。也正是在党的群众路线教育实践活动总结大会上，习近平总书记首次提出了“坚持思想建党和制度治党紧密结合”的重要论断。第二，坚持破立结合，集中解决党员干部队伍存在的诸多亟待解决问题。针对一个时期来党员干部中存在的“四风”问题和“腐败”现象，习近平总书记首先明确了信念坚定、为民服务、勤政务实、敢于担当、清正廉洁的新时代好干部标准，并通过依规治党途径，坚决正风肃纪，反腐惩恶，保持党员干部清正廉洁的政治品格。依规治党首要的前提条件是，建立科学完善的党内法规制度体系。这一体系的健全完善过程，同时也是对马克思主义政党性质的重申，是在制度层面对思想建党的有效开展。第三，加速形成以《党章》为根本，以《准则》《条例》等若干配套党内法规为支撑的党内法规制度体系。其中，一些管党治党的制度性成果，本身就是思想建党与制度治党相统一的有力彰显。如，2016 年 10 月十八届六中全会审议通过《关于新形势下党内政治生活的若干准则》“既有刚性的规定，也有精要的道理，体现了思想建党和制度治党有机结合”。①

全面从严治党的实践启示我们，思想建党和制度治党如车之两轮、鸟之两

① 霍小光，张晓松等：《踏上全面从严治党新征程——〈关于新形势下党内政治生活的若干准则〉和〈中国共产党党内监督条例〉诞生记》，《光明日报》2016 年 11 月 4 日。

翼，只有坚持两者深度融合，坚持思想建党的制度化和制度治党的思想化有机统一，才会真正形成管党治党的合力效应，从而为全面推动党的建设新的伟大工程提供源源不竭的动力。可以说，我们党坚持思想建党和制度治党相统一，既是对现代政党治理历史趋势的精准把握，也是对从严治党“治本课题”的时代解答，是对马克思主义管党治党规律的自觉把握。

二、坚持使命引领和问题导向相统一

全面从严治党，必须坚持使命引领和问题导向相统一，“既要立足当前、直面问题，在解决人民群众最不满意的问题上下功夫；又要着眼未来、登高望远，在加强统筹谋划、强化顶层设计上着力。”① 唯有如此，才能始终确保党同人民群众真正地想在一起、干在一起，才能不断提高党的执政能力和领导水平，才能真正实现中华民族伟大复兴的历史使命。

一方面，全面从严治党首要的前提性问题，是解决好前进方向问题，这就需要使命的召唤和引领。“中国共产党人的初心和使命，就是为中国人民谋幸福，为中华民族谋复兴。”在这一崇高使命引领下，一代代中国共产党人与全国各族人民“同呼吸、共命运、心连心”，“以永不懈怠的精神状态和一往无前的奋斗姿态”，始终“朝着实现中华民族伟大复兴的宏伟目标奋勇前进”。② 另一方面，问题是时代的声音，每一时代都有每个时代的问题，每一领域都有每个领域的问题，人类社会正是在不断地发现问题、研究问题和解决问题中前进发展的，全面从严治党更是如此。中国共产党人坚持马克思主义问题导向和问题意识，“坚持党要管党、从严治党，切实解决自身存在的突出问题，切实改进工作作风，密切联系群众，使我们党始终成为中国特色社会主义事业的坚强领导核心。”③ 需要指出的是，使命只有在问题的解决中才能日益担当，问题也只有聚焦使命才能不断发现并得以解决。坚持使命引领与问题导向相统一，既着眼于未来的远大目标，又关注当下的实现路径，揭示了党的前进方向和自身建设目的之间的辩证关系。

中国共产党诞生伊始，就义无反顾肩负起实现中华民族伟大复兴的历史使命。在九十多年波澜壮阔的历史征程中，我党不惧任何风浪险阻，以巨大的政

① 《习近平在十九届中央纪委二次全会上的讲话》，《人民日报》2018 年 1 月 12 日。

② 《决胜全面建成小康社会，夺取新时代中国特色社会主义伟大胜利——在中国共产党第十九次全国代表大会上的报告》，《人民日报》2017 年 10 月 28 日。

③ 《十八大以来重要文献选编》（上），中央文献出版社，2014 年版，第 70 页。

治勇气和强烈的使命担当，团结带领人民进行了艰苦卓绝的斗争，相继推翻了压在中国人民头上的帝国主义、封建主义、官僚资本主义三座大山，完成了中华民族有史以来最为广泛而深刻的社会变革，进行并仍在进行着破除阻碍国家和民族发展的思想体制障碍新的伟大革命，谱写出气吞山河的壮丽史诗。特别是党的十八以来，以习近平同志为核心的党中央在全面深入推动党的建设新的伟大工程中，正确处理好当前与长远、努力方向与现实指向的辩证关系，着力在解决人民群众反映最强烈、对党的执政基础威胁最大的突出问题上下功夫，取得了全方位的、开创性的成就。第一，狠刹“四风”特别是享乐主义和奢靡之风，“截至 2017 年 10 月，全国查处违规公款吃喝、送礼、旅游（国内）三类突出问题共计 45502 起，基本刹住面上‘四风’问题。”① 第二，以猛药去疴、重典治乱的决心，以刮骨疗毒、壮士断腕的勇气，正风、肃纪、惩贪，“打虎”“拍蝇”“猎狐”，推动形成反腐败斗争压倒性态势。第三，对照“三严三实”的要求，着力解决党员干部中存在的“不严不实”问题，切实增强了广大干部践行“三严三实”要求的思想自觉和行动自觉，推动各级领导干部争做“三严三实”的好干部。第四，聚焦党员队伍在思想、组织、作风、纪律等方面存在的诸多问题，集中在理想信念模糊动摇、党的意识淡化、宗旨观念淡薄、精神不振、道德行为不端等问题上发力，真正把全面从严治党要求落实到每个支部每名党员。第五，着重解决党内政治生活中出现的一些突出矛盾和问题，“特别是高级干部中极少数人政治野心膨胀、权欲熏心，搞阳奉阴违、结党营私、团团伙伙、拉帮结派、谋取权位等政治阴谋活动”。②

历史和实践充分证明，管党治党工作既需“仰望星空”的使命引领，又需“脚踏实地”的问题导向，两者相辅相成，有机统一。坚持使命引领和问题导向相统一，是我们对马克思主义执政党治国理政与自身建设规律的深刻把握，是对全面从严治党的系统性、规划性和科学性的基本彰显。

三、坚持抓“关键少数”和管“绝大多数”相统一

坚持抓“关键少数”和管“绝大多数”相统一，揭示了正确处理领导干部和广大党员之间的辩证关系，成为全面从严治党珍贵经验的基本组成部分。它

① 《咬定青山不放松，要留清气满乾坤——五年来纪检监察机关落实中央八项规定精神、纠正“四风”工作综述》，《人民日报》2017 年 12 月 5 日。

② 习近平：《关于〈关于新形势下党内政治生活的若干准则〉和〈中国共产党党内监督条例〉的说明》，《人民日报》2016 年 11 月 3 日。

通过自上而下与自下而上相统一的方式，有机结合了“关键少数”的示范作用与“绝大多数”的规模效应，为营造党内良好政治生态发挥了重要牵引功能。

“党要管党，一管党员，二管干部。”对马克思主义执政党而言，“党要管党，最关键的是干部问题。”① 这是因为，党的各级领导干部是“关键少数”，他们在国家中担负着特殊重要的职责，发挥着特殊重要的示范作用，负责党的理论和路线方针政策的具体执行，是党和国家事业的中坚力量。位高、权重、影响大等显著特点，决定全面从严治党必须对“关键少数”提出更加严格要求，进行更加严格的管理监督。并且，只有抓好“关键少数”，在全党作出表率，全面从严治党才会有震慑力和说服力。反之，不仅正确的政治路线得不到组织路线的坚强保证，而且会危及党的执政地位。所以，习近平总书记反复强调，“我们国家要出问题主要出在共产党内，我们党要出问题主要出在干部身上。”② 可见，我们突显抓“关键少数”，绝不是忽视广大党员这一“绝大多数”，而是为了以上率下，实现真正意义上全面从严治党。与此同时，实现对广大党员这一“绝大多数”的全覆盖，是全面从严治党名实相符的前提条件，是靠全党、管全党、治全党的基本体现。反之，“只有领导骨干的积极性，而无广大人民群众的积极性相结合，便将成为少数人的空忙。”③ 特别是，党员领导干部这一“关键少数”，都是由普通党员一步一步成长锻炼起来的。对广大党员普遍提出严格要求，显然有益于营造领导干部健康成长的政治生态。因此，我们“要严格党员日常教育和管理，使广大党员平常时候看得出来、关键时刻站得出来、危急关头豁得出来，充分发挥先锋模范作用”④。可见，坚持抓“关键少数”和管“绝大多数”相统一这一经验，是以习近平同志为核心的党中央在管党治党实践中，成功运用辩证唯物主义两点论与重点论有机统一的光辉典范。

党的十八大以来，从提出“打铁还需自身硬”到“打铁必须自身硬”，从“八项规定”最先从政治局抓起到党的群众路线教育实践活动、“三严三实”专题教育聚焦“关键少数”，再到《关于新形势下党内政治生活的若干准则》和《中国共产党党内监督条例》明确把“党的领导干部特别是主要领导干部”作为全面从严治党的重点对象，无不体现出以习近平同志为核心的党中央坚持抓

---

① 《邓小平文选》第1卷，人民出版社，1994年版，第328页。

② 《习近平在党的群众路线教育实践活动总结大会上的讲话》，《人民日报》2014年10月9日。

③ 《毛泽东选集》第2卷，人民出版社，1991年版，第253－254页。

④ 《习近平在全国组织工作会议上的讲话》，《人民日报》2013年6月30日。

“关键少数”的治党智慧。据统计，《准则》23次提到高级干部。由于把管理全面、标准严格、环节衔接、措施配套、责任分明的具体要求贯穿到高素质专业化干部队伍建设的全过程，一大批信念坚定、为民服务、勤政务实、敢于担当、清正廉洁的好干部走上领导岗位。另一方面，以习近平为同志的党中央坚持逻辑与历史相统一的原则，通过印发实施《中国共产党发展党员工作细则》，开展“两学一做”学习教育活动等方式，把全面从严治党的要求落实到每一名党员，引导广大党员做讲政治、有信念，讲规矩、有纪律，讲道德、有品行，讲奉献、有作为的合格党员。党中央要求，每一名共产党员，无论党龄长短、资历深浅、成就大小，都要增强管党治党的政治意识和责任担当，提升自身党性修养和思想境界，加强政治理论水平和纪律观念，强化宗旨意识和“四个意识”，紧密团结在以习近平同志为核心的党中央周围，汇聚成全面从严治党的伟大洪流。

党的十八大以来管党治党的实践充分证明，只有坚持既对广大党员这一“绝大多数”普遍提出严格要求，又对领导干部这一“关键少数”重点从严发力，才能不断增强全面从严治党的系统性、创造性和实效性。不言而喻，坚持抓“关键少数”和管“绝大多数”相统一，彰显了以习近平同志为核心的党中央“真正把马克思主义这个看家本领学精悟透用好”①，标志着我们对马克思主义执政党建设规律的认识达到新的高度。

四、坚持行使权利和担当责任相统一

权力的行使与责任的担当紧密相连，有权必有责、用权受监督、有责要担当、失责必追究，对现代政党治理而言尤为如此。在中纪委十九届二中全会上，习近平总书记将“坚持行使权力和担当责任相统一”列为全面从严治党的基本经验。这一经验，把责任与担当、担责与问责有机统一起来，揭示了全面从严治党的权力主体和责任主体的一致性关系，明确了把落实管党治党政治责任作为各级党委最根本的政治担当。

党员干部手中的权力来源于人民，只有充分运用好人民赋予的权利，坚持权为民所用、情为民所系、利为民所谋，才是合格的人民公仆。需要补充的是，党员干部行使权力和担当责任是有机统一的，担负多大责任就要行使多大权力，行使多大权力就要担负多大责任。如果没有充分行使手中的权力为人民服务，如果没有完全担当起与权力相对等的责任，均属于“为官不为”的严重表现，

---

① 《习近平在纪念马克思诞辰200周年大会上的讲话》，《人民日报》2018年5月4日。

都要受到管党治党的责任追究。以往我们管党治党工作之所以出现“宽松软”现象，从根本上说就是源于权责脱钩，追责不严，进而引发“权力任性”。“为官避事平生耻”，中国共产党的领导干部都是人民的公仆，必须坚决摒弃只想揽权不愿担责的腐朽思想，牢牢坚持权责一致原则，既廉又勤，既敢于作为又善于担当。所以说，培育引导党员干部形成正确的权责观，对推动全面从严治党走向“严紧硬”具有重要的思想价值和现实意义。

党的十八大以来，以习近平同志为核心的党中央牢牢牵住管党治党政治责任这个“牛鼻子”，既严明了直接责任、主体责任、监督责任、领导责任和党组织的责任，又高举严肃问责的“撒手锏”，推动全面从严治党不断引向深入。第一，健全完善党建工作责任制，矛头直指党的领导弱化、党的建设缺失等宽松软问题，推动管党治党责任全面覆盖，层层传导，形成了“党委抓、书记抓、各有关部门抓、一级抓一级、层层抓落实的党建工作新格局”①。第二，制定、修订《中国共产党纪律处分条例》《中国共产党问责条例》《关于新形势下党内政治生活的若干准则》《中国共产党党内监督条例》《中国共产党巡视工作条例》等多部党内法规，为严肃开展问责提供明确依据和制度保障。其中，《中国共产党纪律处分条例》第一次将全面从严治党主体责任纳入党内法规范畴，对“党组织不履行全面从严治党主体责任或者履行全面从严治党主体责任不力”有关情形作出专门的处分规定；《中国共产党问责条例》首次以党内专门法规的形式对主体责任、监督责任和领导责任作出进一步明确和细化。第三，坚持以上率下，狠抓思想、管党、执纪、治吏、作风和反腐败从严，形成了层层压实责任，层层传导压力的管党治党生态。第四，始终高举问责“撒手锏”，问责力度逐年加大，问责范围从党风廉政建设和反腐败领域拓展到党的建设和党的事业各个方面。据中央纪委数据统计，“2014 年至 2017 年 8 月，全国共有 6100 余个单位党委（党组）、党总支、党支部，300 余个纪委（纪检组）和 6 万余名党员领导干部被问责。”② 伴随着权责一致理念原则的落地生根，全党上下迸发出担当有为的磅礴力量，为中华民族伟大复兴注入了源源不竭的动力。

马克思主义管党治党实践证明，不明确责任，不落实责任，不追究责任，全面从严治党是不可能实现的。只有坚持行使权力和担当责任相一致、相统一，

① 《习近平在党的群众路线教育实践活动总结大会上的讲话》，《人民日报》2014 年 10 月 9 日。

② 朱基钗：《牵住“牛鼻子”种好“责任田”——党的十八大以来推进管党治党政治责任落实综述》，《光明日报》2017 年 10 月 2 日。

既明确责任，又落实责任，还追究责任，才能把全面从严治党的政治责任转化为各级党组织和党员领导干部的政治担当。进而言之，坚持行使权利和担当责任相统一，是我们对马克思主义执政党治国理政与自身建设规律的自觉探索和把握，体现了我党把握执政党建设规律的高超政治智慧。

五、坚持严格管理和关心信任相统一

习近平总书记反复强调，从严治党关键在从严管理干部。坚持严格管理和关心信任相统一的全面从严治党经验，把严管和厚爱、约束和激励辩证统一于党的高素质专业化干部队伍建设中，直接助力于“最大限度防止干部出问题，最大限度激发干部积极性”①。

从严治党是马克思主义管党治党的一贯方针。对全体党员干部进行严格教育、严格要求、严格管理和严格监督，是保持无产阶级政党先进性和纯洁性的根本要求。需要强调指出的是，马克思主义从严治党，并非为严而治，而是为了更好地激发党员干部干事创业的积极性和创造性。具体言之，从宏观层面来说，“从严”是以关心、爱护、信任为基础的。无论是“真管真严、敢管敢严、长管长严”，还是“惩前毖后、治病救人”，抑或“抓早抓小、防微杜渐”，其根本出发点和落脚点都是“最大限度防止干部出问题”，保护党员干部健康成长。进而言之，“从严”彰显的是“厚爱”，“严管”就是“厚爱”，是防止要么是“好同志”要么是“阶下囚”的重要举措。反之，非但不能保护和激发党员干部干事创业的积极性，而且会埋下重大隐患甚至危害整个党的肌体。就微观层面而言，全面从严治党管全党，治全党，但也依靠全体党员干部共管共治。因此，这一系统工程的顺利开展，固然要求严格管理以正示范，但也离不开对党员干部关心信任等能动要素的有机参与。

党的十八大以来，以习近平同志为核心的党中央既坚持以严的标准要求干部、以严的措施管理干部、以严的纪律约束干部，又注重对党员干部的关心和信任，在防止干部出问题和激发干部积极性等方面取得了卓著的成效。一方面，坚持严格管理党员干部。第一，进行严格的教育，要求党员干部坚定共产主义远大理想和中国特色社会主义共同理想，真诚信仰马克思主义，不断加强党性修养，注重品格陶冶，认真学习马克思主义理论特别是中国特色社会主义理论体系，认真学习党章党规，不断提高马克思主义思想觉悟和理论水平。第二，

① 《习近平在十九届中央纪委二次全会上的讲话》，《人民日报》2018 年 1 月 12 日。

进行严格的要求，教育引导党员干部“清醒认识自己岗位对党和国家的特殊重要性，职位越高越要自觉按照党提出的标准严格要求自己，越要做到党性坚强、党纪严明，做到对党始终忠诚、永不叛党”。① 第三，进行严格的监督管理，将从严的要求贯穿到干部日常管理中的考核、选用、监督等各个环节，“使干部自觉履行组织赋予的各项职责，严格按照党的原则、纪律、规矩办事。”② 另一方面，坚持关心信任干部。第一，赋予德才兼备的干部选拔标准以新的时代内涵，即信念坚定、为民服务、勤政务实、敢于担当、清正廉洁二十字新时代好干部标准。第二，坚持正确的干部选用导向，“努力做到选贤任能、用当其时，知人善任、人尽其才”，③ 坚决防止官场“逆淘汰”现象的出现，深入整治选人用人上的不正之风，营造风清气正的用人环境。第三，着力形成系统完备、科学规范、有效管用、简便易行的选人用人机制，主动为那些敢于担当、踏实做事、不谋私利的干部排忧解难，旗帜鲜明表彰那些锐意进取、一心为公、兢兢业业、敢于担当的干部，严肃批评那些不担当、不作为、敷衍塞责的干部，坚决处置那些违反组织人事纪律的干部。

全面从严治党的实践揭示，只有把对党员干部的严格管理和关心信任有机统一起来，既坚持严字当头、一以贯之，“严格按照党的原则、纪律、规矩办事”，又坚持“政治上激励、工作上支持、待遇上保障、心理上关怀，满腔热情帮助干部提高素质、改正错误、健康成长”，④ 才能使他们心情舒畅、充满信心，奋发有为，敢于担当，进而建设好宏大的高素质专业化干部队伍。可见，坚持严格管理和关心信任相统一，是党的干部队伍建设理论逻辑和管党治党实践发展现实逻辑的辩证统一，是对新时代干部管理工作特点和规律的科学把握。

六、坚持党内监督和群众监督相统一

为了管好权、执好政，跳出“历史周期率”，永葆党的旺盛生命力，我们必须坚持党内监督和群众监督相统一的管党治党经验，“以党内监督带动其他监督，积极畅通人民群众建言献策和批评监督渠道，充分发挥群众监督、舆论监

① 《关于新形势下党内政治生活的若干准则》，《人民日报》2016 年 11 月 3 日。

② 《习近平在党的群众路线教育实践活动总结大会上的讲话》，《人民日报》2014 年 10 月 9 日。

③ 《习近平在全国组织工作会议上的讲话》，《人民日报》2013 年 6 月 30 日。

④ 《习近平在省部级主要领导干部学习贯彻党的十八届五中全会精神专题研讨班上的讲话》，《人民日报》2016 年 1 月 19 日。

督作用”。①

党内监督是党的各级组织、专责机关和全体党员，按照党章和其他党内法规对各级党组织和广大党员、干部的行为展开的监察和督促。党内监督的实质是通过自我革命的方式，从根本上解决管党治党中存在的宽松软等问题，切实保障人民群众的根本利益。中国共产党兼具长期执政党和领导党的双重身份，决定了党内监督根本性和基础性的地位。只有勇于自我监督，有效进行党内监督，我们党才有可能畅通党外监督渠道。反之，其他监督渠道必然难以通畅，我们党也有可能犯颠覆性的错误。正如习近平总书记强调指出：“全党要深刻认识到，党内监督是永葆党的肌体健康的生命之源，要不断增强向体内病灶开刀的自觉性，使积极开展监督、主动接受监督成为全党的自觉行动。”② 在充分肯定党内监督根本作用的同时，我们必须清醒地认识到，任何一种监督方式都不可避免地存有某种程度的局限性，且难以单独形成合力。这要求我们在强化党内监督的同时，重视发挥其他监督的作用，切实形成全方位立体化的监督体系。正是在此意义上，习近平总书记强调，“人民群众中蕴藏着治国理政、管党治党的智慧和力量，从严治党必须依靠人民。”③ 所以，我们必须坚持人民群众的历史主体地位，始终扎根人民沃土，真正做到相信群众，依靠群众，主动接受群众的监督和评判。由上，党内监督和群众监督彼此关联，相互促进，都是对执政党进行有效监督的重要方式。在整体推进全面从严治党中，我们必须坚持两者的有机统一，自觉做到以党内监督带动群众监督，以群众监督强化党内监督，充分形成党内外监督的整体合力，共同致力于风清气正政治生态的形成。

党的十八以来，以习近平同志为核心的党中央着力强化以党内监督带动其他监督，实现了党内监督和群众监督的有机统一，这集中体现在以下方面。第一，作为党内监督与群众监督相结合的重要方式，巡视利剑作用进一步彰显，我们党首次实现了中央和省级党委巡视全覆盖。“通过巡视监督带动党内其他监督和群众监督、舆论监督，把上级对下级、同级之间、下级对上级的监督以及群众对党的监督充分调动起来，实现同频共振，不断增强监督实效，维护党的

① 《习近平在十九届中央纪委二次全会上的讲话》，《人民日报》2018 年 1 月 12 日。

② 《习近平在党的十八届六中全会第二次全体会议上的讲话（节选）》，《求是》2017 年第 1 期。

③ 中共中央文献研究室：《十八大以来重要文献选编》（中），中央文献出版社，2016 年版，第 101 页。

肌体健康，永葆党的先进性和纯洁性。”① 第二，作为党内监督的实践总结和重要制度化成果，《中国共产党党内监督条例》坚持党内监督和人民群众监督相结合，形成了新的制度安排，进一步实现了党内外监督的制度化、规范化和程序化。另外，从加快实行党务公开到坚持走好网上群众路线，从落实党建工作责任制情况听群众意见到积极支持民主党派履行监督职能等，都是以党内监督带动其他监督的重要成果。

全面从严治党的实践证明，坚持党内监督和群众监督相统一经验，正确处理了党内监督和党外监督的辩证关系，既注重发扬自我革命精神，又着力从人民群众中汲取不竭动力，大大增强了从严监督的合力效能。这既是我们党保持自身肌体健康，保证立党为公、执政为民的重要经验，也是尊重历史规律，“让中国特色社会主义更加符合规律地向前发展”② 的必然选择。

结语

从认识论视角来说，规律是事物本身所固有的本质的必然的联系或关系，具有客观的普遍性、稳定的重复性、必然的强制性等显著特点，是事物变化发展过程中的必然趋势。规律包括自然规律、社会规律和思维规律。马克思主义执政党建设规律主要属于社会规律范畴，它来源于并寓于马克思主义执政党建设的社会实践中。从总的说，这一规律包括总规律和具体规律两个层次。总规律是马克思主义执政党建设方方面面内在的总体联系，是深层本质的内在必然性，它贯穿于执政党发展的始终并发挥着统领性作用。具体规律是马克思主义执政党建设各个层面、领域、时期矛盾运动所体现出的规律性，是总规律在执政党建设活动中的展开和实现。深化认识和把握马克思主义执政党建设规律绝非易事，因为它在不同的社会主义国家以及同一社会主义国家不同历史阶段的表现形式不尽一致。况且，我们对规律的认识还受到自身及历史的局限性等影响，必然需要经过一个长期的、反复的实践探索和认识深化过程。

党的十八大以来，党中央围绕新时代坚持和发展什么样的中国特色社会主义、怎样坚持和发展中国特色社会主义这个重大时代课题的系统解答，形成了习近平新时代中国特色社会主义思想，“六个统一”是我党新的指导思想的最新

---

① 新华社记者：《锻造巡视监督利剑　探索自我净化路径　推动全面从严治党向纵深发展——党的十八大以来中央巡视工作综述》，《人民日报》2017 年 9 月 29 日。

② 《习近平在纪念马克思诞辰 200 周年大会上的讲话》，《人民日报》2018 年 5 月 4 日。

组成部分。根据习近平总书记对全面从严治党内涵的规定，全面从严治党面向全体党员和党组织，注重从战略全局的高度整体探索管党治党的规律。就此意义而言，全面从严治党是马克思主义执政党建设总规律的基本体现。对中国共产党这样一个老党大党来说，全面从严治党的自身规律，即马克思主义执政党建设的具体规律，是总规律在党的建设实践中的动态展现。其中，来源于新时代全面从严治党伟大实践且经过深度提炼的“六个统一”，涵盖了全面从严治党的路径、指向、对象、权责、管理、监督等方方面面的内容，闪耀着马克思主义辩证法的熠熠光辉。它们是毛泽东在《实践论》中阐明的“实践、认识、再实践、再认识”的认识发展基本规律的鲜明体现，是我们对马克思主义管党治党规律的认识深化，是我们继续推动党的建设新的伟大工程的重要遵循和具体抓手。

需要强调指出的是，一方面，对于“六个统一”，我们不能将其简单地视为全面从严治党的自身规律。尽管规律是多方面经验的科学总结，然而，“经验反映或者契合了规律，但它本身并不是规律，它所反映的客观的矛盾运动所表现出的必然性才是规律。”① 更为重要的是，规律具有其基本的规定。就内容而言，规律就是揭示事物运动的矛盾性质，相互对立和相互规定的成分或要素才能构成本质的规律性的联系；就形式而言，规律总是由两两相对的范畴的关系的展开来表达规律的内容。规律的对立逻辑和辩证形式是人们研究和揭示规律必须遵循的基本规范。② 而且，如上文所述，马克思主义执政党建设规律主要属于社会规律范畴，对社会规律做简洁的概括绝非易事，如果勉强为之，反而容易绝对化。所以，精确地说，全面从严治党实践中形成的鲜活经验是我们对马克思主义执政党建设规律的自觉探索和深刻把握，它们并非这一规律本身。另一方面，总结经验并不意味着结束，而是为了从中汲取“重整行装再出发”的营养和智慧，进一步把握管党治党的自身规律，进而不断提高党的治国理政水平。如同马克思恩格斯所揭示，世界作为过程的集合体的存在，经历着无限的新陈代谢，这是社会发展的普遍规律。正是就此意义而言，习近平总书记反复强调，“党和人民事业发展到什么阶段，党的建设就要推进到什么阶段。这是

---

① 赵志奎：《“三个代表”与中国共产党执政规律》，四川人民出版社，2006 年版，第 72 页。

② 陆永平：《规律的对立逻辑和辩证形式》，《南通大学学报·社会科学版》，2007 年第 1 期。

加强党的建设必须把握的基本规律。"① 由此，我们必须长期坚持不断深化"六个统一"经验，不断深化认识党的执政规律、社会主义建设规律和人类社会发展规律，不断增强党的自我净化、自我完善、自我革新、自我提高的能力，以"永远在路上"的昂扬姿态，确保党成为"始终走在时代前列、人民衷心拥护、勇于自我革命、经得起各种风浪考验、朝气蓬勃的马克思主义执政党"②。

---

① 习近平：《在庆祝中国共产党成立95周年大会上的讲话》，《人民日报》2016年7月2日。

② 《决胜全面建成小康社会，夺取新时代中国特色社会主义伟大胜利——在中国共产党第十九次全国代表大会上的报告》，《人民日报》2017年10月28日。

新时代全面从严治党永远在路上

中国矿业大学　盖逸馨

党的十九大报告指出，过去的五年，中国共产党坚持反腐败无禁区、全覆盖、零容忍，坚定不移“打虎”“拍蝇”“猎狐”，不敢腐的目标初步实现，不能腐的笼子越扎越牢，不想腐的堤坝正在构筑，反腐败斗争压倒性态势已经形成并巩固发展。① 然而，“党面临的执政环境是复杂的，影响党的先进性、弱化党的纯洁性的因素也是复杂的，党内存在的思想不纯、组织不纯、作风不纯等突出问题尚未得到根本解决。”新时代我们要进一步加强、推进，坚定不移全面从严治党，不断提高党的执政能力和领导水平，确保全面从严治党永远在路上。

一、从严治党的理论渊源与历史沿革

（一）理论渊源

从严治党是经过历史与实践证明的马克思主义政党执政规律与原则。从严治党思想的理论渊源来自于马克思、恩格斯、列宁等无产阶级革命前辈的党建思想，经由中国共产党领导者将马克思、恩格斯、列宁等人的党建思想与中国的实际国情不断结合汇聚而成。马克思和恩格斯认为实现无产阶级的自由与解放，政党是先决条件，必须要组建无产阶级政党。马克思的党建思想始于《共产党宣言》，在《宣言》中马克思和恩格斯论述了共产党的性质及奋斗目标，并明确指出组建无产阶级政党对于无产阶级革命胜利的至关重要作用，并从理论与实践双重逻辑对从严治党提出了高度要求，尤其是在思想、组织和作风方面做出了严格标准。列宁将社会主义由理论发展为现实，继续发展与巩固了马克

① 《决胜全面建成小康社会　夺取新时代中国特色社会主义伟大胜利——在中国共产党第十九次全国代表大会上的报告》，《人民日报》2017 年 10 月 28 日。

思和恩格斯的党建思想，在此过程中更加凸显了从严治党的重要地位。列宁强调，要使这支无产阶级先锋队担当起当前的任务，保持政权，必须有极严格的真正铁的纪律，要得到“整个工人阶级全心全意的拥护”。从列宁的话语中可以看出，从严治党绝不仅仅是口号。无产阶级政党组建后，要确保政党的执政地位，必须要消除内部弊病，在“铁的纪律”的支撑下，不断严明党内纪律规范，不断优化党员队伍，肃清党内不良作风，才能担当起历史使命，成为全体人民充分依靠，完全信任的政党。

（二）历史沿革

习近平总书记强调，历史使命越光荣，奋斗目标越宏伟，执政环境越复杂，我们就越要增强忧患意识，越要从严治党。回顾我国自改革开放以来从严治党历程，自 1983 年中央开展整党运动，从严治党一直受到党和国家领导人的高度重视，从未产生过时间断层与实践断档。1984 年，《人民日报》首次使用“从严治党”表述地方整党工作。1987 年，党的十三大明确对腐败问题做出评定。1992 年，党的十四大将从严治党写入党章。党的十五大报告将从严治党和保持党的先进性和纯洁性联系起来。党的十六大提出“全面推进党的建设新的伟大工程”，十七大在十六大基础上深化认识，提出“以改革创新的精神全面推进党的建设新的伟大工程”。十八大以来，开启全面从严治党新篇章，党作为我国各项事业的领导核心地位愈发稳固，取得明显实效。党的十九大将十八大以来的理论成果概括为习近平新时代中国特色社会主义思想，是马克思主义中国化的最新理论成果，也是党在新时代继续建功立业的最新指导思想。新时代推进全面从严治党纵深发展要以新思想为理论指向与实践航标，切实保证全面从严治党永远在路上。

二、全面从严治党的战略地位

（一）推进“四个全面”战略布局的根本保证

2014 年 10 月，习近平总书记在党的群众路线教育实践活动总结大会上提出了“全面推进从严治党”的战略部署。同年 12 月，在江苏调研时进一步提出“全面建成小康社会、全面深化改革、全面推进依法治国、全面从严治党”的“四个全面”战略布局，将全面从严治党提升到一个全新的高度。全面建成小康社会需要以全面深化改革作为驱动力支撑来凝神聚力，而全面深化改革的前提条件是必须坚持正确方向，坚持中国共产党的领导。在新的时代方位奋力推进全面建成小康社会，就要以全面从严治党为其他三个全面的实践航向，确保

“四个全面”战略布局的完善构建和精准落实。

（二）实现“四个伟大”的根本基础

空谈误国，实干兴邦，新时代需要新发展，新时代党建工作也应有新作为。党的十九大报告提出要进行伟大斗争，建设伟大工程，推进伟大事业，实现伟大梦想。这“四个伟大”紧密联系、相互贯通、相互作用，其中起决定性作用的是党的建设新的伟大工程。历史和现实都充分证明，办好中国的事情，实现中国的良好发展，关键在党。党的建设关乎党的命运，更关乎国家和民族的命运。在党的建设中，党要管党，从严治党是一条根本原则，是党的建设的中心任务。因此，新时代推进“四个伟大”顺利进行，必须要继续加强党建工作，全面从严治党，致力于时刻保持党的先进性与纯洁性，用党建工作为新时代推进深化各项改革工作奠定坚实的组织基础，储备充分的优秀党员干部后备力量。不断深化全面从严治党的深度与广度，以助力新时代党建工作落到实处，确保党建工作敢作为，特别是敢有新作为。

三、全面从严治党的时代任务

（一）理想信念教育要先行

历史和现实都表明，任何政党思想一旦出现问题，便存在致命性打击，加强党的思想建设应作为党建工作的重要任务之一，始终放在首位。新时代推进全面从严治党要秉承理想信念教育先行的原则，着力解决党内存在的信仰迷失，对马克思主义信仰产生动摇的问题，进一步巩固党的意识形态建设主导权。十九大报告共八次提及“理想信念”，习近平总书记在“坚定文化自信，推动社会主义文化繁荣兴盛”部分强调：“要广泛开展理想信念教育，深化中国特色社会主义和中国梦宣传教育，弘扬民族精神和时代精神，加强爱国主义、集体主义、社会主义教育。”党员更要坚定马克思主义理想信念，始终拧紧世界观、人生观、价值观总开关。在实际的理想信念教育过程中要坚持“既要治病，更要救人”的原则，既要纠正党员干部错误的思想观念，更要帮其树立正确的思想观念，坚定马克思主义信仰，做一个坚定的“姓马、信马、懂马、行马”的合格党员。

（二）不忘初心砥砺前行

中国共产党是人民的党，党员干部是人民公仆而非人民主人，为人民服务意识应在所有党员干部心中扎下深根。十九大报告指出，不忘初心，方得始终。

党员要牢记初心、秉持初心，只有牢记初心才能安身立命，只有牢记初心才能精神永驻，只有牢记初心才能无往不胜。同时，还应将牢记初心的理想信念转化为践行初心的实际行动，将初心从党员干部“喊口号”转变为每一个党员干部都成为实干家。党的十八大以“两个一百年，一个中国梦”的时代号召和奋斗目标，显示出了我党作为领导中心的高度自信。这种自信既来源于近年来党带领人民取得的傲人成绩，更来自于人民对于党员领导干部的政治认同与坚定依靠。正是我们党始终践行着为了人民，服务人民的初心坚守，才得以获得人民的认同，越过激流、越过险滩，取得革命和建设的胜利。因此要始终保证党员干部初心不变，保证党员干部“进京赶考”一直在路上，保证党员干部永远不变质。

（三）牢记使命勇担重任

中国共产党既是中国工人阶级的先锋队，同时也是中国人民和中华民族的先锋队。作为先锋队，作为执政党，就有责任、有义务带领广大人民群众实现新时代的伟大胜利。因此党的十九大报告强调，党要牢固树立担当意识，牢记历史使命，砥砺前行，勇担重任，克服“四大危险”，实现党的自我净化，以保证“两个一百年”的奋斗目标的顺利实现。新时代党要以更加自觉地态度为实现新时代党的历史使命不懈奋斗，从思想上、组织上、作风上、反腐倡廉建设上以及制度层面上实现新时代党建工作的系统化，从而进一步推进国家治理体系和治理能力现代化，保障党的战斗力与团结一致。通过全面从严治党做好新时代党建工作，以确保在应对国内外各种风险和考验，在世界形势深刻变化的历史进程中我党始终成为全国人民的主心骨，始终走在时代前列，在坚持和发展中国特色社会主义的历史进程中始终成为坚强领导核心。

四、全面从严治党的现实推进路径

（一）以“全”为出发点，实现全面从严治党全覆盖

1. 全面从严治党首先要全面从严治吏

“从严治党，关键是从严治吏。”新时代，全面从严治党首先要加强对党员干部的管理，通过抓关键少数，来保证全面从严治党取得实效。党员干部是联系党和群众之间的纽带，只有保证党员干部作风优良，才能维持人民公仆的形象，才能保持党和人民群众之间鱼水情深的关系，增强党的公信力。从严管理党员首先要加强对干部的教育。一要加强思想政治教育。要引导党员干部坚定理想信念，坚守共产党人的精神追求，提高精神境界，在思想上始终保持先进

性，牢记党员标准，严守党员纪律，以“三严三实”为旗帜导向与精神指南，不断向其靠拢。二要同步加强理论与实践教育。要切实加强党员干部对党的最新理论的认知与理解，坚持学习马克思主义中国化的最新理论成果，在习近平新时代中国特色社会主义思想的指引下，以“打铁必须自身硬”的标准严格要求自己，成为理论素养与实践工作经验兼备的合格人民公仆。

2. 全面从严治党要落实“五位一体”总体布局

“五位一体”总体布局，为用中国特色社会主义理论体系武装头脑、指导实践、推动工作，提供了强大思想武器。新时代奋力推进全面从严治党，要对党的思想、组织、作风、反腐倡廉和制度等各项建设内容实现全覆盖，落实党建工作“五位一体”总布局，使党的建设从五方面构成合力，实现全面从严治党的纵深发展。贯彻落实“五位一体”总体布局，要在持续推进加强原有的思想建设、组织建设与作风建设基础上，充实党建基本内容，加强党内制度建设，同时要把反腐倡廉建设放在重要地位。要以党的思想建设为精神挈领，以党的组织建设为动力支撑，以党的作风建设为重要抓手，不断加强反腐倡廉建设，最后要以党内制度建设为根本保障，切实实现全面从严治党的纵深发展。

（二）以“严”为制高点，确保全面从严治党动真格

1. 加强作风改进，密切联系群众

新时代深化全面从严治党要狠抓党内作风建设，调整党员干部在思想上与行为上呈现出的“亚健康”状态，扭转党内组织纪律松弛的现象，提升党员干部形象，切实拧紧党建总开关，实现党内政治生态由“亚健康”向“健康”状态的转变。全面从严治党在加强作风改进的过程中要密切同人民群众的联系。早在中国共产党在成立之初，就已经明确了“党的一切运动都必须深入到广大的群众里面去”的群众路线。群众路线是党的生命线和根本工作线，是党得以安身立命的根本基础。中国共产党成为执政党，是历史和人民的选择。因此只有时刻牢记党是人民的党，树立马克思主义群众观，只有党员干部坚持密切联系群众，始终与人民群众保持血肉联系，使得党员联系群众常态化，以更大力度推进党的建设，推动全面从严治党向纵深发展，才能得到人民群众的拥护与爱戴，为党执政奠定坚实的群众基础，不断提高人民群众的认可度与满意度，使我党成为以人民为中心、求真务实、接地气的政党。

2. 全面从严治党要严明党内纪律规范

“没有规矩不成方圆”，遵守规矩、严明纪律是促进事物有序发展的前提条件。这对于十分强调纪律性的党建工作更加适用。纪律不严，全面从严治党就

会沦为一纸空谈。只有严明党内纪律规范，确保全面从严治党有制可依，有律可寻，才能培养出符合中国特色社会主义事业，以人民为中心的党员干部队伍，才能充分发挥党群干部的模范作用与带头效应，发展成为人民心目中的好公仆。党规党纪是钢，只有先严肃党内纪律规范，才能使全面从严治党真正落实到具体行动。习近平总书记指出，党的各级领导干部必须做到“既严以修身、严以用权、严以律己，又谋事要实、创业要实、做人要实”。因而，新时代下推进全面从严治党要以“三严三实”为风向标，实现党员领导干部队伍建设高素质化，促使党员干部成为德才兼备，作风清正，纪律严明的新时代为人民服务的高素质政党。通过党内正风肃纪，树立起新时代“货真价实”的政绩观，实现政治清明。

（三）以“治”为着力点，推进全面从严治党落实准

1. 思想建党和制度治党共同推进

习总书记指出，从严治党靠教育也靠制度，二者一柔一刚，要同向发力、同时发力。① 思想建党是党建之源，制度治党是党建之本，既要在思想上保证党的先进性和纯洁性，也要在制度上强化治党管党规范性与合理性。思想虽柔，但若是忽视思想的重要性，就会成为毁党之利器，所以思想建党是进行党建的应有之义和必然之举。首先，要补足共产党员的精神之“钙”。思想建党要强化理想信念教育，确保党员干部在精神上不能缺钙，不会得软骨病，帮助党员干部解决信仰迷茫和精神迷失问题。不断强化科学理论武装培育属于共产党人的精神家园。制度是刚性规范，新时代全面从严治党要强化制度治党，加强制度的刚性约束，确保全面从严治党在根本性、全局性、稳定性、长期性上具有保障。新时代加强坚持制度治党要做到：第一，进行制度治党要加强制度规范性与严密性，于严处用力，使全面从严治党制度漏洞，无缝隙可寻。第二，加强制度治党要强化制度的顶层设计，确保有制可依，确保制度合理。第三，加强制度治党，要以思想政治教育为依托，增强对制度的认同感，使思想建党与制度治党二位一体，同向同行。正如习总书记所强调，“要使加强制度治党的过程成为加强思想建党的过程，也要使加强思想建党的过程成为加强制度治党的

---

① 习近平：《在党的群众路线教育实践活动总结大会上的讲话》，《人民日报》2014 年 10 月 9 日。

过程。"①

2. 敢挥力用反腐败"利剑"

习总书记强调解决腐败问题是"以猛药去疴、重典治乱的决心，以刮骨疗毒、壮士断腕的勇气，坚决把党风廉政建设和反腐败斗争进行到底"。在反腐败过程中既要打老虎，又要拍苍蝇，只有敢挥力用反腐败"利剑"，把权力关进制度的牢笼里，才能减少权力寻租、权钱交易等问题的产生，从根源上杜绝腐败，还党内一股清流。用好反腐败利剑，要完善党内制度建设，加强制度反腐，使腐败问题不反弹，让权力在阳光下运行。以标本兼治的强硬态度，以惩防并举的防范措施，以注重预防的理性预设，建立健全惩治和预防腐败体系，以改革的精神与魄力加强反腐败体制机制创新和制度保障，注重运用法治思维和制度化建设作为新时代全面从严治党的条件支撑与核心驱动，不断促进权力朝着规范化、制度化方向运行。全力构建不敢腐、不想腐、不能腐的党建体制机制，使反腐败的势头压倒一切，同时要以反腐倡廉建设为重点，坚定不移反对"四风"，树立党与腐败势不两立的坚决信心，对腐败问题零容忍，使党内政治生态走向风清气正。在新时代征程上以更加纯洁、先进、廉明的政党带领我们广大人民群众，继续取得新的伟大胜利，走好新时代的长征路。

新时代呼唤新发展，新时代更要迈上新征程。在新的历史方位下，进行伟大斗争，建设伟大工程，推进伟大事业，实现伟大梦想，加强党的建设工作，就必须要从"全"处着手，于"严"处用力，挥反腐败利剑，斩不正之风，纠现实之弊，切实保证政党的先进性与纯洁性，保证全面从严治党没有完成时，没有休止符，始终是进行时，确保新时代全面从严治党永远在路上。

---

① 习近平：《在党的群众路线教育实践活动总结大会上的讲话》，《人民日报》2014 年 10 月 9 日。

十八大以来全面从严治党取得的成就及面临的挑战

牡丹江师范学院　刘　峰

中国共产党自成立以来就是一个不断自我革命、自我完善的政党。通过自我革新，确保党的生命力不断增强，促进群众对党的信心、信任和信赖。党的第十三次全国代表大会提出："对经不起考验的党员，首先要满腔热情地进行教育。但经验证明，仅仅靠教育不能完全解决问题，必须从严治党，严肃执行党的纪律。对于那些败坏党和人民事业的腐败分子，必须采取坚决清除的方式，一经发现立即处理，有多少处理多少，绝不能姑息养奸。"这是首次提出的从严治党，在此后的历届党代会报告中都提出要从严治党的要求。全面从严治党的提出是在2014年10月8日，习近平总书记在党的群众路线教育实践活动总结大会讲话中提出"全面推进从严治党"。2014年12月，习近平总书记在江苏调研时强调："协调推进全面建成小康社会、全面深化改革、全面推进依法治国、全面从严治党，推动改革开放和社会主义现代化建设迈上新台阶。"党的十八届六中全会专题研究了全面从严治党的重大问题，充分表明我们党坚定不移推进党的建设、全面从严治党的决心和信心。

一、十八大以来全面从严治党取得的成绩

1. 坚决改变管党治党宽松软状况，不断加强党的领导和党的建设

习近平总书记说过："各级、各部门党委（党组）必须树立正确的政绩观，坚持从巩固党的执政地位的大局来看问题，把抓好党建作为最大的政绩。"十八大之前的一段时间，党的建设存在着宽松软的问题。一部分党员意识明显缺失，党员的先锋模范作用体现不出来，有的党员和群众相比很难看出是一名共产党员，特别是在急难险重面前、在大是大非、在原则性问题面前选择了隐蔽起来。

一部分党的基层组织发挥不出来战斗堡垒作用，甚至不攻自破，甚至有的基层组织生活不能正常开展，表现出组织性涣散，战斗力、凝聚力、创造力无法发挥出来。有的个别党员干部在他的领导岗位上不能担负起应有的领导责任，尤其是管党治党的主体责任和监督责任。一段时间，很多干部都把追求GDP作为工作业绩，把党建丢在一边，这种错位虚化弱化了党的领导和党的建设。习近平总书记说："如果我们党弱了，散了，垮了，那么其他的政绩又有什么意义?"

为了不断加强党的领导和党的建设，党中央在十八大之后开展了群众路线教育实践活动、"三严三实"专题教育和"两学一做"学习教育活动，使全党理想信念更加坚定、党性更加坚强。党中央开展的系列学习教育实践活动目的就是严肃党内政治生活，净化党内政治生态，并且提出要把这些教育实践活动持续化、常态化、制度化。

党的十八大以来，党中央把党的建设制度改革深入推进，把党内法规体系纳入了法治体系，使得党内法规与国家的法律相衔接。党的十八大以来，共修订的这个颁布党内的法规达到了88部，占现行中央党内法规的47%。其中最主要的就是"两个准则和两个条例"，一个是《中国共产党廉洁自律准则》和《中国共产党纪律处分条例》，分别是从道德层面上要求全体党员提升自身的道德修养，提升自己的党性修为，同时是从制度上，对党员违反党的纪律行为进行一种惩罚，就是纪律处分。另外还有一个是《关于新形势下党内政治生活的若干准则》和《中国共产党党内监督条例》，是应对我们当前新形势下的党的建设过程当中主要突出急需解决的一些问题，也是我们党内法规里非常重要的必须要加以完善的法规体系，也充实了我们党内法规体系的重要内容。

2. 推动全党尊崇党章，增强"四个意识"，坚决维护党中央权威和集中统一领导，严明党的政治纪律和政治规矩，层层落实管党治党政治责任

党的十八大修订了《党章》，党章的权威性被提高到了很重要的一个位置。《宪法》是我国的根本大法，《党章》是我们党内的根本大法。十九大分别把习近平新时代中国特色社会主义思想、全面从严治党、四个意识和党是领导一切的思想理念写入了党章，目的就是在于要求党员干部要有纪律意识和规矩意识，能够把自身的行为规范能够和党章要结合起来，要依章办事。十八大之后，党员干部维护党中央的意识更加自觉，党的创造力、凝聚力、战斗力和领导力、号召力明显增强。坚决维护了党中央的权威和集中的统一领导，形成了以习近

平同志为党中央的核心领导。①

五年来，党中央在严明党的政治纪律和政治规矩方面下了很大功夫，取得了明显成效，我们党真正做到了“有权必有责、有责要担当、失责必追究”。从 2014 年到 2017 年的 6 月，共有 4225 个单位党组织和 49990 余人因为落实这“两个责任”不力而被问责，足以证明我们党层层抓管党治党政治责任的落实。

3. 贯彻新时期好干部标准，选人用人状况和风气明显好转

为政之要，首在用人。选人、用人是决定党风政风的最关键的一个环节，毛泽东曾说过：“政治路线决定之后，干部就是决定性因素。”十八大之后，我们党高度重视选人用人工作，习近平总书记围绕培养选拔党和人民需要的好干部这条主线，提出一系列选人用人的新思想新观点新要求，中央制定出台了一系列法规制度，解决唯票、唯分、唯 GDP、唯年龄问题。2014 年习近平总书记在全国组织组织工作会议上提出了好干部的标准是：“信念坚定、为民服务、勤政务实、敢于担当、清正廉洁。”同时，又提出了“坚持德才兼备、以德为先，五湖四海、任人唯贤、事业为上、公道正派。精准科学选人用人，从严管理干部，抓少数、抓关键”选拔干部的依据。制定了《推进领导干部能上能下若干规定（试行）》，对解决干部“下”的问题提供了比较完整的方案。

党中央通过这样一个明确的标准和选拔干部的依据，把德才兼备的干部选拔出来，初步形成了广招人才的良好局面。十八大之后各级党组织把一些公道正派、一心一意为老百姓干实事的干部选拔到重要的位置。同时还特别注重把好廉洁关，对廉洁方面存在问题的干部，不管能力多强、贡献多大，坚决不用。正是通过这样从严管理干部的措施，形成了抓少数、抓关键置的重要环节，树立了良好的政治生态环境，针对十八大之前的一段时期，有些地方出现的个别跑官卖官、拉票贿选等现象，如衡阳贿选案和辽宁贿选案，党中央重拳出击，使之到有效的遏制和扭转。

4. 把纪律挺在前面，着力解决人民群众反映最强烈、对党的执政基础威胁最大的突出问题

党的十八大结束后，以作风建设作为突破口，中央出台八项规定，严厉整治形式主义、官僚主义、享乐主义和奢靡之风，坚决反对特权，以党风促政风带社风。中央政治局以身作则、以上率下，以踏石留印、抓铁留痕的决心，解

① 周鎏刚、丁晓强：《增强“四个意识”与全面从严治党》，《中共福建省委党校学报》，2016 年第 8 期。

决了一系列的作风问题。解决这些作风问题就是要解决人民群众反映最强烈的问题，核心就是要加强同人民群众的联系。一段时间人民群众反映办事过程中，存在门难进、脸难看，这些事情严重破坏了党群、干群关系。十八大前，我们的一少部分党员干部存在的问题主要有以下几个表现：一是政治立场不坚定，缺乏对中国特色社会主义和共产主义这种远大理想的信念，不学习马克思主义、毛泽东思想、邓小平理论以及中国特色社会主义最新的一些成果，对党的路线、方针、政策学习不够，导致个人信仰不坚定。二是重大决策不执行，经常会上有政策、下有对策，遇到跟自己利益相冲突的一些事件的时候，就打擦边球，有令不行、有禁不止。更有甚者热衷于拉帮结伙，另立山头、搞宗派，正常的同志关系给它庸俗化了，严重影响了党的政治生态。三是有的人言辞论调与党中央不一致，信口开河、妄议中央，喜欢打听一些小道消息，又以各种各样的方式进行扩散传播，造成极不良好的这种影响。四是有的人表现为当政治逃兵，在关键时刻遇到原则性问题的时候，立场不够坚定，不敢亮剑，不敢予以正面的回击，选择了退缩和默认。

党的十八大以来，把纪律挺在前面，就是重在解决这些突出的问题，取得了巨大的成效，有效推进清风正气的政治生态建设。

党的十八大以来，违反中央八项规定精神处理的事件就有达到了 18.2 万件，处理党员干部达到了 24 万人，给予党纪政纪处分的达到了 12.8 万人，平均每天 140 人受处理。民意调查中 94.8% 的受访人员肯定了中央八项规定的成效，85.5% 的受访人员认为身边党员干部的工作作风有改进，89.5% 的受访人员认为党员干部工作作风带动社会转变，从这些调查数据可以看出，中央的八项规定在整个社会产生了巨大的正面的引导作用。

5. 巡视利剑作用彰显，实现中央和省级党委巡视全覆盖

十八大以来，党中央高度重视巡视工作，中央政治局和中央政治局常委会共召开 23 次会议研究巡视工作，听取巡视工作汇报，审议巡视专题报告。党中央制定巡视工作五年规划，确立巡视工作方针，深化巡视政治定位，完善巡视工作格局，强化巡视成果运用，充分发挥巡视利剑作用。2013 年 5 月十八届中央首轮巡视启动，10 个巡视组同时巡视 10 个地方和单位。十八大期间中央开展了 12 轮巡视，共巡视 277 个党组织，对 16 个省区开展了巡视“回头看”，对四个中央单位进行“机动式”的巡视，实现党的历史上首次一届任期内中央巡视的全覆盖。各省区市党委共组织巡视了 8362 个党组织，中央军委组织开展 13 批次巡视，完成了对军委管理的党组织的常规巡视全覆盖和回访巡视全覆盖，并

开展3批次专项“机动式”巡视。中央纪委立案审查的中管干部案件中，超过60%的问题线索来自巡视。根据巡视发现的问题线索，严肃查处孙政才、苏荣、周本顺、王珉、白恩培、王三运、黄兴国、卢恩光等严重违纪案件，以及山西系统性、塌方式腐败案，湖南衡阳破坏选举案、四川南充拉票贿选案、辽宁拉票贿选案等重大案件，形成极大震慑和警示，展示了党中央猛药去疴、除恶务尽的立场决心，提振了全党全社会的反腐信心，凝聚了全面从严治党的强大共识。①

6. 坚持反腐无禁区、全覆盖、零容忍，坚定不移“打虎”“拍蝇”“猎狐”，不敢腐的目标初步实现，不能腐的笼子越扎越牢，不想腐的堤坝正在构筑，反腐败斗争压倒性态势已经形成并巩固发展

党的十八大以来，反腐败斗争的力度，不仅得到国内人民群众的广泛拥护和认可，国外的评论也高度评价了党中央的反腐力度。在这五年当中，党中央坚持有腐必反、有贪必肃，查处了周永康、薄熙来、郭伯雄、徐才厚、令计划等严重的违纪违法案件，立案审查省军区以上的党员干部以及中管干部达到了455人，军队152人，地方303人。其中中央委员、候补中央委员43人，中央纪委委员9人；纪律处分厅局级干部8900余人，处分县处级干部6.3万多人，处分基层党员干部27.8万人。反腐败不仅要打老虎，还要拍苍蝇。习近平总书记强调，“老虎”露头就打，“苍蝇”乱飞也要拍，苍蝇嗡嗡叫，销蚀着党的执政基础，十八大以来处分基层党员干部27.8万人。

十八大以来的反腐过程中，还特别注重国际追逃、追赃工作，开展了“猎狐”行动，追回外逃人员是3453人，其中“百名红通人员”已经有48人落网，是多次和其他国家的反腐败机构进行合作的成果。2014年新增外逃人员为101人，2015年为31人，2016年为19人，2017年仅有4人。从这些数字中足以看出，国际追逃工作的威慑力。

经过五年的努力，不敢腐的目标初步实现，不能腐的笼子越扎越牢，不想腐的堤坝正在构筑，反腐败斗争压倒性态势已经形成并巩固发展。实现了全党遵规守纪的意识不断的增强，自觉性也不断地提高。群众对党风廉政建设和反腐败斗争的满意程度，从2012年的75%上升到了2017年的93.9%。

---

① 《中央第十轮巡视公布4省市“回头看”反馈情况》，《人民日报》2016年10月1日。

二、全面从严治党依然任重道远

在党的十九大报告中做出反腐败斗争形势依然严峻复杂的重大政治判断，全面从严治党依然任重道远。党的十九大报告中指出："全党要清醒认识到，我们党面临的执政环境是复杂的，影响党的先进性、弱化党的纯洁性的因素也是复杂的，党内存在的思想不纯、组织不存、作风不纯等突出问题尚未得到根本解决。"

1. "四个意识"方面存在的问题

增强"四个意识"不仅是坚持党的领导、打造坚强领导核心的基本要求，而且是维护中央权威、保证党的集中统一的根本保障。从中央巡视组在十八大以来的巡视反馈情况看，不少地方和部门普遍存在诸如"党的领导弱化"、"政治意识不够强"、"贯彻中央决策部署不到位"、"主要负责人不担当"、"纪律规矩意识淡薄"、"党的建设薄弱"、"管党治党存在宽松软"等突出问题。这些问题，说到底是政治意识、大局意识、核心意识、看齐意识不强的集中体现，根子在于"四个意识"不强。当前，一部分党员干部在政治意识方面存在的问题主要是：政治立场不坚定，信鬼神、信宗教、信风水；政治纪律和政治规矩意识不强；对组织不诚实，不如实申报个人重大事项；对组织上谈话函询不如实说明情况，对抗组织审查。一部分党员干部在大局意识方面存在的主要问题是：贯彻中央决策部署重表态、轻结合、疏落实；在执行政策方面搞变通、做取舍、打折扣。一部分党员干部在核心意识方面存在的问题是：认为离核心太远，和自己没有多大关系，导致核心错位的问题。一部分党员干部在看齐意识方面存在不主动看齐、不会看齐、不用看齐的问题。

坚持党的意识和党员意识，增强"四个意识"，净化党内政治生态，不仅是党组织的问题，也涉及我们干部个人的工作、社会活动和家庭等方方面面，必须严肃对待，不容忽视。只有践行"四个意识"、全面贯彻从严治党，才能营造上下同心、和谐共进的良好氛围，形成心齐劲足、政通人和的发展环境，为实现中华民族的伟大复兴与全面建成小康社会注入不竭动力。①

2. 领导班子凝聚力方面存在的突出问题

领导班子是贯彻执行党的路线方针政策的核心力量，是一个地区、一个单

---

① 祝小茗：《全面从严治党需要牢固树立"四个意识"》，《福州党校学报》，2017 年第 1 期。

位、一个部门团结和带领干部群众进行社会主义现代化建设的领导集体，领导班子的凝聚力对党和国家发展建设至关重要。为此，党中央高度重视各级领导班子建设，特别注重加强领导班子凝聚力建设，充分发挥核心作用。但是，一段时间以来，我们党的各级领导班子在凝聚力方面出现了一些问题，从十八大巡视情况来看，反映出领导班子凝聚力不强的问题较多。主要体现在：一是党的领导弱化。管党治党狠劲不足，对问题不处置、不亮剑，甚至姑息纵容、遮丑护短。二是党的建设缺失。有的党员干部党的观念、党员意识淡漠，基层党组织软弱涣散，党员队伍管理松散，创造力、凝聚力、战斗力不强。三是民主集中制执行不力。有的一把手独断专行，个人说了算，随意决策、违规决策。四是党内政治生活不正常、不规范、不严肃。班子成员相互吹捧，搞无原则的一团和气，生活会开成表扬会。存在忘记初心的"空心人"、搞小山头小团伙小圈子的"圈子人"、庸俗化低俗化的"江湖人"、不忠诚老实的"两面人"、损公肥私的"特权人"、不讲民主集中制的"集权人"、以个人得失为重的"经济人"、当圆滑官推拉门的"老好人"、自由散漫的"自由人"、搞虚假政绩假大空的"戏中人"等十种人。

3. 选人用人方面存在的突出问题

习近平总书记曾经指出："有一种现象很值得注意，就是一个地方、一个单位，一个干部好不好，群众有公论，实践有比较，领导心里也明白，但在具体用人时，结果却与事业需要和群众期盼大相径庭。这其中作祟的，是一些领导干部的私心杂念，是人们议论的关系网、潜规则。正是这些不健康因素起作用，任人唯贤被丢在一边了，任人唯亲、任人为利等问题发生了。干部群众对这些问题深恶痛绝。"① 按照中央要求，选人用人工作必须严格按照干部制度和干部条件进行，要把各方面的干部和人才各得其所，要让优秀的干部脱颖而出、健康成长。在换届工作中，要严把选人用人关，防止带病提拔、带病上岗。十八大之后，中央集中开展选人用人专项检查工作，发现一些领导干部亲属子女或身边工作人员在重要部门重要岗位较多、提拔过快等问题，群众反映比较强烈。这些年来，尽管党中央不断加大整治选人用人方面的不正之风问题，但从查处的案件情况来看，任人唯亲、卖官封爵在一些地方、部门、单位还十分严重。有的拉关系、找靠山、攀龙附凤、跑官要官；有的明码标价、批发官帽；有的举大旗、拉山头，选边站队、拉帮结派；有的领导在用人问题上当仁不让、极

① 《习近平在全国组织工作会议上的讲话》，新华网，2013 年 6 月 28 日。

其专权，对下属买官来者不拒，对组织部门正常程序研究的用人方案概不同意。有的人在忏悔录中讲，他们那个地方从政环境不好，特别是官场风气不好，跑官要官极为普遍。

4. 正风肃纪反腐方面存在的突出问题

铁腕反腐、涤荡“四风”，对我们党十八大以来赢得党心民心功不可没，也是党中央正风反腐集中写照，已成为国内外各界的共识。近些年来，奢靡享乐歪风在高压之下出现一些新动向新表现，比较突出的就是改头换面、潜入地下的隐形变异。公款旅游打着单位集体活动、职工疗养等“幌子”，公务出国扎堆热点国家、借公务之机游山玩水，变更行程绕道绕远，或由下属单位、相关利益单位、管理服务对象支付旅游费用。收受礼品礼金避开敏感节点搞“错峰送礼”，还通过电子礼品卡、电子红包、快递等隐蔽方式进行。通过违规借用下属单位或企业车辆等方式使用公务用车，甚至变“公车私用”为“私车公养”。婚丧喜庆化整为零或分批操办、异地操办、变更身份操办，或只收礼金不办酒席。形式主义、官僚主义在一些地方和单位还是比较突出，主要表现：在贯彻落实方面存在表态多调门高、行动少落实差；在调查研究方面存在搞形式走过场、搞经典调研线路、大伙演领导看的走秀式调研；在服务群众方面存在门好进脸好看事难办，由过去管卡压变成推绕拖；在项目建设方面，热衷于打造领导满意的项目工程，搞不怕群众不满意，就怕领导不注意工程；在召开会议方面存在层层重复着开，会议一个接一个，干部疲于应付，没时间抓落实；在改进文风方面存在机械照抄照搬、依葫芦画瓢，不进行调查研究，喜欢抄袭拼凑；在责任担当方面存在只求不出事、宁愿不做事的干部，凡事需要上级拍板，避免担责；在工作实效方面存在不重实效重包装，搞材料出政绩；在履职尽责方面存在层层签订责任状，将责任重心下移；在对待问题方面存在对身边不良风气和违规问题态度冷漠，事不关己高高挂起，甚至不向组织说真话。

当前，在扶贫领域违纪违法问题也是比较突出，在中央纪委国家监委网站通报的群众身边腐败和作风问题中，存在贪占土地补偿金、套取农民国家补贴、私分村集体资金、冒领农民补偿款、侵占村民养老金等问题还是比较突出的，在群中有很坏的影响，还有甚者带有黑社会性质。

同时，学校的师德师风问题也不容忽视，也是人民群众普遍关心的问题。

三、全面从严治党永远在路上

十九大报告中新时代党的建设总要求进一步明确坚持党要管党、全面从严治党，把制度建设贯穿其中，深入推进反腐败斗争。把党的政治建设摆在首位，用习近平新时代中国特色社会主义思想武装全党、建设高素质专业化干部队伍、加强基层组织建设、持之以恒正风肃纪、夺取反腐败斗争压倒性胜利、健全党和国家监督体系、全面增强执政本领等八个方面对全面从严治党进行了部署。党中央坚定持之以恒正风肃纪反腐的坚强决心，要求全党继续保持强大的政治定力和战略定力，正风肃纪反腐没有间歇期、没有休止符。

1. 努力营造风清气正的政治生态

政治生态的明显好转是有目共睹的，但还没有达到根本好转。与十九大提出的新要求相比，一些地方或单位的政治生态净化、修复和重建，还需要付出更为艰苦的努力。其中最为关键的，就是习近平总书记多次指出的“七个有之”问题还未从根本上得到解决。2014 年 10 月 23 日，习近平总书记在十八届四中全会第二次全体会议上指出：“一些人无视党的政治纪律和政治规矩，为了自己的所谓仕途，为了自己的所谓影响力，搞任人唯亲、排斥异己的有之，搞团团伙伙、拉帮结派的有之，搞匿名诬告、制造谣言的有之，搞收买人心、拉动选票的有之，搞封官许愿、弹冠相庆的有之，搞自行其是、阳奉阴违的有之，搞尾大不掉、妄议中央的也有之。”在 2018 年 1 月召开的中央纪委二次全会上，总书记再次强调，“七个有之”是政治隐患，必须采取有力措施予以防范和遏制。

政治生态的负面影响很大，一个单位、一个地方如果政治生态出了问题，就会影响到这个单位和地方的事业发展，甚至影响到安全稳定问题。习近平总书记特别关心政治生态建设问题，指出一定要把政治生态更加晴朗作为现代化建设的奋斗目标。从根本上解决政治生态最突出的问题下手，重点解决党员干部“四个意识”更加牢固、领导班子凝聚力更加增强、选人用人更加公正、正风反腐更加深入的问题。实现党内政治生态根本好转，需要各级党委认真抓好落实。

2. 建设高素质专业化干部队伍

党的干部是党和国家的中坚力量。因此，建设一支高素质专业化干部队伍对国家发展建设、对我们的事业发展建设至关重要。在我们国家是党管干部原则，是党委按照一定的标准和程序选拔任用干部。党组织在选拔干部的标准是“德才兼备、以德为先”，“坚持事业为上、公道正派”，“要提拔重用牢固树立四个意识和四个自信、坚决维护党中央权威、全面贯彻执行党的理论和路线方针政策、忠诚干净担当的干部”。要以正确的选人用人导向激励干部，大力选拔政治过硬、作风扎实、敢于负责、勇于担当、廉洁自律的干部，让想干事、能干事、干成事的干部有机会、有舞台①。这些都是我们在选拔任用干部必须坚持的标准。选拔任用干部还有一个重要的环节就是严格履行程序，像过去那样在选拔干部时到处找关系、找靠山、到处拉票打招呼的现象，是绝对不允许的，是违反纪律的，要严肃处理。选人用人要特别关注老实人，一定不让老实人吃亏。因此，对于干部来说打铁还需自身硬，一定要有自己的工作业绩，有为才有位，在干部提拔的时候才能被考虑到。同时，干部还要专业化，有的人认为我们党的干部不像技术干部那样，有专业化的问题，实际上是不对的。党的干部也有专业化的问题，比如你从事某一方面的专业，你就要熟悉你所负责的业务知识，必须精通，同时还要了解国家、省市有关政策、规章制度。

此外，要注重人才队伍建设工作。十九大报告中指出“人才是实现民族振兴、赢得国际竞争主动的战略资源。”要努力强化为人才服务的意识，要有五湖四海、海纳百川的精神，要有包容精神，要爱护人才、珍惜人才。

3. 切实防范查处发生在群众身边的腐败问题

在基层，扶贫、低保、新农合、征地拆迁、村级工程建设等民生领域腐败问题易发多发，损害群众切身利益，动摇党的执政根基，人民群众深恶痛绝。习近平总书记指出：“凡是群众反映强烈的问题都要严肃认真对待，凡是损害群众利益的行为都要坚决纠正。”相对于“远在天边”的“老虎”，群众对“近在眼前”嗡嗡乱飞的“蝇贪”感受更为真切。它损害的是老百姓切身利益，啃食的是群众获得感，挥霍的是基层群众对党的信任。中纪委查处基层干部问题的通报，再次宣示了中央纪委坚决整治基层腐败，严厉查处侵害群众利益问题坚如磐石的决心。要坚决贯彻落实十九大决策部署，加大整治群众身边腐败问题力度，坚决清除损害党同人民血肉联系的“拦路虎”，在不断增强群众获得感中厚植党执政的政治基础②。

4. 党员领导干部要在全面从严治党中做好表率

全面从严治党工作的一个重点就是要求各级党员领导干部要发挥表率作用。习近平总书记曾指出，各级领导干部要带头转变作风，身体力行，以上率下，形成头雁效应。一是要加强党员领导干部纪律意识和规矩意识教育，在修为上下功夫。督促党员干部学习党章、党纪、党规，学习相关法律知识，坚决守住

① 《习近平谈治国理政》，外文出版社，2014 年版。

② 《整治群众身边腐败问题只会加强不会削弱》，中央纪委监察部网，2017 年 12 月 7 日。

法纪红线。二是要加强党员干部的党性修养和思想道德素质，在修心上下功夫。作为一名党员干部要以更高的标准、更严的要求来约束自己的行为，坚决守住道德的底线。教育引导干部不忘初心、牢记使命，增强对党忠诚、为党分忧、为党尽职、为民造福的政治担当。三是要加强党员干部的理想信念教育，在修志上下功夫。党员领导干部要有长远志向，要有强烈的使命担当精神，不负党和人民重托，在其位、谋其政、干其事、求其效，增强守土有责、守土负责、守土尽责的责任担当。

新时代全面从严治党的历史逻辑及其现实意义

滁州学院　张家智

党的十八大以来，以习近平同志为核心的党中央高瞻远瞩、深谋远虑，着眼于新形势下党的建设所面临的实际，站在全局和战略的高度，从推进中国特色社会主义伟大事业和党的建设新的伟大工程实际出发，深刻把握共产党执政规律、社会主义建设规律、人类社会发展规律，紧紧围绕“建设什么样的党、怎样建设党”这一根本问题，不断进行理论创新、实践创新和制度创新，创造性地提出了全面从严治党一系列的新思想新观点新论断，形成了思想深邃、内涵丰富、逻辑严密的党建理论体系，进一步深化了对管党治党建党规律的认识，丰富和发展了马克思主义党的建设理论，是当代马克思主义关于党的建设理论和实践最现实、最集中的体现，为我们在新的历史起点上推进党的建设新的伟大工程提供了科学的行动指南和强大的思想武器。

一、新时代全面从严治党的历史逻辑

新时代全面从严治党是对马克思主义党建学说的丰富和发展。众所周知，马克思和恩格斯是无产阶级政党及其党建学说的创始人。他们不仅认为政党在本质上是特定阶级利益的集中代表者，是特定阶级政治力量中的领导力量，而且是由各阶级的政治中坚分子为了夺取或巩固国家政治权力而组成的政治组织①。正是在马克思主义党建学说的科学指导下，世界范围内的无产阶级政党才开始不断地成立、发展、成熟与壮大，并先后赢得无产阶级革命和夺取国家政权乃至社会主义建设的胜利。因而国内外学界大多认为马克思主义党建学说的最大历史功绩就是为无产阶级政党的成立及其自身建设奠定了坚实的理论基

① 王浦劬：《政治学基础》，北京大学出版社，2005 年版，第 25 页。

础。虽然在他们的思想观点及其理论著作中并没有针对管党治党而作出专门的论述，但是对于无产阶级建立政党的必要性、建党原则、政党属性、根本宗旨、基本纲领、斗争策略及其所应承担的历史使命等重大问题，他们都有较为深刻的阐述。特别是《共产党宣言》作为无产阶级政党的第一个纲领性文献，它不仅将无产阶级政党命名为共产党，而且还对其如何保持自身的先进性、纯洁性与革命性等都作了集中的阐释。换句话说，《共产党宣言》不仅初步奠定了无产阶级政党建设的理论基础，而且其中的一些观点或表述已初步显现出从严治党思想的雏形。例如，《共产党宣言》本身就特别强调党的阶级性和先进性："共产党人不是同其他工人政党相对立的特殊政党。他们没有任何同整个无产阶级利益不同的利益。他们不提出任何特殊的原则，用以塑造无产阶级的运动。共产党人同其他无产阶级政党不同的地方只是：一方面，在无产者不同的民族的斗争中，共产党人强调和坚持整个无产阶级共同的不分民族的利益；另一方面，在无产阶级和资产阶级的斗争所经历的各个发展阶段上，共产党人始终代表整个运动的利益。因此，在实践方面，共产党人是各国工人政党中最坚决的、始终起推动作用的部分；在理论方面，他们胜过其余无产阶级群众的地方在于他们了解无产阶级运动的条件、进程和一般结果。"① 再比如，马克思在《致恩格斯》的信中就鲜明而尖锐地指出："我们现在必须绝对保持党的纪律，否则将一事无成。"而恩格斯则在《致劳拉·拉法格》的信中更加明确地指出："在无产阶级革命斗争中，胜利的首要条件是严格遵守纪律。"由此可见，马克思主义的党建学说不但为无产阶级政党保持先进性、纯洁性以及战斗力提供了根本的保证，而且同时为其加强自身建设，推进从严治党奠定了坚实的理论基础。

十月革命胜利后，无产阶级革命导师列宁在领导苏维埃俄国社会主义革命和建设的具体实践中，不仅始终坚持从本国实际情况出发，紧紧抓住执政党建设这一根本问题不放，而且还就如何通过从严治党来不断提高党的执政能力和领导水平而在理论与实践方面进行了深刻的探索。并且为巩固和提高马克思主义执政党的领导地位做出了巨大的贡献。他特别强调指出，党作为工人阶级的先锋队，没有铁的纪律是不行的。② 一方面，只有靠严格的纪律，尤其是统一的党章，无产阶级政党才能"用广泛的党的联系"代替"狭隘的小组联系"，成为坚强团结和步调一致的先进部队。而在另一方面，只有实行和保持严格的

① 《马克思恩格斯选集》第1卷，人民出版社，1995年版，第285页。
② 《论无产阶级政党》，《列宁专题文集》，人民出版社，2009版，第238页。

纪律，无产阶级政党才能保持思想上和组织上的先进性与纯洁性。十月革命胜利的初期，苏俄成功地粉碎了帝国主义的武装干涉和国内的反革命叛乱，从而赢得了战争的胜利，巩固了苏维埃政权。列宁认为，这是因为“党纪严明”。“无产阶级实现无条件的集中和极严格的纪律，是战胜资产阶级的基本条件之一。”①“没有纪律，没有集中，我们决不能完成这个任务。”② 而如果放弃党的纪律，“就等于完全解除无产阶级的武装而有利于资产阶级。”③ 在国内战争胜利之后，苏维埃政权又面临着恢复国民经济和开展社会主义建设的首要任务。列宁认为，要完成这一重要任务同样必需严格的党纪，如果没有铁一般的纪律，社会主义建设事业根本无从谈起。因此，他在《中央委员会的报告》里再次强调指出：“现在的任务是要把无产阶级所能集中的一切力量，把无产阶级的绝对统一的力量都投到经济建设这一和平任务上去，都投到恢复被破坏了的生产这一任务上去。这里需要有铁一般的纪律，铁一般的组织，否则，我们不仅支持不了两年多，甚至连两个月也支持不了。”④

总的说来，列宁在其不同的著作里分别强调了无产阶级政党应当具备的思想基础、组织基础以及纪律基础。而在这其中，列宁除了首要强调马克思主义理论是党的一切行动的指南（因为没有革命的理论，就没有革命的运动）外，他格外注重的应该是严明党的组织纪律。因此，无论是在革命战争年代还是于和平建设期间，他都始终强调必须加强党的集中统一领导和执行铁一般党的纪律。这不但充分体现了列宁关于党的建设思想以及从严治党的根本要求，而且进一步丰富和发展了马克思主义政党的建设理论。

对于中国共产党来说，“从严治党”不但是马克思主义政党的建党原则，而且是我们党对自身优良传统的继承和创新。并且更是我们党团结带领人民不断取得革命、建设与改革伟大胜利的政治优势以及根本保证。因为中国共产党不仅历来高度重视党的自身建设，而且在管党治党方面一直坚持一切从严的基本方针。我们党在创建之初就强调要始终严明党的纪律，要求在接受党员时要特别谨慎，必须严格地加以审查；在二大的党章里不但专门设有“纪律”这一章，而且还特别制定了具体的党员纪律处分细则；三大党章则将民主集中制作为党的指导原则，从而为从严治党确立了根本的组织原则；在革命战争年代，我们

① 《论无产阶级政党》,《列宁专题文集》，人民出版社，2009 年版，第 245 页。

② 《列宁选集》第 4 卷，人民出版社，2012 年版，第 113 页。

③ 《论无产阶级政党》,《列宁专题文集》，人民出版社，2009 年版，第 251 页。

④ 《论社会主义》,《列宁专题文集》，人民出版社，2009 年版，第 388 页。

党不仅开展过多次整风运动，以加强对党员的教育、严肃党的纪律、整顿党的作风，而且还形成了“理论联系实际、密切联系群众、批评与自我批评”的三大优良作风，取得惩治腐败和从严治党的巨大成功。而在新中国成立之后，开展的整党整风运动促使党的各级组织变得更加坚强有力，从而为新生政权的巩固和社会主义革命与建设提供了坚强的政治保障；而党在十一届三中全会前后关于思想路线、政治路线、组织路线三个方面的拨乱反正则再次使党内政治生活与党的建设重回正轨，为推进改革开放和社会主义现代化建设注入了持续强劲的政治动力；特别是党中央在1985年发出的《关于农村整党工作部署的通知》中首次明确提出了“从严治党”的严格要求；而党的十三大再次明确指出“必须从严治党，严肃执行党的纪律”；党的十四大不仅强调要坚持党要管党和从严治党，而且还将“坚持从严治党”写入了党章；党的十五大则将从严治党和保持党的先进性与纯洁性紧密联系起来，不仅强调“从严治党，是保持党的先进性和纯洁性，增强党的凝聚力和战斗力的保证”，而且必须“把从严治党的方针贯彻到党的建设的各项工作中去”。而进入新世纪初，党中央再次强调“治国必先治党，治党务必从严”；党的十六大要求“全面推进党的建设新的伟大工程”；党的十七大提出要“以改革创新的精神全面推进党的建设新的伟大工程”；党的十八大进一步明确地提出了要“全面提高党的建设科学化水平”，而党的十九大则更是作出了“坚定不移全面从严治党，不断提高党的执政能力和领导水平”的重要部署。特别是党的十八大以来，以习近平同志为核心的党中央提出并确立了“全面从严治党”的重大战略举措，并将其上升到治国理政的“四个全面”战略布局。这不仅开辟了我们党管党治党的新境界，而且开创了我们党治国理政的新局面。由此可见，“全面从严治党”作为管党治党的最高原则，不但贯穿于我们党的革命、建设与改革的各个发展时期，而且其思想历经了从“建党”到“管党”、“治党”到“全面从严治党”的发展过程。事实表明，我们党自身建设发展的历程就是一个不断从严治党的历史过程。习近平新时代全面从严治党思想不仅与马克思主义不同历史时期的党建理论一脉相承，而且还包含着对新时期党的建设新经验的深刻总结。这不但体现了对马克思主义党建学说的发展和创新，而且完全具备理论密切联系实际的严谨逻辑性。

二、新时代全面从严治党的现实意义

新时代全面从严治党是我们党基于对世情、国情、党情、社情、民情、舆情的客观把握以及对我们党自身所处的历史方位和所肩负的历史使命清醒认知后而作出的精准判断。近代以来，中华民族最伟大的梦想就是要实现民族独立、人民解放和国家富强、人民富裕。而我们党自成立之日起就勇敢地担负起团结带领人民创造幸福生活和实现中华民族伟大复兴的历史使命。在中国革命、建设与改革的伟大实践中，我们党不但始终坚持马克思主义基本原理与中国具体实际和时代特点相结合，从而找到了适合中国具体国情的革命、建设与改革之路，还同时学会了运用马克思主义的立场、观点和方法来解决中国的实际问题，从而取得了中国革命、建设与改革伟大事业的辉煌成果。事实证明，中国共产党不但是中国工人阶级的先锋队，而且是中国人民和中华民族的先锋队。因为它不仅能够代表中国先进生产力的发展要求，代表中国先进文化的前进方向，而且能够始终代表中国最广大人民的根本利益。换句话说，中国共产党的领导和执政地位是经过长期革命斗争实践考验而形成的，是历史的必然和人民的选择，是社会主义现代化建设的根本保证。因而中国共产党是中国特色社会主义事业当之无愧的领导核心。

办好中国的事情，关键在党，关键在党要管党、从严治党。这是被中国近代以来历史从正反两个方面所反复证明了的道理。众所周知，经济基础决定上层建筑，而上层建筑对经济基础亦有反作用。正因如此，自现代政党政治产生以来，随着经济社会的发展，作为上层建筑的政党也必然会发生相应的变化。特别是自上个世纪70年代以来，随着世界范围内新技术革命的兴起，人类社会已开始由工业时代逐渐向信息时代迈进。伴随着社会经济基础以及经济发展方式的变革，许多国外政党的社会阶级基础、思想理论纲领、内外政策主张、政治功能、组织结构、运行机制以及领导体制和执政方式等也都发生了相应的转变。尽管同样面临着当今世界经济全球化、政治多极化、文化多样化、社会信息化深入发展的趋势，但国外不少政党在管党治党方面还是坚持了“严实硬”：它们不但勇于顺应潮流、大胆自我革新、及时调整自身政策，而且还能灵活改变组织策略、转换体制机制、创新执政方式，并且最终通过积极主动的转型而经受住了时代发展变化所带来的挑战，从而再次获得了新生。而有些政党却长期在管党治党方面显得“宽松软”，不仅自身建设薄弱、组织纪律松懈，而且思维方式僵化、行动裹足不前。并且因此诱发党内腐败问题丛生而使其自身逐渐失去先进性和代表性。最终导致治党治国不力、社会矛盾日益尖锐而丧失领导与执政地位，不可避免地被历史和人民毫不留情地所抛弃。诸如苏联共产党等苏东社会主义国家长期执政的共产党、工人党等“老党”“大党”就是上述最好的例证。尽管它们走向衰败的原因可能是多方面的，但管党不力和治党不严的因素绝对是首当其冲的。

由此可见，党要管党，才能管好党；从严治党，才能治好党。而对于一个拥有近九千万名党员、在一个近十四亿人口的大国长期执政的中国共产党来说，管党治党一时一刻都不能松懈。如果管党不力、治党不严，从而导致广大人民群众所反映强烈的党内突出问题长期而得不到根本性地解决，那么就会削弱我们党的执政能力，动摇我们党的执政基础，我们的党不仅迟早会失去领导与执政地位，而且将会不可避免地被历史和人民所抛弃。前事不忘，后事之师。这决不是危言耸听。

以史为鉴，可知兴替；以人为鉴，可明得失。特别是在当前，世情、国情、党情、社情、民情、舆情都在无时无刻地发生着深刻的变化。这不仅充分昭示着我国经济社会发展所面临的良好机遇与风险挑战将会长期并存，而且执政考验、改革开放考验、市场经济考验、外部环境考验与精神懈怠的危险、能力不足的危险、脱离群众的危险、消极腐败的危险也始终尖锐地摆在全党面前。而再从现实情况来看，一段时间以来，一些领域内的贪污腐败现象仍然较为严重。党的十八大之后，仍有少数党员领导干部不收敛、不收手，不仅贪腐金额数目惊人，而且往往集政治蜕变、经济贪婪、生活腐化于一身；还有少数党员领导干部个人政治野心膨胀、纪律和规矩意识不强，依然热衷于搞小山头、小圈子、小团伙，还有的对党已经明确的政治原则而妄加议论等等。由此可见，坚决克服党内存在的各种不正之风、彻底清除贪污腐败问题在目前显得尤为紧要，全面从严治党是解决党内存在的突出问题的迫切需要。

打铁必须自身硬。党的十八以来，以习近平同志为核心的党中央不但坚持率先垂范、身体力行，而且力求踏石留印、抓铁有痕。首先是不仅始终坚持思想建党、组织建党与制度治党紧密相结合，而且一直集中全力整饬党风、严厉惩治腐败、净化党内政治生态。其次是在抓好严肃党内政治生活根本性基础工作的前提下，着重从六个方面持续深入地推进全面从严治党向纵深发展。一是抓思想从严，坚持用马克思主义中国化的最新成果来武装头脑、凝心聚魂，用理想信念和党性教育来固本培元、补钙壮骨，着力教育和引导全党坚定理想信念，增强中国特色社会主义的道路自信、理论自信、制度自信和文化自信。二是抓管党从严，坚持和落实党的领导，引导全党增强政治意识、大局意识、核心意识、看齐意识，着力落实管党治党责任，不断增强各级党组织管党治党的意识与能力。三是抓执纪从严，坚持把纪律挺在前面，严明党的政治纪律和政治规矩，坚持令行禁止，坚决查处各种违反纪律的行为，使各项纪律和规矩真正地成为“带电的高压线”，用铁一般的纪律从严治党，从而确保全党团结统一、步调一致。四是抓治吏从严，坚持正确的用人导向，深化领导干部选人用人制度改革，破除唯票、唯分、唯年龄、唯 GDP 难题，集中整治用人上的不正之风，持续优化选人用人环境。五是抓作风从严，从贯彻落实中央八项规定和整治“四风”入手，坚持以上率下，锲而不舍、扭住不放，着力解决许多过去被认为解决不了的问题，促进党风政风不断好转。六是抓反腐从严，坚持以零容忍的态度惩治腐败，坚持“老虎”和“苍蝇”一起打，着力扎紧制度的笼子，有效遏制了腐败蔓延的势头。①

经过几年艰苦的努力，全面从严治党取得了重要的阶段性成果：形成了反腐败斗争压倒性态势，党内政治生活气象更新，全党理想信念更加坚定、党性更加坚强，党自我净化、自我完善、自我革新、自我提高能力显著提高，党的执政基础和群众基础更加巩固，党风政风为之一新、党心民心为之一振，从而为党和国家各项事业的发展提供了坚强的政治保证。实践证明，以习近平同志为核心的党中央作出全面从严治党的战略抉择是极其必要而又完全正确的。在新的时代条件下，通过认真学习并及时总结这些宝贵的经验，对于我们深刻认识和把握党的建设规律、推进党建设理论及其实践创新、进而开创全面从严治党的新局面来说，不仅蕴含着极其深刻的历史价值，而且亦具有十分重要的现实意义。

众所周知，坚持和发展中国特色社会主义，不仅是改革开放以来我们党全部理论和实践的鲜明主题，而且是习近平新时代中国特色社会主义思想的核心要义。目前，经过我们长期的艰苦努力，中国特色社会主义进入了新时代。我国的社会主要矛盾亦发生了改变，这是我国发展新的历史方位。但这些变化并没有改变我国仍处于并将长期处于社会主义初级阶段的基本国情。因而，“坚持和发展中国特色社会主义是一项长期而艰巨的历史任务，必须准备进行具有许多新的历史特点的伟大斗争。这就告诫全党要时刻准备应对重大挑战、抵御重大风险、克服重大阻力、解决重大矛盾，坚持和发展中国特色社会主义，坚持和巩固党的领导地位和执政地位，使我们的党、我们的国家、我们的人民永远立于不败之地。”② 因为“办好中国的事情，关键在党。中国特色社会主义最本

---

① 《坚定不移推进全面从严治党》，《人民政协报》2016 年 11 月 17 日，第 3 版。

② 《习近平在庆祝中国共产党成立 95 周年大会上的讲话》，人民出版社，2016 年版，第 7 页。

质的特征是中国共产党领导，中国特色社会主义制度的最大优势是中国共产党领导。坚持和完善党的领导，是党和国家的根本所在、命脉所在，是全国各族人民的利益所在、幸福之所在”①。

历史已经清晰地昭示我们：伟大的事业必须要有坚强的党来领导。而一个政党，一个政权，其前途和命运则取决于人心的向背。现在中国特色社会主义已经进入新时代，我们党要想有新气象新作为，就必须要按照新时代党的建设总要求，不但要全面推进党的政治建设、思想建设、组织建设、作风建设以及纪律建设，而且还必须要一直坚持把制度建设贯穿其中，努力把党建设成为始终走在时代前列、人民衷心拥护、勇于自我革命、经得起各种风浪考验、朝气蓬勃的马克思主义执政党。而我们党要团结带领人民进行伟大斗争、推进伟大事业、实现伟大梦想，就必须要毫不动摇坚持和完善党的领导，毫不动摇推进党的建设新的伟大工程，把党建设得更加坚强有力。只有进一步把党建设好，确保我们党永葆旺盛生命力和强大战斗力，我们党才能带领人民成功应对重大挑战、抵御重大风险、克服重大阻力、解决重大矛盾，不断从胜利走向新的胜利。为此，我们必须要更加切实地增强政治意识、大局意识、核心意识、看齐意识，愈加自觉地在思想上政治上行动上同以习近平同志为核心的党中央保持高度一致，坚持问题导向，保持战略定力，推动全面从严治党向纵深发展，把全面从严治党的思路举措搞得更加科学、更加严密、更加有效，确保党始终同人民想在一起、干在一起。② 只有这样，才能最终确保我们党能够勇于在世界形势深刻变化的历史进程中始终走在时代前列，敢于在应对国内外各种风险及考验的历史进程中始终成为全国人民的主心骨，自觉在坚持和发展中国特色社会主义的历史进程中始终成为坚强的领导核心，坚持在实现“两个一百年”奋斗目标和中华民族伟大复兴中国梦的历史进程中始终成为广大人民群众最可靠的政治保证。

---

① 习近平：《在庆祝中国共产党成立 95 周年大会上的讲话》，人民出版社，2016 年版，第 22 页。

② 《坚定不移推动全面从严治党向纵深发展》，《人民日报》2017 年 8 月 7 日，第 1 版。

中国共产党从严治党的历史进程与启示

哈尔滨师范大学　金兴伟

从严治党是中国共产党的优良传统。在中国革命、建设和改革的进程中，中国共产党始终注重加强自身建设，也积累了丰富的从严治党的经验。这些宝贵经验对新时代进一步加强党的建设具有重要意义。

一、民主革命时期从严治党的形成和发展

（一）建党初期从严治党初步提出

中国共产党在建党之初，就注重对自身的建设。1921 年中国共产党一大正式召开，通过了中国共产党纲领。一大党纲虽然只有十五条，但涉及纪律规定的至少有六条。“工人、农民、士兵和学生的地方组织中党员人数多时，可派他们到其他地区去工作，但是一定要受地方执行委员会的严格监督”。“地方委员会的财务、活动和政策，应受中央执行委员会的监督”。党纲对上级监督下级，甚至监督的具体内容都有明确的说明。党纲中对党的纪律要求也有规定。中共一大党纲第六条要求：“在党处于秘密状态时，党的重要主张和党员身份应保守秘密”。同时，党纲也强调要加强共产党员的理想信念教育，要求共产党员提出必须信仰马克思主义。可见，一大党纲已经有了统一的组织和严格的纪律，地方组织必须接受中央的监督和指导等具体规定。在此基础上，中共二大对加强党的建设又有了进一步发展。二大党章专设“纪律”一章。通过了九个决议案，有《关于共产党的组织章程决议案》《中国共产党章程》等，创造了党史上的多个“第一”。比如《中国共产党章程》是建党以来的第一部党章。党章强调中国共产党“应当是无产阶级中最有革命精神的大群众组织起来为无产阶级之利益而奋斗的政党，为无产阶级做革命运动的急先锋”，党章中提出了两个重要原则：一是“党的一切运动都必须深入到广大的群众里面去”；二是“党的内部

必须有适应于革命的组织与训练”，进而要求对党员开展“严密的集权的有纪律的组织与训练”，并殷切期望“成为一个能够实行无产阶级革命大的群众党”，同时也明确阐释了党的民主集中制原则。《关于共产党的组织章程决议案》与《中国共产党章程》为党组织的发展壮大适时提供了思想保证和制度保障。作为在党的早期历史上具有重要地位的中共三大，在党的建设特别是党的组织建设方面作出了独特的贡献。中共三大闭幕后将近一个月，共产国际执委给中国共产党第三次全国代表大会的指示传到中国。这个指示强调：“领导权应当归于工人阶级政党”；“加强共产党，使其成为群众性的无产阶级政党，在工会中聚集工人阶级的力量，这就是共产党人的首要任务”；“共产党作为工人阶级政党，应当力求实现工农联盟”①。共产国际的这一指示，对于克服中共三大在无产阶级领导权问题上的认识不足和推动党的建设、发展党的组织有着积极的意义。四大党章对党组织和党员的纪律做出了更具体的规定。“凡党员在离开其所在地时必须经该地方党部许可。其所前往之地如有党部时必须向该党部报到”②，表明对党的纪律问题的重视程度不断提高。1925 年，毛泽东在《中国社会各阶级的分析》中指出：“谁是我们的敌人？谁是我们的朋友？这个问题是革命的首要问题。”③“一切勾结帝国主义的军阀、官僚、买办阶级、大地主阶级以及附属于他们的一部分反动知识界，是我们的敌人；……工业无产阶级是我们的领导力量；……一切半无产阶级、小资产阶级是我们接近的朋友。”④ 这就初步提出了新民主主义革命的基本思想，解决了无产阶级及其政党在革命中的地位和作用问题。当然，由于党的刚刚建立，对于许多问题的认识还比较浅，缺乏理论和实践。再加上国民党反动派的破坏，党的建设在大革命失败后遭受重大挫折；可以说，这时的从严治党思想尚处在萌芽阶段。但是中国共产党在坚持马克思主义与中国革命的实践相结合的过程中，丰富了马克思主义的党建理论。对后来的中国共产党从严治党思想具有非常重要的指导和借鉴意义。

（二）土地革命战争时期从严治党的形成

大革命失败后，中国共产党党建思想在总结大革命失败原因和教训的基础上得到深刻的阐述。八一南昌起义打响了武装反抗国民党反动派的第一枪。南

① 《中共中央文件选集》第 1 卷，中共中央党校出版社，1989 年版，第 586 页。
② 《中国共产党历次党章汇编》（1921—2012），中国方正出版社，2012 年版，第 68 页。
③ 《毛泽东选集》第 1 卷，人民出版社，1991 年版，第 3 页。
④ 《毛泽东选集》第 1 卷，人民出版社，1991 年版，第 9 页。

昌起义的整个过程有一个鲜明的特点就是听党指挥。三湾改编是党建立新型人民军队的重要开端。三湾改编决定在部队中建立党的各级组织，支部建立到连上，连以上各级设党代表。为了加强部队的纪律教育，毛泽东提出了“三大纪律、六项注意”（1929 年发展为“三大纪律，八项注意”）。党指挥枪的根本原则定型于古田会议。1929 年召开古田会议召开确立了党对红军实行绝对领导的原则。会议通过了《古田会议决议》。决议的中心思想是要用无产阶级思想进行军队和党的建设。古田会议决议由八个决议案组成。其中最重要的是《关于纠正党内的错误思想》。毛泽东在《关于纠正党内的错误思想》中针对党建工作中存在的“极端民主化”“非组织观点”和个人主义等突出问题进行了批评，指出要坚决执行党的方针，并就党员素质问题、纪律问题等，有针对性地提出多项整改措施，并就从严治党等一系列问题展开了深入的论述。决议提出，红军中必须健全各级党的组织，实行政治委员制度，反对以任何借口削弱党对红军的领导。古田会议决议为思想建党提供了丰富而有益的经验，是毛泽东党建思想初步形成的主要标志。在强调思想建党的同时，毛泽东也注意组织建党的重要性。组织建设是党的建设的重要组成部分。古田会议决议中指出：“在组织上，厉行集中指导下的民主生活”，“党的纪律之一是少数服从多数。少数人在自己的意见被否决之后，必须拥护多数人所通过的决议。除必要时得在下一次会议再提出讨论外，不得在行动上有任何反对的表示。”① “每连建设一个支部，每班建设一个小组，这是红军中党的组织的重要原则之一。”② 古田会议决议中包括的丰富党的思想建设、组织建设的思想，丰富和发展了党在大革命时期党的建设的思想。这些思想都是后来党内军队建设的宝贵经验，为从严治党指明了具体的方向。在 1935 年 1 月召开的遵义会议上，毛泽东就我党的党风建设、组织队伍建设以及政策制度建设等问题进行了强调，这表明从严治党已经逐渐走向成熟，步入快速发展的阶段。

（三）延安时期从严治党思想的发展

延安时期是我们党的历史上从严治党极其重要的一个时期。中国共产党的党建思想也是在延安时期发展成熟的。1938 年，毛泽东发表了《中国共产党在民族战争中的地位》中指出：“没有多数德才兼备的领导干部，是不能完成其历

① 《毛泽东选集》第 1 卷，人民出版社，1991 年版，第 90 页。

② 《毛泽东军事文集》第 2 卷，军事科学出版社、中央文献出版社，1993 年版，第 97 页。

史任务的。"① "扩大党内民主，应看作是巩固党和发展党的必要的步骤。"② "共产党员无论何时何地都不应以个人利益放在第一位，而应以个人利益服从于民族的和人民群众的利益。"③ 为了建立健全制度建设，先后制定并颁布了《陕甘宁边区抗战时期施政纲领》《陕甘宁边区施政纲领》《陕甘宁边区宪法原则》等宪法性文件，以及刑事、民事、廉政、司法等具体法律法规，建立了严格的干部管理制度，实行了统一的财政经济制度，从而有效地扎紧了制度笼子，发挥了严格的制约作用。

1941 年，毛泽东做了《改造我们的学习》的报告，整风运动首先在党的高级干部中进行。1942 年毛泽东做了《整顿党的作风》和《反对党八股》的讲演，整风运动在全党范围普遍展开。延安整风运动，党员开展了批评和自我批评，确立了实事求是的思想路线，增强了运用马克思主义立场、观点和方法解决中国革命实际问题的自觉性和能力。中共七大总结了党的建设的历史经验，把党在长期奋斗中形成的优良作风概括为三大作风，即理论和实践相结合的作风，和人民群众紧密地联系在一起的作风，自我批评的作风。三大作风是中国共产党区别于其他任何政党的显著标志。延安时期中国共产党的建设形成了思想建设、组织建设、作风建设"三位一体"党的建设的系统思想。

二、建国前后至改革开放前从严治党思想的深化和拓展

1949 年七届二中全会上，毛泽东提出了"两个务必"的思想，即"务必使同志们继续地保持谦虚、谨慎、不骄、不躁的作风，务必使同志们继续地保持艰苦奋斗的作风"。新中国成立后，中国共产党由革命党成为执政党的地位变化，党的工作重心从农村转向城市的新情况，促使中国共产党认识到必须经受住执政的考验、接管城市的考验和生活环境变化的考验，对从严治党也提出了更高要求和更严厉措施。1950 年和 1951 年在全党范围内开展了整风运动、整党运动，批判居功自傲等错误思想，进行共产党员标准的八项条件等教育。1951 年到 1952 年，开展了"三反""五反"运动。中共八大党章把监委的权限扩大为经常检查和处理党员违反党的章程、党的纪律、共产主义道德和国家法律、法令的案件，对执政条件下从严治党具有奠基作用。这些举措对于在执政的条

① 《毛泽东选集》第 2 卷，人民出版社，1991 年版，第 526 页。
② 《毛泽东选集》第 2 卷，人民出版社，1991 年版，第 529 页。
③ 《毛泽东选集》第 2 卷，人民出版社，1991 年版，第 522 页。

件下继续保持共产党人的革命精神，促进中国共产党和人民政府的廉政建设，起到了重要作用，同时也进一步积累了从严治党的宝贵经验。

三、改革开放至党的十八大之前从严治党的传承与创新

改革开放后，以邓小平同志为核心的党的第二代中央领导集体，一方面继承加强党的自身建设的优良传统，另一方面也在进行深刻反思。邓小平同志明确提出："执政党应该是一个什么样的党，执政党的党员应该怎样才合格，党怎样才叫善于领导?"这表明我们党开始认真思考革命思维、革命行为与执政思维、执政行为的关系，真正开启了完整意义上的执政党建设历程。① 1985 年 11 月 24 日，中共中央整党工作委员会发出《关于农村整党工作部署的通知》，提出："要从严治党，坚决反对那种讲面子不讲真理，讲人情不讲原则，讲派性不惜牺牲党性的腐朽作风。"这是中央文件中首次明确提出"从严治党"。在党的十三大后，"从严治党"开始在党的文献中大量使用。中共十三大报告指出，"必须从严治党，严肃执行党的纪律"。② 在总结和汲取我们党执政后的经验和教训过程中，邓小平同志十分重视制度建设，强调制度更具根本性、全局性、稳定性。党的十三大特别提出："在党的建设上走出一条不搞政治运动，而靠改革和制度建设的新路子。"

1989 年 6 月 16 日，邓小平在同中央几位负责同志谈话时再次强调，"要聚精会神地抓党的建设，这个党该抓了，不抓不行了"。1992 年初，邓小平在南方谈话中再次强调，"在整个改革开放过程中都要反对腐败"。1992 年 10 月召开的党的十四大强调，要坚持党要管党和从严治党。中共十四大通过的《中国共产党章程（修正案）》，明确提出党的建设必须"坚持从严治党"。"从严治党"第一次被正式写进了《中国共产党章程》。"从严治党"写进党章，这标志着我们党正式将其作为管党治党的总遵循和根本原则。1997 年 9 月召开的党的十五大提出，"从严治党，是保持党的先进性和纯洁性，增强党的凝聚力和战斗力的保证"，"把从严治党的方针贯彻到党的建设的各项工作中去"。这是对中国共产党近 80 年历史经验的高度概括和总结。在中共十六届四中全会上，胡锦涛指出：要"立党为公、执政为民，始终保持党同人民群众的血肉联系"，明确了中国共产党从严治党的工作重心，科学回答了"治党权为谁授""谁执治党权""治党

① 杨凤城：《从历史与现实两个维度看"全面从严治党"》，《前线》，2017 年第 12 期。

② 方涛：《从整风到全面从严治党》，《学习时报》2015 年 04 月 13 日。

为了谁”等一系列基本问题，进一步推进从严治党，丰富完善了党的建设理论。中国共产党第十七次全国代表大会提出“反腐倡廉建设科学化”这个新的概念，将反腐倡廉提升到一个显著的地位。新世纪以来，从严治党方针不断落实，党风廉政建设取得新成效。

四、十八大以来党的全面从严治党思想向纵深发展

经过近40年的改革开放，到党的十八大前后，世情国情党情都发生了较大变化，“党的自身建设面临一系列新情况新问题新挑战，落实党要管党、从严治党的任务比以往任何时候都更为繁重、更为紧迫。”① 习近平总书记强调，党要管党，从严治党要有新思路，采取新举措，取得新成效。习近平总书记在2014年10月党的群众路线教育实践活动总结大会上的讲话中指出：“今天这个大会，是对党的群众路线教育实践活动进行总结，对巩固教育实践活动的成果、加强党的作风建设、全面推进从严治党进行部署。”这次讲话是中国共产党首次做出“全面从严治党”的表述。同年12月，习近平总书记在江苏调研时提出要“协调推进全面建成小康社会、全面深化改革、全面推进依法治国、全面从严治党”，把全面从严治党纳入“四个全面”战略布局之中，上升到中国特色社会主义发展战略高度。2016年10月，党的十八届六中全会专题研究全面从严治党问题。习近平总书记在党的十九大报告中指出，坚定不移全面从严治党，不断提高党的执政能力和领导水平，并强调全面从严治党永远在路上。

（一）进一步明确全面从严治党的丰富内涵

全面从严治党，核心是加强党的领导，基础在全面，关键在严，要害在治。所谓“全面”，就是治党要覆盖党的思想、组织、作风、反腐倡廉和制度建设等各个领域；所谓“从严”，就是用更严格的标准管党治党，对党员的要求比对普通群众的要求更严格，党规党纪严于国家法律。全面从严治党覆盖面更广，标准更高，力度更大，制度更完备。这标志着党的建设进入到一个新阶段。

（二）把全面从严治党纳入“四个全面”战略布局

把全面从严治党纳入“四个全面”战略布局具有深远历史意义，有利于从更长历史周期来规划全面从严治党，这对新时代党的长期执政具有战略意义。全面从严治党，着眼保持党的先进性和纯洁性，锻造中国特色社会主义事业坚强领导核心，是我们党提高执政能力、完成执政使命的迫切要求，为全面建成

① 《习近平关于全面从严治党论述摘编》，中央文献出版社，2016年版，第3页。

小康社会、全面深化改革、全面依法治国提供根本保证。不全面从严治党，党就做不到“打铁还需自身硬”，也就难以发挥好领导核心作用。

整个中国近现代史尤其是新中国成立以来的历史雄辩证明：我们国家和民族的发展必须有一个主轴，中华民族要实现富强、民主、文明、和谐这振奋人心的目标，必须要有一个坚强的领导核心。这个领导核心无可替代，这就是执政的中国共产党。“打铁还需自身硬”。中国共产党人只有自身过硬、能力过人，才会有“主轴”的支撑力和“核心”的凝聚力。正因为如此，中国共产党自建党以来，高度重视自身建设。从首创党的建设伟大工程，到党要管党；从我们党要做到“三个代表”，到继续推进党的建设新的伟大工程，无不围绕着要把党自身建设好这个主题。在“四个全面”战略布局中，全面从严治党体现了伟大事业与伟大工程的统一，体现了党的建设与治国理政的统一。

（三）明确了新时代党的建设的总要求

坚持和加强党的全面领导，坚持党要管党、全面从严治党，以加强党的长期执政能力建设、先进性和纯洁性建设为主线，以党的政治建设为统领，以坚定理想信念宗旨为根基，以调动全党积极性、主动性、创造性为着力点，全面推进党的政治建设、思想建设、组织建设、作风建设、纪律建设，把制度建设贯穿其中，深入推进反腐败斗争，不断提高党的建设质量，把党建设成为始终走在时代前列、人民衷心拥护、勇于自我革命、经得起各种风浪考验、朝气蓬勃的马克思主义执政党。

（四）把党的政治建设摆在首位

作为马克思主义政党，我们党以为人民谋幸福、为民族谋复兴为初心和使命，历来高度重视政治建设。党的十九大报告提出，党的政治建设是党的根本性建设，决定党的建设方向和效果。① 强调要把党的政治建设摆在首位，以党的政治建设为统领，并第一次把党的政治建设纳入党的建设总体布局。这是对马克思主义政党建设理论的发展与创新。

（五）健全党和国家监督体系

增强党自我净化能力，根本靠强化党的自我监督和群众监督。要加强对权力运行的制约和监督，让人民监督权力，让权力在阳光下运行，把权力关进制度的笼子。强化自上而下的组织监督，改进自下而上的民主监督，发挥同级相

---

① 习近平：《决胜全面建成小康社会 夺取新时代中国特色社会主义伟大胜利——在中国共产党第十九次全国代表大会上的报告》，《人民日报》2017年10月28日。

互监督作用，加强对党员领导干部的日常管理监督。

（六）夺取反腐败斗争压倒性胜利

当前，反腐败斗争形势依然严峻复杂，巩固压倒性态势、夺取压倒性胜利的决心必须坚如磐石。要坚持无禁区、全覆盖、零容忍，坚持重遏制、强高压、长震慑，坚持受贿行贿一起查，坚决防止党内形成利益集团。强化不敢腐的震慑，扎牢不能腐的笼子，增强不想腐的自觉。

回顾党的十八大以来，以习近平同志为核心的党中央关于执政党建设的论述，是对改革开放以来执政党建设成功经验与原则的大总结。习近平从严治党思想的特点也很鲜明，就是以党风廉政建设和反腐败斗争为突破口和首要着力点，将执政党建设推进到“全面从严治党”的新阶段。这一新思想，既是对已有党建思想的继承和发扬，又是适应时代要求的创举。①

党的十九大把全面从严治党写入党章，上升到党的根本大法层面；纳入习近平新时代中国特色社会主义思想，上升到党的指导思想层面；纳入坚持和发展中国特色社会主义必须坚持的“十四条”，上升到党的基本方略层面；写入新时代党的建设总要求，上升到党的建设指导方针层面。党的十九大报告强调，中国特色社会主义最本质的特征是中国共产党领导，中国特色社会主义制度的最大优势是中国共产党领导，党是最高政治领导力量；坚持党对一切工作的领导，提高党把方向、谋大局、定政策、促改革的能力和定力，确保党始终总揽全局、协调各方；坚持全面从严治党，不断增强党自我净化、自我完善、自我革新、自我提高的能力，始终保持党同人民群众的血肉联系。这些重要思想，充分体现了全面从严治党的极端重要性，丰富和发展了中国化马克思主义的党建理论，为新时代党的建设提供了思想指导。

通过对中国共产党在不同历史阶段从严治党所具有的特点和规律进行梳理和分析，同时对未来从严治党的发展方向展开分析和探讨，以便于科学全面的理解新时期从严治党理论与实践，在从严治党的理论与实践基础上，深刻理解新时期党建工作的新的要求，明晰新时期全面从严治党的重要性，为中国共产党更加坚强地领导人民全面推进中国特色社会主义各项事业健康发展，顺利实现“两个一百年”的奋斗目标提供有益启示。②

---

① 杨凤城：《从历史与现实两个维度看“全面从严治党”》，《前线》，2017 年第 12 期。

② 张钰琪：《中国共产党从严治党思想的历史演进》，沈阳理工大学硕士论文，2017 年。

五、从严治党历史经验的启示

（一）坚持思想建党与制度治党相结合是全面从严治党的基本经验。中国共产党在从严治党过程中，经历了从思想建党，到明确制度建党的重要性，再到把坚持思想建党和制度治党紧密结合的认识过程。习近平同志深刻指出："从严治党靠教育，也靠制度，二者一柔一刚，要同向发力、同时发力。"这一重要论述把思想建党和制度治党统一起来，揭示了全面从严治党的规律。思想建党与制度治党相互依存、相辅相成，紧密结合、相互促进。思想建党的成果和经验要靠制度治党来巩固，否则就难以为继；制度治党的推进和坚持要靠思想建党来引领，否则就会迷失方向。这说明，只有将思想建党与制度治党紧密结合起来，才能为全面从严治党打下牢固的思想基础、提供可靠的制度保障。从侧重于强调思想建党向重视制度建设转变，再到明确提出"制度治党"的新要求，反映出中国共产党全面从严治党思想发展演变的历史脉络。

（二）坚持继承优良传统与推进改革创新相结合是全面从严治党的实践路径。我们党在 90 多年奋斗中形成的优良传统，是党的宝贵精神财富，也成为我们党区别于其他政党的显著标志和政治优势。党的十八大以来，党中央强调，新形势下全面从严治党必须继承、发扬党的优良传统。随着时代的发展，全面从严治党思想也要适应新的时代发展的要求和形势变化来大力推进党的建设理论创新、制度创新和实践创新。从思想建党到思想建设、组织建设、作风建设、制度建设、反腐倡廉建设，到"的政治建设为统领"，"全面推进党的政治建设、思想建设、组织建设、作风建设、纪律建设，把制度建设贯穿其中，深入推进反腐败斗争"。说明了只有将继承发扬党的优良传统与大力推进党的建设领域的改革创新紧密结合起来，才能使全面从严治党具有强大的精神动力和不竭的创新活力，保证全面从严治党与新的时代条件和形势任务相适应，保证党始终走在时代前列。

（三）坚持依靠党自身的力量与依靠人民群众相结合，切实解决党内存在的突出问题。这是全面从严治党的力量源泉。善于根据形势任务和党自身状况的发展变化加强和改进党的建设，依靠自身力量解决党内存在的问题，这是我们党的独特优势。党的十八大以来，党中央充分发挥这一优势，组织动员各级党组织和广大党员参与到全面从严治党的各项活动和任务中来。与此同时，坚持依靠群众推进全面从严治党，注意倾听群众意见、依靠群众监督、赢得群众支持。这启示我们，只有将依靠党自身的力量与依靠人民群众紧密结合起来，全面从严治党才能根植于人民群众的深厚沃土之中，获得广泛的支持，汲取强大的力量，使党永远立于不败之地。

（四）坚持全面从严治党与强化自身监督相结合。党内监督是党的建设重要基础性工程，是永葆党的肌体健康的生命之源。党的执政地位，决定了党内监督在党和国家各种监督形式中是最基本的、第一位的。党内监督缺位，必然导致党的领导弱化、党的建设缺失、全面从严治党不力。“党禁止任何形式的个人崇拜。要保证党的领导人的活动处于党和人民的监督之下，同时维护一切代表党和人民利益的领导人的威信。”①

① 《中国共产党历次党章汇编》（1921—2012），中国方正出版社，2012 年版，第 16 页。

中国共产党从严治党的历史经验及其启示

黑龙江省委党校　张　磊

中国共产党作为马克思主义政党对自身的要求始终是严格的。党在各个历史时期特别是改革开放新时期，依据情况的变化不断提出从严治党的新要求，并结合实际付诸实施，保持了党的战斗力和凝聚力。总结我们党从严治党的历史经验以及对今后进一步推进从严治党的重要启示作用，对于深刻理解党的十八大以来习近平总书记和党中央关于从严治党一系列重大战略思想，加强和改进党的建设，把我们党锻造成为更加坚强的领导核心具有重要理论和现实意义。

一、中国共产党从严治党的历史经验

党在领导革命、建设与改革伟大历史实践中，围绕从严治党进行了多方面的探索，积累了丰富经验，这些经验概括起来，应主要包括以下各个方面。

（一）依据历史转折和形势任务变化，提出从严治党的新要求，把管党治党不断推向新水平

一个政党要保持先进性和长盛不衰，必须准确把握时代发展的脉搏，依据历史转折和形势任务的变化发展，不断对党提出严格要求，回答和解决前进道路上遇到的新情况、新问题，从思想上、组织上和作风上把党建设好。我们党就是这样一个政党，每当党的事业和工作进入到重要历史关头，党都能够保持清醒的头脑，对错综复杂的形势作出科学的判断，对党的队伍提出新的严格要求，使党保持生机活力和战斗力，从容应对来自各方面的挑战。

一是党的工作重心由农村转入城市，提出“两个务必”，开启执政党治党管党新阶段。1948 年，在解放战争的胜利进行中，我们党的工作重心开始由农村转向城市，党的发展到了一个重大历史转折关头，毛泽东同志在党的七届二中全会上及时提出两个“务必”，是对全党干部的警世箴言，堪称从严治党的经典

之语，并在新中国建立后，以整风形式开展三反、五反运动，亲自处理刘青山、张子善腐败案件，开启了执政党治党管党新阶段。

二是党和国家发展出现重大转折，提出全面“整党”，着力解决党内存在的突出问题。1983年为了及时纠正党内思想、组织和作风不纯问题，更好地适应改革开放和现代化建设新局面的要求，党中央决定在全党开展一次以统一思想、整顿作风、加强纪律和纯洁组织为任务的全面整风活动。整风分三期进行，即中央、省（自治区）、市为第一期，地县为第二期，农村区、乡、村为第三期，历时三年半，使全党受到了一次思想、作风、纪律和组织的重要洗礼，为新时期加强和改进党的建设、更好适应现代化建设新局面做了较为充分的思想和组织准备。

三是党所处的环境由计划经济转向市场经济，提出解决好“两大历史课题”，推进党的建设新的伟大工程。进入改革开放新时期，我们党领导推进了从以阶级斗争为纲到以经济建设为中心，从计划经济到市场经济，从封闭半封闭到全面改革开放具有伟大历史意义的重大转变，郑重提出党要经受住改革开放和市场经济的考验，坚持两手抓两手都要硬，在整个改革开放中都要坚持反腐败，不断提高党的领导水平和执政水平，提高拒腐防变和抵御风险的能力两大历史课题，治国必先治党，治党必从严等一系列从严治党思想，并在党的思想建设、组织建设、作风建设和制度建设上，严格落实从严治党各项措施，全面推进党的建设新的伟大工程，有力地保证了党的战斗力、凝聚力和创造力。

四是党站在新的历史起点上，提出全面从严治党新要求，切实加强党的先进性和纯洁性建设。党的十八大以来，以习近平同志为核心的新一届党中央，站在具有许多新的历史特点伟大斗争的前沿，提出全面从严治党的一系列重大思想，并通过严格执行八项制度规定，开展全党性群众路线教育实践活动，改革体制机制，把权力关在制度笼子里，坚决查处系统性、区域性、家族式、塌方式腐败，坚持依法执政，在新的历史条件下有力地纯洁了党的肌体，保持了党的先进性，全面提升了管党治党水平。

（二）抓住党内存在的突出问题以整风形式进行全党集中教育，实现党的自我净化和自我完善

抓住一个时期以来，党内存在的突出问题，进行全党集中教育，深入剖析根源，找出问题症结，及时予以整改，是加强和改进党的建设、从严管党治党的成功经验。

一是围绕鲜明主题，开展延安整风，有力纠正了党内存在的不良风气。党

在幼年时期，由于对中国国情和中国革命的性质特点及其任务缺乏深刻了解，党内出现了教条式对待马克思主义、宗派主义等错误倾向和不良风气，给中国革命带来了严重危害。我们党针对这些问题和倾向，在延安开展了反对主观主义以整顿学风、反对宗派主义以整顿党风和反对党八股以整顿文风的全党思想教育，成功地纠正了长期困扰党正确领导中国革命的突出问题，统一了全党的思想和行动，为抗日战争和解放战争的胜利做了充分思想准备。

二是围绕进城后一些干部的思想蜕变，开展“三反五反”运动，有效遏制了糖衣炮弹对党的袭击。党的工作重心由农村转入城市后，一些干部，经不住“糖衣炮弹”的袭击，滋生了官僚主义、享乐主义等不良风气，出现了刘青山、张子善严重贪污受贿的不法党员干部。党中央在抗美援朝进行中，及时开展了“三反五反”运动，严厉惩治党内腐败分子和不法资本家，避免了建国初期由于党的地位和所处环境发生变化使党发生蜕变的危险。

三是围绕新时期党面临的诸多问题和挑战，开展全党性集中教育，不断净化党的肌体。众所周知，世纪之交，为更好地应对新世纪的各种挑战，有效解决党内存在的突出问题，以整风形式在全党开展了“讲学习、讲政治、讲正气”教育活动，通过学习讨论、查摆原因、进行整改，使全党受到了党风党纪和党性的深刻教育；为深入贯彻落实党的十六大精神，提高党的领导水平和执政水平、提高拒腐防变、抵御风险能力，保证党始终走在时代前列，在全党集中开展了共产党员先进性教育活动，全面提升了党员队伍、干部队伍的思想政治素养；为更好转变作风，卓有成效贯彻落实科学发展观，在全党深入开展了学习实践科学发展观教育活动，推动了党员干部特别是领导干部作风的明显改观，有力促进了科学发展观的贯彻落实。党的十八大以后，党中央审时度势，在全党集中开展了群众路线教育实践活动。这次教育实践活动，紧紧抓住党内存在的“四风”问题，以开门整风的形式，让广大群众积极参与，把真抓实干贯彻于教育全过程。通过有针对性的深入学习，不遗余力地严肃查摆，面对面的开展批评与自我批评，措施与实际严格兑现的整改，使党风政风发生重大改变，对不良风气和腐败行为形成强大震慑，成为了新形势下从严治党的成功范例。

（三）讲纪律守规矩，保持思想和行动的高度统一，增强党的战斗力和凝聚力

没有规矩不成方圆，没有铁的纪律，党就会寸步难行。讲纪律守规矩是我们党不断从小到大、从弱变强的重要法宝。

一是讲纪律守规矩使党在民主革命时期逐步成长为思想统一、行动一致的

马克思主义政党。我们党是在半殖民地半封建社会历史条件下领导革命的，一方面小农经济如同汪洋大海，党内农民成分占有很大比重，把党建设成为一个思想政治组织完全巩固的马克思主义政党的任务十分艰巨；另一方面，我们党要领导人民推翻帝国主义、封建主义和官僚资本主义的革命任务异常艰巨。在此情况下，如何保持党的团结统一和行动一致，如何保持党的战斗力和凝聚力，既靠党的理论、路线、战略和策略的正确，也靠党的纪律和规矩，没有党的铁的纪律和严格的规矩，党就不可能成为一个团结和特别能战斗的整体，就无法实现自身改造和建设的任务，更无法实现领导中国革命的胜利。党从建立之日起，就把讲纪律守规矩作为自己行动的重要原则，党的二大围绕党的纪律做出九条规定；1927 年 6 月中央政治局在危急时刻明确提出，“严格党的纪律是全体党员及全体党部最重要的义务”；1945 年党的七大第一次把党的纪律写入党章。守纪律讲规矩使党成为思想统一、行动一致、组织严密、意志坚强的先进队伍，为中国革命的不断胜利提供了根本保证。

二是讲纪律守规矩是党在社会主义建设探索时期巩固了执政地位和取得了重要成就。新中国建立后，摆在我们面前的是千疮百孔、百废待兴，帝国主义从各方面封锁我们，企图把年轻的共和国扼杀在摇篮中，党面临的条件和环境极其艰难。在此情况下，我们党能够领导人民军队战胜数倍于己的敌人，靠的是铁的纪律和规矩。在社会主义建设艰难探索时期，我们党领导人民战胜各种困难，上新疆、下西藏、开发北大荒、大战石油、实现“两弹一星”，确立和巩固社会主义制度靠的是讲纪律守规矩。没有铁的纪律和规矩，党就会成为一盘散沙，就一事无成甚至分崩离析。正如党的八大所强调的那样，党是是以一切党员都要遵守的纪律连接起来的统一的战斗组织，没有纪律，党决不能领导国家和人民战胜重重困难而实现社会主义和社会主义。

三是守纪律讲规矩使党在改革开放进程中成功应对了各种风险和挑战。改革开放以来，我们党能够推进从以阶级斗争为纲到以经济建设为中心、从计划经济到市场经济、从封闭半封闭到全面改革开放具有伟大历史意义的转变，能够经受住长期执政、市场经济、改革开放和外部复杂环境的考验；能够抵御精神懈怠、能力不足、脱离群众和消极腐败“四大危险”；能够平息“六四”风波，抑制经济过热、应对苏东剧变、避免亚洲金融危机的负面影响、战胜特大自然灾害，克服各种不良倾向和腐败对党的不良侵蚀，都离不开守纪律讲规矩。正如习近平同志在十八届中纪委二次全会上讲话中指出，革命战争年代，我们靠铁的纪律夺取了中国革命胜利。“新的历史条件下，我们党要团结带领人民全面建成小康社会、基本实现现代化，同样要靠铁的纪律保证。”

（四）推动思想建党与制度治党相互促进，软功夫与硬约束同向发力，不断拓展管党治党有效途径

既善于在思想上建设党，又注重在制度上治党，把二者有机统一起来，是党在长期实践中加强和改进党的建设，全面推进从严治党的有效途径。

一是坚持思想建党是党在长期实践中摸索出的成功经验。中国共产党在建立之初，作为党的阶级基础的工人阶级只有200多万人，农村人口占全国人口总数的90%以上，党内主要矛盾是无产阶级思想和非无产阶级思想即马克思主义思想和非马克思主义思想的矛盾。怎样把党建设好，使之真正成为工人阶级的先锋队，毛泽东同志提出，要着重从思想上把我们党建设好的理论。早在井冈山斗争时期，毛泽东就提出了对农村根据地的党组织实行“无产阶级思想领导”的问题，并成为红四军第九次党代表大会决议的主题。遵义会议以后，毛泽东这一正确建党思想逐渐被全党所接受。在延安时期，毛泽东又提出切实解决党员思想入党问题并创造了在全党通过批评与自我批评进行马克思列宁主义思想教育的整风形式。实践证明，整风是进行党内思想教育、纠正错误思想的一种有效形式，是中国共产党人的一大创造。通过这些途径，把身处半封建半殖民地社会、农民成分占主体的党改造锻炼成马克思主义政党。以后，我们党一直坚持思想建党这一重要原则，始终把思想建设放在党的建设的首位，对把我们党建设成为领导中国革命的坚强领导核心起到了极其重要的作用。

二是思想建党与制度治党是新时期党的建设的两大支撑点。进入改革开放新时期，党在治党管党上既靠教育，更靠制度。一方面，根据党在不同阶段面临新形势新任务的需要，针对党员干部思想实际不断提出新的更高要求，加强思想建设，通过多种形式，深入开展党的创新理论教育、党的路线方针政策教育、理想信念教育、世界观人生观价值观教育和权力观利益观政绩观教育，促进广大党员领导干部更好地发挥先锋模范作用，自觉抵制各种错误思想侵蚀，构筑拒腐防变和抵御风险的思想长城。另一方面，适应治党管党的要求，建立健全各项规制度法规，如党的决策权、执行权和监督权既相互依存又相互制约制度，行政机关的决策问责、倒查和终身追究制度，领导干部廉洁从政制度、党内监督制度、干部选拔任用制度、党员纪律处分制度等等，把权力关进制度的笼子里，坚持用制度管权管事管人，让权力在阳光下运行。由于始终坚持思想建党与制度治党的紧密结合，既有思想上的不断净化和提升，又有制度上的约束和规范，使管党治党不断取得重大实效。

三是思想建党和制度治党着眼于解决深层次问题。在思想建党上，党的十八大以来，习近平同志多次强调要着力增强党员干部的党性修养和道德修养。一些党员干部特别是领导干部以权谋私、腐化堕落，深层次原因是思想蜕变、党性原则丧失和道德滑坡，背离了共产党人的本质。因此，抓住了党性修养和道德修养就抓住了党的思想建设的核心和关键。在制度建设上，秉承把权力关进制度的笼子里的核心理念，围绕防止权力的滥用和腐败，着力加强权力规范制度、权力制约制度和权力监督制度的建设；着力加强制度的配套建设以及与体制改革和国家法律建构相衔接；着力增强制度的科学性、严肃性和权威性，使制度建设成为从严治党的根本保障。

（五）突出关键部位，把严格把关贯穿于干部选拔任用全过程，切实选拔任用德才兼备领导干部

坚持高标准，严把干部选拔任用各个关口，为国为民选用英才，是从严治党的重中之重。在干部选拔任用上，毛泽东坚持才德兼备原则；邓小平提出干部队伍建设的“四化”方针；江泽民强调干部要具有坚定的政治立场和信念，具有真才实学和开拓精神；胡锦涛提出选人用人要坚持德才兼备、以德为先。党的十八大以后，习近平同志对干部选拔任用工作的要求更高，提出了更加全面完整的思想，开拓了干部选拔任用工作的新境界。

一是提出了选拔任用干部更加全面的标准。习近平同志在全国组织工作会议上强调选拔任用干部必须坚持五个标准，即信念坚定，为民服务，勤政务实，敢于担当，清正廉洁。突出强调了理想信念和敢于担当对领导干部的极端重要性，既体现了新的历史条件下优秀领导干部必须具备的品格又充分体现了从严治党对干部选拔任用工作的内在要求。

二是提出了选拔任用干部更加科学的考核评价体系。强化了对干部的综合指标考核评价，不简单以国内生产总值增长率论英雄；强化对干部德的考核评价，重点看干部是否遵守党的政治纪律，是否认真贯彻党的决策，是否在大是大非面前保持清醒，是否对人民群众是满怀真情，是否在急难险重任务面前是挺身而出，是否淡薄个人名利，是否保持高尚的道德情操；强化对党建工作和法治建设的考核评价，把抓党建作为领导干部的最大政绩，把抓法治作为衡量领导干部政绩的重要内容；强化分类考核，实行对不同区域、不同层次、不同类型领导班子和领导干部的有差别考核。

三是提出了对干部管理更加严格的措施。加强了对干部全面管理，把干部全部纳入管理范畴，并依据年轻干部、后备干部、关键岗位干部的不同特点和

要求，采取差别化管理；加强对“一把手”重点管理，实行建立健全权力清单制和负面清单制；“一把手”末位表态制，“一把手”不直接分管人事、财务等利益事项制，决策计时制、重大决策终身负责制等；加强关键岗位干部的从严管理，对选人用人、执法执纪、行政审批、资金划拨等身处关键岗位的干部，建立健全权力运行全程监督制约制，防止权力寻租和滥用。

（六）落实从严治党责任，实行责任刚性约束，把管党治党付诸实际行动

分清责任、明确主体，坚持责任到位，是从严治党的首要保证，也是更好管党治党的重要经验。

一是固化党委和纪检监察机关在从严治党上的重大责任。党的十八大以来，党风政风之所以出现明显好转，反腐败斗争之所以取得重大进展，很重要的在于明确了各级党委从严治党的主体责任和各级纪检监察机关的专门监督责任。习近平同志强调各级党委书记和党组书记都必须是抓党建的书记，各级纪检监察机关，必须充分发挥先行者、督察队和专管员作用，发现问题严厉查处，否则就是失职，就必须负相应责任。

二是把管党治党作为各级党委党组的最大政绩来抓。习近平同志强调，如果党弱了、散了、垮了，其他政绩又有什么意义。各级党委必须承担起抓党建的历史责任，把党建工作作为领导干部的最大政绩来抓。党的十八大以来，各级党委切实把抓党建工作摆上重要议事日程与抓经济、抓发展、抓改革，一起谋划、一起研究、一起部署，扭转了一些地方一手硬、一手软的不利局面，管党治党进入了新的发展阶段。

三是坚持对各级党委抓党建工作的严格考核。按照中央的要求，各级党组织把从严治党纳入到对领导班子和领导干部考核的重点内容。制定严格标准、量化指标，把务虚把变为务实，把远任务变为硬指标，使从严治党成为领导班子和领导干部的自觉行动。

（七）高悬反腐败利剑，坚持端正党风与反腐败并举，推动党风廉政建设和反腐败斗争取得重大成效。

加大反腐败力度，坚持党风廉政建设与反腐败斗争相互影响和相互促进，保持对腐败分子的高压态势，治标与治本有机结合，务求实效，是从严治党的集中体现和宝贵经验。

一是党中央对党风廉政建设和反腐败斗争的信心和决心坚定。党的十八大以来，以习近平为总书记的新一届党中央，高悬反腐败利剑，坚决惩治腐败，

对腐败零容忍，无论涉及到谁，无论职位高低，绝不姑息养奸，一查到底；坚持老虎苍蝇一起打，既坚决查处位高权重的大贪官，又要查处人民群众身边的腐败问题；坚持反腐败无禁区、全覆盖，不留死角，不留暗门，不开天窗，不搞下不为例，不管涉及到什么领域、什么人物，只要有腐败行为都要坚决查处和追究。这一切都充分彰显了党中央对党风廉政建设和反腐败的信心和决心，这是党风廉政建设和反腐败斗争不断取得重大进展的前提和保证。

二是以作风建设为突破口，形成党风廉政建设和反腐败斗争的强大氛围和震慑。党的十八大以来，党中央推出作风制度建设八项规定，全党认真贯彻落实八项规定；在全党开展以整风为特征，以解决党内“四风”突出问题为聚焦点，以扎实推进务求实效为价值取向，在全党开展了群众路线教育实践活动。在这个过程中，党中央作表率，以上率下，习近平同志到基层考察工作不封园、不封道、不搞迎来送往，不吃宴请、不铺地毯、不贴标语、不摆鲜花，为全党做出了表率。群众路线教育实践活动结束后，“三严三实”教育顺延展开，党中央探索党风廉政建设常态化制度，巡视工作加大力度，查处大案要案不断取得突破性进展，在全党形成了廉洁奉公、为民服务的新风尚、新常态。这种大气候和氛围不仅对那些搞不正之风的领导干部形成强大压力，也对那些搞腐败的人形成强大震慑。

三是构建和落实预防与惩治相结合的反腐败体系。党的十八大以来，党中央为确保党风廉政建设和反腐败斗争取得实质性进展，在总结经验的基础上，推出了《建立健全惩治和预防腐败体系 2013—2017 年工作计划》，进一步明确了党风廉政建设和反腐败斗争的性质、目标和措施。在实践上，一方面坚决查处系统性腐败、区域性腐败、家族式腐败、塌方式腐败等严重腐败案件，坚决惩处周永康、令计划、徐才厚、郭伯雄、苏荣等高官腐败行为，保持对腐败分子的高压态势，为治本赢得充分时间。另一方面，改革体制、完善制度、创新机制、规范权力、强化监督，探索从源头上治愈腐败的途径。正因为坚持党风廉政建设和反腐败斗争的治标和治本相结合，使解决党内这一隐患不断取得新的重大成效。

（八）严肃党内政治生活，增强政治性、原则性、战斗性，构筑健康和谐的党内政治生态

确保党员干部特别是领导干部过好组织生活和民主生活，切实开展批评与自我批评，增强党内政治生活的严肃性和战斗力，营造团结奋进的党内政治生态，既是从严治党的重要内容，又是从严治党的重要保证。

一是努力营造严肃活泼的党内政治生活氛围。严肃党内政治生活是我们党的优良传统。作为马克思主义政党，我们党自诞生之日起就高度重视开展党内政治生活，以抵制各种政治灰尘和腐朽思想侵蚀，解决党内矛盾和维护党的团结统一。毛泽东在领导中国革命和建设中，不仅严肃要求党员必须参加党的组织生活，要求各级党组织在党内开展积极的思想斗争，坚持惩前毖后、治病救人，而且明确提出了党内政治生活的目标，即党内要形成既有民主又有集中、既有自由又有纪律、既有统一意志又有个人心情舒畅的生动活泼的政治局面，并围绕这一目标推动党内政治生活建设，保持了党内政治生活的原则性和战斗性。邓小平在改革开放新时期，汲取党内政治生活的经验教训，提出建设健康活泼的党内政治生活，不搞无为争论，使党内政治生活走上自由与纪律相统一的正确轨道，成为新时期解放思想、实事求是和与时俱进的前提条件。党的十八大以后，习近平总结党内政治生活的历史经验，针对党内政治生活实际，提出增强党内政治生活的政治性、原则性和战斗性，并着重从党的政治纪律和组织纪律上营造党内严肃活泼的政治生活，使党内政治生活在增强党员领导干部党性修养和道德修养上发挥了引导作用、改造作用、规范作用和监督作用，扭转了一些地方党内政治生活迷失、涣散、庸俗的状况。

二是通过严肃党内政治生活提高党的战斗力和凝聚力。众所周知，党在革命时期进行的延安整风，促使党的干部特别是高级干部坐下来进行批评和自我批评，查摆主观主义、宗派主义和党八股对党的危害，把全党思想统一到毛泽东思想的旗帜上，极大地提高了党的战斗力和凝聚力；新中国建立后，毛泽东同志在七千人大会上带头做批评与自我批评，为初步纠正“左”的错误，发挥了重要作用；进入改革开放新时期，党的第二代、第三代领导集体，带头开展批评与自我批评，坚持坚持真理、修正错误，对于拨乱反正、实行党的工作重心转移、进行现代化建设起到了关键性作用；党的十八大以来，习近平同志和党中央在群众路线教育实践活动中带头开展批评与自我批评，以上率下，对端正党的作风，增强党的战斗力和凝聚力起到了强大带动作用。

三是以严肃的党内政治生活抵制各种各样不良风气的侵蚀。近些年来由于受各种因素的影响，一些地方的党内政治生活不健康、不正常，地方和部门自由主义、分散主义、好人主义、个人主义盛行，有的是搞家长制、独断专行，这些问题严重影响党的正确决策党的各项工作的落实，导致一些党组织的软弱涣散甚至瘫痪，必须改变这种状况，恢复党内严肃政治生活，强化党内生活的政治性、原则性和战斗性，营造党内实事求是、理论联系实际、密切联系群众、批评和自我批评、民主集中制等良性政治生态。

(九) 立足从严治党前沿，强化对领导班子和领导干部全方位监督，纯洁党执政的骨干队伍

从党的领导和执政实际出发，强化对各级领导班子和领导干部执政行为和权力运行的全方位监督，是从严治党的不可或缺的内容，也是从严治党不断取得重大成效的有力措施。进入改革开放以来特别是党的十八大以后，我们着力强化了三大监督：

一是强化了纪检监察机关的专门监督，充分发挥纪检监察机关的前哨作用。党的十一届三中全会以来，恢复建立了党的纪检监察机关，明确了工作职责，实现了纪检与监察机关的合署办公。针对党风廉政建设实际，健全完善纪检监察工作职能，形成党委领导，纪检监察机关密切配合，查处大案要案，纠正行业不正之风的工作新格局。党的十六大以来，推出党内专门监督条例，明确纪检监察机关是党内专门监督机关。党的十八大以后，进一步明确了在党风廉政建设和反腐败斗争中，党委要负主体责任，改革纪检监察领导体制，统一归口纪检监察派出机构，发挥监督作用关口前移，查处大案要案的支撑力明显增强，纪检监察机关在从严治党问题上的作用越来越突出。

二是强化了巡视组的巡视监督，充分发挥巡视组的震慑作用。巡视是党章赋予的重要职责，是加强党的建设的重要举措，是从严治党、维护党纪的重要手段，是加强党内监督的重要形式。中央和省级巡视组成立以来，突出了巡视工作就是要发现和反映问题的重要特征，明确了巡视工作的四大“着力点”，即着力发现是否存在形式主义、官僚主义、享乐主义和奢靡之风等违反中央八项规定的问题；着力发现领导干部是否存在权钱交易、以权谋私、贪污贿赂、腐化堕落等违纪违法问题；着力发现领导干部是否公开发表违背中央决定的言论、散布违背党的理论和路线方针政策的意见、搞“上有政策、下有对策”等违反政治纪律的问题；着力发现是否存在买官卖官、拉票贿选、突击提拔干部等选人用人上的不正之风和腐败行为，对各级领导班子和领导干部的权利运行起到了强有力的监督作用，巩固和延伸了群众路线教育实践活动和其他有关党风作风的成果，是党风廉政建设和反腐败斗争中的一支不容忽视的力量和实施监督的轻骑兵。

三是强化了媒体网络的监督，充分发挥了舆论的钳制作用。进入改革开放新时期以来，发挥媒体和网络的监督作用是从严治党的一个鲜明特征。从发挥中央电视台《东方时空》《焦点访谈》等媒体监督各级领导干部执政行为，到

开发网络咨询发挥网络对各级领导干部全方位监督，从党的各级领导机关自觉引导媒体网络监督，到各社会各阶层群众以对党和国家负责任的态度自发站出来对一些违法违纪党员干部的监督，形成了媒体网络监督的链条，对加强和改进执政党建设、从严管党治党发挥了十分重要的作用。

二、中国共产党从严治党的历史启示

我们党在九十多年的奋斗探索中，围绕从严治党，积累了丰富经验，这些经验对于进一步推进从严治党具有重要启示，概括起来主要包括以下“五个必须”。

——必须坚守政治灵魂，把握总开关，构筑拒腐防变牢固思想长城。历史经验证明，从严治党首要是治思想，思想是行动的先导，有什么样的思想和世界观就有什么样的行动。治思想的根本在于坚定理想信念，坚守共产党人的政治灵魂和精神追求。党能够领导人民，经过二十八年艰苦卓绝的斗争，打败蒋介石解放全中国靠的是理想信念；党领导人民战胜外部封锁巩固新生政权，确立社会主义制度，取得社会主义建设的重要成就靠的是理想信念；党领导人民实现从以阶段斗争为纲到以经济建设为中心、从计划经济到市场经济、从封闭半封闭到全面改革开放的伟大历史转变靠的是理想信念。正如习近平同志所指出的那样，理想信念是党的政治灵魂，是共产党人的精神之“钙”和安身立命的根本，是党员干部思想的总开关，是从严治党的决定性因素。在新的历史条件下，一些领导干部作风不正甚至最终走上腐败犯罪道路，根本在于世界观人生观价值观的蜕变，理想信念的动摇和丧失。因此，从严管党治党必须紧紧抓住理想信念这一政治灵魂和精神支柱。领导干部有了这个灵魂和支柱，就会有宽广的眼界，就会把握正确的政治方向，就会有严格的行为底线，就能抵制各种歪风邪气和腐败行为的侵蚀，永远立于不败之地。

——必须规范权力运行，把权力关进制度的笼子里，形成刚性制约机制。历史经验证明，从严治党的核心是规范和制约权力。我们党是在全国范围内唯一的执政党，掌握着大大小小的权力，如果不能有效的规范和制约权力，保证权力的正向行驶，就会发生权力的滥用和腐败，就会丧失人民的拥护和支持，就会亡党亡国。因此，从严治党最重要的是保证各级领导干部为人民掌好权用好权。要严格教育各级领导干部正确对待手中掌握的权力，把权力看成是责任、压力和生命，对权力心存敬畏，像爱护眼睛一样珍视权力，从理性认知上保证权力的正确使用；要严格保证各级领导干部手中权力始终为民所用，进一步健全完善权力的授予关系、运行关系和监督关系，改革创新权力生成和约束体系，把权力运行置于授权者的全程有效监督之下，保证权力授予与运行效果的对称；要严格建构和规范权力运行程序制度和实体制度，严格规范党委政府领导班子权力，党政主要领导权力，党政工作部门权力以及党政工作部门内设机构权力，公开权力运行流程，实行权力运行清单制，严格规范什么是越权，什么是在权，严格划定权力边界；要严厉制定权力寻租和滥用的追究机制，实行权力违规审查机制、权力失控问责机制、权力滥用倒查和终生追究机制。

——必须抓住关键少数，净化主体力量，建设勇于担当廉洁高效领导层。历史经验证明，从严治党的关键在于抓住领导干部特别是一把手这一关键少数。领导干部是党的执政中坚，执掌着党的执政权和国家立法权、行政权、司法权等公权力；是人民根本利益的忠实代表，决定着社会发展的根本方向和人心向背；领导干部既是从严治党的领导者和组织者，又是从严治党的对象和重点。这个群体能够严格要求自己，令行禁止、立党为公、执政为民、有所作为，则党兴国家兴，否则就会脱离人民甚至有丧失执政地位的危险。抓住了领导干部这一关键少数，就抓住了治国理政和从严治党的主要矛盾，就坚持了马克思主义唯物辩证法的“重点论”，就遵循了管党、治党和建党的基本规律。为此，要严格规定领导干部特别是一把手权力的行使，既要保证领导干部在规定的范围内为人民掌好权用好权，又要保证领导干部的权力不能冲出制度的“篱笆”，随心所欲，一旦出现权力变形能够得到有效控制；要强化领导干部在从严治党中的表率作用，明确制定领导干部从严治党的行为准则，从决策上、组织上、工作上、生活上、纪律上以及管理上进一步细化从严治吏的准则，确保领导干部在要求下级机关带头廉洁奉公、带头遵纪守法、带头勤政为民、带头抵制不正之风做榜样的同时，自己必须身先士卒，在从严治党上做表率，以上率下，形成自上而下领导干部人人从严要求的大气候；要切实保证领导干部的责权统一，坚持有权必有责，领导干部手中掌握多大的权力就要负多大的责任，对权力的侵害就是对责任的侵害，只用权不负责，或负责不到位或似是而非，要进行严厉的责任追究。

——必须相信和依靠群众，充分发挥人民的监督作用，筑牢党与人民群众的命运共同体。历史经验证明，人民群众是从严治党的根本依靠。人民群众是从严治党的目的者。从严治党的目的就是要更好地密切党同人民群众的血肉联系，更好地践行党的根本宗旨，全心全意为人民服务，从严治党的状况和效果如何，不能靠党的自身来检验，而是靠历史和实践来检验，看人民群众满意不满意、高兴不高兴、答应不答应。人民群众是从严治党的智慧者。党植根于人民又从人民中汲取智慧和力量，人民群众中蕴藏着许多治国理政和从严治党的管用想法和办法，认真倾听群众的意见和呼声，把他们对从严治党的期盼和真知灼见吸纳进来，对搞好党的建设，更好地实现管党治党大有益处。人民群众是从严治党的监督者。从严治党光靠党的自身力量是不够的，只有广泛吸收公众参与，党的一切工作和全部执政活动只有真正置于人民群众的全面监督之下，才能释放从严治党的最大力量，保证从严治党的切实成效；要确立从严治党必须群众参与的政治理念，把群众参与作为从严治党的重要内容摆上议事日程，不断增强各级党组织相信群众和依靠群众的自觉性；要在作风建设、反腐倡廉、干部使用和科学决策等重大问题和执政活动上，加大人民群众的参与力度，增强人民群众知情权、参与权、选择权和决定权，保证管党治党和建党得到人民群众最大限度拥护和支持；要把从严治党同人民群众对党的要求和期盼结合起来，同坚决抵制和剔除人民群众厌烦和愤慨的各种不正之风和腐败行为结合起来，同解决人民群众最关心最直接最现实的利益问题结合起来，在党和人民之间构筑相互依存、相互依赖、不可分割的命运共同体。

——必须推进依法执政，实现依法治国与依规治党的有机统一，构建长治久安政治生态。历史经验证明，从严治党的最终归宿是把依法治国、依法执政和依规治党三者有机统一起来，实现党的领导和执政方式的现代化和法制化，构建党和国家的长治久安的政治生态。依法治国的关键在于党的依法执政，依规治党的重要目的在于党更好地实现依法执政，只有坚持依法执政，才能把依法治国与依规治党有机统一起来；坚持依法执政才能实现党的领导和执政方式由注重人治到注重法治的转变，建设社会主义法治国家，实现国家治理体系和治理能力的现代化，确立管党治党的根本之策；坚持依法执政才能有力推动依法治国和依规治党的实施，才能在全党和全社会形成依规行事和依法办事的强大氛围，为党和国家的长治久安奠定坚实基础。为此，要加强对各级领导干部法律的培训和修炼，树立法治思维和依法执政的现代理念；要围绕党依法执政探索制定执政法，把党的一切活动置于宪法和法律活动的监督之下；要针对依规治党构建党内法规体系，并同国家法律相衔接相吻合，改革创新党内违规问责追究机制，形成依规治党常态化、长效化。

全面从严治党的基本经验论析

北京师范大学　湛风涛　杨祎萌

习近平总书记在党的十九大报告中指出："中国特色社会主义进入新时代，我们党一定要有新气象新作为。打铁必须自身硬。党要团结带领人民进行伟大斗争、推进伟大事业、实现伟大梦想，必须毫不动摇坚持和完善党的领导，毫不动摇把党建设得更加坚强有力。"① 党要管党、从严治党，是中国共产党加强自身建设的一贯要求和根本方针。以习近平同志为核心的党中央创新发展马克思主义建党学说，以敢于直面问题、勇于自我革命的勇气推进全面从严治党，积累了管党治党的基本经验。认真分析和总结这些经验，对于更好进行具有许多新的历史特点的伟大斗争、推进党的建设新的伟大工程、推动全面从严治党向纵深发展具有重要的现实意义。

一、坚持思想建党和制度治党紧密结合

坚持思想建党和制度治党紧密结合，是十八大以来中国共产党人依据党所肩负的历史使命、面临的时代主题和基本国情，为解决党的建设存在的突出问题而提出的重大创新举措，是全面从严治党的根本经验。习近平总书记指出："从严治党靠教育，也靠制度，二者一柔一刚，要同向发力、同时发力。"② 只有坚持思想建党和制度治党紧密结合，充分发挥其内外之功、刚柔之力，才能切实增强管党治党的针对性和实效性，确保党始终走在时代前列。

把思想建设摆在党的建设首要位置是中国共产党的优良传统和政治优势。

---

① 习近平：《决胜全面建成小康社会　夺取新时代中国特色社会主义伟大胜利——在中国共产党第十九次全国代表大会上的报告》，《人民日报》2017 年 10 月 28 日。

② 习近平：《在党的群众路线教育实践活动总结大会上的讲话》，《人民日报》2014 年 10 月 9 日。

思想建党，主要是通过加强思想理论教育，使党员不仅在组织上入党，更要从思想上入党，解决好世界观、人生观、价值观这个“总开关”问题，永葆党的先进性和纯洁性。思想建党的重中之重，是加强党员干部的理想信念教育。邓小平曾经指出：“为什么我们过去能在非常困难的情况下奋斗出来，战胜千难万险使革命胜利呢？就是因为我们有理想，有马克思主义信念，有共产主义信念。”① 坚定理想信念是共产党人安身立命之本，是固本培元、补钙壮骨的基础工程。一段时期以来，一些党员干部理想信念动摇，对社会主义和共产主义丧失信心，甚至向往西方社会制度和价值观念；有的不信马列信鬼神，企图从封建迷信中寻找精神寄托；有的是非观念淡薄、原则性不强、正义感退化，等等。针对这些问题，我们党坚持多管齐下、多措并举，抓好理论武装，引导党员干部坚定理想信念，坚守共产党人的精神高地。一是毫不动摇坚持马克思主义指导思想。马克思主义是科学的世界观和方法论，是我们立党立国的根本指导思想。我们任何时候任何情况下都要牢牢坚持马克思主义这个主心骨，绝不可背离或放弃马克思主义。坚持马克思主义，最根本的是掌握马克思主义的立场、观点、方法，领会马克思主义的精髓要义，从根本上提高马克思主义思想觉悟和理论水平，筑牢信仰之基，补足精神之钙。二是深入学习习近平新时代中国特色社会主义思想。习近平新时代中国特色社会主义思想是中国特色社会主义理论体系的最新成果，是当代中国马克思主义的最新发展。要深刻领会其核心意涵，深刻领会贯穿其中的科学世界观和方法论，努力做到学懂、弄通、做实。三是认真学习党章党规。党章是党的总章程和根本大法，党规是党员思想和行为的具体遵循。要牢固树立党章党规意识，把党章党规作为坚定理想信念的基本标准，自觉学习并严格执行党章党规，真正做到内化于心、外化于行。

制度问题带有根本性、全局性、稳定性、长期性，铲除党内不良作风和腐败现象，根本上要靠制度。习近平总书记认为，党的建设中存在许多问题，都与体制机制和制度不健全有关。他指出：“从前些年和最近揭露出来的一些涉及领导干部的大案要案看，其犯罪情节之恶劣、涉案金额之巨大，都是触目惊心的，搞权钱交易、权色交易简直到了利令智昏、胆大包天的地步！之所以会弄到这个地步，其中一个重要原因就是我们一些领域的体制机制还不健全。如何

① 《邓小平文选》第3卷，人民出版社，1993年版，第110页。

靠制度更有效地防治腐败，仍然是我们面临的一个重大课题。”① 制度治党，是法治思维和法治方式在党的建设领域的具体体现和展开，解决的是管党治党规范化、常态化、长效化的问题，是全面从严治党的根本之道。十八大以来，我们党在实践中积累了制度治党的丰富经验，归纳起来主要有：一是树立法规制度观念，强化法规制度意识。通过法规制度教育，引导党员干部牢固树立法治意识、制度意识、纪律意识，形成尊崇制度、遵守制度、捍卫制度的良好氛围。二是健全完善制度，构筑和完善以党章为核心的党内法规制度体系。党章是最根本的党内法规，是制定其他党内法规的基础和依据。以党章为根本遵循，我们党相继制定修改《中国共产党廉洁自律准则》《中国共产党纪律处分条例》《中国共产党问责条例》《关于新形势下党内政治生活的若干准则》《中国共产党党内监督条例》等党内法规，全方位编密扎紧制度的“笼子”，做到前后衔接、左右联动、上下配套、系统集成。三是狠抓制度执行。制度的生命力在于执行。坚持制度面前人人平等、遵守制度没有特权、执行制度没有例外。针对有禁不止、有令不行、有章不遵、有规不循等严重破坏从严治党相关制度的行为，坚决严肃查处，维护制度的严肃性和权威性，使制度成为硬约束而不是“橡皮筋”。

思想建党，侧重以内促外；制度治党，侧重以外促内。实践证明，管好治好我们这个拥有8900多万党员、在近14亿人口大国执政的党，不靠思想教育不行，仅靠思想教育也不行；不靠制度不行，仅靠制度也不行。只有坚持思想自律和制度他律的有机统一，实现同频共振，全面从严治党才能落到实处。正如习近平总书记指出：“要使加强制度治党的过程成为加强思想建党的过程，也要使加强思想建党的过程成为加强制度治党的过程。”② 一方面，要把思想建党的成功经验升华、固化为制度，充分发挥制度的长效作用，巩固思想建党的成果；另一方面，制度的制定和执行要坚持思想教育先行，以增强制度执行的自觉性，确保制度治党的有效性。③ 总之，通过思想建党和制度治党，有效确保全党思想统一、步调一致，推动党的事业不断向前发展。

① 《习近平关于党风廉政建设和反腐败斗争论述摘编》，中央文献出版社、中国方正出版社，2015年版，第124页。

② 习近平：《在党的群众路线教育实践活动总结大会上的讲话》，《人民日报》2014年10月9日。

③ 韩冰：《把思想建党和制度治党紧密结合起来》，《人民日报》2015年11月19日。

二、严肃党内政治生活，净化党内政治生态

严肃认真的党内政治生活、健康洁净的党内政治生态，是中国共产党保持旺盛生机的动力源泉，是党凝心聚魂、强身健体的重要法宝，也是党区别于其他非马克思主义政党的显著标志。正反两方面的经验告诉我们，什么时候党内政治生活健康活泼，党就风清气正、团结统一、充满活力，党的事业就蓬勃发展；反之，就弊病丛生、人心涣散，党的事业就遭受严重损失。十八大以来，党中央把严肃党内政治生活、净化党内政治生态摆在更加突出的位置来抓，党内政治生活和政治生态呈现崭新气象。

严肃党内政治生活、净化党内政治生态，关键是严明政治纪律和政治规矩。党的政治纪律是党组织和党员在政治方向、政治立场、政治言论、政治行动方面必须遵守的刚性约束。党的政治规矩是党在长期实践中形成的政治规则和组织约束，既包括成文的纪律，也包括自我约束的不成文的纪律。没有纪律，不成政党。没有规矩，不成方圆。马克思在《致恩格斯》一文中曾尖锐指出："我们现在必须绝对保持党的纪律，否则将一事无成。"① 守纪律讲规矩，是我们党政治智慧的结晶，是提高党的凝聚力和战斗力、巩固党的执政地位的重要保障。然而，当下一些党员干部政治纪律和政治规矩意识严重缺失。有的搞团团伙伙、结党营私、拉帮结派；有的热衷于搞同学会、老乡会、战友会；有的妄评乱议，口无遮拦；有的不如实报告个人有关事项，要求自由空间没有边界。针对胸无组织、目无法纪的现象，我们党着重从以下五个方面要求党员干部遵守政治纪律和政治规矩：一是坚持党的领导，坚决维护以习近平同志为核心的党中央权威。一个国家、一个政党，领导核心至关重要。对于领导核心，邓小平指出："任何一个领导集体都要有一个核心，没有核心的领导是靠不住的。"② 明确习近平总书记的核心地位，正式提出"以习近平同志为核心的党中央"，是全党全军全国各族人民的共同愿望，是我们党的郑重选择。坚决维护以习近平同志为核心的党中央权威，就是要求广大党员干部自觉在政治方向、政治路线、政治立场、政治主张上同以习近平同志为核心的党中央保持一致，不断增强政治意识、大局意识、核心意识、看齐意识，努力做到党中央提倡的坚决响应、党中央决定的坚决执行、党中央禁止的坚决不做。二是维护党的团结统一。党的团

---

① 《马克思恩格斯全集》第 29 卷，人民出版社，1972 年版，第 413 页。

② 《邓小平文选》第 3 卷，人民出版社，1993 年版，第 310 页。

结统一是党的力量所在，是党保持强大凝聚力和战斗力的重要保证。我们党面临的形势越复杂、肩负的任务越艰巨，就越要保持党的团结统一。维护党的团结统一，要坚持五湖四海、任人唯贤的选人用人标准，团结一切可以团结的力量，最大限度调动各方面的积极性主动性创造性，不得以人划线，不得在党内搞团团伙伙、结党营私、拉帮结派等活动。三是严格执行重大问题请示报告制度。习近平总书记指出："请示报告制度是我们党的一项重要制度，是执行党的民主集中制的有效工作机制，也是组织纪律的一个重要方面。"① 领导干部要强化组织观念，工作中重大问题和个人有关事项必须按组织程序办理，该请示的请示，该汇报的汇报，决不允许擅作主张、我行我素。四是必须服从组织决定。服从组织决定是民主集中制的基本原则，是党员干部讲党性、讲大局的重要体现。党员干部要把党性放在第一位，坚决服从组织分配、执行组织决定，时刻准备在组织需要的时候牺牲和奉献，决不允许搞非组织活动，不得欺骗组织、对抗组织。五是必须管好亲属和身边工作人员。领导干部既要自己严格遵守国家法律和党内纪律，也要用廉洁从政准则加强对亲属和身边工作人员的教育和约束，决不允许"身边人"擅权干政、谋取私利，不得纵容或默许他们利用特殊身份谋取非法利益。

严肃党内政治生活、净化党内政治生态，领导干部这个"关键少数"要以身作则、率先垂范，发挥好示范引领作用。一是领导干部要增强党性意识。要始终把党放在心中最高位置，牢记自己的第一身份是共产党员，第一职责是为党工作，在党言党、在党忧党、在党为党，努力做到党性坚强、纪律严明，永远忠诚于党，绝不叛党。二是领导干部要自觉抵制特权思想。领导干部要树立正确的权力观、地位观、利益观，牢固树立全心全意为人民服务的宗旨意识，秉公用权、依法用权、廉洁用权，做到权为民所用、情为民所系、利为民所谋。要坚持让人民监督权力、让权力在阳光下运行，加强对权力运行的制约和监督，把领导干部权力关进制度的"笼子"里，加大惩处力度，对滥用权者零容忍。三是领导干部要加强学习。要认真学习马克思主义、毛泽东思想、中国特色社会主义理论体系，认真学习习近平新时代中国特色社会主义思想，认真学习党章党规，筑牢拒腐防变的思想防线。要认真学习各方面知识，解决"本领恐慌"问题，不断提高领导能力专业化水平。四是领导干部要严格遵守和执行党内政治生活准则。在执行和落实党内政治生活准则方面，领导干部要旗帜鲜明，突

① 《十八大以来重要文选选编》上，中央文献出版社，2014 年版，第 767 页。

出政治性要求；与时俱进，体现时代性要求；严肃认真，坚持原则性要求；坚决彻底贯彻战斗性要求，带头营造风清气正的党内政治生态。

三、坚持以人民为中心，密切党同人民群众的血肉联系

人民群众是社会历史实践的主体，是历史的创造者。这是马克思主义唯物史观的基本观点。“人民，只有人民，才是创造世界历史的动力。”① 在革命、建设、改革的伟大实践中，中国共产党始终坚持以人民为中心，代表最广大人民的根本利益，把“人民拥护不拥护”“人民赞成不赞成”“人民高兴不高兴”“人民答应不答应”作为一切工作的出发点和落脚点，树立了全心全意为人民服务的光辉典范。

全面从严治党，密切党群关系、实现人民期待是根本要求。十八大以来，以习近平同志为核心的党中央向人民庄严承诺：我们的人民热爱生活，期盼有更好的教育、更稳定的工作、更满意的收入、更可靠的社会保障、更高水平的医疗卫生服务、更舒适的居住条件、更优美的环境，期盼孩子们能成长得更好、工作得更好、生活得更好。人民对美好生活的向往，就是我们的奋斗目标。②充分体现了党情系群众、关心群众的为民情怀，也指明了新的历史条件下党对人民的责任担当。这就要求各级党员干部以人民利益为重、以人民期盼为念，把密切党同人民群众的血肉联系的各项规定落到实处。一是牢固树立宗旨意识。全心全意为人民服务是党的根本宗旨，是党战胜一切困难和风险的根本保证。早在延安时期，毛泽东就指出：“我们的共产党和共产党所领导的八路军、新四军，是革命的队伍。我们这个队伍完全是为着解放人民的，是彻底地为人民的利益工作的。”③ 牢记根本宗旨，要站稳群众立场，增进群众感情。“人民立场是党的根本政治立场，人民群众是党的力量源泉。我们党来自人民，失去人民拥护和支持，党就会失去根基。”④ 党员干部在任何时候任何情况下必须始终坚持马克思主义群众观，做到与人民同呼吸共命运的立场不能变，全心全意为人民服务的宗旨不能忘，人民群众是真正英雄的历史唯物主义观点不能丢，始终把实现好、维护好、发展好最广大人民根本利益作为党的最高利益。牢记根本宗旨，要贯彻党的群众路线。群众路线是党的生命线和根本工作路线，是党永

---

① 《毛泽东选集》第3卷，人民出版社，1991年版，第1031页。
② 《习近平谈治国理政》，外文出版社，2014年版，第4页。
③ 《毛泽东选集》第3卷，人民出版社，1991年版，第1004页。
④ 《关于新形势下党内政治生活的若干准则》，《人民日报》2016年11月3日。

葆青春活力和战斗力的重要传家宝。坚持群众路线，就是坚持人民主体地位，从最广大人民根本利益出发，优先解决人民群众最关心、最直接的现实问题，把群众的安危冷暖放在心上，多为群众干实事、办好事、解难事，用实际行动夯实党执政的政治基础和群众基础。要坚持一切为了群众，一切依靠群众，充分相信群众的力量，尊重群众的首创精神，坚持问政于民、问需于民、问计于民，从群众中汲取智慧和能量，自觉做到服务群众与依靠群众相统一。二是坚决反对“四风”。党风问题关系人心向背和党的生死存亡。形式主义、官僚主义、享乐主义和奢侈之风，严重违背党的性质和宗旨，割断党和人民群众的血肉联系，具有极强的腐蚀性和破坏性，是危害党和人民事业的大敌。反对“四风”，要抓住要害、突出重点。党的十八届六中全会通过的《关于新形势下党内政治生活的若干准则》指出：反对形式主义，重在解决作风漂浮、工作不实，文山会海、表面文章，贪图虚名、弄虚作假等问题。反对官僚主义，重在解决脱离实际、脱离群众，消极应付、推诿扯皮，作风霸道、迷恋特权等问题。反对享乐主义，重在解决追名逐利、贪图享受，讲究排场、玩物丧志等问题。反对奢靡之风，重在解决铺张浪费、挥霍无度，骄奢淫逸、腐化堕落等问题。① 只有解决这些群众深恶痛绝、反映最强烈的重点问题，才能取信于民、赢得民心。反对“四风”，要把落实中央八项规定精神常态化、长效化，坚持抓常、抓细、抓长，要充分估计“四风”的顽固性、反复性、变异性，坚持高压态势、露头就打。要持续开展思想道德教育，大力弘扬社会主义核心价值观，大力弘扬党的优良传统和作风，大力弘扬中华民族优秀传统文化，努力做到标本兼治。三是要深入群众，提高做群众工作的本领。保持党同人民群众的血肉联系，基本途径是深入群众开展调查研究，打破党群干群之间的“离心墙”。要着重发挥基层党组织的政治功能和服务功能，鼓励党员干部深入实际，深入基层，把群众的难点、痛点作为工作的切入点，与群众面对面交流，真心实意同群众交朋友，千方百计为群众排忧解难。要不断提高做群众工作的能力。基层党组织和党员干部要顺应时代变化、社会变迁，把握群众的新诉求、新期待，不断提高做思想政治工作的能力、组织动员群众的能力、了解社情民意的能力，把执政本领的提高深深扎根于群众工作的沃土中，千方百计把群众的事情做细做实。

① 《关于新形势下党内政治生活的若干准则》，《人民日报》2016 年 11 月 3 日。

四、坚持党内监督和外部监督相结合

监督，就是对某一特定环节、过程进行监管、督促，使其结果能达到预定的目标。在党的建设过程中，我党走出一条通过党内监督和外部监督相结合的方式来管党治党的路子。在党的八大上，邓小平就指出："我们需要实行党的内部的监督，也需要来自人民群众和党外人士对于我们党的组织和党员的监督。"① 实践证明，党内监督和外部监督是党在长期执政条件下经受考验、化解危险的重要手段。坚持党内监督和外部监督相结合，是坚持党的性质和宗旨的必然要求，是解决党内突出问题的现实需要，也是健全对党组织和党员监督体系的重要途径，对于保证党组织发挥核心作用和党员发挥先锋模范作用具有重要意义。

党内监督，就是党的各级组织、专责机关和全体党员按照党章和国家法律对党员和党员干部特别是各级领导干部的行为进行的监察和督促。党内监督具有纠错正偏、预防惩戒、约束制衡、指引促进等功能，对保证党的肌体健康具有重要作用。十八大以来，着眼党内监督的突出问题，党修订出台《中国共产党党内监督条例》，对强化党内监督提出一系列新举措新要求。一是增强监督意识。各级党组织和广大党员干部要切实增强监督意识，把严格监督变成思想自觉、变成党性观念、变成纪律要求、变成实际行动，不断提高履行监督责任和自觉接受监督的责任感和使命感；二是落实监督制度。监督最重要的是靠制度，党着眼于对权力运行的制约和监督，规定了巡视巡察、组织生活、党内谈话、考察考核、述责述廉、个人有关事项报告、插手干预重大事项记录等监督制度，并保证严格执行党内监督各项制度；三是用好监督武器。巡视和派驻是党内监督的两大武器。巡视监督聚焦党风廉政建设和反腐败斗争，聚焦坚持党的领导、加强党的建设、全面从严治党，充分发挥了"利剑"作用。派驻监督主要是加强派驻机构对所驻部门特别是领导班子成员的监督，有效发挥了"前哨"作用。要继续发挥巡视和派驻的监督作用，使党的各级组织和领导干部受到严格监督；四是落实主体责任。党委（党组）在党内监督中负主体责任。各级党委（党组）要领导本地区本部门本单位党内监督工作，组织实施各项监督制度。要加强对同级纪委和所辖范围内纪律检查工作的领导，检查监督执纪问责工作情况。要对党委常委会委员（党组成员）、党委委员，同级纪委、党的工作部门和直接

---

① 《邓小平文选》第1卷，人民出版社，1994年版，第215页。

领导的党组织领导班子及其成员进行监督。要对上级党委、纪委工作提出意见和建议，开展监督。

除了加强党的自身监督外，还需要外部监督的补充和完善。外部监督主要是党外相关部门、民主党派和人民群众的监督，是我们党自觉引进和接受的一种外部审视、外力鞭策。1941 年，毛泽东在陕甘宁边区参议会的演说中指出："共产党是为民族、为人民谋利益的政党，它本身决无私利可图。它应该受人民的监督，而决不应该违背人民的意旨。"① 抗战胜利前夕，毛泽东回答黄炎培"其兴也勃焉，其亡也忽焉"的历史周期率时说，"只有让人民来监督政府，政府才不敢松懈。只有人人起来负责，才不会人亡政息。"② 外部监督是党始终做到立党为公、执政为民的重要保证，是人民行使当家做主权力的重要形式。党着重从以下方面做好外部监督工作：一是支持党外相关部门监督。人大、政府、监察机关、司法机关、审计机关是行使国家权力的重要部门，政协是参政议政的重要机构，要确保其对国家机关和公职人员进行依法监督和民主监督。二是重视民主党派监督。民主监督是民主党派的基本职能之一，要重视民主党派和无党派人士提出的意见和批评，完善知情、沟通、反馈等相关制度和运行机制。三是接受人民群众监督。鼓励人民群众通过党务、政务公开、举报热线、电视问政、互联网等方式参与、监督、评判管党治党和党的建设工作。各级党组织和党员干部要虚心接受人民群众的批评和意见，自觉接受人民群众的检视和评判。

党内监督和外部监督是相互促进、相辅相成的。推动党内监督和外部监督有机结合，各级党组织和党员干部要转变理念，增强自觉接受监督意识，养成在党组织和人民群众监督之下工作、生活习惯。通过设置举报专区、开设廉政留言板、微信公众平台、远程视频接访等方式，促进党内监督和外部监督有机融合、精准高效。广泛发动人民群众，推动形成人人要监督、人人愿监督、人人敢监督的良好氛围。

五、深入推进党风廉政建设和反腐败斗争

加强党风廉政建设和反腐败斗争，是中国共产党的政治本色，是我们党必

① 《毛泽东选集》第 3 卷，人民出版社，1991 年版，第 809 页。

② 黄炎培：《"只有让人民来监督政府，政府才不敢松懈"——1945 年 7 月毛泽东与我的第一次谈话》，《同舟共进》，2000 年第 7 期。

须抓紧抓好的一项重大政治任务。从诞生之日起，我们党就一直坚守清正廉洁的政治品格。方志敏在《清贫》中说："清贫，洁白朴素的生活，正是我们革命者能够战胜许多困难的地方！"① 在利益多元化的今天，能否有效遏制腐败，建设廉洁政治，关系到人心向背和党的生死存亡，关系到"两个一百年"奋斗目标和中华民族伟大复兴中国梦能否顺利实现。只有旗帜鲜明地深入推进党风廉政建设和反腐败斗争，不断扫除党的躯体灰尘，清除党的肌体毒瘤，才能赢得人民群众的信任和拥护，才能获得最广泛、最牢固的群众基础和力量源泉。

廉洁凝聚人心，腐败背离民意。十八大以来，面对严峻复杂的反腐败形势，以习近平同志为核心的党中央把作风建设作为全面从严治党的切入点和突破口，把保持清正廉洁、建设廉洁政治作为党的建设的生命工程，"打虎""拍蝇""猎狐"同时进行，"以猛药去疴、重典治乱的决心，以刮骨疗毒、壮士断腕的勇气，坚决把党风廉政建设和反腐败斗争进行到底"②，以清正廉洁的政治本色和反腐败的显著成效赢得党心民心，积累了许多正风反腐的有益经验。一是要坚持高标准和守底线相统一。高标准和守底线，是给广大党员干部划定的两条关键线。高标准是共产党人坚定理想信念的精神高线，守底线是党员干部恪守党纪国法的纪律底线。坚持高标准，才有奋斗目标、动力源泉，坚持守底线，才不会恣意妄为、腐败堕落。坚持高标准和守底线相统一，一方面要抓好思想理论建设、抓好党性教育和党性修养、抓好道德建设，教育引导广大党员干部要树立共产主义远大理想和中国特色社会主义共同理想，树立正确的世界观、人生观、价值观，回答好"为了谁、依靠谁、我是谁"这个根本问题。要提高党性修养，增强党的意识，把锤炼党性修养作为人生必修课。要提升道德境界，强化廉洁意识，坚决同腐败现象作斗争，不断夯实廉洁从政的思想道德基础。另一方面，要严守行为底线，教育引导广大党员干部以党的纪律为尺子，守住做人、处事、用权、交友的底线，守住党和人民交给的政治责任，守住自己的政治生命线，守住正确的人生价值观，使党员干部知敬畏、存戒惧。坚持高标准和守底线相统一，既可以赓续"思想建党"传统，又能严明"制度治党"规矩，是形成风清气正政治生态的有力举措。二是要坚持抓惩治和抓责任相统一。坚定不移惩治腐败，是中国共产党有力量的表现，也是全党和人民群众的共同愿望。习近平总书记指出："不论什么人，不论其职务多高，只要触犯了党纪国

① 《方志敏全集》，人民出版社，2012 年版，第 164 页。

② 《习近平谈治国理政》，外文出版社，2014 年版，第 394 页。

法，都要受到严肃追究和严厉惩处，绝不是一句空话。”① 抓惩治，就是要保持反腐败高压态势，坚决查处发生在领导干部中的滥用职权、贪污贿赂、腐化堕落、失职渎职案件，着力解决发生在基层和群众身边的腐败问题，坚持党纪国法面前没有例外，做到有案必查、有腐必惩。强化责任意识是推进反腐倡廉的重要措施。抓责任，就是落实主体责任和监督责任，对失职失责行为严肃问责，督促党的各级组织和领导干部强化责任担当。要突出责任担当，牢固树立“抓好党风廉政建设是本职、抓不好党风廉政建设是失职、不抓党风廉政建设是渎职”的理念。要落实党风廉政建设主体责任和监督责任，一级抓一级，层层传导压力。要严肃责任追究，建立责任追究的制度体系、工作程序和保障机制，实现责任追究的制度化、程序化和常态化，以问责激发担当精神，推动问题解决。坚持抓惩治和抓责任相统一，既坚持有腐必反、有贪必肃，又压实管党治党责任，是治标举措和治本方略的有机结合。三是要坚持查找问题和深化改革相统一。习近平总书记反复强调，要增强问题意识，突出问题导向。查找问题，就是要从问题入手，对存在的问题不回避、不推脱，敢于正视问题、善于发现问题、勇于解决问题。我们党在正风反腐的过程中把查找和解决突出问题摆在重要位置，以反“四风”为突破口，对群众反映强烈的共性问题、“四风”种种变异问题以及顶风违纪现象，抽丝剥茧，查找根源，严肃责任追究，加大查处力度。深化改革就是要以“敢为天下先”的勇气，从纷繁复杂的问题中把握内在规律，大胆探索，勇于突破。党中央本着破立并举的原则，着力推进反腐败体制机制创新，改革党的纪律检查体制，加强反腐败工作体制机制创新，完善纪委派驻机构统一管理，改进中央和省区市巡视制度，强化对权力的制约和监督，确保公权力始终为公。坚持查找问题和深化改革相统一，以解决突出问题为突破口和主要抓手推动组织和制度创新，是正风反腐取得显著成效的重要原因。四是要坚持选人用人和严格管理相统一。管党治党，关键在人。坚持正确选人用人导向，是深入推进党风廉政建设和反腐败斗争的组织保障。我们党深入推进干部人事制度改革，坚持“信念坚定、为民服务、勤政务实、敢于担当、清正廉洁”的好干部标准，强化党组织的领导和把关作用，切实防范和纠正用人上的不正之风和种种偏向，严格选拔任用工作程序，选用了一大批为民务实清廉的好干部。好干部是“选”出来的，更是“管”出来的。要加强对干部的管理监督。从严管理干部，就是“要坚定理想信念，加强道德养成，规范

① 《十八大以来重要文献选编》上，中央文献出版社，2014 年版，第 135 页。

权力行使，培育优良作风，使各级干部自觉履行党章赋予的各项职责，严格按照党的原则和规矩办事"①，使干部心有所畏、言有所戒、行有所止，形成优者上、庸者下、劣者汰的良性局面。坚持选人用人和严格管理相统一，将精准科学选人用人和全面从严管理监督统一起来，打造出忠诚、干净、担当的执政骨干队伍，为党的事业发展提供了有力的人才保证。

① 习近平:《在党的群众路线教育实践活动总结大会上的讲话》,《人民日报》2014 年 10 月 9 日。

论新时代高校全面从严治党的历史溯源及其内涵

赣南师范大学　肖池平　万　晴

党的建设，是中国革命的“三大法宝”之一。纵观党史，高校又是我们党的肇始之地，党的建设与高校工作无不息息相关。早在中国共产党成立之初，高校就与党结下了不解之缘。以高校学生为主体的五四运动，为党的成立做了思想上和干部上的准备；北京大学是党诞生初期马克思主义传播的中心，也是中国第一个共产主义小组成立的地方；李大钊、毛泽东等一大批党的创始人来自于高校；第一次国内革命战争的呐喊、一二·九抗日救亡运动、解放战争时期的“反饥饿运动”“反迫害运动”和全国解放战争时期的“护校运动”等，都为中国革命的胜利谱写了壮丽的“青春之歌”。新中国成立后，高校党的建设伴随着国家和高校事业的发展而发展，伴随着高校党的领导体制的变化而变化，在推动高等教育的改革与发展、培养社会主义建设者和接班人、维护国家和社会安全稳定等方面发挥了不可替代的重要作用。党的十八大以来，以习近平同志为核心的党中央把高校党建工作当作一项事关“办什么样的大学、怎样办大学”的根本问题，事关党对高校的领导，事关中国特色社会主义事业后继有人的“重大政治任务和战略工程”，作出一系列重大决策部署，以改革创新的精神赋予新时代高校党建工作以新的内涵。

一、新中国成立前高校党的建设

新中国成立前，由于特定的历史阶段和革命斗争需要，高校在党的建设历史中占据着十分重要的地位，一定意义上影响和引领了中国共产党前进的历史

方向。新民主主义革命时期波澜壮阔的高校党建史大致可分如下几个阶段：①

1. 党的创立时期（1921—1923 年）。1919 年 5 月 4 日爆发的五四运动，拉开了中国新民主主义革命的序幕，促进了马克思主义在中国的传播，为中国共产党的成立做了思想上和干部上的准备。五四运动后，陈独秀、李大钊等人开始在北京大学宣传马克思主义，北大因此成为中国传播马克思主义的最初基地，并以此为原点，形成了向全国辐射的传输网络，促成了中国共产党的创建和各地党小组的成立。从中共一大时全国党员的构成来看，高校的重要地位也一目了然，当时参加一大的 13 名代表皆为知识分子，全国 53 名党员除一人之外也都是知识分子，其中 35 人有在高校的经历，并有 22 人为高校在校师生。到 1923 年中共三大召开前，全国有案可查的 38 个党的基层组织中，高校党组织占 9 个，其余 29 个党支部也全是有高校背景的党员建立的。这一时期，高校校园是党的主要活动舞台，一批共产党人在那里传播马克思主义，为共产主义事业而奔忙。在这期间，由于我们党还处于秘密状态，主要是通过青年团或马克思主义研究会对外公开活动，因此高校党的建设也以发展新党员及党员的思想建设为重心。

2. 第一次大革命时期（1923—1927 年）。随着国共合作的建立和破裂，党的自身建设和高校党的建设也经历了一个起落的过程。国民党一大的召开标志着国共合作的形成，此后，中共因忙于事务而忽略了自身建设，致使党组织发展一度出现停滞和徘徊，但高校党的建设却得到较快发展。这一时期，中共处于各种文化思潮包围中，加强党员的思想教育也就成了首要任务。高校党员的教育主要通过自主学习、支部大会、个人谈话来开展。这期间，中共在高校不仅在组织、思想上确立了自己的位置，而且在总结经验的基础上逐步形成了一套党建思路：一是在体系内厘清共产党与青年团的关系，明确二者在学生运动中的分工；二是在体系外各种学生团体中建立中共党团，开辟学生联合战线，以党团模式在学生会、学生社团等各级学生团体中植下党基，从而建立起了较为完备的组织系统。

3. 土地革命时期（1927—1931 年）。第一次大革命失败后，中共被迫由城市转向农村开展土地革命。1927 年国民党执政后，随即严令清党，一面严厉遏

---

① 参见周良书：《中共在高校中党的建设》，《北京党史》2006 年第 1—5 期；杜玉银：《高校理论研究与实践探索》，云南大学出版社，2008 年版，第 11—16 页；刘沧山：《中外高校思想教育研究》，人民出版社，2008 年版，第 267—272 页。

制中共及青年学生的革命行动，严肃查封一批“异端”学校，一面推行国民党党化教育。国民政府的高压政策引发了青年学生的心理恐慌和意志消沉，致使高校中共党组织的发展一时处于停滞状态。在国民政府的打压下，全国各地高校党的组织几乎全部遭到严重破坏。高校党组织的活动和党员人数相对减少，党支部难以为继。这样的状况直到1935年“一二·九”运动后才有所转变：一是从思想上纠正党内“左”的错误思想；二是加紧在高校恢复和发展党的支部；三是健全党对高校学生工作的领导体制；四是转变高校党支部的工作方式。这些转变为结束内战、团结抗日做出了历史性贡献。

4. 抗日战争时期（1931—1945年）。抗日战争时期，中国共产党在总结历史经验的基础上，逐步探索出一套新的高校党建模式。这在1939年8月31日的《中共陕西省委组织部关于在西安各学校建立组织及向外县发展的情况报告》中有集中反映。面对来自国民党与其争夺进步青年的压力，中共进一步加强了党的思想建设，特别注意到了马克思主义与民族主义之间的关系。在中共六届六中全会上，毛泽东同志指出：“共产党员是国际主义的马克思主义者，但马克思主义必须通过民族形式才能实现。把国际主义的内容与民族形式分离出来，是一点不懂国际主义的干法，我们要把二者紧密联系起来”。在这一结合过程中，高校再次承担了无可替代的角色。当时，中共主要采取两种形式加强高校党建与思想教育工作：一是宣传动员知识青年直接到根据地接受教育，抗战时期，延安成了青年学生向往的“红色首都”，这期间，每逢新生开学、毕业典礼和重要集会，在延安的中共领导人都要到学校做报告或演讲，帮助青年学生及时把握阶级斗争和民族斗争的脉搏，有的领导人还亲自兼任学校的教员。二是对青年学生采取灵活迂回的教育方式，通过启发他们思考人生意义、引导他们探求真理价值、帮助他们塑造理想人格等方式逐步引导广大青年学生团结到党的周围。经过种种努力，中共在各类高校中大多建立了牢固的基础。且因社会动员的需要，高校党建在整个中共党的建设中的地位也逐步从十年内战时的被“边缘化”返回至“桥梁”或“中心”位置。与此同时，中共又通过根据地与非根据地之间双向的校际互动，扩大党及其革命事业的影响力，并最终确立了自己在民族解放战争中的显要位置，而这正是中国共产党在抗战中得以成熟和壮大的一个重要原因。

5. 解放战争时期（1945—1949年）。解放战争期间，中国共产党逐步完成了由革命党向执政党的角色转变。这不仅表现为解放战场上的军事胜利，更重要的还是取决于广大民众对其执政地位的认同。其中，以高校为依托的知识分子群体的政治表现是一个重要因素，这无疑与党在高校的成功建设密不可分。由于当时特殊的政治环境，中国共产党在高校采取了多样化的建党策略，这一策略主要体现在发展党员方面。在解放区高校，中共一般按照公开的方式建党；而在国统区高校，中共则采取更为谨慎的做法：一是通过党员进行个别考察；二是通过学生运动在斗争中考察；三是通过组织做侧面调查。通过这三项考察，来确定某学生为党的发展对象。此后，入党介绍人就应不断向组织汇报该对象的情况，认为条件成熟后，再向党组织提出发展要求，之后层层审核上报，经总支一级负责人同意后，介绍人与其谈话，并介绍其入党。对高校学生，不仅有入党前的周密考察，而且在入党后更加重视党内的严格教育和训练。因为有如此细致的工作安排，在统一战线指引下，中共在高校赢得了广泛的群众基础，高校党的建设和发展大都比较顺利。

二、新中国成立后高校党的建设

新中国成立以来，高校党的建设在马列主义、毛泽东思想、邓小平理论、"三个代表"重要思想、科学发展观等重大战略思想的指导下，重视发挥党的政治优势、组织优势和群众优势，积累了丰富的经验，取得了显著的成绩，期间也出现过一些失误，走过一些弯路。回顾新中国成立以来高校党建工作的历程，大致可以分为以下几个阶段①：

1. 步入正轨时期（1949 年—1966 年）。新中国成立初期，党在高校的任务是接管、恢复和整顿旧大学，创建发展新大学，从开展民主运动转为培养国家建设人才。这时候，大批党的干部调入高校担任领导职务，他们继承和发扬党在革命时期的优良传统，使高校党群关系密切、党风端正、人心稳定，从而确立了党领导高校的局面，为高等教育事业发展赢得了良好开端。1952 年，经过全国高校大调整，一大批高校应运而生，高等教育事业迅速发展，党在高校的领导也得到进一步加强。1958 年 9 月，中共中央、国务院在《关于教育工作的

---

① 参见褚素丽：《新中国 60 年高校党建的历史进程和基本经验》，《北京教育》，2009 年第 7—8 期；朱永平：《建国以来高校党建工作的历史沿革与启示》，《重庆邮电学院学报（社科版）》，2000 年第 3 期；吴潜涛等：《我国高校党建与思想政治教育 30 年——主要成就、经验及启示》，《中国高教研究》，2008 年第 7 期，第 2—8 页；林克显等：《改革开放以来高校党建工作的发展历程和成功经验》，《福建论坛（人文社会科学版）》，2008 年第 11 期，第 107—109 页；刘沧山：《中外高校思想教育研究》，人民出版社，2008 年版，第 272—280 页；姚永明：《建国以来高校党建史研究》，南京师范大学高校教师在职攻读硕士学位论文，2006 年 12 月，第 10—12 页。

指示》中明确规定："在一切高等学校中，应当实行学校党委领导下的校务委员会负责制"，从而确立了党组织在高校工作中的领导核心地位。这一时期高校在党委的领导下，明确党政分工，健全政工机构，组建学生政工干部队伍。为了坚持"又红又专"的人才培养方向，各高校逐步开设了马克思主义理论课，帮助学生端正政治方向，树立科学的世界观和革命的人生观，还通过劳动、军训以及教学与生产、科研相结合等途径对学生进行思想教育。尽管这一时期高校工作中也曾出现过在政治上、思想上对资产阶级批判扩大化的错误，以及部分高校以党代政的倾向，但从总体上来看成绩是显著的。这 17 年的高等教育，培养造就了一大批具有坚定的社会主义信念和为人民服务思想的一代新人。这一代人至今仍是我国社会主义建设事业的中坚和骨干，这与这个时期高校加强党的领导是密不可分的。

2. 停滞瘫痪时期（1966 年—1976 年）。"文化大革命"时期，"左倾"思潮严重泛滥，高校成为"重灾区"，党建工作受到致命的冲击。在"踢开党委闹革命""批判资产阶级反动路线，批判修正主义教育路线"的口号下，17 年的高校党建工作被全盘否定，高校各级党的干部统统被打倒，基层党组织和思想政治工作的机构被冲垮，工宣队、军宣队取代了党的领导。"文化大革命"后期虽然也规定了高校实行党的一元化领导，但实际权力机构是"革命委员会"，党组织很难发挥作用。一时间，不按教育规律办学的"空头政治"、形式主义、实用主义之风盛行，导致教师难以认真教书、学生难以认真读书，高等教育事业遭受了不可估量的损失。

3. 恢复重建时期（1976 年—1985 年）。党的十一届三中全会后，邓小平同志提出教育战线拨乱反正的任务，要求高校参照科研机构的领导体制，尽快实行党委领导下的校长负责制。1978 年 10 月国家教委颁布的《全国重点高等学校暂行工作条例（试行草案）》明确规定"高等学校的领导体制是党委领导下的校长分工负责制"，要求学校的教学、科研、后勤工作中的重大问题一定要经过党委讨论，党委做出决定后，由校长负责组织实施。高校从此确立了党委领导下的校长分工负责制。这一时期，高校在党委的领导下，开始拨乱反正，正本清源，全面贯彻党的教育方针，加强思想政治工作，重建思想政治工作队伍，加强马克思主义理论教育，使学校工作出现了稳定团结的局面。高校党的领导核心的重建和思想政治工作的加强，使这一期间学校师生的精神面貌发生了很大转变，教学实效有了很大提高。

4. 探索发展时期（1985 年—1989 年）。20 世纪 80 年代中期，在改革开放的浪潮中，出现了严重的资产阶级自由化思潮。1985 年颁布的《中共中央关于教育体制改革的决定》规定，“学校要逐步实行校长负责制”，并在部分高校实行校长负责制的试点，这本是对高校领导体制改革的有益探索，但在资产阶级自由化思潮影响下，校长负责制被理解为要弱化党的领导，许多高校不同程度出现了“党的领导失威、马列主义失灵、思想阵地失控、政工队伍失散”的“四失”状况，从而使党的领导和思想政治工作一步步被削弱，资产阶级自由化思潮步步进逼，教育教学秩序和学生思想严重混乱，这是 1989 年政治风波发生的重要因素。

5. 改革创新时期（1989 年—至今）。1989 年政治风波后，针对淡化党的领导、放松高校思想政治工作等错误倾向，党中央在加强高校党的建设方面采取了一系列重大措施。1990 年 4 月召开了第一次全国高等学校党的建设工作会议。这次会议，在认真总结和反思 1989 年政治风波的教训的基础上，强调了坚持党对高校领导的重要性。会后，中共中央下发了《关于加强高等学校党的建设的通知》，强调要加强党对高校的领导，规定“国家举办的高等学校实行中国共产党基层委员会领导下的校长负责制”，从法律的高度明确了新时期高校党建工作的指导思想、主要任务和工作措施，标志着我国高等学校领导体制的基本定型。以制度促建设是这一时期党建的突出特色，中共中央、中宣部、教育部就高校党建工作出台了大量文件，其中 1996 年颁布的《中国共产党普通高等学校基层组织工作条例》，对高校领导体制、党组织的设置和职责、党员的教育和管理等方面作了进一步明确规定。同时，由中组部、中宣部、教育部（原国家教委）党组联合发起，从 1990 年至 2014 年，连续召开了 23 次全国高等学校党的建设工作会议，加强了对高校党建工作的经验总结和理论探讨，使高校党的建设进一步明确了方向、理清了思路，有力地推动了高校党建工作的开展。在此期间，高校党组织坚持把思想建设放在首位，围绕中心抓党建，抓好党建促发展，积极探索和建立健全高校党建工作有效运行机制，使高校党的领导得到前所未有的巩固和加强，党组织和党员作用得到较好的发挥，高校党的建设逐步走上正常化、规范化、制度化轨道。这一时期教育秩序持续稳定，师生精神状态有了新的改观，我国高等教育事业得到全面协调可持续发展。

三、新时代高校党的建设

“历史是最好的教科书和营养剂”。回顾我们的党史、国史和改革开放史，党中央历来高度重视高校党的建设，探索形成了一系列基本方针原则和工作遵循。经过近百年的建设和发展，经过无数共产党人的不懈努力，高校党建工作无论是理论上还是实践中都取得了重大成就。党中央自 1990 年以来几乎每年召开一次全国高校党的建设工作会议，每次会议都高度重视总结和交流各高校在加强党的建设、创新思想政治工作和推动高等教育改革发展方面的典型做法和成功经验，促进了广大党务工作者和有关专家学者对高校党的建设理论的研究和探索。① 党的十八大以来，以习近平同志为核心的党中央对加强党的建设作出了一系列"严紧硬"的顶层设计和部署要求，提出了把抓好党建作为最大政绩的正确政绩观，重申了各级党组织都负有全面从严治党的主体责任，明确了大抓基层党建工作的鲜明导向。特别是 2016 年 12 月 7 日至 8 日，党中央召开全国高校思想政治工作会议，习近平总书记出席会议并发表重要讲话。会前印发了《中共中央国务院关于加强和改进新形势下高校思想政治工作的意见》(中发〔2016〕31 号)。这次会议的召开和文件的印发，是高校党的建设发展历程中具有里程碑意义的一件大事，标志着高校党的建设由此进入了"坚持全面从严治党"的新时代。

总结和谋划新时代高校党的建设，最根本的一条就是要在习近平新时代中国特色社会主义思想指引下，按照新时代党的建设总要求，坚持和加强党的全面领导，坚持党要管党、全面从严治党，认真履行管党治党和办学治校主体责任，不断推进高校党建工作在继承中创新、在创新中发展。具体而言，新时代高校党的建设重点要在以下"八个方面"聚焦发力。

一是高举旗帜，维护核心。高校党的建设必须把党的政治建设作为"根本性建设"摆在首位，牢牢把握"维护习近平总书记核心地位、维护党中央权威和集中统一领导"这个管党治党和办学治校的"纲"和"魂"，在政治立场、政治方向、政治原则、政治道路上同党中央始终保持高度一致，科学制定和坚决执行党的路线方针政策，努力把我们"坚持党对高校的领导、坚持社会主义办学方向"的特色和优势有效转化为培养社会主义建设者和接班人的能力。

---

① 参见李建峰：《高校党建工作会议以来党建工作的基本经验》，《内蒙古电大学刊》，2008 年第 11 期，第 77—78 页；石国亮：《试析全国高校党建会对大学生思想政治教育的引领意义》，《学校党建与思想教育》，2006 年第 5 期；王汝强：《近几年来高校党建研究综述》，《理论前沿》，2005 年第 7 期，第 45—47 页；吴鸣鸿：《高校党建研究的关注点、困境和发展思路》，《福建教育学院学报》，2008 年第 4 期；张玮：《新时期高校党的建设理论与实践研究——以山东省高校党建为例》，北京交通大学硕士学位论文 2007 年 5 月，第 7—10 页。

二是固根守魂，把好方向。高校党的建设必须始终坚持高举中国特色社会主义伟大旗帜，坚持办学正确政治方向，全面贯彻党的教育方针，深入学习贯彻习近平新时代中国特色社会主义思想，践行社会主义核心价值观，坚持用马克思主义中国化最新成果武装高校党员干部和广大师生员工头脑，不断巩固马克思主义在高校意识形态领域的指导地位。

二是围绕中心，服务大局。高校党的建设必须紧紧围绕培养什么人、怎样培养人，办什么样的大学、怎样办好大学这一重大课题，始终坚持围绕学校改革发展稳定大局抓党建，围绕学校教学科研中心工作抓党建，围绕人才培养、科学研究、社会服务、文化传承创新、国家交流合作的使命抓党建，使高校党的建设与高等教育事业发展同频共振。

三是抓好班子，带好队伍。高校党的建设必须始终坚持把建设高素质领导班子作为高校党建工作的关键，坚持和完善党委领导下的校长负责制，按照社会主义政治家、教育家的目标方向不断提高领导班子思想政治素质，优化领导班子结构，增强领导班子坚持和健全民主集中制的自觉性，不断提高领导班子把方向、管大局、做决策、保落实的能力和水平。

四是夯实基层，打牢基础。高校党的建设必须始终坚持抓基层、打基础，提升组织力为重点，以宣传党的主张、贯彻党的决定、领导基层治理、团结动员群众、推动改革发展为目标，以着力解决一些基层党组织弱化、虚化、边缘化问题为导向，以突出政治功能、推进党的基层组织设置和活动方式创新、增强工作实效为抓手，充分发挥高校基层党组织的政治核心作用、党支部的战斗堡垒作用和党员的先锋模范作用。

五是立德树人，以文化人。高校党的建设必须始终坚持以立德树人为根本、以理想信念教育为核心、以社会主义核心价值观为引领，切实抓好各方面基础性建设和基础性工作，特别是要用好课堂教学这个主渠道，加快构建中国特色哲学社会科学学科体系和教材体系，更加注重以文化人以文育人，运用新媒体新技术使工作活起来，不断增强思想政治工作的时代感和吸引力。

六是统筹兼顾，促进和谐。高校党的建设必须建立健全党委负责、协调各方的维护高校稳定领导体制和工作机制；注意及时掌握师生思想动态，切实加强和改进思想政治工作；注意防范各种错误思想对师生的侵蚀，及时化解各种矛盾；注意坚持统筹兼顾，正确处理高校改革发展稳定关系，帮助师生解决实际问题，着力维护校园和谐稳定。

七是挺纪在前，正风肃纪。坚持以党章为根本遵循，坚持正面教育与警示惩戒并重、立规明矩与执纪问责并举、廉洁自律与相互监督并行，持之以恒纠正四风。把握运用好监督执纪“四种形态”，抓早抓小，防微杜渐，让咬耳扯袖、失责必问责成为常态。巩固拓展落实中央八项规定及其实施细则精神成果和高校巡视整改成果，加强纪律教育，建立健全权力运行痕迹管理等制度，打好反腐倡廉“组合拳”。

八是改革创新，永葆活力。高校党的建设必须坚持解放思想、实事求是、与时俱进，在继承优良传统的基础上不断改革创新，不断完善党建工作机制，丰富党建工作内容，创新党建工作方法，拓展党组织和党员联系群众、服务群众的渠道和形式，使高校党的建设始终体现时代性、把握规律性、富于创造性。

把党的政治建设摆在首位

临沂大学　王明福　张立梅

党的十八大以来，以习近平同志为核心的党中央严肃党内政治生活、净化良好的党内政治生态，在加强党的思想、组织、作风、反腐倡廉和制度建设的同时，把党的政治建设放在更加突出的位置，发挥政治建设的统领作用。党的十九大报告进一步提出了以党的政治建设为统领，全面推进党的政治建设、思想建设、组织建设、作风建设、纪律建设，把制度建设贯穿其中，深入推进反腐败斗争，不断提高党的建设质量。把政治建设纳入党的建设的总规划，构建“六位一体”党的建设布局是习近平党建思想的主要内容，体现了习近平党建思想对中国共产党党建思想的继承和发展，是党的建设理论的重大创新。

一、加强党的政治建设是中国共产党自身建设的基本原则和主要经验

突出党的政治建设的重要地位，是由党的性质和领导地位决定的。中国共产党是中国工人阶级的先锋队，党的建设的目标就是要把党建设成为政治上思想上组织上完全巩固的无产阶级先进政党，把党建设成为领导建设中国特色社会主义事业的坚强核心，这决定了必须把党的政治建设放在重要地位，并以保持党的先进性和纯洁性、巩固党的执政地位、更好地为人民服务作为党的政治建设的目标。把政治建设作为党的建设的根本内容和重要组成部分，既是中国共产党自身建设的基本原则和主要经验，也是中国共产党人一贯坚持的思想和做法。

民主革命时期我们党就把政治建设作为党的建设的重要组成部分。毛泽东在 1929 年的《关于纠正党内的错误思想》一文中明确提出“提高党内的政治水

平，肃清单纯军事观点”“加紧官兵的政治训练”① 的任务，体现了中国共产党对政治建设的注重。在1939年《〈共产党人〉发刊词》中，他又指出，党的建设过程“同党的政治路线密切地联系着”，要建设一个“全国范围的、广大群众性的、思想上政治上组织上完全巩固的布尔什维克化的中国共产党”，并称之为“伟大的工程”②。同年12月，在《中国革命和中国共产党》一文中他再次重申了这一思想，明确提出了党的政治、思想、组织建设相统一的思想。后来在党的七大上，刘少奇在《论党》中概括毛泽东的建党路线时指出，“毛泽东同志的正确的建党路线……他首先着重在思想上、政治上进行建设，同时也在组织上进行建设。”③ 在此后几十年的革命和建设实践中，中国共产党一直十分注重加强党的政治、思想和组织建设，并把这三大建设和党的作风建设作为党的建设的基本内容。邓小平在1965年提出了“建设一个成熟的有战斗力的党”④ 的思想，并指出，所谓全党成熟，在思想上要有把马克思列宁主义同中国革命的具体实践相结合的毛泽东思想的武装，广大干部和党员掌握了这一思想；在政治上党的路线、方针和政策都是正确的；在组织上实行高度的民主和高度的集中相结合的民主集中制原则；在作风上树立正确的党风，而且要把好的党风继承下去，由接班人传下去，使它在群众中扎根。

进入改革开放新时期，我们党依然十分重视党的政治建设。邓小平多次指出，实现现代化的前提，首先是要有一条坚定不移的、贯彻始终的政治路线。他反复要求全党要坚持四项基本原则，坚持正确的政治方向。党的十三届七中全会通过的《中共中央关于制定国民经济和社会发展十年规划和“八五”计划的建议》进一步强调要“加强党的政治、思想、理论和组织建设，使党始终成为社会主义事业的坚强领导核心”。2000年，江泽民在上海主持召开党建座谈会时指出，“按照‘三个代表’要求抓党的建设，同新时期党的建设新的伟大工程的总目标、总要求是一致的。推进党的思想建设、政治建设、组织建设、作风建设，都应该贯穿‘三个代表’要求。”⑤ 进入新世纪，胡锦涛指出，要“通过全党共同努力，使党始终成为立党为公、执政为民的执政党，成为科学执政、民主执政、依法执政的执政党，成为求真务实、开拓创新、勤政高效、清正廉

① 《毛泽东选集》第1卷，人民出版社，1991年版，第87页。
② 《毛泽东选集》第2卷，人民出版社，1991年版，第602页。
③ 《刘少奇选集》上册，人民出版社，1981年版，第329－330页。
④ 《邓小平文选》第1卷，人民出版社，1994年版，第338页。
⑤ 《江泽民文选》第3卷，人民出版社，2006年版，第15页。

洁的执政党”。由此可见，改革开放以来，在党的建设中，始终将政治建设作为党的建设的基本原则和重要内容，将其贯穿于党的思想建设、组织建设、作风建设之中。

二、加强党的政治建设是全面从严治党取得卓著成效的根本原因

十九大报告在总结五年来取得的历史性成就时指出，全面从严治党成效卓著。五年来加强党的领导和党的建设，改变了管党治党宽松软状况。“推动全党尊崇党章，增强政治意识、大局意识、核心意识、看齐意识，坚决维护党中央权威和集中统一领导，严明党的政治纪律和政治规矩，层层落实管党治党政治责任。”① 这一切为党和国家事业发展提供了坚强政治保证。

坚持人民立场是中国共产党的根本政治立场，是马克思主义政党区别于其他政党的显著标志。十八大以来，习近平分析当前中国处于社会主义初级阶段的实际状况，面对许多复杂艰巨的挑战、矛盾和问题，对全党坚定政治立场提出具体要求。他强调，“我们一定要有一个基本立场，就是对中国特色社会主义要保持必胜的信念，涉及中国特色社会主义道路、理论、制度等重大原则问题上必须立场坚定、态度坚决。”② 在任何时候涉及重大政治问题时，必须坚定站稳正确的政治立场，经得起政治考验。能否处理好大是大非问题，站稳政治立场，是检验一名党员干部是否合格的关键所在，事关党的旗帜、道路、路线问题，深刻影响着党的事业成败和国家前途命运。

习近平指出，“坚持党中央集中统一领导，确立和维护党的核心、领导地位，是全党和全国各族人民的共同心愿，是推进全面从严治党，提高党的凝聚力战斗为的迫切要求，是保持党和国家事业发展正确方向的根本保证。”③ 十八届六中全会明确提出“以习近平同志为核心的党中央”，确立了全党的领导核心，体现了党的集中统一领导，这是历史、实践和人民的选择，是党和国家根本利益所在，也是加强党的集中统一领导的迫切需要，增强了党的凝聚力和战斗力，为取得具有许多新的历史特点的伟大胜利提供了保障，对于党和国家事业发展具有极其重大的现实意义和深远的历史意义。

---

① 《决胜全面建成小康社会，夺取新时代中国特色社会主义伟大胜利》，人民出版社，2017 年版，第 7 页。

② 习近平：《做焦裕禄式的县委书记》，《学习时报》2015 年 09 月 07 日。

③ 《关于〈新形势下党内政治生活的若干准则〉和〈中国共产党党内监督条例〉的说明》，《人民日报》2016 年 11 月 3 日。

重视开展严肃认真的党内政治生活是中国共产党的优良传统，体现了马克思主义政党的本质要求，提供了巨大的政治优势。党的十八大以来，以习近平同志为核心的党中央高度重视党内出现的政治问题，强调中国共产党处在关键历史节点上，从政治上把全面从严治党抓紧抓好具有现实需求和迫切性，把严肃党内政治生活作为全面从严治党的重点抓手来进行。把思想教育作为首要任务，坚定党员干部理想信念，拧紧“总开关”，强化理论武装头脑，加强党性修养和品行道德修养，加强党内政治文化建设；严明政治纪律和政治规矩，增强“四种意识”，做到令行禁止，做到政治正确，强化党内监督问责机制，实现管党治党“严紧实”；树立正确用人导向，纠正党内选人用人不正之风，健全完善科学的干部管理监督制度，激发党员干部的积极性和责任担当意识，敦促干部按本色做人、按角色办事；落实党的组织生活制度，运用好批评与自我批评的武器。切实改善了党内政治生活，提升了党内风气，促进党内正能量上升，增强了党内政治生活的政治性、时代性、原则性、战斗性。

十八大以来的五年，中国共产党勇于面对重大风险考验和党内存在的突出问题，坚持人民立场，加强党的集中统一领导，增强了党的创造力、凝聚力、战斗力，为党和国家事业发展提供了坚强政治保证，解决了许多长期想解决而没有解决的难题，办成了许多过去想办而没有办成的大事，推动党和国家事业发生历史性变革，这是中国特色社会主义进入新时代的实践基础和重要依据，也是五年来党和国家事业取得历史性成就的根本原因。

三、加强党的政治建设是中国特色社会主义的本质要求

毛泽东指出，主义譬如一面旗子，旗子立起来了，大家才有所指望，才有所趋赴。改革开放以来，中国共产党人高举中国特色社会主义伟大旗帜，在推进中国特色社会主义建设实践中，使科学社会主义在21世纪的中国焕发出强大生机活力，以实际的最好的社会主义建设成就彰显了中国特色社会主义的优越性。中国共产党的领导是中国特色社会主义最本质的特征。实践证明，中国特色社会主义制度的最大优势是中国共产党的领导。

中国共产党是中国特色社会主义事业的开创者和引领者。中国共产党在96的发展历程中，团结依靠广大人民群众完成了新民主主义革命和社会主义革命，建立了新中国，确立了符合中国实际的社会主义基本制度，建立了独立的比较完整的工业体系和国民经济体系，为社会主义建设的积累了宝贵经验。在此基础上，进行了改革开放新的伟大革命。改革开放以来，中国共产党坚持解放思

想，实事求是，从社会主义初级阶段的实际出发，坚持马克思主义基本原理同中国具体实际相结合，科学总结我国社会主义建设的历史经验，既不走封闭僵化的老路，也不走改旗易帜的邪路，积极探索和正确选择了适合中国国情的发展道路，取得了改革开放和社会主义现代化建设的伟大成就，开创、坚持、发展了中国特色社会主义。

同时，在中国革命建设改革的实践中，中国共产党人坚持把马克思主义与中国实际相结合，不断进行理论创新，形成了毛泽东思想和中国特色社会主义理论体系两大理论成果。毛泽东思想系统回答了在一个半殖民地半封建的东方大国，如何实现新民主主义革命和社会主义革命的问题，并且对建设什么样的社会主义、怎样建设社会主义进行了艰辛探索，为新的历史时期开创中国特色社会主义提供了理论准备；中国特色社会主义理论体系系统回答了在中国这样一个十几亿人口的发展中大国建设什么样的社会主义、怎样建设社会主义，建设什么样的党、怎样建设党，实现什么样的发展、怎样发展等一系列重大问题。习近平新时代中国特色社会主义思想是马克思主义中国化最新成果，系统回答了新时代坚持和发展什么样的中国特色社会主义、怎样坚持和发展中国特色社会主义，是中国特色社会主义理论体系的重要组成部分，是全党全国人民为实现中华民族伟大复兴而奋斗的行动指南。

历史和现实、理论和实践已经证明，党的领导是坚持和发展中国特色社会主义事业的根本政治保证，没有中国共产党就不可能有中国特色社会主义事业的开创和推进。发展中国特色社会主义是一项长期而艰巨的历史任务，新时代，中国共产党要团结带领人民应对重大挑战、抵御重大风险、克服重大阻力、解决重大矛盾，进行具有许多新的历史特点的伟大斗争。中国共产党作为最高政治领导力量，加强党的建设必须突出政治建设的重要地位，发扬斗争精神，提高斗争本领，不断夺取伟大斗争新胜利。在实践中“坚持和发展中国特色社会主义，坚持和巩固党的领导地位和执政地位，使我们的党、我们的国家、我们的人民永远立于不败之地。”

四、加强党的政治建设是实现中华民族伟大复兴的重要保证

党的十九大报告指出，实现中华民族伟大复兴是近代以来中华民族最伟大的梦想。中国共产党一成立，就把实现共产主义作为党的最高理想和最终目标，肩负起实现中华民族伟大复兴的历史使命并将之贯穿于党的领导和党的建设的全部活动之中。正是有了党的坚强领导，有了党的正确指引，中国人民从根本

上改变了自己的命运，中国发展取得了举世瞩目的伟大成就，中华民族迎来了从站起来、富起来到强起来的伟大复兴的光明前景。

实现中华民族伟大复兴，我们党要始终成为时代先锋、民族脊梁必须制定正确的政治路线。96 年来，中国共产党为实现中华民族伟大复兴进行了艰辛探索和努力。从中国实际出发，制定并坚持正确的政治路线，找到了一条以农村包围城市、武装夺取政权的正确革命道路，团结带领人民群众进行了二十八年浴血奋战，完成了新民主主义革命，实现了民族独立人民解放；从实际出发，制定了向社会主义过渡的总路线，建立了符合我国实际的社会主义先进社会制度，为当代中国一切发展进步奠定了根本政治前提和制度基础；从社会主义初级阶段的实际出发，制定了党在社会主义初级阶段的基本路线，解放思想、实事求是，开辟了中国特色社会主义道路，使中国大踏步赶上时代，取得了改革开放的伟大成就。历史已经并将继续证明，没有中国共产党的领导，民族复兴必然是空想。

十九大报告指出，“伟大斗争，伟大工程，伟大事业，伟大梦想，紧密联系、相互贯通、相互作用，其中起决定性作用的是党的建设新的伟大工程。”① 党政军民学、东西南北中，党领导一切。党的领导是政治、思想、组织的领导，其核心是政治领导。因此，党要卓有成效地加强对社会主义事业的政治领导，首先必须加强自身的政治建设，使党在政治上更加成熟和坚强。只有党自身的政治建设搞好了，政治方向对头，政治原则坚定，政治路线正确，党才能在实践中更好地发挥政治领导作用。

党的历史经验表明，党的建设必须紧紧围绕党的政治路线和中心工作开展，是否紧紧围绕正确政治路线开展党的建设，关系到党的建设方向是否正确，关系到党的建设是否符合党的政治路线和中心工作要求，能够是否推动党和国家事业前进和发展。毛泽东在建党初期就强调党的建设要密切联系党的政治路线进行，才能有效处理党面临的具体问题，他指出，“十八年来，党的建设过程，党的布尔塞维克化的过程，是这样同党的政治路线密切地联系着，是这样同党对于统一战线问题、武装斗争问题之正确处理或不正确处理密切地联系着的。”② 党的十八届四中全会强调，党的建设必须围绕党的政治路线开展党建工

① 《决胜全面建成小康社会　夺取新时代中国特色社会主义伟大胜利》，人民出版社，2017 年版，第 17 页。

② 《毛泽东著作选读》上册，人民出版社，1986 年版，第 308－309 页。

作。十八届六中全会再次强调，“党在社会主义初级阶段的基本路线是党和国家的生命线、人民的幸福线”，① 这是建设中国特色社会主义理论和实践的总纲，只有坚持党的基本路线不动摇，才能确保党的颜色不改变，确保中国共产党领导的伟大事业朝着正确政治方向前进，才能实现中华民族伟大复兴的“中国梦”；坚持党的政治路线，坚持正确的政治方向，是指导全党一切活动的基本遵循，加强自身建设必须遵循的规律，只有紧紧围绕社会主义初级阶段的基本路线开展党建，增强党的自身能力与肩负的任务向适应，确保中国共产党始终是社会主义事业领导核心。

制定正确的政治路线，首先必须坚持党的领导核心地位，要坚持党中央的集中统一领导，以保证正确方向、形成强大合力。这是一条根本的政治规矩。党的团结是全党在马克思主义原则基础上形成的思想上、政治上和组织上的一致，以及由此而产生的行动上的一致。党的政治建设的经验表明，党的团结是党的生命，是革命和建设事业胜利的根本保证。革命时期全党只有坚持在马克思主义原则基础上的团结，并且团结全国各族人民，才能形成巨大的物质力量，战胜强敌，克服困难，取得革命事业的伟大胜利；才能保证党的巩固、发展和壮大。改革开放新时期，党制定了社会主义初级阶段的基本路线，中国特色社会主义建设的实践证明，社会主义初级阶段的基本路线是党和国家的生命线、人民的幸福线。必须牢牢坚持党的基本路线，才能在举什么旗、走什么路等重大问题上保持清醒的政治头脑，把握正确的政治方向。只有始终坚持党的基本路线，党才能保持正确方向，党的建设才能顺利开展。

总之，把党的政治建设放在首位是新时代中国特色社会主义党建工作的鲜明特色，是习近平党建思想的点睛之作。进行伟大斗争、推进伟大事业、实现伟大梦想，加强党的政治建设的任务更加紧迫和重要。习近平强调以党的政治建设为统领，将党政治建设纳入全面从严治党的科学布局中，进一步明确定位、探索强化党的政治建设，是对中国共产党党建理论的丰富和发展。全面理解习近平党建思想，对深刻理解习近平新时代中国特色社会主义思想，决胜全面建成小康社会，夺取中国特色社会主义伟大胜利具有重要指导意义。

---

① 《中国共产党第十八届中央委员会第六次全体会议公报》，《人民日报》2016年10月28日，第1版。

新时代全面从严治党必须把政治建设摆在首位

首都师范大学　聂月岩

中国共产党十九大报告首次提出，新时代全面从严治党必须把政治建设摆在首位，强调旗帜鲜明讲政治是马克思主义政党的根本要求，党的政治建设是党的根本性建设，决定党的建设方向和效果。党的政治建设的首要任务是保证全党服从中央，坚持党中央权威和集中统一领导。全党要坚定执行党的政治路线，严格遵守政治纪律和政治规矩，在政治立场、政治方向、政治原则、政治道路上同党中央保持高度一致。

一、把政治建设摆在首位是新时代党面临的执政环境决定的

十九大报告明确指出，全党要清醒认识到，我们党面临的执政环境是复杂的，影响党的先进性、弱化党的纯洁性的因素也是复杂的。因此，新时代全面从严治党必须把政治建设摆在首位。

第一，从外部环境来看。当今世界正处于大发展大变革大调整时期，和平与发展仍然是时代主题。世界多极化、经济全球化、社会信息化、文化多样化深入发展，全球治理体系和国际秩序变革加速推进，各国相互联系和依存日益加深，国际力量对比更趋平衡，和平发展大势不可逆转。同时，世界面临的不稳定性不确定性突出，世界经济增长动能不足，贫富分化日益严重，地区热点问题此起彼伏，恐怖主义、网络安全、重大传染性疾病、气候变化等非传统安全威胁持续蔓延，人类面临许多共同挑战。面对世界经济复苏乏力、局部冲突和动荡频发、全球性问题加剧的外部环境，中国共产党要抓住机遇、顺势而为，推动国际秩序朝着更加公正合理的方向发展，更好维护我国和广大发展中国家共同利益，推动构建人类命运共同体。为此，中国共产党必须把政治建设摆在首位，要有清醒的政治定力和政治领导力以及国际社会的影响力，提高我国参

与全球治理的能力，为实现中华民族伟大复兴的中国梦营造更加有利的外部环境，为促进人类和平与发展的崇高事业作出更大贡献。

第二，从内部环境来看。十八大以来，我国取得了改革开放和社会主义现代化建设的历史性成就。国内生产总值从五十四万亿元增长到八十万亿元，稳居世界第二，全面深化改革取得重大突破。中国特色社会主义制度更加完善，国家治理体系和治理能力现代化水平明显提高，全社会发展活力和创新活力明显增强。生态文明建设成效显著，强军兴军开创新局面，港澳台工作取得新进展，全方位外交布局深入展开。同时，必须清醒看到，我们的工作还存在不少问题、困难和挑战。主要表现为发展不平衡不充分的一些突出问题尚未解决，发展质量和效益还不高，创新能力不够强，实体经济水平有待提高，生态环境保护任重道远；民生领域还有不少短板，脱贫攻坚任务艰巨，城乡区域发展和收入分配差距依然较大，群众在就业、教育、医疗、居住、养老等方面面临不少难题；社会文明水平尚需提高；社会矛盾和问题交织叠加，全面依法治国任务依然繁重，国家治理体系和治理能力有待加强；意识形态领域斗争依然复杂，国家安全面临新情况；一些改革部署和重大政策措施需要进一步落实。因此，面临机遇和挑战，中国共产党必须全面从严治党，把政治建设摆在首位，坚持民生是最大的政治，让人民群众有更多的获得感、幸福感、安全感。只有如此，才能领导全国人民克服重重困难，继续推进全面深化改革的步伐，将改革进行到底。

第三，从党内环境来看。中国共产党的十八大以来，中国共产党勇于面对重大风险考验和党内存在的突出问题，以顽强意志品质正风肃纪、反腐惩恶，消除了党和国家内部存在的严重隐患，党内政治生活气象更新，党内政治生态明显好转，党的创造力、凝聚力、战斗力显著增强，党的团结统一更加巩固，党群关系明显改善，焕发出新的强大生机活力，为党和国家事业发展提供了坚强的政治保证。习近平总书记反复强调，全面从严治党永远在路上。一个政党，一个政权，其前途命运取决于人心向背。人民群众反对什么、痛恨什么，我们就要坚决防范和纠正什么。全党要清醒认识到，我们党面临的执政环境是复杂的，影响党的先进性、弱化党的纯洁性的因素也是复杂的。十九大报告明确指出，党内存在的思想不纯、组织不纯、作风不纯等突出问题尚未得到根本解决。要深刻认识党面临的执政考验、改革开放考验、市场经济考验、外部环境考验的长期性和复杂性，深刻认识党面临的精神懈怠危险、能力不足危险、脱离群众危险、消极腐败危险的尖锐性和严峻性，坚持问题导向，保持战略定力，推动全面从严治党向纵深发展。中国特色社会主义进入新时代，要全面加强党的领导和党的建设，坚决改变管党治党宽松软状况，就要把政治建设摆在首位。

习近平总书记指出，“我一直在思考一个问题，这就是：我们中国共产党人能不能打仗，新中国的成立已经说明了；我们中国共产党人能不能搞建设搞发展，改革开放的推进也已经说明了；但是，我们中国共产党人能不能在日益复杂的国际国内环境下，坚持住党的领导、坚持和发展中国特色社会主义，这个需要我们一代一代共产党人继续作出回答。”① 国内外形势正在发生深刻复杂变化，我国发展仍处于重要战略机遇期，前景十分光明，挑战也十分严峻。全党同志一定要登高望远、居安思危，勇于变革、勇于创新，永不僵化、永不停滞，团结带领全国各族人民决胜全面建成小康社会，奋力夺取新时代中国特色社会主义伟大胜利。如果“允许广大党员在政治上行动上与党离心离德、为所欲为，这个党就不可能有号召力影响力战斗力，政治上就没有作为”②。

二、把政治建设摆在首位是新时代党的建设总要求决定的

十八大以来，中国共产党以巨大的政治勇气和强烈的责任担当，提出一系列新理念新思想新战略，出台一系列重大方针政策，推出一系列重大举措，推进一系列重大工作，解决了许多长期想解决而没有解决的难题，办成了许多过去想办而没有办成的大事，推动党和国家事业发生历史性变革。这些历史性变革，对党和国家事业发展具有重大而深远的影响。新时代党的建设总要求是：坚持和加强党的全面领导，坚持党要管党、全面从严治党，以加强党的长期执政能力建设、先进性和纯洁性建设为主线，以党的政治建设为统领，以坚定理想信念宗旨为根基，以调动全党积极性、主动性、创造性为着力点，全面推进党的政治建设、思想建设、组织建设、作风建设、纪律建设，把制度建设贯穿其中，深入推进反腐败斗争，不断提高党的建设质量，把党建设成为始终走在时代前列、人民衷心拥护、勇于自我革命、经得起各种风浪考验、朝气蓬勃的马克思主义执政党。

要实现新时代党的建设总要求和总目标，就必须全面从严治党，把政治建设摆在首位。首先，必须进一步完善和落实民主集中制的各项制度，坚持民主基础上的集中和集中指导下的民主相结合，既充分发扬民主，又善于集中统一。

① 《习近平关于社会主义政治建设论述摘编》，中央文献出版社，2017 年版，第 25 页。

② 《习近平总书记系列重要讲话读本》，人民出版社，2016 年版，第 120 页。

党的组织生活是党内政治生活的重要内容和载体，是党组织对党员进行教育管理的重要形式。要认真落实“三会一课”、民主生活会、领导干部双重组织生活、民主评议党员、谈心谈话等制度，提高组织生活的质量和效果。其次，端正用人导向是严肃党内政治生活的治本之策。选人用人是党内政治生活的风向标，用人上的不正之风和腐败现象对政治生活危害最大。要落实好干部标准，把好政治关、品行关、作风关、廉洁关，“以用人环境的风清气正促进政治生态的山清水秀。”① 加强思想理论教育是党内政治生活的首要任务，是保证全党步调一致的前提。要弘扬忠诚老实、公道正派、实事求是、清正廉洁等价值观，坚决防止和反对个人主义、分散主义、自由主义、本位主义、好人主义，坚决防止和反对宗派主义、圈子文化、码头文化，坚决反对搞两面派、做两面人。再次，全党同志特别是高级干部要加强党性锻炼，不断提高政治觉悟和政治能力，增强政治意识、大局意识、核心意识、看齐意识，坚决维护党中央权威和集中统一领导，严明党的政治纪律和政治规矩，层层落实管党治党政治责任。要把对党忠诚、为党分忧、为党尽职、为民造福作为根本政治担当，永葆共产党人政治本色。最后，全体共产党员要尊崇党章。对党忠诚、永不叛党，是党章对党员的基本要求。遵守政治纪律和政治规矩是遵守党的全部纪律的基础。要严格执行新形势下党内政治生活若干准则，“坚持以党的旗帜为旗帜、以党的方向为方向、以党的意志为意志，当政治上的明白人。”② 要把作风建设抓到底，加强党性修养，增强党内政治生活的政治性、时代性、原则性、战斗性，自觉抵制商品交换原则对党内生活的侵蚀，营造风清气正的良好政治生态。

习近平总书记指出：“在全面深化改革过程中，我们要坚持和发展我们的政治优势，以我们的政治优势来引领和推进改革，调动各方面积极性，推进社会主义市场经济体制不断完善、社会主义市场经济更好发展。”③ 党要团结带领人民进行伟大斗争、推进伟大事业、实现伟大梦想，必须毫不动摇坚持和完善党的领导，毫不动摇把党建设得更加坚强有力。伟大斗争，伟大工程，伟大事业，伟大梦想，紧密联系、相互贯通、相互作用，其中起决定性作用的是党的建设新的伟大工程。推进伟大工程，要结合伟大斗争、伟大事业、伟大梦想的实践来进行，确保党在世界形势深刻变化的历史进程中始终走在时代前列，在应对

---

① 《习近平谈治国理政》第2卷，外文出版社，2017年版，第182页。

② 《习近平谈治国理政》第2卷，外文出版社，2017年版，第188页。

③ 《习近平关于社会主义政治建设论述摘编》，中央文献出版社，2017年版，第29页。

国内外各种风险和考验的历史进程中始终成为全国人民的主心骨，在坚持和发展中国特色社会主义的历史进程中始终成为坚强领导核心。

三、把政治建设摆在首位是新时代党的历史使命决定的

中国共产党是为中国人民谋幸福的政党，也是为人类进步事业而奋斗的政党。中国共产党始终把为人类作出新的更大的贡献作为自己的使命。习近平总书记在纪念马克思诞辰二百周年纪念大会上的重要讲话首次提出中国共产党把马克思主义基本原理和中国具体实际相结合的三次伟大飞跃。

第一次伟大飞跃是中国共产党诞生后，中国共产党人把马克思主义基本原理同中国革命和建设的具体实际结合起来，团结带领人民经过长期奋斗，完成新民主主义革命和社会主义革命，建立起中华人民共和国和社会主义基本制度，进行了社会主义建设的艰辛探索，实现了中华民族从东亚病夫到站起来的伟大飞跃。这次伟大飞跃证明，只有社会主义才能救中国！第二次伟大飞跃是改革开放以来，中国共产党人把马克思主义基本原理同中国改革开放的具体实际结合起来，团结带领人民进行建设中国特色社会主义新的伟大实践，使中国大踏步赶上了时代，实现了中华民族从站起来到富起来的伟大飞跃。这次伟大飞跃证明，只有中国特色社会主义才能发展中国！第三次伟大飞跃是在新时代，中国共产党人把马克思主义基本原理同新时代中国具体实际结合起来，团结带领人民进行伟大斗争、建设伟大工程、推进伟大事业、实现伟大梦想，推动党和国家事业取得全方位、开创性历史成就，发生深层次、根本性历史变革，中华民族迎来了从富起来到强起来的伟大飞跃。这次伟大飞跃证明，只有坚持和发展中国特色社会主义才能实现中华民族伟大复兴！

从站起来、到富起来、再到强起来这三次伟大飞跃，是中国共产党坚持马克思主义普遍原理和中国实际相结合，领导全国人民历经艰难困苦，所取得的举世瞩目的伟大壮举。特别是把新时代作为从富起来到强起来的第三次伟大飞跃，充分表明以习近平同志为核心的党中央肩负着实现中华民族伟大复兴的历史使命和责任担当。这个新时代，是承前启后、继往开来、在新的历史条件下继续夺取中国特色社会主义伟大胜利的时代，是决胜全面建成小康社会、进而全面建设社会主义现代化强国的时代，是全国各族人民团结奋斗、不断创造美好生活、逐步实现全体人民共同富裕的时代，是全体中华儿女勠力同心、奋力实现中华民族伟大复兴中国梦的时代，是我国日益走近世界舞台中央、不断为人类作出更大贡献的时代。

中国特色社会主义进入新时代，我国社会主要矛盾已经转化为人民日益增长的美好生活需要和不平衡不充分的发展之间的矛盾。我国稳定解决了十几亿人的温饱问题，总体上实现小康，不久将全面建成小康社会，人民美好生活需要日益广泛，不仅对物质文化生活提出了更高要求，而且在民主、法治、公平、正义、安全、环境等方面的要求日益增长。同时，我国社会生产力水平总体上显著提高，社会生产能力在很多方面进入世界前列，更加突出的问题是发展不平衡不充分，这已经成为满足人民日益增长的美好生活需要的主要制约因素。我国社会主要矛盾的变化，对党和国家工作提出了许多新要求。我们要在继续推动发展的基础上，着力解决好发展不平衡不充分问题，大力提升发展质量和效益，更好满足人民在经济、政治、文化、社会、生态等方面日益增长的需要，更好推动人的全面发展、社会全面进步。

党的十九大报告指出，从十九大到二十大，是“两个一百年”奋斗目标的历史交汇期。我们既要全面建成小康社会、实现第一个百年奋斗目标，又要乘势而上开启全面建设社会主义现代化国家新征程，向第二个百年奋斗目标进军。党的十九大把二〇二〇年到本世纪中叶分为两个阶段：第一个阶段，从二〇二〇年到二〇三五年，在全面建成小康社会的基础上，再奋斗十五年，基本实现社会主义现代化。第二个阶段，从二〇三五年到本世纪中叶，在基本实现现代化的基础上，再奋斗十五年，把我国建成富强民主文明和谐美丽的社会主义现代化强国。

中国共产党的领导是中国特色社会主义最本质特征，是中国特色社会主义制度的最大优势。习近平总书记指出，现在，我们已站上一个新的历史起点，开启了新的奋斗征程，党领导全国各族人民实现“两个一百年”奋斗目标、实现中华民族伟大复兴，不知还要爬多少坡、过多少坎、经历多少风风雨雨、克服多少艰难险阻。“在这样的历史背景下，完成光荣艰巨的历史使命，战胜前进道路上的风险挑战，从根本上讲还是要靠党的领导、靠党把好方向盘。”① 把政治建设摆在首位，就是要坚持党的全面领导，确保党的领导核心地位，首先要坚持党中央的集中统一领导，以保证正确的政治方向、形成强大的合力，完成伟大的历史使命。

总之，全面从严治党必须把政治建设摆在首位，是新时代党面临的执政环境决定的；是新时代党的建设总要求决定的；是新时代党的历史使命决定的。

---

① 《习近平总书记系列重要讲话读本》，人民出版社，2016 年版，第 102 页。

新时代全面从严治党把政治建设摆在首位，要求全体党员在任何情况下都要做到政治信仰不变、政治立场不移、政治方向不偏。中国共产党要坚持治国必先治党、治党务必从严，提高管党治党的水平，靠“自身硬”凝聚起不可战胜的磅礴力量，创造出无愧于历史的辉煌业绩。

中国共产党政治建设的实践逻辑

贵州大学　颜　茵

马克思指出："全部社会生活在本质上是实践的。凡是把理论引向神秘主义的神秘东西，都能在人的实践中以及对这个实践的理解中得到合理的解决。"①实践是社会发展的基础，从实践本身出发认识理解实践发展的规律，从而对实践进行总结、纠偏和指导，这就是实践逻辑。因此，从党政治建设的出场、推进和发展过程中，总结出党的政治建设从思想建设到思想政治建设、作风建设、组织建设、制度建设再到以政治建设为统领，党的其他基本建设全面统一推进的规律性过程，这就是中国共产党政治建设的实践逻辑。

一、中国共产党政治建设的出场：思想建设

中国共产党的诞生之日就是党政治建设出场的始端。中国共产党一成立，就公开宣扬自己的属性，任务及目标，宣扬自己的使命是带领无产阶级劳苦大众实现民族独立，建立民主共和国，宣扬要把自己建设成为一个能够实行无产阶级革命的"大群众党"，既不是学会组织，也不是"少数人空想的革命团体"。② 二大章程明确规定：严密党的组织系统，全国代表大会是党的最高机关，全体党员必须绝对服从最高机关的决议，党的决议取决于多数，规定组织集权精神和铁的纪律，说明党组织是党员一切行为的出发点，党员要接受组织训练等等。这些规定，对于党的政治建设具有决定意义。正因为"我们党从最初组织起就有自我批评和思想斗争，就确定了民主集中制，就有严格的组织和纪律，就不允许派别存在，就严厉的反对了自由主义、工会独立主义、经济主

① 《马克思恩格斯选集》第1卷，人民出版社，1995年版，第56页。

② 《中国共产党历史》第1卷（上册），中共党史出版社，2002年版，第126页。

义等，因此我们党内公开提出系统的组织上的右倾机会主义的理论，是还没有的”，“就这方面说，我们走了直路”。①

中国共产党带领中国人民首先解决的是民族存亡问题。面对革命斗争的险恶性，面对强大的敌人，党如果不能加强自己的政治建设，就不可能保持自己的先进性，也就不可能赢得广大人民群众的认同、支持和拥护，更不可能壮大革命力量，打败强大的敌人。其次，从中国共产党组织自身的构成成分来看，包括无产阶级，农民和小资产阶级分子，这是革命发展的必然，但是随着党的队伍的扩大，党内存在的各种非无产阶级思想也是不争的事实。如何避免这些非无产阶级思想对党的侵蚀和危害，保持党的先进性，这是党自身建设必须回答的现实问题和基本问题。这也是党的能否领导革命并取得胜利必须要回答的首要问题。直面问题，毛泽东同志审时度势，开创了以整风形式进行的思想建党模式，目标直指建设“一个全国范围的、广大群众性的、思想上政治上组织上完全巩固的、布尔什维克化的中国共产党”。②

思想政治教育的要求是显性的，党政治建设的内容内隐于其中，通过整党整风的形式现实地体现出来。整党整风是指集中一段时间，认真学习马列主义基本原理，党纲，党规党纪，针对党的组织和党员干部在党性党风方面存在的突出问题，按照“惩前毖后，治病救人”“团结——批评——团结”的方针，紧紧依靠群众，批评和自我批评，开展积极健康的思想斗争，以达到分清是非，统一思想，纯洁组织、团结同志，解决问题，放下包袱，增强党性，增强政治免疫力的目的。从党的发展史来看，1942 年延安整风目的消除宗派主义，加强民主集中制，从实际出发，实事求是，推行群众路线。1947 年土改整党解决党内思想不纯，密切党群关系，强化工作能力，巩固了党的政治地位。整党整风是党的思想建设、组织建设、作风建设的综合再现，其内容和形式上都凸显了党的政治建设的内容。

党通过整党整风，涤清了党内各种历史遗留问题，解决了党内思想不纯的问题，密切党群关系，坚持了民主集中制，这是新民主主义的彻底胜利的坚实的思想基础、组织基础和政治基础。尽管整党整风中，没有明确的提出政治建设这一概念，但是党风作为党本质属性的外在表现，作为一个政党理论与实践、言论与行动、表象与本真的相互关系的最直接反映。其回应和解决的都是如何

---

① 《刘少奇论党的建设》，中央文献出版社，1991 年版，第 235 - 236 页。

② 《毛泽东选集》第 2 卷，人民出版社，1991 年版，第 652 页。

确保党的先进性、怎样体现党的价值、制度、组织的先进这些重要问题，构成了党政治建设的重要理论生长点和发展空间。因此，以整党整风为特色的党的思想建设标志着党的政治建设出场。

二、党政治建设的推进：思想建设、组织建设、作风建设、制度建设持续推进

建国初期，党由革命党转变为执政党，为了适应党的任务、工作重心的转变，党的政治建设实际体现在继续加强的思想建设之中。1950 年为纯洁组织和成员，在全党开展整党整风，以应对复杂国内国际形势。1957 年为正确处理人民内部矛盾，解决党内脱离群众和脱离实际的官僚主义、宗派主义和主观主义，党提出以统一战线方式进行开门整党。但是，由于对阶级斗争形势的估计不足，导致阶级斗争扩大化，把人民内部矛盾当敌我矛盾，思想建设的目标没有达到，以阶级的斗争为纲的“左”倾思想占主导，给党和国家带来了严重后果。

什么是社会主义，如何建设社会主义、如何巩固和发展社会主义，只有对这些基本问题做出正确回答，党才能领导人民走上稳定、健康发展的康庄大道。而这些问题的回答首先需要解决党内思想认识的标准问题，也就是思想路线问题。只有思想统一，明确“是非标准”、“真理标准”，思想才能解放，才能明确社会主义建设与发展的本质、内涵、目标和任务。1978 年关于真理标准讨论，恢复马克思主义实事求是，以实践为检验真理的唯一标准的是非观，正本清源，推动思想上的拨正。1978 年 12 月十一届三中全会召开，大会认为发展社会生产力提高劳动生产率，并在此基础上丰富广大人民群众的物质和文化生活，这就是社会主义的本质要求。① 大会重新恢复和确立了马克思主义的思想、政治和组织路线，党的政治建设在拨乱反正不断推进。1979 年，中央召开理论工作务虚会，重申了“四项基本原则”，强调坚持党的领导。1980 年十一届五中全会制定和通过《关于党内若干政治生活准则》规定党内政治生活的原则，为党的各项建设提供了制度依据。1982 年十二大确定我国社会主义现代化建设的根本指导思想，即建设有中国特色社会主义。提出党在新时期的总任务——团结全国各族人民，自力更生，艰苦奋斗，逐步实现工业、农业、国防和科学技术现代化，把我国建设成为高度文明、高度民主的社会主义国家。1983 年十二届二中全会通过《中共中央关于整党的决议》，全党开展整风，统一思想、整顿作

① 武国友：《中共执政党建设史》（1978－2009），辽宁人民出版社，2011 年版，第 45 页。

风、加强纪律、纯洁组织,[①] 实现全党思想上政治上的高度一致，纠正一切违反四项基本原则、违反十一届三中全会以来党的路线的“左”的和右的错误倾向。[②] 党的路线确定了，干部就是决定因素，提出干部队伍“四化”（革命化、年轻化、知识化、专业化）方针，其中革命化就是对干部政治能力的要求。1987 年十三大准确研判中国社会主义的历史方位，提出党在初级阶段的基本路线。即“一个中心，两个基本点”，立足这一基本路线，强调党的建设不靠搞政治运动而是靠改革和制度建设。重视通过改革加强和改进党的思想政治工作，全面宣传党的基本路线。强调加强党的制度建设，加强廉政建设，“从严治党”。从十一届三中全会到十三大，以邓小平同志为代表的中央领导集体对在中国这样一个经济文化比较落后的国家建设社会主义、巩固和发展社会主义积极思考努力探索中，针对各种错误思想，强调思想政治教育，积极加强党的思想政治建设，重视党的思想政治工作，注重精神文明和物质文明建设，强调“两手抓，两手都要硬”。

社会主义怎样与市场经济相结合？党如何适应社会主义市场经济体制？社会主义市场经济应该怎样发展？这些改革发展中的新问题推动着党不断加强政治建设。1992 年邓小平南方谈话，科学回答了社会主义与市场经济结合的可能性问题。党的十四大把邓小平建设有中国特色社会主义理论写入党章与毛泽东思想并列为党的指导思想，号召全党加强理论学习，理论武装全党，提高全党马克思主义理论水平。以江泽民为核心的中央第三代领导集体，围绕提高党的领导水平和执政水平，提高拒腐防变和抵御风险的能力这两大课题，推进党在社会主义市场经济条件下的政治建设。江泽民指出，“中共十一届三中全会以来的路线和基本政策没有变，必须贯彻执行，在这个最基本的问题上，我要十分明确的讲两句话：一句是坚定不移，毫不动摇；一句是全面执行，一以贯之。”[③] 十五大在制定跨世纪的发展部署时再次提出，加强党的思想建设，根据的是坚定不移地用邓小平理论武装全党，充分发挥党的思想政治优势。[④] 十五

---

① 中共中央党史研究室：《中国共产党大事记》，中共党史出版社，2002 年版，第 144 页。

② 武国友：《中共执政党建设史》（1978 – 2009），辽宁人民出版社，2011 年版，第 110 页。

③ 武国友：《中共执政党建设史》（1978 – 2009），辽宁人民出版社，2011 年版，第 179 页。

④ 武国友：《中共执政党建设史》（1978 – 2009），辽宁人民出版社，2011 年版，第 292 页。

大之后，在县级干部以上开展以进学习、讲政治、讲正气为主要内容的党性党风教育。2002 年十六大确立“三个代表”重要思想的指导地位，全党掀起理论学习新高潮，提出科学发展观重大战略思想，要求全党加强执政能力建设。2003 年在全党开展保持党员先进性教育活动。2007 年党的十七大，以胡锦涛为代表的中央领导集体积极回应新世纪怎样全面建设小康社会，提出：“一定要把思想建设、组织建设和作风建设有机结合起来，把制度建设贯穿其中，既立足于做好经常性工作，又抓紧解决存在的突出问题。”① 2008 年全党深入开展学习实践科学发展观活动，2010 年开展创优争先活动。加强思想政治教育，以不搞政治活动的形式来增强党性党风，这是党的一大创新。通过各种思想政治教育活动，干部受了教育，科学发展上了水平，群众得到了实惠。

新中国成立以来，党立于时代潮头，科学回应时代提出的课题，什么是社会主义，社会主义的本质是什么，中国社会主义的特色是什么，社会主义怎样与市场经济相结合，社会主义市场经济条件下一个执政党，一个长期执政的党怎样加强执政能力建设，如何保持先进性等等。这些问题的解答历史地呈现出党政治建设的推进轨迹——思想建设、作风建设、组织建设、制度建设等不断丰富的过程。党的政治建设始终与党的其他基本建设融为一体，正是因为这种融合，体现出其内容丰富，形式多样，体系不断完善的发展特征。从内容上来看，从思想认识到政治信仰、政治能力，从形式来说，从传统整党整风到思想解放大讨论、理论学习以及教育实践活动等；从体系上来看，党的思想建设、作风建设、组织建设、制度建设、反腐倡廉建设持续推进。

三、中国共产党政治建设的发展：以政治建设为统领，全面推进思想建设、作风建设、组织建设、制度建设、反腐廉政建设

马克思曾说过：“一切时代体系的真正内容都是由于产生这些体系的那些时期的需要而形成起来的。”② 从 1978 年十一届三中全会到十九大召开前，中国特色社会主义建设与发展中的历次党的大会都没有专门提出党的政治建设，其内容和要求都内隐和体现在党的其他基本建设中。1982 年十二大指出，“党风问题是关系执政党生死存亡的问题。”③ 1987 年十三大提出加强“党的思想建设、

① 《中国共产党第十六次全国代表大会文件汇编》，人民出版社，2002 年版，第 48 页。

② 《马克思恩格斯选集》第 3 卷，人民出版社，1960 年版，第 544 页。

③ 《胡耀邦在中国共产党第十二次全国代表大会上的报告》，http：//cpc. people. com. cn/GB/64162/64168/64565/65448/4526430. html

组织建设、作风建设”，并首次提了“加强党的制度建设”。党的十四大提出，“党的思想、政治、组织、作风建设都面临许多新情况和新问题。提出从严治党方针。党的十五大延续十四大的提法，强调反腐败。十六大提出，“把思想建设、组织建设和作风建设结合起来，把制度建设贯穿其中”①，十七大提出党的“五项建设”，即“以坚定理想信念为重点加强思想建设，以造就高素质党员、干部队伍为重点加强组织建设，以保持党同人民群众的血肉联系为重点加强作风建设，以健全民主集中制为重点加强制度建设，以完善惩治和预防腐败体系为重点加强反腐倡廉建设”②。十八大提出，“从严治党，全面加强党的思想建设、组织建设、作风建设、反腐倡廉建设、制度建设。”③ 党的建设的发展逻辑展示出，党的政治建设是党自身建设规律的深化，只有在党不断加强自身建设的过程中，党的政治建设的统领地位才会日益显现和烘托出来，党的政治建设必然作为一个基本单独建设体系而提出，这是党的建设的应然所在。

2012 年党的十八胜利召开，大会总结十六大以来取得的一系列新的历史性成就，宣告我国进入经济持续发展、民主不断健全、文化日益繁荣、社会保持稳定的新时期。报告全面阐释科学发展观这一指导思想，提出新的历史条件下继续夺取中国特色社会主义新胜利的新使命。为确保到 2020 年实现全面建成小康社会的宏伟目标，大会提出全面提高党的建设科学化水平。十八大之后，以习近平同志为核心的新一代领导集体接力建设中国特色社会主义的重大课题着力解决好“坚持和发展什么样的中国特色社会主义、怎样坚持和发展中国特色社会主义”的问题。以习近平同志为核心的中央领导集体分析时势，直面“四大考验”和“四大危险”的严峻挑战，以改革创新精神全面推进党的建设新的伟大工程，为全面提高党的建设科学化水平进行艰辛的理论与实践探索。

首先，直面挑战，加强学习，努力提高执政能力。进入新世纪，在党的基本理论、基本路线、基本纲领、基本经验的正确指引下，经过全党和全国各族人民的艰苦奋斗，改革开放和社会主义现代化建设取得了一系列新的历史性成就，2012 年我国经济总量从世界第六位跃升到第二位，成为世界第二大经济体。我们到了历史以来最接近实现“两个一百年”奋斗目标和民族复兴梦的时代。一方面，经济持续发展、民主不断健全、文化日益繁荣、社会保持稳定；另一

① 《十六大报告辅导读本》，人民出版社，2002 年版，第 44 页。

② 《十七大报告辅导读本》，人民出版社，2007 年版，第 48 页。

③ 《十八大报告辅导读本》，人民出版社，2012 年版，第 50 页。

方面，社会整体转型的新常态所引发的新问题和新矛盾也日益突出，改革发展稳定的任务愈加繁重。2012年至2017年十九大召开前，十八届中央政治局围绕各种重大理论和实践问题集体学习了43次。2013年在全党深入开展党的群众路线教育实践活动，强调集中整治“四风”问题。2014年延展深化群众路线教育实践活动，在县处级以上领导干部中开展“三严三实”专题教育活动。2016年在全体党员中开展“学党章党规、学系列讲话，做合格党员”的“两学一做”学习教育活动，推动党内教育从“关键少数”向广大党员拓展、从集中性教育向经常性教育延伸。2017年3月20日，中共中央办公厅印发《关于推进“两学一做”学习教育常态化制度化的意见》。通过学习教育，补充精神之钙，拧紧思想的总开关，坚定政治信念、政治理想，为民务实清廉，提高执政能力。

其次，立足初心，不忘使命，全面从严管党治党。2012年11月29日，习近平带领中央政治局委员集体观展《复兴之路》时指出，中国梦就是中华民族的伟大复兴梦，空谈误国实干兴邦，实现梦想需要党不断加强自身建设。2012年12月4日中央政治局审议通过《十八届中央政治局关于改进工作作风、密切联系群众的八项规定》，强调从群众最关心的问题出发，加强执政能力建设。2013年1月在中纪委二次全会上，习近平同志强调，群众痛恨腐败我们就要反对腐败，要更加科学有效地防治腐败，坚定不移把党风廉政建设和反腐败斗争引向深入，形成不敢腐的惩戒机制、不能腐的防范机制、不易腐的保障机制。2013年6月习近平在全国组织工作会议上指出，实现党的十八大确定的各项目标任务，关键在党，关键在人。2014年12月，习近平同志在江苏调研时明确提出“全面从严治党”，从治国方略层面强调管党治党的重要意义。2016年中纪委六次全会上习近平指出，反腐败斗争压倒性态势正在形成，要坚持全面从严治党、依规治党，创新体制机制。2016年在庆祝中国共产党成立95周年大会上习近平指出不忘初心、继续前进，保持党的先进性和纯洁性，着力提高执政能力和领导水平，着力增强抵御风险和拒腐防变能力，不断把党的建设新的伟大工程推向前进。2016年10月，中共十八届六中全会明确提出习近平同志为全党的核心，全面肯定从严治党成就效果，审议通过《关于新形势下党内政治生活的若干准则》和《中国共产党党内监督条例》。2016年12月召开党的历史上第一次党内法规工作会议，习近平强调加强党内法规制度建设。总之，十八大之后党推进全面从严管党治党这一重大方略所采取的方法、措施和具体要求，彰显出新时期党建的丰富内容，即：思想建设从严——突出政治理想，组织建设从严——强调政治权威，作风建设从严——严格政治生态，制度建党从严——

严格政治纪律，反腐败从严——压倒性反腐。

最后，政治建设为统领，全面构建新时代党的建设新的伟大工程。习近平说过：党和人民事业发展到什么阶段，党的建设就要推进到什么阶段。这是加强党的建设必须把握的基本规律。① 2017年党的十九大胜利召开，宣布中国特色社会主义进入新时代。进入新时代，我国社会主要矛盾发生了历史性的变化，人民日益增长的美好生活需要和不平衡不充分的发展之间的矛盾这一社会主要矛盾给党提出了新的要求。如何始终走在时代前列，始终成为全国人民的主心骨，始终成为坚强领导核心，决胜小康，实现伟大梦想，这是新时代给予党的新命题。践行新使命，党作出了自己的庄严承诺：以加强党的长期执政能力建设、先进性和纯洁性建设为主线，以党的政治建设为统领，以坚定理想信念宗旨为根基，以调动全党积极性、主动性、创造性为着力点，全面推进党的政治建设、思想建设、组织建设、作风建设、纪律建设，把制度建设贯穿其中，深入推进反腐败斗争，不断提高党的建设质量，把党建设成为始终走在时代前列、人民衷心拥护、勇于自我革命、经得起各种风浪考验、朝气蓬勃的马克思主义执政党。② 自此，旗帜鲜明讲政治，政治建设与党的其他基本建设并列一体，共同建构新时代党的建设新的伟大工程。

① 《习近平在庆祝中国共产党成立95周年大会上的讲话》，《人民日报》2016年7月1日。

② 习近平：《决胜全面建成小康社会　夺取新时代中国特色社会主义伟大胜利》，《人民日报》2017年10月28日。

全面从严治党中的政治与思想建设

哈尔滨师范大学　刘爱军

为了实现中华民族伟大复兴的中国梦，中国共产党必须得通过刮骨疗毒的勇气直面问题，坚定党性原则，借此来提升党的政治引导力、思想引领力、群众组织力、社会号召力，确保中国共产党永葆旺盛的生命力和强大的战斗力。中国共产党最鲜明的品格在于勇于自我革命，在于从严管党、治党。新时代，通过长期坚持和加强党的全面领导，坚持党要管党、全面从严治党这一党的建设的一贯要求和根本方针，通过将反腐败斗争坚持进行到底，才能完成党的建设新的伟大工程，才能不断提高党的执政能力和领导水平，才能长期保持党的先进性和纯洁性，最终实现和完成新时代赋予我们党的伟大梦想、伟大斗争和伟大事业。

一、新时代坚持全面从严治党的现实根由

中国共产党肩负着为中国人民谋幸福、为中华民族谋复兴的初心和使命，中国共产党的领导是中国特色社会主义最本质的特征，是中国特色社会主义制度的最大优势。“中国共产党是领导和团结全国各族人民建设中国特色社会主义伟大事业的核心力量，肩负着历史重任，经受着时代考验，必须坚持立党为公、执政为民，坚持党要管党、从严治党，全面加强党的建设，不断提高党的领导水平和执政水平、提高拒腐防变和抵御风险能力。”① 共产党员，尤其是一些党的领导干部，既要始终坚定自己的理想信念，又要始终把人民放在心中最高的位置，通过不断弘扬党的光荣传统与优良作风，通过坚决反对形式主义、官僚

① 习近平：《“在第十二届全国人民代表大会第一次会议上的讲话”》，《人民日报》2013年3月18日。

主义、享乐主义、奢靡之风，通过坚决同一切消极腐败现象作斗争，来永葆共产党人的政治本色，最终矢志不移为党和人民的伟大事业而奋斗终生。

可见，新时代坚持全面从严治党具有重大的历史与现实意义，党的建设直接关乎中国特色社会主义制度最大优势能否发挥出来。具体来讲，全面从严治党背景下坚持党的建设的现实根由，主要体现为以下几个方面。

其一，新时代历史条件下坚持全面从严治党，事关国家“五位一体”总体布局的实施，并成为“四个全面”战略布局的重要组成部分。

新时代坚持全面从严治党，是实现两个一百年奋斗目标的必然要求，是进一步巩固党的执政基础的必然要求。党的十九大明确提出新时代党的建设总要求，“这个总要求不是空洞的、抽象的、说教的，而是来自加强党的建设、推进全面从严治党的现实需要，来自解决党内存在的突出矛盾和问题的现实需要，来自保持党的先进性和纯洁性、增强党的创造力凝聚力战斗力的现实需要，来自永葆党的性质和宗旨、保持党同人民群众的血肉联系的现实需要，来自坚持党的执政地位、提高党的执政能力、扩大党的执政基础的现实需要。”①

其二，新时代历史条件下坚持全面从严治党，是实现党长期执政和中华民族伟大复兴中国梦的根本要求和保证。

近代以来，中华民族最伟大的梦想便是实现中华民族的伟大复兴。实现这一伟大梦想，必须得进行伟大斗争、建设伟大工程、推进伟大事业。在四个“伟大”之中，深入推进党的建设新的伟大工程起着决定性的作用。全面从严治党作为伟大工程，与伟大斗争、伟大事业、伟大梦想紧密相连。“坚持党的领导，坚持党要管党、全面从严治党，是进行具有许多新的历史特点的伟大斗争、推进中国特色社会主义伟大事业、实现民族复兴伟大梦想的根本保证，也是我们党紧跟时代前进步伐、始终保持先进性和纯洁性的必然要求。”② “我们要统揽伟大斗争、伟大工程、伟大事业、伟大梦想，增强政治意识、大局意识、核心意识、看齐意识，持之以恒推进全面从严治党。”③

其三，新时代历史条件下坚持全面从严治党，也是由我们党面临的重大挑战、重大风险、重大阻力来决定的。

“我国已进入全面建成小康社会决胜阶段，中华民族正处于走向伟大复兴的

---

① 习近平：《在党的十九届一中全会上的讲话》，《求是》，2018 年第 1 期。

② 习近平：《在党的十九届一中全会上的讲话》，《求是》，2018 年第 1 期。

③ 习近平：《“在纪念马克思诞辰 200 周年大会上的讲话”》，《党建》，2018 年第 5 期。

关键时期。改革进入深水区，经济发展进入新常态，各种矛盾叠加，风险隐患集聚。当今世界，国际力量对比发生新的变化，世界经济进入深度调整，我国发展面临的国际环境更加复杂严峻。我们前进的道路上有各种各样的‘拦路虎’、‘绊脚石’。”① 当前，我们党正面临着“四大考验”与“四种危险”。因此要始终保持“三个认识”：一是要清醒地认识到，我们党面临着复杂的执政环境，面临着复杂的影响党的先进性、弱化党的纯洁性的因素，此外，党内存在的思想不纯、组织不纯、作风不纯等一些突出问题还没有得到彻底的解决。二是要深刻认识到，党面临的“四大考验”的长期性和复杂性”。三是要迫切认识到，党面临的“四大危险”的尖锐性和严峻性。因此，只有坚持全面从严治党，搞好党的建设工作，才能够使我党带领广大人民群众有效和有力地应对各种重大挑战，抵御各种重大风险，克服各种重大阻力，解决各种重大矛盾。

总而言之，在新时代，只有通过全面从严治党，才能最终夺取中国特色社会主义的伟大胜利，才能决胜全面建成小康社会，才能建成社会主义现代化强国，才能团结全国各族人民不断创造美好的生活并最终实现共同富裕，才能实现中华民族伟大复兴中国梦，才能最终使我国日益走进世界舞台中央并不断为人类社会持续健康繁荣发展提供中国方案和中国力量。

二、以党的政治建设为统领进行全面从严治党

“打铁还需自身硬”，只有通过自我净化、自我完善、自我革新、自我提高，我们党才能担负起时代赋予的重任。新时代加强党的建设，坚持全面从严治党具有极其丰富的内容，而在这其中，党的政治建设是党的根本性建设，在全面从严治党中必须得将其放在突出位置。

作为马克思主义政党，中国共产党区别于其他政党的地方便在于，其始终一贯地开展严肃而认真的党内政治生活。“严肃认真的党内政治生活是我们党坚持党的性质和宗旨、保持先进性和纯洁性的重要法宝，是解决党内矛盾和问题的‘金钥匙’，是广大党员、干部锤炼党性的‘大熔炉’，是纯洁党风的‘净化器’。”② 从2012年11月16日十八届中央政治局第一次会议以后，加强党内政

① 习近平：《在党的十八届六中全会第二次全体会议上的讲话（节选）》，《求是》，2017年第1期。

② 习近平：《在党的十八届六中全会第二次全体会议上的讲话（节选）》，《求是》，2017年第1期。

治生活便是习总书记不同场合多次强调的方面①。

在加强和规范党内政治生活过程中，批评和自我批评是一种重要的手段。“领导干部要带头，班子要作表率，在党内营造批评和自我批评的良好风气。领导干部要坚决反对事不关己、高高挂起，明知不对、少说为佳的庸俗哲学，坚决克服文过饰非、知错不改等错误倾向。”②

作为一个马克思主义政党，旗帜鲜明讲政治是我们党始终应当坚持的根本要求。党的政治建设统领一切其他党的建设，它切实关系着党的根本建设，党的建设的方向和效果。因此，“全党同志特别是高级干部要加强党性锻炼，不断提高政治觉悟和政治能力，把对党忠诚、为党分忧、为党尽职、为民造福作为根本政治担当，永葆共产党人政治本色。”

1. 要坚持和加强党的全面领导

坚持和加强党的全面领导的首要的任务是要使全党有要明确的政治准则和根本的政治要求，要有根本的政治纪律和根本的政治规矩，即始终坚定不移地在思想上政治上行动上维护党中央权威和集中统一领导。在 2017 年年末的中共中央政治局召开民主生活会，习近平同志强调，“在思想上高度认同，政治上坚决维护，组织上自觉服从，行动上紧紧跟随，在政治立场、政治方向、政治原则、政治道路上同党中央保持高度一致，自觉维护党中央权威。”③ 只有完全服从党中央各项决定，才能够切实做到有令必行、有禁必止。全党都必须自觉维护党中央权威，并将其切实体现在自己的现实工作中。“党内组织和组织、组织和个人、同志和同志、集体领导和个人分工负责等重要关系都要按照民主集中制原则来设定和处理，不能缺位错位、本末倒置。党内政治生活和组织生活都要讲政治、讲原则、讲规矩，不能搞假大空，不能随意化、平淡化，更不能娱乐化、庸俗化。党内上下关系、人际关系、工作氛围都要突出团结和谐、纯洁健康、弘扬正气，不允许搞团团伙伙、帮帮派派，不允许搞利益集团、进行利

① 习近平：《在党的十八届六中全会第二次全体会议上的讲话（节选）》，《求是》，2017 年第 1 期。

② 习近平：《在党的十八届六中全会第二次全体会议上的讲话（节选）》，《求是》，2017 年第 1 期。

③ 《以认真学习贯彻习近平新时代中国特色社会主义思想　坚定维护以习近平同志为核心的党中央权威和集中统一领导　全面贯彻落实党的十九大各项决策部署情况为主题进行对照检查》，《人民日报》2017 年 12 月 27 日。

益交换。"① 严肃党内政治生活都是每个党员和干部的分内之事，每一个人都应当增强角色意识与政治担当，都能够做到"在党言党、在党忧党、在党为党，把爱党、忧党、兴党、护党落实到工作生活各个环节，敢于同形形色色违反党内政治生活原则和制度的现象作斗争"②。

2. 全党要执行党的政治路线

严格遵守严明党的政治纪律和政治规矩，在政治立场、政治方向、政治原则、政治道路上始终同党中央保持高度的一致，这是每一名党员都需要坚守的政治素养。"要严明政治纪律和政治规矩，聚焦'七个有之'，严肃查处对党不忠诚不老实、阳奉阴违的'两面人'和违背党的政治路线、破坏党内政治生态问题，确保党中央政令畅通。"③ "各级干部特别是领导干部要善于从政治上看问题，站稳立场、把准方向。要始终忠诚于党，不折不扣执行党的路线方针政策，自觉从思想上政治上行动上同党中央保持高度一致；始终对组织坦诚，相信组织、依靠组织、服从组织，自觉接受组织安排和纪律约束；始终正确对待权力，立志为人民做好事、做实事，安分守己为党工作；始终牢记政治责任，襟怀坦白，言行一致，自觉维护党的形象。各级党组织要把违反政治纪律问题作为纪律审查的重要内容，带动其他纪律严起来，坚决维护党的集中统一。"④

3. 全党要尊崇党章

党章是坚持全面从严治党的根本遵循。"认真学习党章、严格遵守党章，是加强党的建设的一项基础性经常性工作，也是全党同志的应尽义务和庄严责任，对强化全党党章意识，增强党的创造力、凝聚力、战斗力具有极为重要的作用。"⑤ "全面从严治党首先要尊崇党章。党章总纲明确提出'坚持党要管党、从严治党'，这是党的建设的根本方针。"⑥ 为了增强党内政治生活的政治性、

---

① 习近平：《在党的群众路线教育实践活动总结大会上的讲话》，《人民日报》2014 年 10 月 9 日。

② 习近平：《在党的群众路线教育实践活动总结大会上的讲话》，《人民日报》2014 年 10 月 9 日。

③ 《决定召开十九届二中全会　研究部署党风廉政建设和反腐败工作　中共中央总书记习近平主持会议》，《人民日报》2017 年 12 月 28 日。

④ 习近平：《在第十八届中央纪律检查委员会第六次全体会议上的讲话》，《人民日报》2016 年 5 月 3 日。

⑤ 习近平：《认真学习党章　严格遵守党章》（2012 年 11 月 16 日），《求是》，2012 年第 23 期。

⑥ 习近平：《在中共十八届中央纪律检查委员会第六次全体会议上的讲话》（2016 年 1 月 12 日），《人民日报》2016 年 5 月 3 日。

时代性、原则性和战斗性，要严格执行《关于新形势下党内政治生活的若干准则》，每名党员都能够成为自觉抵制商品交换原则对党内政治生活所进行的物欲侵蚀，以此营造一种风清气正的良好政治生态。"严肃党内政治生活是全面从严治党的基础。党要管党，首先要从党内政治生活管起；从严治党，首先要从党内政治生活严起。"①

4. 全党要坚持正确的政治价值观

既要弘扬忠诚老实、公道正派、实事求是、清正廉洁等正面的政治价值观，又要防止和反对个人主义、分散主义、自由主义、本位主义、好人主义、宗派主义、圈子文化、码头文化，坚决不做两面派和两面人。

5. 全党要通过坚守住党性来坚定政治立场

党的政治建设突显的是一名合格党员必须要具有的"党性"，而"党性"说到底就是政治立场问题。"坚持党性，核心就是坚持正确政治方向，站稳政治立场，坚定宣传党的理论和路线方针政策，坚定宣传中央重大工作部署，坚定宣传中央关于形势的重大分析判断，坚决同党中央保持高度一致，坚决维护中央权威。"② 任何共产党人在思考问题、研究事情、做出决策、处理事情的时候，都不能将个人利益凌驾于党和人民之上。"党性说到底就是立场问题。党性是党员、干部立身、立业、立言、立德的基石。决定一个人如何的是品行，决定一名党员如何的是党性。"③ 共产党人的真本色，时常体现在心胸开阔、志存高远上，始终体现在心系党、人民与国家上，始终能够坚守住党性原则。一名党员应当通过严格的党内生活锻炼来不断增强自己的党性。习近平在全国宣传思想工作会议上强调：在严格的党内政治生活锻炼中不断增强党性修养，必然体现为能够牢固树立"四个意识"，并同党中央保持高度的一致。

三、以党的思想建设为基石进行全面从严治党

良好的政治建设需要大力加强思想教育和理论武装，这是党内政治生活的首要任务。因此，党的基础性建设是思想建设。

---

① 习近平：《在党的十八届六中全会第二次全体会议上的讲话（节选）》，《求是》，2017年第1期。

② 倪光辉：《胸怀大局把握大势着眼大事　努力把宣传思想工作做得更好》，《人民日报》2013年8月21日。

③ 习近平：《在纪念朱德同志诞辰130周年座谈会上的讲话》，《人民日报》2016年11月30日。

中国共产党之所以能够不断历经艰难困苦而创造出一个又一个新的辉煌，这是与我们党始终重视思想建党和理论强党分不开的。只有坚持用科学的理论来武装广大党员和干部的头脑，才能最终使全党始终保持思想上的统一、意志上的坚定的、战斗力上的强大。因此，“就像房间需要经常打扫一样，思想上的灰尘也要经常打扫，镜子要经常照，衣冠要随时正，有灰尘就要洗洗澡，就要治治病”①。“照镜子、正衣冠、洗洗澡、治治病”② 的总要求，就是要实现党的建设中的自我净化、自我完善、自我革新、自我提高。要把马克思主义这一看家本领学好，充分利用好马克思主义理论来分析和解决问题，在应对重大挑战、抵御重大风险、克服重大阻力、解决重大矛盾时，也需要提升运用科学理论的能力。

1. 理想信念教育是党的思想建设的首要任务

“理想信念决定着我们的方向和立场，也决定着我们的言论和行动。”③ 习近平在党的群众路线教育实践活动第一批总结暨第二批部署会议上强调：“理想信念是共产党人的精神之‘钙’，必须加强思想政治建设，解决好世界观、人生观、价值观这个‘总开关’问题。”④ 2015 年 6 月，在纪念陈云同志诞辰 110 周年座谈会上，习近平再次强调：“对马克思主义、共产主义的信仰，对社会主义的信念，是共产党人精神上的‘钙’。没有理想信念，理想信念不坚定，精神上就会得‘软骨病’，就会在风雨面前东摇西摆。”⑤ 因此，只有通过坚守共产党人的精神家园，努力将改造客观世界与改造自己的主观世界紧密结合起来，才能解决好三观问题。

全体共产党人都应当坚定马克思主义信仰和共产主义理想，对党始终保持忠诚。习近平在中共中央政治局第二十六次集体学习时强调：“我们共产党人的根本，就是对马克思主义的信仰，对共产主义和社会主义的信念，对党和人民

---

① 习近平：《在党的群众路线教育实践活动总结大会上的讲话》，《人民日报》2014 年 10 月 9 日。

② 有关“照镜子”、“正衣冠”、“洗洗澡”、“治治病”的具体含义，参见习近平《在党的群众路线教育实践活动工作会议上的讲话》，《十八大以来重要文献选编》（上册），中央文献出版社，2014 年版，第 315－316 页。

③ 习近平：《在纪念周恩来同志诞辰 120 周年座谈会上的讲话》（2018 年 3 月 1 日），《人民日报》2018 年 3 月 2 日。

④ 《扎实开展第二批教育实践活动　努力取得人民群众满意的实效》，《人民日报》2014 年 1 月 21 日。

⑤ 习近平：《在纪念陈云同志诞辰 110 周年座谈会上的讲话》，《人民日报》2015 年 6 月 13 日。

的忠诚。”① 要通过立根固本来挺起精神的脊梁，努力用马克思主义中国化最新成果武装自己的头脑，以崇高的信念、伟大的人格、实干的精神立身立世。努力成为理想信念的坚定的信仰者和忠实的实践者，才能够筑牢拒腐防变的思想道德防线。

2. 要牢固树立“四个意识”、增强“四个自信”

一方面，全体党员尤其是各级领导干部都要牢固树立政治意识、大局意识、核心意识、看齐意识。2016 年 12 月，习近平在中共中央政治局民主生活会上强调：“要牢固树立政治意识、大局意识、核心意识、看齐意识，坚持以党的旗帜为旗帜、以党的方向为方向、以党的意志为意志，当政治上的明白人。”“政治问题，任何时候都是根本性的大问题。全面从严治党，必须注重政治上的要求，必须严明政治纪律。”② 维护党中央的权威和集中统一领导，严肃党内政治生活，强化党内监督，要层层落实管党治党这一重要的政治责任，各级党组织管党治党意识和能力也应当不断得到增强。加强和规范党内政治生活，加强党内监督，成为全面从严治党的重要发力点和主要抓手。另一方面，全体党员都要增强“四个自信”，即增强对中国特色社会主义的道路自信、理论自信、制度自信、文化自信。在思想上必须坚定牢固而坚定的政治立场，既不走封闭僵化的老路，也不走改旗易帜的邪路。

3. 思想建党关键在于抓住“关键少数”

“政治生态好，人心就顺、正气就足；政治生态不好，就会人心涣散、弊病丛生。”③ 在加强党的建设过程中，营造一个良好的从政环境即提供一种良好的政治生态十分必要，而这主要是通过抓住领导干部这个“关键少数”的思想建设来实现的。在加强党的建设过程中，良好从政环境的营造，好的政治生态的建立，往往要从各级领导干部做起。“领导干部要坚守正道、弘扬正气，坚持以信念、人格、实干立身；要襟怀坦白、光明磊落，对上对下讲真话、实话；要坚持原则、恪守规矩，严格按党纪国法办事；要严肃纲纪、疾恶如仇，对一切不正之风敢于亮剑；要艰苦奋斗、清正廉洁，正确行使权力，在各种诱惑面前

---

① 《时时铭记事事坚持处处上心　以严和实的精神做好各项工作》，《人民日报》2015 年 9 月 13 日。

② 习近平：《在第十八届中央纪律检查委员会第六次全体会议上的讲话》，《人民日报》2016 年 5 月 3 日。

③ 习近平：《在第十八届中央纪律检查委员会第六次全体会议上的讲话》，《人民日报》2016 年 5 月 3 日，第 2 版。

经得起考验。"① 习近平在参加十二届全国人大三次会议上海代表团审议时又强调："关键是要抓住领导干部这个'关键少数'，坚持思想建党和制度治党紧密结合，全方位扎紧制度笼子，更多用制度治党、管权、治吏。"②

四、结语

全面从严治党永远在路上。习近平在参加党的十九大贵州省代表团讨论时强调："在全面从严治党这个问题上，我们不能有差不多了，该松口气、歇歇脚的想法，不能有打好一仗就一劳永逸的想法，不能有初见成效就见好就收的想法。必须持之以恒、善作善成，把管党治党的螺丝拧得更紧，把全面从严治党的思路举措搞得更加科学、更加严密、更加有效，推动全面从严治党向纵深发展。"③ 习近平在省部级主要领导干部"学习习近平总书记重要讲话精神，迎接党的十九大"专题研讨班开班式上发表重要讲话时再次强调："全面从严治党依然任重道远。全党要坚持问题导向，保持战略定力，推动全面从严治党向纵深发展，把全面从严治党的思路举措搞得更加科学、更加严密、更加有效，确保党始终同人民想在一起、干在一起，引领承载着中国人民伟大梦想的航船破浪前进，胜利驶向光辉的彼岸。"④

因此，要充分利用管党治党的经验规律，持续实现党内政治生活和政治生态持续好转，避免失之于宽、松、软等问题的出现，实现严、紧、硬，以刮骨疗毒、壮士断腕的勇气，以抓铁有痕、踏石留印的劲头继续坚持全面从严治党不动摇，保持反腐败压倒性态势不动摇，促使党的创造力、凝聚力和战斗力显著提升。无论世界形势如何深刻变化，无论面临何种国内外风险和考验，都能够始终走在时代的前列，始终成为全国人民的主心骨，始终成为坚强的领导核心，只有如此，中华民族伟大复兴中国梦的实现，才会指日可待！

---

① 《坚持从严治党落实管党治党责任　把作风建设要求融入党的制度建设》，《人民日报》2014 年 7 月 1 日，第 1 版。

② 《当好改革开放排头兵创新发展先行者　为构建开放型经济新体制探索新路》，《人民日报》2015 年 3 月 6 日，第 1 版。

③ 《万众一心开拓进取把新时代中国特色社会主义推向前进》，《人民日报》2017 年 10 月 20 日，第 1 版。

④ 《高举中国特色社会主义伟大旗帜，为决胜全面小康社会实现中国梦而奋斗》，《人民日报》2017 年 7 月 28 日。

新时代培育党内先进政治文化的四维径路

西安财经学院　李　转

党内政治文化是指党员在长期政治实践中形成的政治情感认知和政治价值取向，它对党的政治生活、政治生态、政治形象以及政治发展的优劣都会产生深层次的影响和制约，因此，培育先进的党内政治文化是任何成熟政党滋养和延续政治生命的内在要求。在中共十八届六中全会上，习近平总书记首次提出要注重和加强党内政治文化建设，从而将文化强党与思想建党、制度建党一道，作为加强党自身建设的有机组成部分。在十九大报告中他再次强调“发展积极健康的党内政治文化，全面净化党内政治生态”① 的治党方略，鲜明地将党内政治文化建设作为党的政治建设的重要内容确定下来。新时代条件下，为了实现伟大梦想，践行伟大事业，必须将培育党内先进政治文化作为深化全面从严治党的治本之举，引导全体党员坚定理想信念、提高道德修养、严守政治规矩、严肃政治生活，使党成为坚强有力的领导核心。

一、信仰径路：坚持以马列主义为根本的党内政治文化导向

信仰是政党的政治灵魂，反映了政党政治实践的初心与归宿。党内政治文化实质上就是一种信仰型文化，它深刻主导并塑造着党内政治文化的精神内核，为政党政治发展提供深沉而持久的内在动力。习近平总书记指出，理想信念是共产党人精神上的“钙”，理想信念缺乏或者动摇，就会得“软骨病”，因此，坚持对共产主义和马克思主义的信仰是党安身立命的根本。这一论述充分揭示了中国共产党人的政党本色与政治优势，为培育党内先进政治文化指明了方向。

---

① 《决胜全面建成小康社会，夺取新时代中国特色社会主义伟大胜利——在中国共产党第十九次全国代表大会上的报告》，《人民日报》2017 年 10 月 28 日。

第一，以共产主义信仰塑造党内政治文化。是否具有崇高的信仰是检验政党先进性的重要标尺。共产主义信仰作为科学社会主义的思想精髓和主要内容是马克思主义政党先进性的根本体现，因此，中国共产党人把共产主义作为自己的政治信仰和精神追求深刻反映了党的优良政治品格。1921 年 7 月，在中共一大通过的政治纲领中明确指出，党的奋斗目标就是要推翻资产阶级的统治，彻底消除资本主义剥削制度，建立无产阶级政权，最终实现共产主义。1922 年在中共二大上，党在提出最低革命纲领的同时，再次明确了党的最高纲领就是达到共产主义社会。1945 年，毛泽东在《论联合政府》报告中指出："我们共产党人从不隐瞒自己的政治主张。我们的将来纲领或最高纲领，是要将中国推进到社会主义社会和共产主义社会去的，这是确定的和毫无疑义的。"① 十八大以来，习近平总书记在建党 95 周年的讲话中说："革命理想高于天，中国共产党之所以叫共产党，就是因为从成立之日起我们党就把共产主义确立为远大理想。"②"对马克思主义的信仰，对社会主义和共产主义的信念，是共产党人的政治灵魂"。③ 由此可见，对社会主义和共产主义的信仰深刻地诠释了中国共产党人的政治初心和历史使命，是党不断从胜利走向胜利的精神支柱。因此，从党的一大到党的十九大，中国共产党之所以能够由小到大、由弱到强，从挫折中奋起，在发展中崛起，克服一个又一个看似不可克服的困难，创造一个又一个彪炳史册的人间奇迹，关键在于对共产主义理想信念的执着追求。在新时代条件下，面对党内政治生态的土壤遭到破坏，个人主义、分散主义、自由主义、本位主义、好人主义、宗派主义、圈子文化和码头文化盛行的严峻形势，中国共产党人只有坚定中国特色社会主义的共同理想和共产主义的远大理想，才能不断提高党的政治觉悟和政治修养，让党员在思想上自觉建立起抵御各种腐朽思想文化的"铜墙铁壁"。只有在改造客观世界的同时不断改造主观世界，解决好中国共产党人世界观、人生观和价值观这个"总开关"问题，不断增强政治定力，自觉在思想上树立起对共同理想和远大理想的价值追求，才能使党内政治文化始终呈现出生机盎然、昂扬进取的蓬勃朝气。

第二，以马克思主义信仰主导党内政治文化。理论是意识形态的核心内容，党内政治文化的先进性首先反映在党的指导思想的先进性。马克思主义是博大

① 《毛泽东选集》第 3 卷，人民出版社，1991 年版，第 1059 页。
② 《习近平谈治国理政》第 2 卷，外文出版社，2017 年版，第 34 页。
③ 《习近平谈治国理政》，外文出版社，2014 年版，第 15 页。

着决定和支配作用。新时代条件下，中国共产党人在继承马克思历史唯物主义的基础上，始终站在人民大众的立场上，坚持人民群众的主体性地位，践行全心全意为人民服务的价值取向，始终把人民对美好生活的向往作为奋斗的目标，逐渐形成了以人民为中心的价值理念，从而彰显了党内政治文化显著的人民性特征。

首先，树立以人民为主体的党内政治文化立场。唯物史观认为，人民群众是社会变革的决定性力量和推动历史前进的根本动力，无产阶级事业的壮大离不开人民群众的共同参与。马克思恩格斯曾断言："……历史活动是群众的事业，随着历史活动的深入，必将是群众队伍的扩大。"① 毛泽东强调："人民，只有人民，才是创造世界历史的动力。"② 由此可见，以人民为主体的观点凸显了马克思主义政党的根本政治立场，是共产党人区别于其他任何政党的显著标志。十八大以来，以习近平总书记为代表的中国共产党人在坚持马克思唯物史观的前提下，提出了以人民为中心的重要思想。习近平总书记强调："人民是历史的创造者，群众是真正的英雄。人民群众是我们力量的源泉。"③ 在十九大报告中，他再次提出：人民群众是"是决定党和国家前途命运的根本力量"，要"依靠人民创造历史伟业"④ 等观点，充分肯定了人民群众在实现"两个一百年"奋斗目标中重要地位和作用。在新时代全面从严治党的实践中，中国共产党人要牢固树立马克思主义的群众观，把人民群众作为实现"中国梦"的主体纳入到中国特色社会建设的远景规划中，坚持从群众中来，到群众中去的群众路线，尊重人民群众的首创精神，激发人民群众的劳动积极性和创造性；在思想上坚持与人民群众同呼吸共命运的立场和观点，自觉把人民群众当成"老师"和"上司"，向人民群众学习，倾听人民群众的呼声，了解人民群众的期盼，想群众所想，急群众所急，为群众办实事，办好事，始终保持党同人民群众的血肉联系，方能汇聚人民群众的智慧与力量，获得人民群众的支持和拥护。

其次，树立为人民服务的党内政治文化取向。为什么人服务的问题是政党政治建设的核心问题，它规范和制约着政党的价值取向和道德追求。全心全意为人民服务作为中国共产党人执政的价值理念，蕴含着马克思主义政党的本质

---

① 《马克思恩格斯文集》第1卷，人民出版社，2009年版，第287页。

② 《毛泽东选集》第3卷，人民出版社，1991年版，第1031页。

③ 《习近平谈治国理政》，外文出版社，2014年版，第5页。

④ 《决胜全面建成小康社会，夺取新时代中国特色社会主义伟大胜利》，《人民日报》2017年10月28日。

与初心。在党的七大上，毛泽东提出："全心全意地为人民服务，一刻也不脱离群众；一切从人民的利益出发，而不是从个人或小集团的利益出发；……这些就是我们的出发点。"① 之后党的历届领导人都把"为人民服务"的价值理念作为党的根本宗旨，不论是代表最广大人民群众根本利益的重要思想，还是以人为本的科学发展观，都集中体现了中国共产党人"以人民为中心"的核心思想。十八大以来，习近平总书记高度强调民心向背关系着党的生死存亡和事业成败，共产党员始终不能忘记为人民谋幸福的初心，要自觉当好人民的勤务员。在党的群众路线教育实践活动总结大会上，他强调："我们来自人民、根植人民，各级干部无论职位高低都是人民公仆、必须全心全意为人民服务。"② 因此，在落实全面从严治党的实践中，要求党员和干部要树立正确的权力观，始终牢记权力是人民赋予的观点，真正做到权为民所用；始终坚持对人民群众负责的观点，人民群众反对什么、痛恨什么，就要坚决防范和纠正什么，尤其是党要以自我革命的勇气，坚决杜绝形式主义、官僚主义、享乐主义和奢靡之风等违背党的宗旨和性质的不正之风，才能不断增强人民群众对党的政治认同，为党的长期执政获得力量之源。

最后，树立人民利益至上的党内政治文化旨归。如何看待群众利益是检验政党性质与宗旨的基本标尺，它体现为执政党能否有效地维护和保障最广大人民群众的根本利益，能否正确处理党员个人利益与党和人民群众的整体利益之间的关系。毛泽东认为共产党人是革命的功利主义者，是完全没有自己私利的。"共产党人的一切言论行动，必须以合乎最广大人民群众的最大利益，为最广大人民群众所拥护为最高标准。"③ 十八大以来，习近平总书记提出要始终把人民利益放在心中的最高位置，把人民群众是否得到真正的实惠，生活水平是否得到真正的改善作为衡量和检验一切工作成效的标准。新时代条件下，正确处理党员个人和人民群众整体利益之间的关系，切实把人民群众的整体利益维护好、发展好和实现好，让人民群众拥有更多的获得感，是当代中国共产党人的奋斗目标。总体来说，共产党员在处理个人利益与人民群众的整体利益的关系时，共产党员有追求个人正当利益的权利，但是当个人利益与人民群众的整体利益发生冲突时，要求个人利益要服从人民群众的整体利益，尤其是不能将个人利

---

① 《毛泽东选集》第3卷，人民出版社，1991年版，第1094－1095页。

② 习近平：《在党的群众路线教育实践活动总结大会上的讲话》，《人民日报》2014年10月09日。

③ 《毛泽东选集》第3卷，人民出版社，1991年版，第1096页。

益凌驾于人民群众的整体利益之上甚至损害人民群众的根本利益，这就是中国共产党人的利益观。正如马克思所言："既然正确理解的利益是整个道德的基础，那就必须使个别人的私人利益符合于全人类的利益。"①

三、制度径路：建构以法规为核心的党内政治文化载体

制度是文化的载体和保障，文化是制度的价值反映，只有通过制度的硬性约束，文化才能够落地生根，也只有不断强化制度的价值认同，文化才能够枝繁叶茂。新时代条件下，只有不断健全党内法规体系，加强党内法规认同，才能将党内先进政治文化所蕴含的精神品质持续化固定化，从而不断深化党内政治文化的发展，促进党内政治文化的创新。

第一，健全党内法规体系，固化党内政治文化精神。制度文化是人类设计的一种约束人们行为方式的规范体系，其中制度是文化的价值载体，当制度体现为规则时，它必然反映了文化的价值、精神和理念。因此，在建构新时代党内先进政治文化的过程中，要高度重视党内法规建设，健全党内法规体系，发挥制度文化在全面从严治党中潜移默化的陶冶和形塑作用，使党内"无形"的政治文化精神通过"有形"的制度载体持续固定下来，从而不断增强党内法规制度的活力，提升党内政治文化的软实力。十八大以来，为了进一步落实贯彻全面从严治党的战略布局，着力构建"不想腐、不敢腐、不能腐"的制度文化体系与显性规则文化体系，中国共产党先后颁布了《中国共产党纪律处分条例》《中国共产党党内监督条例（试行）》《关于新形势下党内政治生活的若干准则》《中国共产党廉洁自律准则》《党政领导干部选拔任用工作条例》《党政机关厉行节约反对浪费条例》《中国共产党党员领导干部廉洁从政若干准则》以及《中国共产党党章》等重要党内法规，这些法规构成了党内政治文化的制度化形态。在建设中国特色社会主义伟大事业，实现中华民族伟大复兴中国梦的历史进程中，中国共产党将党的理想信念、指导思想、根本宗旨、优良作风、民主精神及其政治修养等党内先进政治文化的精神内核通过党内法规制度的形式固化下来，并通过权力的约束使其真正落到实处，从而使党内先进政治文化所彰显的核心价值观不断内化于心、外化于形、实化于行，成为中国共产党永葆旺盛生命力的重要源泉。

第二，强化党内法规认同，推进党内政治文化发展。不断扩大党员对党内

① 《马克思恩格斯全集》第2卷，人民出版社，1957年版，第167页。

法规制度认同与遵守的广度和深度，有利于增强制度的有效性。实践证明，党员对党内法规制度的认同与遵守程度越高，制度的力量就越大，实现程度就越高，反之亦然。因此，要增强全体党员干部对党内法规的认同感和敬畏感，一要学习贯彻党内法规，增强党员对党内法规的认知感和认同感。党的规章制度、纪律及其规矩等党内法规，是党内先进政治文化的重要内容，是不断增强党员对党内法规制度的价值认同的文本基础。在党的政治实践中，各级党委和党支部要健全和完善党内法规的学习机制，采取形式多样、喜闻乐见的方式，形成全体党员学习党内法规的热潮。其中学习党章党规是重点。《中国共产党章程》是最根本的党内法规，它对党的性质和宗旨、党的路线和纲领、党的指导思想和奋斗目标都做了明确的规定，体现了党的理论基础和政治理想，是新时代全面从严治党的根本依据和党员加强自我修养的根本标准。只有通过认真学习和深入贯彻党章，才能增强党的宗旨意识、执政意识、大局意识、责任意识，始终保持党的先进性和纯洁性，凝聚全党的意志和力量，为实现党的理想和目标而共同努力。二要树立党内法规的权威，增强党员对党内法规的敬畏感和崇拜感。如2015年中共中央先后制定颁布了《中国共产党廉洁自律准则》和《中国共产党纪律处分条例》，其中《条例》坚持正面倡导，强调自律，重在立德，展现了共产党人高尚的道德追求和精神导向。《条例》开列负面清单，强调他律，重在立规，划出了党员不可触碰的红线。总之，《准则》和《条例》的颁布，一方面通过廉洁自律准则确立高标准，另一方面通过党纪条例守住底线，强化制度的刚性和建设性力量，真正实现让党员从“不敢腐”到“不能腐”和“不想腐”，从而在全党树立起党章党规党纪的权威性和严肃性。

四、行为径路：形成以干部为榜样的党内政治文化主体

党员的行为作风代表和形塑了政党组织的整体形象，同时也反映了政党政治文化的先进与否。在政治实践中，人民群众往往通过评价党员的行为作风来审视党内政治文化，甚至衡量政党性质。因此，从长远来看，党员能否保持优良的行为作风关系着党的前途命运。陈云曾明确提出了“执政党的党风问题是有关党的生死存亡问题”① 的著名论断。因此，在新时代条件下，党员干部要自觉保持良好作风，维护党的形象，成为引领党内先进政治文化的行为主体。

首先，党员干部要做高尚道德的引领者。国无德不兴，人无德不立。毛泽东

① 《陈云文选（1956－1985）》，人民出版社，1986年版，第245页。

指出，治国就是治吏，礼义廉耻，国之四维，四维不张，国将不国。党员干部的道德修养不仅关系到党员干部个人人生的成败，更是关系到党的历史使命和民族复兴的大业。十八大以来，以习近平同志为核心的党中央把“德才兼备，以德为先”作为衡量和考察党员干部是否胜任的根本标准。在培育党内先进政治文化的实践中，要求党员干部要全面加强道德修养，坚持爱国民主公平正义的社会主义核心价值观，继承党实事求是、联系群众和自我批评的优良传统，弘扬中华民族的自强不息、勤俭节约、廉洁奉公等传统美德，能够明是非、辨善恶、知廉耻，远离极端个人主义、拜金主义、享乐主义等颓废道德观，从而追求积极向上的道德情趣。新时代，党员干部只有始终保持共产党人的高风亮节，作为政修德、正心修身的模范，用自己的道德品行影响和感染身边的群众，以共产党人的人格力量去凝聚人心，赢得人心，才能推动全社会形成崇德向善的良好道德风尚，为实现中国梦汇聚起强大的精神力量和有力的道德支撑。

其次，党员干部要做廉洁形象的维护者。自古以来，清正廉洁是为政之本。建设廉洁政治是党的优良传统和鲜明政治立场。不论在革命战争年代，还是在和平建设时期，中国共产党一直都把建设廉洁政治作为党永葆生机和活力的重要法宝。在十八届六中全会上，习近平总书记反复强调党要始终保持清正廉洁的政治本色，认为这是马克思主义政党区别于其他任何政党的显著标志。在新的历史条件下，面对“四大考验”和“四种危险”的形势与挑战，党员干部必须自觉把清正廉洁作为共产党人的精神追求和道德表现，坚定理想信念，切实把牢思想和行动的“总开关”，践行“三严三实”，贯彻落实中央八项规定，始终保持优良的工作与生活作风。尤其是领导干部要坚决抵制潜规则，自觉净化朋友圈、社交圈和生活圈，反对拉帮结派的圈子文化和码头文化，自觉抵制商品交换原则对党内政治生活的侵蚀。在日常生活中，党员干部还要注重树立良好家风，切实加强家庭建设，重视家庭教育，绝不以权谋私，利用职权为家属亲友谋求特殊照顾，规范配偶子女从业行为，用好的家风涵养和支撑好的社会风气。总之，党员干部只有坚决反对腐败，建设廉洁政治，着力构建干部清正、政府清廉、政治清明的政治生态，党才能够得到人民群众的广泛支持和真诚拥护，从而成为践行伟大事业的“主心骨”。

再次，党员干部要做遵纪守规的示范者。无规矩不成方圆。党要管党，从严治党靠的就是严明纪律。中国共产党是用革命理想和铁的纪律组织起来的马克思主义政党，严明的纪律是党的优良传统和政治优势，是党战胜一切苦难，从胜利不断走向胜利的坚强保证。十八大以来，以习近平同志为核心的党中央高度重视党的纪律建设，突出强调要严明党的政治纪律和政治规矩。在政治生活中，要求党员要把纪律挺在前面，坚守底线思维，即做到“五个必须”和“五个决不允许”，划出了共产党员不可触碰的红线和警戒线，因此，党员干部要自觉按原则、按规矩办事，不断增强“四个意识”，做政治上的“明白人”。在全面从严治党的政治实践中，特别是领导干部作为少数关键，时刻处在普罗大众的关注之下，其一举一动都代表着党的形象，其身正，不令而行，其身不正，虽令不从，因此，党员干部应当把守纪律讲规矩作为从政的生命线，充分认识到严守纪律是职责所系、使命所需，必须强化带头意识和模范意识，自觉把权力关进制度的笼子，筑牢反腐倡廉的铜墙铁壁，带头依法办事，依法管人，依法用权，依法接受党和人民群众的监督，清清白白做人、干干净净做事、堂堂正正做官，成为遵纪守规的示范者。

最后，党员干部要做勇于担当的责任者。敢于担当是中国共产党鲜明的政治品格，凸显了党的胸怀与勇气、能力与格局。新时代条件下，中国共产党的担当精神体现为：一是直面是非，敢于亮剑。面对意识形态领域的复杂斗争，党员干部要具有高度的政治鉴别力和政治敏锐性。在大是大非面前，党员干部要具有清醒的政治方向和坚定的政治立场，能够分清主流和逆流、真理和谬误。面对政治风浪，党员干部要具有强烈的政治是非感和敏锐的政治判断力，始终与党中央保持一致，掌握主动权，快速准确地观察和处理复杂政治问题，保障党和国家的根本利益。二是直面矛盾，敢于挑战。树立问题意识，坚持问题导向，是新时代全面从严治党的内在要求。面对错综复杂的矛盾和利益纠葛，党员干部要始终把发现问题、剖析问题和解决问题作为出发点和落脚点，深入查找、扎实解决思想上政治上作风上的问题，不断自我净化，自我提高，培育坚强党性。三是直面腐败，敢于斗争。面对政治生活中的各种歪风邪气，领导干部应具有舍我其谁的政治担当和铁面无私的浩然正气，拒绝做明哲保身的老好人，相信正气必然压倒邪气。在反腐败斗争中，要敢抓真管、较真碰硬、严厉整治，要勇于抛开面子，揭短亮丑，坚决打击，让各种不正之风没有市场，彻底根治政治生态的“顽疾”。四是直面失误，敢于担责。人非圣贤，孰能无过。领导干部要正确对待失误，不能因怕丢面子而掩饰缺点和错误、回避问题或推卸责任，应当勇于自我批评和反省，主动承认错误，把纠正失误和总结教训的过程看作是成长进步的阶梯，才能得到党和人民群众的信任和尊重。

不断提高党的执政能力和领导水平

国防大学　李云云　张　宏

习近平总书记指出："党要团结带领人民进行伟大斗争、推进伟大事业、实现伟大梦想，必须毫不动摇坚持和完善党的领导，毫不动摇把党建设得更加坚强有力。"① 十九大报告关于党的建设的一系列重要论述以全面从严治党为主题，深刻阐述了加强党的领导、推进党的建设的极端重要性，与时俱进提出新时代党的建设总要求，对推进党的建设新的伟大工程作出了顶层设计和战略部署。各级党委在落实新时代党的建设总要求中肩负着重大责任和神圣使命，领会好全面从严治党思想，对于加强党的领导、行政领导、统一领导至关重要。

一、准确理解新时代全面从严治党的紧迫性

十九大报告深刻指出："伟大的事业必须有坚强的党来领导。"② 当前，党面临的执政环境复杂深刻，"四大考验""四种危险"长期存在，党内存在的思想不纯、组织不纯、作风不纯等突出问题尚未得到根本解决。打铁必须自身硬，各级党委要深刻理解把握全面从严治党的紧迫性，坚持问题导向，保持战略定力，推动全面从严治党向纵深发展。

（一）中华民族从站起来、富起来到强起来的发展经验启示我们必须全面从严治党。近代以来，久经磨难的中华民族实现了从站起来、富起来到强起来的历史性飞跃。这一伟大飞跃，承载着党从诞生之日起就和人民一路同行、为人民不懈奋斗的艰辛历程，凝聚着中国人民对党的无比信赖和拥护。各级党委作

① 习近平：《在中国共产党第十九次全国代表大会上的报告》，人民出报社，2017 年版，第 61 页。

② 习近平：《在中国共产党第十九次全国代表大会上的报告》，人民出报社，2017 年版，第 69 页。

为本单位统一领导和团结的核心，在带领广大干部坚决完成党和人民赋予的光荣使命中发挥着重大作用。建立党的委员会制度，是党在领导革命建设改革实践中的伟大创举。它起源于南昌起义，奠基于三湾改编，巩固于古田会议，完善于党的七大后，其中也经历了曲折的过程和艰辛的探索。比如，在赣南和宁都会议后中断，在十年“文革”中被削弱。但是，这一制度具有强大的生命力和存在的合理性，经过反复探索、实践、总结，最终成为党长期坚持的制度。党的97年的历史经验证明，坚持党的领导是战胜一切困难和风险的法宝，哪个方面、哪个环节缺失了弱化了，都会侵蚀组织领导力量，损害强国兴军伟业，必须不断加强，决不能有丝毫削弱。

（二）中国特色社会主义进入新时代的历史方位昭示我们必须全面从严治党。党的十九大报告指出：“经过长期努力，中国特色社会主义进入了新时代，这是我国发展新的历史方位。”① “新”字背后，有发展成绩的积淀，也有肩负任务的转换，要夺取伟大斗争、伟大事业、伟大梦想的全面胜利，需要党的建设新的伟大工程来支撑。面对国家安全环境的深刻变化，面对强国兴军的时代要求，只有毫不动摇坚持党的领导，毫不动摇把各级党委建设得更加坚强有力，才能按照全面建成小康社会、开启全面建设社会主义现代化国家新征程的指导思想和基本方略，致力于解决社会主要矛盾，解答新的时代课题，激励全体中国人民不断奋进，凝聚起同心共筑中国梦的磅礴力量。

（三）坚持党对一切工作领导的政治属性要求我们必须全面从严治党。党的十九大报告提出了新时代党的建设的总要求，强调：“坚持和加强党的全面领导，坚持党要管党、全面从严治党，以加强党的长期执政能力建设、先进性和纯洁性建设为主线，以党的政治建设为统领，以坚定理想信念宗旨为根基，以调动全党积极性、主动性、创造性为着力点，全面推进党的政治建设、思想建设、组织建设、作风建设、纪律建设，把制度建设贯穿其中，深入推进反腐败斗争，不断提高党的建设质量，把党建设成为始终走在时代前列、人民衷心拥护、勇于自我革命、经得起各种风浪考验、朝气蓬勃的马克思主义执政党。”② 这是坚定不移全面从严治党总的建设方向和思路，需要我们进行准确理解、总体把握、全面坚持。

---

① 习近平：《在中国共产党第十九次全国代表大会上的报告》，人民出报社，2017年版，第10页。

② 习近平：《在中国共产党第十九次全国代表大会上的报告》，人民出报社，2017年版，第61－62页。

（四）实现中华民族伟大复兴的美好愿景激励我们必须全面从严治党。十九大将“实现中华民族伟大复兴的中国梦”第一次写进党的政治报告，上升为党的意志、国家意志，这是党对新时代社会主义建设发展的宏伟筹划和战略决心。领导13亿多人的社会主义大国，我们党既要政治过硬，也要本领高强。中华民族伟大复兴，绝不是轻轻松松、敲锣打鼓就能实现的。实现伟大复兴要靠党的坚强领导，推进社会发展更要靠坚强有力的党委引领。作为本单位建设发展的“领头雁”，各级党委必须紧紧跟上习近平总书记的战略步伐，全面增强学习本领、政治领导本领、改革创新本领、科学发展本领、依法执政本领、群众工作本领、狠抓落实本领和驾驭风险本领，以永不懈怠的精神状态和一往无前的奋斗姿态，确保“一张蓝图干到底”。

二、充分认清新时代全面从严治党面临的严峻形势

十九大以来，各级党委认真贯彻全面从严治党的新部署新要求，积极适应新常态，着力推动压力向基层末梢传导，风气建设持续向上向好，人民群众总体满意度持续上扬。但不良作风树倒根存，新的隐形变异时有发生，距压倒性胜利还有很长的路要走，党员违纪问题频发，小官大贪、“微腐败”问题仍然比较严重。

一是“两个责任”压得不实。全面从严治党讲认识多、抓落实少，失之于宽、失之于软的情况还不同程度存在。党委履行主体责任存在缺位，有的缺乏担当精神，对正风反腐工作重视程度不够；有的抓党风廉政建设就是开开会、表表态、签责任书，对所属单位党风廉政建设情况深入不够；有的对党员干部教育管理不严，个别人不能正确对待巡视和执纪审查，四处打探情况；有的政治敏锐性不强，对学习贯彻党的重大政治任务专题研究部署不够深入。湖南衡阳贿选案，党委主体责任不落实，市委书记童名谦作为第一责任人不管不问、听之任之，市一届人大代表几乎人人贿选、全军覆没。纪委履行监督责任能力较弱，有的学习抓得不紧，思维理念、话语体系没有跟上新时代，对新形势新要求认识不清，对新政策新制度把握不准，对新体制新任务适应不快，把惯例当规矩，靠惯性抓工作；有的主责主业不够聚焦，仍在工程建设、物资采购调研和招投标等事务中贴“标签”、当“挡箭牌”。民政部派驻纪检组原组长曲淑辉缺乏担当精神，发现问题不报告不处置，造成民政部出现系统性腐败，部长李立国、副部长窦玉沛双双接受组织审查。

二是压力传导存在梗阻。有的党风廉政建设发展不平衡，上紧下松、上严下宽、上热下冷问题依然存在。传达上级指示精神不到位，有的学习上级精神不走心入脑，当“传声筒”“二传手”，组织学习就是念一念文件通知，不分析单位现状，不提出具体要求；有的传达指示要求不及时，随意缩小传达范围，典型违纪违法案例通报没有按规定传达到位，导致上级部署要求在基层挂了空挡。监督监察走过场，有的党员干部还没有习惯在受监督和约束的环境中工作生活，不愿征求下级意见、接受群众监督，在有硬性要求的公开事项上，搞“结果性公示”“简约化公示”“小范围公示”，让监督流于形式；有的开展监督检查走马观花、蜻蜓点水，查找的都是普遍适用、大而化之的问题，对性质较重、需要问责的事情不愿涉及，开展明察暗访大多是你好我好大家好，很少发现问题。

三是“四风”问题时有发生。习近平总书记强调指出：“纠正‘四风’不能止步，作风建设永远在路上。”① 从中国纪检监察网通报看，“四风”问题在一些领域一些部门依旧突出。违反八项规定精神时有发生，有的违规发放福利补助和津贴补贴；有的热衷吃喝，搞庸俗交往；有的存在超标准接待现象，总怕“不陪同显得不重视、不高档显得不热情”，变着形式搞特殊。形式主义仍有市场，有的重表态轻落实，把上级决策指示要求挂在嘴上，抓工作没有真招实策，扎扎实实走程序，认认真真走过场；有的习惯用会议落实会议，用文件落实文件；有的搞材料政绩，精力都放在“材料美化”“材料包装”上，工作刚开展就急于总结经验成绩、宣传特色做法；有的挖空心思应付检查，编造假情况、假数字、假记录，表面看起来花团锦簇，实际上掩盖了矛盾的存在，拖延了问题的解决；有的高高在上，脱离实际乱指挥；有的敷衍推诿，服务群众办事拖拉，宁愿不干事，只求不出事。十九大闭幕不到两个月时间，各级纪委就密集曝光了包括违规宴请喝酒、超标准接待、收受礼金、公款旅游等80余起违反中央八项规定的问题。

四是顶风违纪仍在持续。决心不到位、刹车踩不死的情况不同程度存在。高压禁令下仍不收敛，有的无知无畏，参加学习、接受警示不走心，对习近平总书记全面从严治党的决心意志、当前正风反腐形势认识不清，对上级指示置若罔闻、对党纪国法毫无敬畏；有的刀悬头而手不停，在巡视、审计力度逐年加大，执纪惩处越来越严的情况下，依旧我行我素，不收敛不知止。经费使用

① 习近平：《纠正“四风”不能止步　作风建设永远在路上》，《人民日报》2017年12月12日。

管理问题仍然多发，有的违规套现，知情不报，甚至点头默许、私下授意，导致群体性违纪、塌方式腐败；有的抱有侥幸心理，对巡视反馈的问题不整改纠治，被移送司法才追悔莫及；有的买官鬻爵，侵占群众利益，影响十分恶劣。十九大之后，财政部副部长张少春、国家能源局副局长王晓琳、中宣部副部长鲁炜、贵州省副省长蒲波、辽宁省副省长刘强、陕西省副省长冯新柱等“老虎”纷纷落马。①

三、坚决扛起新时代全面从严治党的主体责任

新时代提出新要求，新时代要有新标准。习近平总书记在十九大报告中指出，反腐败斗争压倒性态势已经形成并巩固发展，这是历史性、标志性成就，同时也警示我们，执纪执法必须紧而又紧、严上加严，丝毫的放松都可能导致反弹回潮、前功尽弃。各级党委要切实把党的十九大赋予的神圣使命和艰巨责任担起来，把形势讲出来、把态度亮出来、把要求提出来、把底线划出来，让敬畏法纪、遵守法纪、维护法纪成为广大党员干部思想共识和行为自觉。

一要坚定看齐追随，立起全面从严治党的思想引领。紧跟习近平总书记管党治党新思想新理念新战略，锲而不舍把党风廉政建设和反腐败斗争引向深入。坚持高举伟大旗帜不动摇，把学习贯彻党的十九大精神作为首要政治任务，牢固确立习近平新时代中国特色社会主义思想根本指导地位，把思想统一到反腐败斗争形势依然严峻复杂的科学判断上来，深刻领会全面从严治党基本方略，以更高的政治站位、更强的战略定力，有力有效履行党内监督的政治责任。坚持加强党的政治建设不动摇，旗帜鲜明讲政治，坚定不移维护以习近平同志为核心的党中央权威和集中统一领导，确保各级党委在政治立场、政治方向、政治原则、政治道路上同党中央保持高度一致，做党的政治纪律政治规矩的忠诚捍卫者。坚决彻底肃清周永康、薄熙来、苏荣、令计划等人流毒影响，坚持从严肃清的工作导向，在思想上、组织上、纪律上、法律上坚持从严的标准要求，切实把压力层层向下传导，以快查快办、先查先办、严查严办，对顶风违纪、顶风作案行为形成强烈震慑。

二要严格执纪执法，立起全面从严治党的刚性标准。要以贯彻党的十九大精神为新起点，进一步加大执纪执法力度，维护法纪权威。坚持纪在法前、纪严于法，深入推进监督执纪“四种形态”实践运用，深刻理解“四种形态”绝

① 《审查调查》，中国纪检监察网，http//www：ccdi. gov. cn。

不是从轻处理、放缓节奏，红红脸出出汗是从小错小节抓起、从一言一行严起，只要有违纪违法行为就必须从严查处，露头就打、动辄则咎，落实以法治思维法治方式惩治腐败的基本要求，彰显有纪必依、违纪必究、执纪必严的鲜明态度。坚持依纪依法、实事求是，是什么问题就按什么问题处理，违反纪律就追究纪律责任，涉嫌违法犯罪就移送司法机关依法处理，决不搞以纪代法、降格处理，决不以任何理由搞网开一面、罚不责众。坚持从严从紧，始终保持高压严治的强劲态势，让党员干部明白纪与法的界限，明白受贿行贿一起查的要求，明白违纪就要党纪论处、违法就要国法从事的原则。要严格依据《刑法》规定和相关司法解释，对涉嫌违法犯罪一律移送司法机关依法处理。“要深化标本兼治，夺取反腐败斗争压倒性胜利。”①

三要严肃追责问责，立起全面从严治党的鲜明导向。动员千遍不如问责一次，有责不担，正气难彰；失责不问，百弊丛生。要着力推进失责必问的常态化，对落实“两个责任”不力，在党风廉政建设上失职失责的，发现一起问责一起，决不搞好人主义、一团和气，对该发现的问题没有发现、发现问题不报告不处置、该问责而不问责的，也要严肃追究，坚决杜绝“破窗效应”，防止制度成为“稻草人”。要着力提升问责追究的精准度，问责的方式多种多样，组织处理、纪律处分是问责，严肃批评、诫勉谈话同样是问责，要把问谁的责、问什么责、问多大责搞清楚，该批评就批评，该处理就处理，能用咬耳扯袖、红脸出汗等方式解决的，就不要等到凑够条件用组织处理甚至纪律处分来问责，推动追责问责更加“严、准、实”。要着力增强问责实施的严肃性，各级纪委对执纪执法情况要加大检查抽查力度，对执纪执法不严，该处分不处分、该重处分给轻处分、该移送司法作纪律处理的，严肃处理相关责任人并追究领导责任；对管党治党宽松软、维护法纪不力，违纪违法问题和案件多发频发的单位，严肃追究党委主体责任和纪委监督责任。

四要坚持常态常抓，立起全面从严治党的作风保证。习近平总书记在中办呈报的《形式主义、官僚主义新表现值得警惕》一文上作出重要批示，“十种情况看似新表现，实则老问题，再次表明‘四风’问题具有顽固性反复性。”② 身教重于言教，各级党委只有牢固确立走在前列的标准，践行“三严三实”要求，

---

① 《中国共产党第十九届中央纪律检查委员会第二次全体会议公报》，《人民日报》2018年1月14日。

② 习近平：《纠正“四风”不能止步 作风建设永远在路上》，《人民日报》2017年12月12日。

树起良好作风形象，才能有效提高创造力、凝聚力、战斗力。坚持把作风建设作为基础工程，从思想根子抓起，从班子自身严起，从突出问题治起，勤勤恳恳为民，兢兢业业干事，清清白白做人，以党委自身的过硬作风带动整个社会政治生态的风清气正。牢固树立“群众至上”的观念，破除“官本位”思想，防止和避免官僚主义、衙门习气。改进作风，就是要扑下身子、沉到一线，卷起袖子、迈开步子，真正掌握实情。律己足以服人，身先足以率人。党员干部的一言一行、一举一动，群众都看在眼里、记在心里，在办事用权、律己修身、执行法规制度等方面必须高标准严要求。要切实把为官做人的价值取向搞端正、人格形象搞端正，当好部属的精神向导和表率模范，树立严格自律、清正廉洁的良好形象，不断提高党的执政能力和领导水平。

论建设高素质专业化干部队伍

国防大学　屈胜喜

为政之要，惟在得人。党的干部作为生产力中最活跃因素的特殊组成部分，是党和国家事业的中坚力量。习近平总书记在党的十九大报告中提出，要“建设高素质专业化干部队伍”。① 这既是新时代干部工作的目标要求，也是全面推进党的干部队伍和人才建设的重要遵循。对此，必须站在党的建设和党的事业发展高度深化认识，深刻领会其科学内涵，不断改进优化干部队伍建设的方法路径。

一、建设高素质专业化干部队伍，对于加强党的建设和推进党的事业具有重要意义

党的十八大以来，习近平总书记着眼于进行伟大斗争、建设伟大工程、推进伟大事业、实现伟大梦想，始终把干部队伍和人才建设摆在战略位置紧抓不放，提出了一系列关于干部队伍建设的重要论述，在生动理论与丰富实践的互动中形成了科学系统的干部人才思想。习近平总书记在党的十九大上提出“建设高素质专业化干部队伍”，建立在准确判断国内国际两个大局发展趋势，和准确把握党的干部队伍建设实际的基础之上，具有鲜明的时代特色，是党的干部工作思想的最新发展成果，是新时代加强党的干部队伍建设的科学指南。

（一）建设高素质专业化干部队伍，是增强党的执政能力的必然要求

当前，我国正处于全面建成小康社会的决胜阶段、夺取新时代中国特色社会主义伟大胜利的关键时期，重大机遇和严峻挑战并存。中国共产党作为执政

① 《决胜全面建成小康社会　夺取新时代中国特色社会主义伟大胜利》，人民出版社，2017 年版，第 64 页。

党，肩负着团结带领人民进行伟大斗争、推进伟大事业、实现伟大梦想的历史重任，面临着长期而复杂的执政考验、改革开放考验、市场经济考验、外部环境考验，以及尖锐而严峻的精神懈怠危险、能力不足危险、脱离群众危险、消极腐败危险。习近平总书记在党的十九大报告中强调，“领导十三亿多人的社会主义大国，我们党既要政治过硬，也要本领高强”。① 打铁必须自身硬。中国的事情，关键在党，党的执政能力建设则是重中之重。建设高素质专业化干部队伍是增强党的执政能力的基础和必然要求，这是因为：从执政党的主体看，党的执政能力强弱最终体现为党的干部队伍素质和能力高低；从党的执政方式看，党的干部队伍素质和能力直接决定着科学执政、民主执政、依法执政的水平；从党的执政经验看，提高党的干部队伍素质和能力是贯穿执政党建设始终的长期任务。在2017年12月全国组织部长会议上，把建设高素质专业化干部队伍作为2018年组织工作重点任务予以部署，其重要考量在于解决好干部素质和能力“瓶颈”，不断增强干部的学习本领、政治领导本领、改革创新本领、科学发展本领、依法执政本领、群众工作本领、狠抓落实本领和驾驭风险本领，促进党的执政本领全面提升。

（二）建设高素质专业化干部队伍，是夺取新时代中国特色社会主义伟大胜利的重要保证

中国特色社会主义进入新时代，实现中华民族伟大复兴迎来光明前景。但是，实现中国梦不可能一帆风顺，越接近目标，面临的风险就越大。当今世界正进入一个大调整、大变革、大发展的时期，国际形势不稳定、不确定、不安全因素增多，我国所面临的外部环境更趋复杂。处于由大向强的特殊历史阶段，在夺取新时代中国特色社会主义伟大胜利的历程中，我国既面临大量的新情况新问题，同时又面临长期努力解决但还没解决好的老问题。什么样的历史方位决定什么样的历史使命，什么样的历史使命就需要什么样的干部队伍。坚决维护、充分利用重要战略机遇期，在风云变幻的局势中赢得发展主动，必须要把党的干部队伍建好建强。进入新时代，我国社会主要矛盾已经转化为人民日益增长的美好生活需要和不平衡不充分的发展之间的矛盾。适应社会主要矛盾的新变化，必须坚持党对一切工作的领导，坚持以人民为中心，坚定贯彻创新、协调、绿色、开放、共享的发展理念，坚决破除一切不合时宜的思想观念和体

① 《决胜全面建成小康社会　夺取新时代中国特色社会主义伟大胜利》，人民出版社，2017年版，第68页。

制机制弊端，不断推进国家治理体系和治理能力现代化，重点解决好“不平衡不充分的发展”问题。政治素养不够、工作能力不强、专业水平不高的干部难以符合党的事业发展新要求。必须把建设高素质专业化干部队伍贯彻落实到党的干部队伍建设各个环节和各项工作中，培养选拔一大批政治强、懂专业、善治理、敢担当、作风正的干部，从而为夺取新时代中国特色社会主义伟大胜利提供坚强的组织保证。

（三）建设高素质专业化干部队伍，是解决干部队伍建设自身矛盾问题的现实需要

一段时间以来，各级党委和组织部门认真贯彻执行党的干部路线，选人用人主流是好的，但也存在这样那样的一些问题。特别是选人用人上的不正之风比较突出，任人唯亲、跑官要官、买官卖官、拉票贿选等现象屡禁不止。受选人用人不正之风的影响，一些地方选出来的干部素质和能力明显不合格，甚至出现一些“带病提拔”的干部，以致广大干部在好干部标准问题上产生模糊认识，部分党员干部出现理想信念滑坡、作风建设涣散、道德行为失范等问题，严重损害党的形象，影响党的事业发展。习近平总书记在党的十八届六中全会上指出，“在一些党员、干部包括高级干部中，理想信念不坚定、对党不忠诚、纪律松弛、脱离群众、独断专行、弄虚作假、慵懒无为，个人主义、分散主义、自由主义、宗派主义、山头主义、拜金主义不同程度存在，形式主义、官僚主义、享乐主义和奢靡之风问题突出。”① 党的十八大以来，以习近平同志为核心的党中央坚定推进全面从严治党，集中整饬党风，严厉惩治腐败，党的干部队伍呈现出新状态、新气象。全面从严治党永远在路上。匡正选人用人风气、树立正确选人用人导向必须一如既往地坚持好、发展好，防止选人用人不正之风反弹回潮。促进干部个人素质和能力提升也是干部队伍建设的永恒课题。随着我国发展领域不断拓宽，分工日趋复杂，国际国内联动更加紧密，对干部的素质和能力提出了更高要求。建设高素质专业化干部队伍，全面增强干部队伍适应新时代中国特色社会主义发展要求的能力，使之专业素养和工作能力跟上时代节拍，成为做好工作的行家里手，才能成为合格干部、党的好干部。

---

① 《关于新形势下党内政治生活的若干准则》，《中国共产党党内监督条例》辅导读本，人民出版社，2017 年版，第 77—78 页。

二、建设高素质专业化干部队伍，必须深刻领会其科学内涵

（一）“高素质”与“专业化”具有辩证统一的关系

在党的十九大报告中，习近平总书记第一次把“高素质”与“专业化”并重强调，提出“建设高素质专业化干部队伍”的重要论断。“高素质”集中体现为政治过硬、本领高强。政治过硬是第一位的要求，党的干部必须是牢固树立“四个意识”和“四个自信”、坚决维护党中央权威、全面贯彻执行党的理论和路线方针政策、忠诚干净担当的干部。本领高强就是要有高超的学习本领、政治领导本领、改革创新本领、科学发展本领、依法执政本领、群众工作本领、狠抓落实本领和驾驭风险本领。“专业化”并非单纯的专业对口，而是具备分析形势、作出决策、破解难题的专业思维、专业素养和专业方法，是专业能力和专业精神的高度统一。“专业能力，就是干部具有较高统筹协调的领导能力前提下，对本职工作所具备的精通程度和把握能力；专业精神，就是坚持问题导向，善于进行调查研究、按照专业规范和岗位规律开展工作的科学精神，就是持之以恒、不解决问题不罢休的敬业精神，就是对所从事的工作热爱、专注的执着精神”。①“高素质”是“专业化”的基础和前提，“专业化”是“高素质”的集中反映和重点要求。“高素质”和“专业化”共同体现党的干部队伍建设时代要求，统一于促进和保证干部队伍能力适应新时代中国特色社会主义发展的要求上。

（二）“建设高素质专业化干部队伍”是新时代好干部标准的具体实践

党的十八大以来，习近平总书记围绕“什么是新时代的好干部”“怎样成长为好干部”“怎样把好干部用起来”进行了系统思考和谋篇布局。在2013年全国组织工作会议上，习近平总书记提出了“信念坚定、为民服务、勤政务实、敢于担当、清正廉洁”的好干部标准。“‘信念坚定，为民服务’，突出的是革命理想与党的宗旨相结合的能力；‘勤政务实’，突出的是奉献精神与真抓实干相结合的能力；‘敢于担当’，突出的是开拓进取与勇于负责相结合的能力；‘清正廉洁’，突出的是自我控制与自我纠正相结合的能力”。② 这五条好干部标准是干部的立身之本、为政之道、履职之要、成事之基、正气之源，涵盖了党对

---

① 祝灵君：《做新时代高素质专业化干部》，http：//dangjian. people. com. cn/n1/2018/0126/c117092－29788448. html。

② 周新民：《新时代如何推动高素质专业化干部队伍建设》，《党建》，2018年第3期。

各级干部的方方面面要求，突出了干部队伍建设的核心本质，是新时代干部队伍建设的基本遵循和实践准则。习近平总书记在党的十九大报告中指出，“要坚持党管干部原则，坚持德才兼备、以德为先，坚持五湖四海、任人唯贤，坚持事业为上、公道正派，把好干部标准落到实处。”① 建设高素质专业化干部队伍，其核心要义与新时代好干部标准相一致，是结合新的形势和任务对新时代好干部标准的具体化、丰富化、延续化。新时代好干部标准既是建设高素质专业化干部队伍的根本指导，也是其重要目标要求。

（三）“建设高素质专业化干部队伍”是对党的干部工作思想的继承发展

在1938年党的六届六中全会上，毛泽东提出了“任人唯贤”的干部路线，同时明确阐述了“才德兼备”的干部标准：“共产党的干部政策，应是以能否坚决地执行党的路线，服从党的纪律，和群众有密切的联系，有独立工作的能力，积极肯干，不谋私利为标准。”② 在1957年党的八届三中全会上，毛泽东同志进一步发展了“德才兼备”的干部标准，创造性地提出了“又红又专”的思想：“各行各业的干部都要努力精通技术和业务，使自己成为内行，又红又专”。③ 为了满足改革开放条件下对年轻干部和各项建设专业化人才的迫切需求，在1982年党的十二大上，干部队伍“革命化、年轻化、知识化、专业化”方针写入了党章，标志着这一方针作为干部队伍建设的指导方针确立起来。1996年，江泽民同志在《努力建设高素质的干部队伍》的重要讲话中提出建设“高素质干部队伍”。2009年，党的十七届四中全会通过的《中共中央关于加强和改进新形势下党的建设若干重大问题的决定》明确提出，“坚持德才兼备、以德为先用人标准”。通过梳理党的干部工作思想发展历程能够看出，高素质是党对干部的一贯要求，专业化是党的干部标准的继续坚持。高素质专业化，通俗来讲就是德才兼备、又红又专，与党的几代中央领导集体干部工作思想是一以贯之、一脉相承的。同时，“建设高素质专业化干部队伍”这一论断是基于新时代中国特色社会主义的条件和要求提出的，是对党的干部工作思想的创新发展，标志着对新时代干部队伍建设的认识和实践进入了新层次、新阶段。

---

① 《决胜全面建成小康社会　夺取新时代中国特色社会主义伟大胜利》，人民出版社，2017年版，第64页。

② 《毛泽东选集》第2卷，人民出版社，1991年版，第526—527页。

③ 《毛泽东文集》第7卷，人民出版社，1999年版，第309页。

三、建设高素质专业化干部队伍，必须进一步加强和改进干部选用、培育和管理工作

政治路线确定以后，干部就是决定因素。"建设高素质专业化干部队伍，不断提高党的执政能力和领导水平，既是关乎擘画十九大宏伟蓝图的战略命题，也是关乎党的事业接续发展的永恒课题"。① 干部工作中，选用是核心，培育是基础，管理是保障，三者相辅相成。建设高素质专业化干部队伍，必须坚持多管齐下，积极加强和改进干部选用、培育和管理工作，形成统筹推进的综合效应。

（一）端正选人用人导向，精准选人科学用人，不断提升干部选用工作水平

选人用人导向决定干部作风和干部队伍的发展，关系党的作风和党的形象，影响党和国家的事业成败。用一贤人则群贤毕至，见贤思齐就蔚然成风，建设高素质专业化干部队伍重在选拔使用。一是要坚持好干部标准。坚持党管干部原则，强化党组织的领导和把关作用，切实把好干部标准作为干部选拔任用工作的基本遵循，注重统筹干部队伍资源，拓宽选人用人视野，严格落实选拔任用工作程序，以对党忠诚选忠诚于党的人，以事业为上选担当干事的人，以扎实作风选作风扎实的人。要坚决防范和纠正选人用人上的各种不正之风，积极破解唯票、唯分、唯 GDP、唯年龄等种种取人偏向。二是坚持精确化识人。精准考察干部是科学选用的前提。注重改进考察方式，坚持经常性、近距离、有原则地接触干部，全方位、多角度、立体式识别干部，综合运用巡视、审计、信访等成果，全面掌握干部真实表现。注重综合分析研判，坚持历史、全面、辩证地评价干部，对收集到的信息资料进行比较、印证、判断，确保为党委选人用人提供科学依据。注重突出政治标准，把是否牢固树立"四个意识"和"四个自信"、是否坚决维护党中央权威、是否全面贯彻执行党的理论和路线方针政策作为"第一道考题"，把对政治忠诚、政治定力、政治担当、政治能力、政治自律的审查和衡量贯穿考察干部的全过程，对政治上不合格的"一票否决"。三是坚持专业化选配。坚持事业为上，深入研究新时代中国特色社会主义对专业化的新要求，突出人事相宜、人岗相适，坚决破除论资排辈、部门化属地化观念做法，把最合适的人选放到最合适的岗位。注重实践标准，防范专业

① 尹卫东：《把十九大精神贯彻到干部工作中》，《群众》，2017 年第 22 期。

化等于“科班化”“理论化”“特殊化”的不良倾向①，确实选拔使用具有良好专业素养的干部，而不是简单地以学过什么、专业对不对口任用干部。

（二）加强专业能力培训，注重实践锻炼提高，不断提升干部培育工作水平

教育培养是干部队伍建设的先导性、基础性、战略性工程。习近平总书记指出，成长为一个好干部，一靠自身努力，二靠组织培养。建设高素质专业化干部队伍不是一蹴而就的，必须坚持稳中求进、久久为功，结合社会发展实际和干部成长规律抓好教育培训和实践锻炼。一是突出抓好教育培训这个先导。工欲善其事，必先利其器。坚持在充分调研的基础上，以系统化、精准化的思维谋划干部教育培训，根据分级分类、突出需求、因人送学、多元施教的原则，组织干部有计划地参加教育培训。突出理论武装和党性教育，抓好习近平新时代中国特色社会主义思想的学习教育，进一步提升广大干部的“四个意识”。强化专业知识和能力培训，把培训目标、内容、方法同干部能力提升紧密结合起来，帮助干部克服“知识恐慌”“本领恐慌”，解决好面对新形势不适应、不会为、不善为等问题，使培训成为干部学习新知识、拓展新思路、增加新能力的重要平台。二是突出抓好实践锻炼这个关键。习近平总书记多次强调，要坚持实践导向和基层导向，注重在改革发展开放一线，发展培养、锻炼提高各方面干部。基层历练是干部成长的基础支撑，多岗锻炼是干部成长的重要路径。有计划地将干部放到任务重、矛盾多、情况复杂的岗位上，敢于压担子、交任务，使其在基层一线积累经验，在关键岗位上增加才干，在重大任务中磨练提高。加大干部挂职锻炼力度，注重丰富内容形式、拓宽渠道途径、强化过程管理、提升挂职效益，确保挂职干部见世面、长本领。三是突出抓好年轻干部这个重点。习近平总书记在党的十九大报告中指出，“大力发现储备年轻干部，注重在基层一线和困难艰苦的地方培养锻炼年轻干部，源源不断选拔使用经过实践考验的优秀年轻干部”。② 年轻干部关系到党的事业长远发展的根本大计，必须作为一项重大战略任务来抓。积极创建年轻干部实践锻炼机制，把年轻干部放到改革发展的主战场、服务群众的最前沿砥砺品质、提高本领，为其成长进步搞好规划、搭建平台。既坚持必要的台阶式、递进式历练，又要敢于大胆破格使

---

① 张国梁：《把十九大精神贯彻到干部工作中》，《唯实》，2017 年第 22 期。

② 《决胜全面建成小康社会　夺取新时代中国特色社会主义伟大胜利》，人民出版社，2017 年版，第 64 页。

用确有真才实学、成熟较早的年轻干部，促进其更稳更远地发展。

（三）坚持严管、厚爱结合，健全管理工作机制，不断提升干部管理工作水平

党要管党，首先是管好干部。习近平总书记在党的十九大报告中指出，“坚持严管和厚爱结合、激励和约束并重，完善干部考核评价机制，建立激励机制和容错纠错机制，旗帜鲜明为那些敢于担当、踏实做事、不谋私利的干部撑腰鼓劲。”① 建设高素质专业化干部队伍，必须着眼于“管好”干部，坚持严管和厚爱的辩证法，建立健全干部考核评价机制、激励机制和容错纠错机制。一是完善干部考核评价机制。考核是管理监督干部的必要手段。积极探索创新考评机制，结合干部队伍人员庞大、门类复杂、层次众多、职能各异的特点完善针对性考评标准体系，建立更具综合性的考评方法体系和更加智能化的结果分析体系，尤其是要把对“德”的方面考核具体化为可观测、可操作的指标。充分发挥考核“指挥棒”作用，强化考核成果运用，大力推进干部能上能下，形成优者上、庸者下、劣者汰的机制。二是健全激励机制。2016 年习近平总书记在参加十二届全国人大四次会议黑龙江代表团审议时指出，干部干部，干是当头的，既要想干愿干积极干，又要能干会干善于干，其中积极性又是首要的。坚持正向激励引导干部，在严格教育、严格管理、严格监督的基础上，注重政治上关心、精神上褒扬、物质上激励、工作上支持、心理上关怀，把干部的精气神凝聚到干事创业上来。三是健全容错纠错机制。抓住能干事、想干事的关键点和鼓励干事创业、大胆作为的着眼点，完善容错纠错措施办法，推动实现问责机制与容错机制的相互统一，保护改革者、鼓励探索者、宽容失误者，为担当的干部担当，对负责的干部负责。坚持惩前毖后、治病救人，正确对待犯错误的干部，积极帮助其认识和改正错误，防止混淆干部所犯错误性质或夸大错误程度作出不适当的处理，防止利用干部所犯错误泄私愤、打击报复，让真正干事的干部吃上“定心丸”。

---

① 《决胜全面建成小康社会　夺取新时代中国特色社会主义伟大胜利》，人民出版社，2017 年版，第 64 页。

延安时期中国共产党青年工作的历史考察

中国青年政治学院　于　昆

重视青年和青年工作是中国共产党的一贯作法和优良传统。延安时期，以毛泽东为代表的中国共产党人将党的青年工作置于重要的战略地位，并在实践中采取多种措施有效地开展青年工作，指导青年运动，充分发挥了青年在争取民族独立和人民解放斗争中的生力军作用，为中国革命的胜利奠定了坚实的青年群众基础。然而从目前看，学术界对这一问题并未给予足够的关注。对延安时期中国共产党的青年工作进行系统考察，不仅能够揭示这一时期党开展青年工作的有效做法，而且党在青年工作中形成的历史经验，也能为我们在新形势下做好青年工作提供启迪和借鉴。

一、在抗日救亡旗帜下凝聚青年

中共中央初到陕北时，正值抗日烽火高涨之际。如何争取青年，将他们聚集在抗日救亡旗帜下共同抗日，这是中国共产党做好青年工作的一项重要任务。

早在1935年10月中共中央抵达陕北前，面对日本的侵略和蒋介石的不抵抗政策所造成的紧迫形势，中国共产党发表了《为抗日救国告全体同胞书》（即《八一宣言》），明确提出，抗日则生，不抗日则死，抗日救国，已成为每个同胞的神圣天职，呼吁全国各党派、各军队、各界、各阶层人民，停止内战，一致抗日。到达陕北不久，中共中央即于1935年11月13日发布《为日本帝国主义并吞华北及蒋介石出卖华北出卖中国宣言》，随即又于11月28日发表了《中华苏维埃共和国中央政府、中国工农红军革命军事委员会抗日救国宣言》，重申党的抗日反蒋立场，号召中国人民在亡国灭种面前，决不能束手待毙，要有力出力，有钱出钱，有枪出枪，有知识出知识，大家团结，大家奋斗，开展神圣的反日的民族革命战争。当中国共产党的这几个宣言传到北京、上海等地后，引起了青年学生的强烈共鸣。他们不仅从宣言中看到了空前的民族危机，更看到了中国未来的希望与出路，进而受到了极大的鼓舞。许多学生读到宣言，“如濒临死亡的人突然获救一般，高兴得夜不成寐。”“觉得政治上有了方向，目标明确，行动更坚决了。”①

在宣言精神的影响下，轰轰烈烈的“一二·九”运动爆发，掀起了全国青年的抗日救亡运动的高潮。如安徽各地学生和各界青年，纷纷响应“一二·九”运动，成立了学生抗日救国会和各界青年抗日救国会，并发表宣言，张贴标语，散发传单，广泛开展各种抗日救亡活动，并致电国民党中央政府，要求停止内战，一致抗日。② 为将全国抗日救亡运动引向深入，1935 年 12 月 20 日，中国共产党通过共青团中央发表《为抗日救国告全国各界各校学生和各界同胞宣言》，呼吁一切爱国的青年同胞和青年组织在抗日救国的义旗之下联合起来，号召青年学生“到工人中去，到农民中去，到商民中去。到军队中去！唤起他们救国的觉悟”③。随即，在党的领导下，平津学生组织南下扩大宣传团，以各种形式向农民宣传抗日的道理。在此前后，山东、上海、浙江、湖北等省的学生也纷纷组织宣传队深入民间开展宣传活动，在全国抗战中做出了重大贡献。

在领导青年学生运动的过程中，中国共产党人认识到，“青年是中国革命的生力军。如果革命的大学生、工农青年能够在思想上和政治上受到共产党的影响，那他们将在很大程度上加速革命的到来。没有人会像青年人那样深刻而敏锐地感受到帝国主义的压迫，也没有人会像他们那样深切地感受到反对帝国主义压迫的迫切性。”④“劳苦青年群众占人口百分之三十以上，在斗争中他们又是最勇敢最坚决的。因此对取得青年群众的宣传，是整个宣传任务中的一个重要任务。”⑤

全面抗日爆发后，在党的领导下，各抗日根据地的青救会组织迅速发展起来。青救会利用乡青年俱乐部，通过歌咏、戏剧、读报、报告、办墙报、贴标语等形式，向青年宣传抗战形势，进行抗战动员。此外，各地青救会还通过举

① 《历史档案》，四川大学出版社，1993 年版，第 88 页。

② 《安徽省志——群众团体志》，方志出版社，1999 年版，第 212 页。

③ 《建党以来重要文献选编》（1921 年—1949 年）第 12 册，中央文献出版社，2011 年版，第 517 页。

④ 《共产国际执行委员会第七次扩大全会文献 2》，中央编译出版社，2013 年版，第 628 页。

⑤ 《毛泽东文集》第 1 卷，人民出版社，1993 年版，第 99 页。

办重大节日的纪念活动来进行宣传。如1942年7月，为了纪念抗战五周年，延安文化俱乐部组织了三场重要报告：7月5日上午请胡乔木作了题为《钻牛角》的报告，6日上午请柯柏年报告《抗战五年来的国际形势》；8日请周扬报告有关整风中文艺创作诸问题①，受到青年的欢迎。

报刊是向青年进行宣传的重要途径。1939年4月16日，为纪念五四运动20周年，《中国青年》杂志在延安复刊。《中国青年》的主要任务是，动员青年参加抗战，促成全国青年统一战线的建立，发挥中国劳动青年和各进步青年团体的优良传统与作风，帮助青年学习以及表扬中国青年在抗战中的英勇业绩。刊物采用青年喜闻乐见的形式，宣传内容也贴近青年，因而在青年中产生了广泛的影响。这一时期，对青年的宣传不局限于《中国青年》杂志。《新华日报》《群众》等党刊也肩负着向青年进行宣传的任务。1939年8月，为纪念九六国际青年节二十五周年纪念，中央青委指示各地青年部，"在《新华日报》《群众》及各青年刊物上，写纪念文章，扩大宣传如介绍少共国际，庆祝墨西哥青统胜利等。"② 1940年3月，为纪念"五四"中国青年节，中央青委更是明确提出，要"利用一切刊物报纸出版专号，请参加过'五四'运动的前辈报告当时热烈情形，启发青年的革命觉悟"③。

为扩大党的抗日主张及路线、方针、政策，1940年12月，中国共产党在延安创办了延安新华广播电台，宣传党的抗日斗争的方针政策，报道抗日军民的英勇事迹，揭露日本侵略者的残暴罪行和国民党顽固派反共反人民行径的重任，在青年中产生了强烈反响。如昆明学联在写给延安台的信中说，昆明的进步青年常常秘密收听延安的广播，许多人通过收听广播，加深了对中国共产党、对革命的了解，向往着奔向延安参加革命队伍。④ 正是通过强有力的宣传工作，启发了青年的思想觉悟，扩大了党在青年中的影响，对许多青年走上抗日救亡道路发挥了重要作用。

二、围绕党的中心工作组织青年

要将广大青年组织起来，就必须加强党对青年运动的领导，围绕党的中心

---

① 《文艺史料卷》，湖南文艺出版社，1987年版，第379页。

② 《南方局党史资料（群众工作）》，重庆出版社，1990年版，第28页。

③ 《中共中央青年运动文件选编》（1921年7月—1949年9日），中国青年出版社，1988年版，第514页。

④ 《中国广播电视通史》，中国广播电视出版社，2014年版，第79页。

工作开展青年工作。随着中国共产党战略方针的转变，即“把红军的活动和全国的工人、农民、学生、小资产阶级、民族资产阶级的一切活动汇合起来，成为一个统一的民族革命战线”①，党把重心放到了改造青年团、构建青年工作领导体制上，目的是通过加强对青年工作的领导，把青年组织起来，使其成为抗日战争一支英勇、积极的力量。

在党中央到达陕北前，青年团虽然曾做过英勇的、光辉的斗争，但随着抗日救亡运动的高涨，其所具有的“完全同党一样的秘密狭小的组织，甚至比党还要狭小”等弱点，已不能承担起“团结一切抗日的青年去反对日本帝国主义”的任务。② 因此，中共中央决定，必须对青年团进行改造，“使团变为广大群众的非党的青年组织”③，以更广泛地团结和组织各界青年投身抗战。自1936年11月开始，国统区、陕甘宁边区和各敌后根据地各级团组织根据中央精神，普遍开展团的改造工作，相继成立了诸如中华民族解放先锋队、青年救国团、学生救国联合会、青年抗日先锋队等抗日救国青年团体。这些青年团体“都有光辉的成绩，特别在动员青年参军参战、发动青年参加游击战争，对敌地道斗争，文化教育等各种工作中都起了极大的作用”④。1937年4月，各地青年抗日救国团体的最高领导机关——西北青年救国联合会成立，自此实现了“不分党派、不分阶级、不分信仰、不分性别，在抗日救国的目标下，全国青年大联合”⑤。

西北青年救国联合会的建立标志着青年团改造的完成。随即，青年团中央机关和各地团组织停止了工作。为加强党对青年工作的领导，陕甘宁边区党委在县级以上党委设立了青年部，在分区以上青救会建立了党团。然而随着全国各地青运的广泛开展，影响力逐步扩大，急需建立一个健全的中央青年领导机关，故“决定从党的支部划分青年党员小组，支部、区设青年委员，县、省、中央分局、中央成立青委”⑥。为了发展全国青年运动与集中统一党领导下各青年团体的领导，1938年5月5日，中共中央发出《关于组织青年工作委员会的决定》，要求“县委以上各地方党部直至中央，成立青年工作委员会，青委内至

① 《毛泽东选集》第1卷，人民出版社，1991年版，第151页。

② 《中国青年运动历史资料》第13集，中国青年出版社，1996年版，第321页。

③ 《中共中央文件选集》第11册，中共中央党校出版社，1989年版，第110页。

④ 《中国青年运动历史资料》第19集（1948.11－1949.9），中国青年出版社，2002年版，第668页。

⑤ 《熔炉·丰碑：安吴青训班文献集》（下册），中共党史出版社，2006年版，第450页。

⑥ 《中共中央青年运动文件选编》（1921年7月—1949年9月），中国青年出版社，1988年版，第489页。

少有一个不兼别的工作，而专做青年工作的人”，“上级青委对下级青委应给以经常的指导，下级青委应对上级党委及青委作工作报告”。① 各级青委的任务，“是在党的领导之下去计划青年工作，组织青年团体”②。由于党不能公开的直接指导各青年团体，1938 年 10 月，西北青年救国联合会在延安举行第二次会议，决定成立中华青年救国团体联合办事处，作为领导全国青年工作的机构，旨在“促进各青年团体的友谊，建立相互间的联系，便利交换工作经验和意见，共同促成青年运动的统一和全国青年的团结”③。联合办事处有“五十五个执委，七个正式常委，四个候补常委，以冯文彬为主席”④。西北青救会、中央青委、中华青年救国团体联合办事处的建立，构成了在中共中央直接领导下的高效组织机构，最大限度地发挥了党指导青年工作的作用。

三、以改善青年生活感召青年

马克思曾指出：“人们为之奋斗的一切，都同他们的利益有关”⑤。“‘思想’一旦离开‘利益’，就一定会使自己出丑。”⑥ 毛泽东也曾说：“一切空话都是无用的，必须给人民以看得见的物质福利。”⑦ 他认为，“领导权不是向人能要来的，更不是强迫就能实现的，而是要在实际利益上、在群众的政治经验上，使群众懂得哪一个党好，跟哪一个党走他们才有出路，这样来实现的。”⑧ 这些论述足以表明，利益尤其是物质利益在一个政党赢得人心中的地位和作用。

初到陕北时，尽管毛泽东和中共中央始终强调要改善青年的生活问题，但漠视青年的特殊利益的状况却时有发生。对此，胡耀邦对延安市提出了批评，认为“适当改善青年的生活，是非常需要”，他建议可以提出一些改善青年生活的口号，如用一切方法帮助失学青年的自学问题；反对封建旧礼教的束缚；反

① 《建党以来重要文献选编》（1921—1949）第 15 册，中央文献出版社，2011 年版，第 292 页。

② 《陈云文集》第 1 卷，中央文献出版社，2005 年版，第 265 页。

③ 《中国青年运动历史资料》第 14 集，中国青年出版社，2002 年版，第 262 页。

④ 《中共中央青年运动文件选编》（1921 年 7 月—1949 年 9 月），中国青年出版社，1988 年版，第 490 页。

⑤ 《马克思恩格斯全集》第 1 卷，人民出版社，1995 年版，第 187 页。

⑥ 《马克思恩格斯文集》第 1 卷，人民出版社，2009 年版，第 286 页。

⑦ 《毛泽东文集》第 2 卷，人民出版社，1993 年版，第 467 页。

⑧ 《建党以来重要文献选编》（1921—1949）第二十册，中央文献出版社，2011 年版，第 522 页。

对买卖婚姻制度，拥护苏维埃的婚姻法；改善青年学徒的生活，如为青年争取开会的自由，不准虐待，增加一点工资等一些起码的利益。① 1940 年 3 月，中央青委要求各地，要“力争青年民主权利，改善青年生活”②。1941 年 6 月，《中共中央关于青年工作的决议》更是明确强调，在执行一般任务（抗日、民主、生产等）与青年特殊任务（教育、学习、婚姻、娱乐、改善生活等）时，“应教导一般人民，也应教导青年，只有为青年解决了他们的特殊要求，才能动员一切青年群众更好的执行一般任务。”③

如何改善青年生活呢？陕甘宁边区青救会的做法主要集中在四个方面：一是婚姻问题，如帮助青年解除买卖、包办婚姻等；二是劳动问题，如解决雇主和雇工的冲突问题；三是家庭困难问题；四是家庭社会地位问题，如提高青年尤其是女青年在家庭中的社会地位等；五是纠纷问题，如土地纠纷、男女关系、打骂之类；六是改善工作斗争问题，主要是改变干部强迫命令、骂人等不好的工作方式。④ 对投奔延安的知识青年，中国共产党不仅在政治上给予信任，而且在生活上给以特别优待，其被服膳食书籍文具均实行供给制。对于青年专家，“物质优待的标准依照其能力学识的程度规定之，要使他们及其家属能无生活顾虑，专心工作。对于特殊的人才，不惜重价延聘。”⑤ 对青年士兵的生活改善，则表现为优待他们的家庭，提高他们的政治文化水准。⑥ 此外，为满足青年的精神生活需求，根据地还举办了丰富多彩的文化娱乐活动。比如仅 1943 年，秧歌队在延安周边就演出近 40 多场次。秧歌队的足迹几乎遍及每一个乡镇和山村，平均每 1500 人中就有一个秧歌队⑦。由于感受到党的关怀，广大青年的学习和工作积极性有了极大提高，并积极投入抗日救亡的潮流中去。

---

① 《中国青年运动历史资料》第 13 集，中国青年出版社，1996 年版，第 393 - 394 页。

② 《中共中央青年运动文件选编》（1921 年 7 月—1949 年 9 月），中国青年出版社，1988 年版，第 513 页。

③ 《建党以来重要文献选编》（1921—1949）第十八册，中央文献出版社，2011 年版，第 360 页。

④ 《中共陕甘宁边区党委文件汇集》（一九四〇年至一九四一年），中共陕西省委党校印刷厂 1994 年，第 408 - 410 页。

⑤ 《中共中央文件选集》第 13 册，中央党校出版社，1991 年版，第 84 - 85 页。

⑥ 《熔炉 · 丰碑：安吴青训班文献集》（下册），中共党史出版社，2006 年版，第 421 - 422 页。

⑦ 《陕甘宁边区抗日民主根据地》（文献卷下），中共党史资料出版社，1990 年版，第 357 页。

四、在革命熔炉里培养青年

随着抗日前线战事的扩大，党的各项工作都迫切需要干部。而此时，大批知识青年不远千里万里来到延安。“指导伟大的革命，要有伟大的党，要有许多最好的干部”①。中国共产党认识到，只有把这些知识青年培养成党政军各方面的行家里手，才能适应革命的需要。

一是创建学校培养青年。学校教育既能满足青年对学习的需求，又能系统化地培养革命需要的各类人才。为此，毛泽东认为，“增加抗战力量的工作和方法很多，然而其中最好最有效的方法是办学校，培养抗日干部。”② 1938 年 10 月，毛泽东又在中共六届六中全会上进一步指出：“在一切为着战争的原则下，一切文化教育事业均应使之适合战争的需要”，要“创设并扩大增强各种干部学校，培养大批的抗日干部。”③ 随即，在中央的支持下，从延安到陕陕甘宁边区，从华北到华南，抗日民主根据地的干部学校纷纷建立起来。除党校和抗大外，干部学校大体分为四类：一是培训类学校，如安吴青训班、延安工人学校等。这类学校主要对知识青年进行思想、政治、军事、组织上的“启蒙”教育和各种业务训练；二是专门学校，如鲁迅艺术学院、泽东青年干部学校等。这类学校涉及经济和社会生活的各个领域，主要对青年进行专业培训，培养各种建设人才；三是综合性学校，如合并后的延安大学设法学院、社会科学院等若干部系，主要培养党和非党的高级与中级的专门的政治、文化及技术人才；四是师范类学校，主要为国民教育培养优秀师资。“在整个抗战时期，延安各类院校采用‘热炒热卖’的方针训练干部，共有 20 万人”④。许多青年从学校毕业后即奔赴前线及各地，为争取革命的胜利发挥了极为重要的作用。正如邓小平所说：“抗日战争时期吸收了一部分知识分子，后来政治干部除了老红军以外，就靠这批人，从这批‘三八式’里边选出的。”⑤

二是引导青年坚定正确的政治方向。引导青年坚定正确的政治方向，是做好青年工作的首要问题。只有坚定正确的政治方向，青年才能坚守革命的奋斗目标，并在革命道路上砥砺前行。延安时期，中国共产党高举抗日民族统一战

① 《毛泽东选集》第 1 卷，人民出版社，1991 年版，第 277 页。
② 《毛泽东对抗大的指示》，《八路军军政杂志》第 10 卷第 4 期，第 35 页。
③ 《毛泽东邓小平江泽民论教育》，中央文献出版社，2002 年版，第 18 页。
④ 《陈云在延安》，中央文献出版社，1995 年版，第 103 页。
⑤ 《邓小平文选》第 2 卷，人民出版社，1994 年版，第 62 页。

线的旗帜，吸引了成千上万的革命青年义无反顾地奔赴延安。据八路军西安办事处纪念馆研究人员的统计，前后奔赴延安的爱国青年总人数在 3 万人左右。其中，70% 为中学以上水平，有少部分大学生，还有个别硕士、博士生。从地域上看，包括台湾在内的全国绝大多数省区都有爱国青年到延安，还有不少侨胞从海外远赴延安。从家庭出身看，知识分子家庭的占 80% 以上，中等收入以上的也有 80% 以上。① 由于这些青年的家庭出身、文化程度、社会阅历不尽相同，每个人的思想基础和觉悟程度也有较大差别。因此，如何对青年进行思想洗礼，把他们的思想统一到打倒日本帝国主义、建立新中国的政治方向上来，这是以毛泽东为代表的中国共产党人着力思考的问题。

毛泽东认为，没有正确的政治观点，就等于没有灵魂。青年必须把坚定正确的政治方向放在第一位。1937 年 3 月，毛泽东为抗日军政大学制定校训，第一条便是“坚定的政治方向”；1938 年 4 月 1 日，在陕北公学开学典礼上，毛泽东向青年赠送了“两件礼物”，其中之一也是坚定的政治方向。毛泽东要求青年，“首先要学一个正确的政治方向，这就是要打日本、怎样打日本、为什么日本帝国主义一定能打倒的正确的政治方向。”② 但是，“光有这个正确的政治方向是不够的”，“还要坚定，就是说，要有‘坚定正确的政治方向’。这个方向是不可动摇的，要有‘富贵不能淫，贫贱不能移，威武不能屈’的骨气来坚持这个方向。这样的青年，才是的模范青年。”③

为引导青年坚定正确的政治方向，毛泽东要求各类学校都要开设政治课程。尽管教学内容“根据当时的中心任务和学员成分的不同而有所变化，但基本的政治教育内容有哲学、社会发展史、政治经济学、中国革命问题等马克思主义基础理论课程以及形势、任务和党的路线、方针、政策的教育则是不变的”④。通过学习政治理论课，极大提高了青年的思想基础和政治觉悟。一些青年感慨地说：“无论怎样幼稚的青年，无论是曾被歪曲理论和欺骗宣传所迷惑所蒙蔽的青年，只要在抗大学习过几个月（仅仅是几个月），接触了马列主义的真理，经过了斗争生活的锻炼，就会觉醒过来，就会老练起来，而成为优秀的抗日干部，坚强的革命志士。”⑤

---

① 王晓莉：《抗战时期爱国青年奔赴延安的原因与现实启示》，《西安日报》2015 年 7 月 13 日。
② 《毛泽东文集》第 2 卷，人民出版社，1993 年版，第 116 页。
③ 《毛泽东文集》第 2 卷，人民出版社，1993 年版，第 191 页。
④ 《李志民回忆录》，解放军出版社，1993 年版，第 337 页。
⑤ 《抗大为中华民族与中国人民奋斗的三周年》，《新中华报》1939 年 6 月 2 日。

三是引导青年走与工农相结合的道路。知识青年往往书本知识多而实践经验少，因此鼓励他们走出书斋，走与工农相结合的道路，这是中国共产党的一贯主张。延安时期，尽管知识青年的抗日救亡热情高涨，富于革命性，但他们的弱点是："在其未和群众的革命斗争打成一片，在其未下决心为群众利益服务并与群众相结合的时候，往往带着主观主义和个人主义的倾向，他们的思想往往是空虚的，他们的行动往往是动摇的。"① 有什么办法使这种仅有书本知识的人变为名副其实的知识分子呢？毛泽东认为，"唯一的办法就是使他们参加到实际工作中去，变为实际工作者，使从事理论工作的人去研究重要的实际问题。"② "知识分子如果不和工农民众相结合，则将一事无成。"③ 他号召广大青年，要"认识中国革命的性质和动力，把自己的工作与工农民众结合起来，到工农民众中去，变为工农民众的宣传者和组织者"④。毛泽东认为，是否愿意并且实行和工农民众相结合，是衡量知识青年是否革命的重要标准。"真正的革命者必定是愿意并且实行和工农民众相结合的。"⑤ 在毛泽东和党中央的大力推动下，大批知识青年脱去学生装，穿上粗布衣，义无反顾地走向工厂、农村，不仅参加了各种工作团、实习团、调查团、考察团，而且积极参加生产实践，在劳动中得到了锻炼，并加深了对工农群众的情感。

总之，延安时期党的青年工作做的是成功的。正是通过一系列卓有成效的工作，各界青年才团结在一起、凝聚在一起，在党的领导下汇成了一股无坚不摧的力量，为民族独立和人民解放独立做出了巨大贡献。党在这一时期的青年工作实践中形成的历史经验，也为我们在新形势下做好青年工作提供了宝贵的精神财富。如要重视青年，加强党对青年工作的领导；要审时度势，制定正确的青年政策；要关心青年，满足他们的正当的合法权益；要教育青年，把他们培养成中国特色的社会主义建设者。当前，中国共产党正带领人民为实现"两个一百年"和中华民族伟大复兴的中国梦而努力奋斗。伟大的事业需要青年的责任与担当。我们要借鉴延安时期党开展青年工作的有效做法和经验，将广大青年凝聚在党的周围，不断把中国特色社会主义事业推向前进。

---

① 《毛泽东选集》第2卷，人民出版社，1991年版，第641－642页。
② 《毛泽东选集》第3卷，人民出版社，1991年版，第816页。
③ 《毛泽东选集》第2卷，人民出版社，1991年版，第559页。
④ 《毛泽东选集》第2卷，人民出版社，1991年版，第560页。
⑤ 《毛泽东选集》第2卷，人民出版社，1991年版，第560页。

新时代背景下党的群众工作创新路径

百色学院　温旭东

新时代背景下的党的群众工作是中国共产党为践行为人民服务的牢固宗旨，维护人民的根本利益，实现中华民族伟大复兴“中国梦”而进行的发动、宣传、组织、引导、教育和服务人民群众的工作。习近平新时代中国特色社会主义思想中有关党群工作建设的重要论述，思想深邃、内涵丰富、高瞻远瞩，为纵深推进新时代党的群众工作创新提供了强大的政治引领和根本的指导遵循。

一、党的群众工作中存在的问题

十八大以来党的群众工作不断开创新局面，取得了丰硕的成果。但是，面对复杂的国际国内环境以及互联网、新媒体技术的发展，党的群众工作也面临诸多挑战和问题。

（一）党员服务意识有待提升

新时代部分党员干部的思想意识和价值观念发生了偏差，一定程度上弱化了他们服务人民的意识。第一，部分党员的群众立场发生动摇，缺乏为人民服务的意识。新时代下，社会利益矛盾的复杂化，使得部分党员曾经的群众观发生了微妙的变化。他们似乎对人民在中国革命取得胜利的长期斗争中所做出的奉献和牺牲视而不见，做事情时眼里看到的都是自身的利益，根本就没有从群众的立场进行考虑是否符合人民群众的利益。第二，部分党员的马克思主义信仰缺失，对马克思主义的群众观认识不足。很多年轻党员对中国共产党的历史并不是很了解熟悉，这样就会造成他们对党的革命发展历程和优良传统的认识水平和认同感较低。第三，部分党员个人综合素养不高，价值观念发生偏离。对事关自己利益的事情事必躬亲，对人民群众关心的事情置若罔闻，部分素养低的党员如此不负责任的行为自然会引起人民群众对党的反感和不信任，当然也给党在群众中开展工作带来负面的影响。

（二）基层党组织服务能力有待增强

党的基层组织作为党联系和服务群众的基础力量，发挥了重要的作用。但是，当下党的部分基层组织当中也出现了一些问题。第一，工作方法跟不上时代的变化和要求。在组织群众方面依然没有改变一些传统意识和方法，如态度生硬、独断专行、方法简单粗暴、用行政命令和强制措施等。在宣传群众方面，依然用电视、纸媒等传统媒体进行宣传，忽视了新媒体技术宣传的强大功用，创新创意不足。在服务群众方面，有时缺乏工作方式和技巧，不懂得灵活变通，有的则缺乏大局意识等。第二，基层党组织的各种资源有限，使得群众工作的开展得不到很好的保障。基层党组织的经费来源有限且额度低，基本靠上级拨款，这就导致基层组织在硬件建设上的落后，如设备陈旧、缺乏基本办公用品和办公场地，甚至存在安全隐患等。第三，基层党组织工作比较涣散，凝聚力不足。这样的行为和风貌严重影响到为群众服务。

（三）党的群众工作机制还不成熟

制度和机制的进一步完善与成熟，无疑将促进党的群众工作的进步，但是目前党的群众工作的机制体制还不够成熟，有待完善。第一，群众保护自己合法利益的机制需要进一步完善。如社会中的弱势群体，有时找不到正确的渠道和途径进行利益诉求的表达。第二，为群众服务的决策机制需要改进。一些政策制定和出台往往没有很好地调查了解人民的各种意愿和诉求就开始贯彻执行，容易招致群众的怨声载道和愤慨。第三，群众矛盾处理机制要不断创新。由于新时代背景下社会群体的利益更加复杂多样化，在处理一些矛盾时，没有明晰各种矛盾应担当责任的主体，导致有些矛盾不能得到及时解决，影响到党政机关在群众心目中的形象，加大了社会矛盾冲突。

（四）党为群众服务机制有待强化

新时代背景下，党一再强调以人为本，强化为人民服务的体制机制。但现实中依然暴露出很多问题。第一，相关机制的缺乏和制度的不足使得民生问题一直很突出。如就业形势严峻；教育资源分配不平衡；医患矛盾突出等问题。第二，党联系群众服务群众的制度还需要进一步改进。一些党员联系群众不够积极主动，联系方式方法单一死板，监督体制又不完善，使得部分党员联系群众完全就是走形式。

二、新时代党群工作创新的路径方法

人民是实现伟大中国梦的主要力量，如果党的群众工作中的问题得不到很好的解决，将关系到中华民族伟大复兴中国梦的实现。

（一）增强党员的服务意识

党员服务意识的增强与弱化将直接关系到党群关系的和谐与否。因此必须时时刻刻增强党员为群众服务的意识。首先，必须加强对党员的思想政治教育。通过多种方式，如定期培训学习党的相关理论精神和习总书记系列讲话系列精神、邀请专家进行讲座答疑解惑、观看相关电影和纪录片加深对党史国史的了解、多去博物馆红色纪念馆等地方了解我党革命奋斗的历史。总之，通过多种方法方式使我们的党员深刻意识到中国共产党的伟大与不平凡的奋斗历程，增强党员的民族自尊心和民族自豪感，使他们感受到党与人民的鱼水情，认识到党与人民利益的一致性，从而愿意情真意切地为人民服务。复杂的国际国内环境，也使得我们必须加大马克思主义和社会主义意识形态的宣传，坚定党员的理想信念，帮助他们确立正确的人生观价值观世界观。坚决抵制一些外来的腐蚀思想和西方的和平演变。可以通过大力弘扬我们祖国灿烂的传统文化，发扬党的优良传统精神等，增强党员对社会主义光明发展前途的信心和希望，为实现中国梦而不断努力奋斗。第二，严格党员管理制度。对申请入党者，必须严格进行全面的考察，洞悉他们是否做到思想和组织上入党，考察达不到条件的延迟入党时间继续考察，所有入党的人必须按照入党程序一步一步加入党组织。第三，近年来党已经开展了一系列如“三严三实”、“两学一做”等实践教育活动，通过这些活动，广大党员的服务意识确实有所提高。但是这些活动还是必须长期坚持下去，形成长效机制，如此才能更好地提高党员的服务意识。严格党的纪律，凡是拒不或不积极参加党组织生活，不及时向党组织汇报思想状况很不按时缴纳党费，对党组织敷衍了事的党员应该按照党规对其严肃处理。党员的考核标准应该细化，从诸多方面加以总评考核。定期开展一些有意义的实践活动，如去福利院、敬老院看望儿童老人、帮扶贫困群众等，在实践中使得党员体会到为民服务的快乐和享受，促使他们坚定党员的群众立场和群众观念，增强服务群众的意识。

（二）加强基层党组织建设

为了加强党的基层组织建设，首先，党必须与时俱进，改变落后的工作理念，理念转变创新，才能提高为群众服务的水平。确立以人为本的工作理念，党员工作的出发点要想到人民的利益是首位的，党员是人民的公仆，要切实为人民着想，真正为人民办实事、办好事，切实做到以人为本。确立民主法治的观念。在党的群众工作中，党要不断让人民参与决策进来，甚至在一些方面实现群众自治，推动群众工作的民主化。同时也应制定、完善相关法律法规，使群众工作逐步规范化和制度化。确立公平正义的观念，党必须维护社会的公平正义，处理好社会贫富、资源配置不均问题；保护弱小群体的利益；从政策路线方针等方面为人民提供公平良好的社会环境。第二，创新工作方式方法。正确合理的群众工作方法会达到事半功倍的效果。过去的群众工作主要以行政手段强制为主，随着时代的进步，这种主要方法已经不可行，必须转变。可以采用群众更为支持和喜爱的社会化和民主化方式开展群众工作，使群众充分享有参与权和知情权，在党与群众之间形成双向和多项交流，改变过去由党单一灌输的方式，更好地为群众释疑解惑，做好服务工作，赢得他们的真心拥护与支持。采用多样化的方式做群众工作，如利用新媒体技术方便、快捷和容量大等优势开展群众工作。党员干部要掌握基本的互联网技术和新媒体使用技能，通过 QQ、微信、微博、贴吧关注民情民意与群众进行相互沟通和交流，了解群众舆情动态，畅通联系渠道。反之，群众亦可通过发达的新媒体技术和渠道监督党和政府，督促政府不断改进为民服务。第三，整合资源，扩大党的群众工作载体。如加强社会基层组织与党组织的联系，发挥工会、妇联、共青团等团体在联系群众方面的桥梁和纽带作用；建设志愿者队伍；成立城乡基层群众自治组织等。搭建和完善基层党组织的服务平台，必须建有县（区）、镇（街道）、村（社区）三级服务平台，使群众容易找到倾诉平台。① 日常生活中，基层党组织应该多组织一些群众性活动，密切与人民的联系，以解民众疾苦和需要。加大对基层党组织的人才保障，一方面不断加大对基层党员干部领导的培训，另一方面不断吸引优秀青年才俊加入基层党组织的建设。第四，加强组织和制度建设。通过培训学习等不断提高基层党员干部个人的综合素养和能力，完善对党员的管理和考核方式，加强对党员干部的廉政监督。

（三）创新完善党的群众工作机制

新时代背景下党的群众工作对象和工作环境的复杂多变使得党的群众工作开展起来难度增加。因此，必须创新和完善党的群众工作机制以为更好地开展群众工作提供更为有利的环境。第一，完善群众利益诉求机制，使群众能够及

---

① 张希贤：《新时期群众工作方法读本》，中国人事出版社，2013 年版，第 97 页。

时合理合法表达表达他们的诉求以维护自身的合法权益。对于社会中的弱势群体，国家应在制定方针政策时考虑到为他们提供特殊的合法的渠道，保障弱势群体对利益表达受到相关法律法规的保护。而对一些强势群体以不正当方式获得的利益行为，国家应该出台相关制度法规予以约束甚至清除。为群众更加有效快捷维护自身利益，政府应健全和创新的当下的一些制度，如完善信访接待制度，并接受社会各界的监督；建立有效的联络员制度；继续完善一些受群众欢迎的利益表达方式，如开辟微博、邮箱，QQ 和微信公众号；完善对群众问题的回复机制，做到及时有效回答。制定相关群众利益诉求的制度法律，使他们遇到利益问题有法可循，有法可依，从而规范化群众的利益表达。作为党和政府也要从全局上协调社会不同阶层和群体之间复杂多样的利益关系。第二，推进党的决策机制的法制化。有了法律约束，有利于决策者在制定各项决策时更加谨慎，进行更为详细而全面的考虑。当然，法律中应包含明确的奖罚制度和责任追究制度，这样才能做到对惩处与奖励有法可依，做到权责一致和奖罚分明。要在法律层面不断完善决策程序，提高决策透明度，立法重大事项的集体决策制度，在法律上保障决策的民主化。第三，健全矛盾处理机制。建立完整的自上而下的一套矛盾排查处理工作网络，发挥省市级矛盾排查处理的领导作用，完善乡镇基层矛盾排查处理组织，提高解决矛盾的效率。在解决矛盾的过程中，除了人民内部调解，要加大司法调解，运用法律的效用巨大作用解决各种社会矛盾。党和政府还要进一步规范和完善信访制度，为群众的利益诉求畅通渠道。健全督察督办工作机制和信访工作考核评价体系，切实做好人民群众的上访工作。实行问责制，明确党员干部的职责，防止某些人的失职。一旦因个人原因造成新的社会矛盾则按照相关制度依据情节程度给予适当的惩罚。第四，完善群众服务机制。重点解决好民生问题，如就业方面，不断增加就业岗位；鼓励创业，国家为创业者提供小额贷款；加大再就业者的培训；鼓励青年大学生去西部地区、基层地区支援服务就业；国家要加大对就业市场的投入，晚上就业相关法律法规，为就业者就业创造更好的环境。教育方面，国家应继续扩大投入，平衡各地教育资源，做到教育公平；进一步加大对农村教育的资金支持，扶持农村地区和贫困地区的教育发展，不使农村一个学生因为贫困而无学上。逐渐缩小农村与城市在教育上的差距。医疗卫生方面，合理配置医疗资源，加大社区和农村医疗卫生体系建设；加大对医疗器械、药物的监管力度，使医疗器械质量有保证，药物价格在百姓可接受合理范围之内；提高医生的技术水平也要注意医德的培养，当然也要做好对医生合法权益的保护；继续完善城镇职工医疗保险和农村合作医疗，为人民看得起病提供基本保障。继续完善社会保障体系。创新和完善党员干部联系和服务群众制度，密切党与人民群众的关系。

（四）加强基层党风廉政建设

党风建设对于党的群众工作也意义重大。习近平总书记《在十八届中央政治局第十六次集体学习时的讲话》中明确提出，“党的作风就是党的形象，关系人心向背，关系党的生死存亡。”① 而当前基层党组织确实存在一些问题，必须采取一定的措施推进基层党风廉政建设。第一，加强党风廉政教育，宣扬廉政文化。继续加大对党员的理想信念教育，加深他们对党史国史的了解，帮他们树立正确的人生观价值观世界观。在当下注重以人为本、求真务实的观念下，加大对党内官僚主义、形式主义、官位主义等的查处力度，逐步清除部分党员的这种错误思想。进一步通过深化政治体制改革来改变一些弊端。继续实施开展对党员艰苦奋斗作风的教育，如通过一些体验式教育、情景式教育的方式，真心体会感悟先辈们革命斗争的艰辛。从而感知新时代的我们在如此幸福的环境下还有什么理由不秉持前辈们的信念和精神，建设我们的国家。继续落实党的八项规定，做到一切从简。继续推进廉政文化的建设，如通过新文学艺术、媒体技术等弘扬廉政文化；通过学习教育，培养党员干部的廉政意识；将廉政文化制度化，形成长效机制。第二，完善党的相关规定、制度和法律。党的十八大以来，中央反腐力度不断加大，各项具体的反腐规定相继出台，如《中国共产党廉洁自律准则》《中国共产党纪律处分条例》《中国共产党问责条例》等。这些规定的实施发挥了他们的效力，党员干部的腐败行为得到了很大约束，党的反腐事业也取得了很大的进展和成绩。新时代背景下，这些规定除了要继续深入贯彻执行外，还要继续不断完善有关法律制度，修改和补充党的一些规定，为党的反腐事业在制度和法律上提供强有力的支撑和保障。第三，完善党员干部监督制度。党员干部作为各级各部门权力的掌握者和行使者，如果缺乏对他们权力的约束和监督，腐败则必然滋生。因此必须完善党员干部监督制度，已形成对权力全方位的、多方面的监督。发挥国家机关的主要监督作用。如2018 年成立的国家监察委员会及其领导的地方监察委员会，还有人大机关和司

① 《党风廉政建设和反腐败斗争是我们必须抓好的重大政治任务》，中国共产党新闻网，2015 年 1 月 16 日。[EB/OL]. http//theory. people. com. cn/n/2015/0116/c392503 - 26397745. html.

法机关。行政机关中要贯彻落实党的民主集中制，坚持党要管党和党管干部原则，切实做到对广大党员干部权力的监督和约束。司法机关要秉持法制公平公正，依法监督办案，拒绝徇私舞弊，发挥司法监督对贪污腐败分子强有力地威慑。进一步加强党内监督。如有效发挥纪委等部门对同级党委的监督和制约；遇到重大决策、需集体讨论决定，严禁独断专行；定期开展民主生活会、重要情况通报会等，进行批评与自我批评。实行巡视制度、信访处理制度、谈话和诫勉制度、罢免或撤换制度，不断探索并实行党员领导干部财产申报制度和党内问责制度，督促广大党员真正做到廉洁奉公。进一步发挥群众和舆论监督作用。群众方面，如完善信访制度自觉接受群众监督；完善和继续实施人民监察员制度；拓宽举报渠道，完善举报制度，保证举报人人身安全。舆论方面，如完善相关法律法规，规范新闻媒体的权利和义务以及进行虚假报道所要承担的后果，在继续发挥传统媒体监督作用的同时，积极利用新媒体技术的方便便捷、覆盖面广等特点，合法正规的对党员干部进行监督。保证公民的言论和相关自由权利，使他们有机会行使自己的批评建议权和检举控告权等，真正实现对党和政府的监督。

新时代背景下，我们欣喜地看到党的群众工作不断开创新局面，另一方面复杂多变的国际国内环境，也使我们认识到党的群众工作也面临一些挑战和问题。但是，毋庸置疑，我们坚信在中国共产党的领导之下，这些难题都终将逐步得到改善和解决，中国也必将迎来中华民族的伟大复兴。

群众路线的典范：苏区干部好作风

陆军步兵学院　罗包庚

四顾我党在中央苏区局部执政的历史经验，以毛泽东为代表的广大党员干部，在践行立党为公、执政为民的生动实践中，铸就了伟大的苏区干部好作风，彰显了中国共产党强大的政治优势和组织优势，成为群众路线的光辉典范，为新时代加强和改进党的群众工作提供了历史镜鉴。

一、历史追踪：苏区干部好作风的源头活水

中央苏区时期，以毛泽东为代表的中国共产党人坚持以马克思主义唯物史观为指导，全面总结我党早期群众工作实践的基本经验，深刻洞察中央苏区艰苦斗争环境下群众工作的极端重要性，提出了一系列关于群众工作的重要思想观点和论断。

（一）源于对马克思主义唯物史观的坚持发展

马克思主义认为，人民群众是历史的创造者，是推动历史前进的真正动力。《共产党宣言》明确指出，“无产阶级的运动是绝大多数人的、为绝大多数人谋利益的独立的运动”，①“历史活动是群众的事业，随着历史活动的深入，必将是群众队伍的扩大”，②“工人阶级的解放应该由工人阶级自己去争取”，③阐明了无产阶级政党在领导革命事业的全部活动中，不仅要以为绝大多数人谋利益为唯一宗旨，而且要信任群众，依靠群众，由人民群众自己来完成革命的各项任务。可见，人民群众主体论是马克思主义群众观的核心，群众路线是无产阶

① 《马克思恩格斯选集》第1卷，人民出版社，1995年版，第283页。

② 《马克思恩格斯全集》第1卷，人民出版社，1995年版，第287页。

③ 《马克思恩格斯选集》第2卷，人民出版社，1995年版，第609页。

级政党根本的工作方法和领导方法。

在领导中央苏区革命运动的实践中，中国共产党人把马克思主义唯物史观同中国革命实践相结合，创立了“一切为了群众，一切依靠群众，从群众中来到群众中去”的政治路线和工作路线。1928 年 7 月党的六大制定的《政治议决案》规定，“党应更坚决的继续执行这一争取群众以备武装暴动的总路线。”① 在 1929 年 9 月 28 日《中共中央给红军第四军前委的指示信》中，专门论述了党和群众的关系问题，强调，“关于筹款工作，亦要经过群众路线，不要由红军单独去干”;② “没收地主豪绅财产是红军给养的主要来源，但一定要经过群众路线”；“对于需用品可渐次做到由群众路线去找出路”,③ 这是“群众路线”概念的首次提出。1929 年 12 月，毛泽东根据中央“九月来信”精神起草了《红军第四军第九次党的代表大会决议》，指出：“红军决不是单纯地打仗的，它除了打仗消灭敌人军事力量之外，还要负担宣传群众、组织群众、武装群众、帮助群众建立革命政权以至于建立共产党的组织等项重大的任务”,④ “一切工作，在党的讨论和决议之后，再经过群众去执行”。⑤ 这是我党首次提出经过群众路线来贯彻执行党的决议的领导方法。1934 年 1 月，毛泽东在《关心群众生活，注意工作方法》的报告中指出，“革命战争是群众的战争，只有动员群众才能进行战争，只有依靠群众才能进行战争”,⑥ “组织革命战争，改良群众生活，这是我们的两大任务。……我们不但要提出任务，而且要解决完成任务的方法问题”⑦。这些思想观点立基于马克思主义唯物史观和认识论，因为尊重社会存在就必须尊重群众，坚持实践第一的观点就必须依靠群众，坚持从群众中来，到群众中去。这表明，毛泽东在中央苏区时期已经初步形成了关于群众路线的基本思想。1941 年，毛泽东充分肯定苏区时期形成的群众路线的重要性，指出：“十年内战时期的经验，是现在抗日时期的最好的和最切近的参考。但这是指的关于如何联系群众和动员群众反对敌人这一方面，而不是指的策略路线这一方面。”⑧ 毛泽东运用唯物史观创立的群众工作思想为中国革命、建设和改革留下

---

① 《中共中央文件选集》第 5 册，中共中央党校出版社，1989 年版，第 191 页。
② 《中共中央文件选集》第 5 册，中共中央党校出版社，1989 年版，第 481 页。
③ 《中共中央文件选集》第 5 册，中共中央党校出版社，1989 年版，第 485 页。
④ 《毛泽东选集》第 1 卷，人民出版社，1991 年版，第 89 页。
⑤ 《毛泽东文集》第 1 卷，人民出版社，1993 年版，第 79 – 80 页。
⑥ 《毛泽东选集》第 1 卷，人民出版社，1991 年版，第 136 页。
⑦ 《毛泽东选集》第 1 卷，人民出版社，1991 年版，第 139 页。
⑧ 《毛泽东选集》第 3 卷，人民出版社，1991 年版，第 792 页。

了极其宝贵的经验，成为党的优良传统和毛泽东思想活的灵魂之一。

（二）源于对我党早期革命实践的经验总结

从实践角度考察，苏区干部好作风源于党领导的波澜壮阔、艰苦卓绝的早期斗争。中国共产党作为无产阶级政党，建党伊始就十分重视群众工作。1922年7月，党的二大制定的《关于共产党的组织章程决议案》提出，"我们既然是为无产阶级奋斗的政党，我们便要'到群众中去'，组织一个'群众党'。"① 1925年2月，党的四大制定的《对于职工运动之议决案》指出，要"尽力发展我们自己党的组织，力求深入群众"②。同年10月，在《中国共产党扩大执行委员会决议案》中《关于组织问题议决案》里特别强调了群众工作的重要性，"中国革命运动将来的命运全看中国共产党会不会组织群众、引导群众"③。

毛泽东是群众工作理论与实践的先行者。早在中国共产党成立前夕，他就在湖南组建新民学会、开展民众运动，在其创办的《湘江评论》上发表了《民众的大联合》一文，阐明了"人民群众联合起来其力量最强的思想"。④ 大革命时期，毛泽东深入学校、矿区、农村，开办自修大学、补习学校和农民运动讲习，毅然走上了引导、组织和发动群众支持革命、参加革命的道路。1925年12月，毛泽东撰写了《中国社会各阶级的分析》一文，指出中国无产阶级最广大和最踏实的同盟军是农民。⑤ 为从事实和理论上应对当时党内外对农民革命斗争的责难，毛泽东回到湖南，实地考察了湘潭、湘乡、衡山、醴陵和长沙五县的农民运动情况，通过召集有经验的农民和农运工作同志开调查会，获取了第一手的材料，写成了《湖南农民运动考察报告》。毛泽东在《报告》中对农民运动的伟大力量予以高度评价，批评了当时党的个别领导者脱离群众、压制群众、做官当老爷的恶习流弊，集中阐发了相信群众、依靠群众、放手发动群众和尊重群众首创精神的革命思想，⑥ 标志着其群众工作思想的初步形成。大革命时期工农运动的成功实践和北伐战争的胜利不但印证了毛泽东的观点，也更加坚定了我党依靠群众、发动群众、组织群众夺取中国革命胜利的坚定信念。

---

① 《中共中央文件选集》第1册，中共中央党校出版社，1989年版，第90页。

② 《中国共产党第四次全国代表大会》，中共党史出版社，2004年版，第50页。

③ 《中共中央文件选集》第1册，中共中央党校出版社，1989年版，第472页。

④ 《毛泽东〈民众的大联合〉1919年在〈湘江评论〉发表》，《中国档案报》，2011年4月29日。

⑤ 《毛泽东选集》第1卷，人民出版社，1991年版，第8页。

⑥ 《毛泽东选集》第1卷，人民出版社，1991年版，第12页。

（三）源于对中央苏区艰苦斗争环境的清醒认识

中央苏区从创建之初，就处于敌对势力的严密封锁和包围之中。掌握全国政权的国民党反动派对新生红色政权极端仇视，集结重兵连续向中央苏区发起“围剿”，妄图消灭党和红军，消灭红色政权。由于赣南、闽西地处偏僻，经济落后，当地民众文化程度不高，加之国民党的反动宣传，群众对于党和红军的性质宗旨不太了解。在这种严峻的形势面前，自身还很弱小的党和红军，要求得生存与发展，唯一可以依靠的，就是苏区的劳苦群众。只有密切同广大人民群众的联系，开展扎实有效的群众工作，宣传党的政策主张，争取群众信任支持，才能扩大红军，发展生产，支援前线，巩固苏维埃政权。

其中，作为临时中央政府主席的毛泽东高度重视群众工作，将之作为党和苏维埃政府的生命线。1933 年春，他在指导中央苏区的扩红和查田运动、政权建设、经济文化建设过程中，对于如何改善党的群众工作方法、密切党群关系、动员组织群众等方面进行了深入思考和大胆实践。他在《查田运动的群众工作》一文中强调，“必须发动最广大群众热烈起来参加斗争，形成群众运动，才能保障阶级路线的正确执行，才能达到消灭封建残余势力的目的。一切脱离群众的官僚主义命令主义工作方式，是查田运动最大的敌人。”① 在争取群众时，“没收了地主的财产，除开现款和宝贵物件交政府财政部外，其他一切东西，都应分发群众”，并“适时地提出扩大红军、发展合作社等口号，领导群众热烈参加革命战争，热烈参加苏维埃建设”。② 他在《关心群众生活，注意工作方法》中明确指出，只要真正关心群众利益，“广大群众就必定拥护我们，把革命当作他们的生命，把革命当作他们无上光荣的旗帜。国民党要来进攻红色区域，广大群众就要用生命同国民党决斗”；要“用切实的办法来改善我们的工作”，革命就有了“巩固的阵地”，就能够打倒帝国主义和国民党反动派。③ 这些重要论述对实现当时党的政治任务，密切党群关系，均产生了巨大的积极作用。苏区人民群众从根本上认识了共产党，义无反顾地参军杀敌，而且创造性地做好了各项后方工作。党和红军也因此得以在苏区站稳脚跟并迅速发展，打出一个红彤彤的新天地。

---

① 《毛泽东文集》第 1 卷，人民出版社，1993 年版，第 269 页。
② 《毛泽东文集》第 1 卷，人民出版社，1993 年版，第 274 页。
③ 《毛泽东选集》第 1 卷，人民出版社，1991 年版，第 140－141 页。

二、伟大实践：苏区干部好作风的生动展现

中央苏区时期，以毛泽东为代表的中国共产党人牢记宗旨，在开辟“一片自由而光明的新天地”的伟大实践中，孕育了苏区干部好作风，是我党群众路线这一最根本工作路线形成的重要标志。

（一）坚持“没有调查就没有发言权”：深入开展调查研究

调查研究是“谋事之基、成事之道”。中央苏区时期，毛泽东坚持从群众中来、到群众中去的工作方法和领导方法，通过实地调查，写出了《寻乌调查》《兴国调查》《长冈乡调查》《才溪乡调查》等一系列调查报告，为制定正确的政策提供了依据。

1930 年 5 月，为消除党内教条主义的消极影响，毛泽东写了《调查工作》（即《反对本本主义》）一文，尖锐地批评了那种轻视中国革命实践，轻视群众斗争经验，开口“拿本本来”，动辄照抄照搬六大决议、共产国际指示和苏联经验的错误倾向，提出了“没有调查就没有发言权”的著名论断，① 得出“中国革命斗争的胜利要靠中国同志了解中国情况”的重要结论，②“共产党的正确而不动摇的斗争策略，决不是少数人坐在房子里能够产生的，它是要在群众的斗争过程中才能产生的，……因此，我们需要时时了解社会情况，时时进行实际调查”。③ 正是这篇光辉著作，提出了实事求是、群众路线、独立自主这三个重要理论观点，标志着毛泽东思想活的灵魂的初步形成，成为马克思主义中国化的重要开篇。

毛泽东关于“没有调查就没有发言权”的精辟论断，为党的群众路线形成发展提供了重要素材。正是在此基础上，抗战时期毛泽东在《关于领导方法的若干问题》中指出，“在我党的一切实际工作中，凡属正确的领导，必须是从群众中来，到群众中去”，“从群众中集中起来又到群众中坚持下去，以形成正确的领导意见，这是基本的领导方法”④。这就阐明了贯彻执行群众路线唯一正确的领导方式和工作方法，为党如何领导群众开展革命斗争指明了途径方向。

（二）坚持“时刻念叨争取群众”：真心实意关心群众生活

没有一种根基，比扎根于人民更坚实；没有一种力量，比依靠群众更强大；

① 《毛泽东选集》第 1 卷，人民出版社，1991 年版，第 111－112 页。
② 《毛泽东选集》第 1 卷，人民出版社，1991 年版，第 115 页。
③ 《毛泽东选集》第 1 卷，人民出版社，1991 年版，第 119 页。
④ 《毛泽东选集》第 3 卷，人民出版社，1991 年版，第 899－900 页。

没有一种执政资源，比赢得民心更宝贵。

毛泽东强调，每个共产党员要像和尚念“阿弥陀佛”一样，时刻念叨争取群众。1933 年 8 月 12 日，毛泽东在中央苏区南部十七县经济建设大会上作报告，强调要改善人民群众的生活，激发人民群众参加革命的积极性，使战争获得新的群众力量，否则“革命战争的物质条件就不能保障，人民在长期的战争中就会感觉疲惫”；① 并特别指出，官僚主义“一种是不理不睬或敷衍塞责的怠工现象”，“另一种是命令主义”，我们应该采取“群众化的方式”，“要把官僚主义方式这个极坏的家伙抛到粪缸里去”②。1934 年 1 月，毛泽东在第二次全国工农兵代表大会上的报告（《关心群众生活，注意工作方法》）中指出，组织革命战争和改良群众生活是党的两大任务，“我们对于广大群众的切身利益问题，群众的生活问题，就一点也不能疏忽，一点也不能看轻。因为革命战争是群众的战争，只有动员群众才能进行战争，只有依靠群众才能进行战争”；③ 要深刻地注意群众生活的问题，“从土地、劳动问题，到柴米油盐问题……一切这些群众生活上的问题，都应该把它提到自己的议事日程上”；④ 只要满足了群众的需要，我们就真正成了群众生活的组织者，“群众就会真正围绕在我们的周围，热烈地拥护我们”；⑤ 不但要提出任务，而且要注意方法，“我们的任务是过河，但是没有桥或没有船就不能过。不解决桥或船的问题，过河就是一句空话。不解决方法问题，任务也只是瞎说一顿。”⑥

苏区干部时刻把群众的冷暖挂在心头，努力做到每句话、每个行动、每项政策都符合人民的利益。当年苏区干部，无论职位高低，都把自己当作“人民的长工”，朱德给战士打草鞋、张闻天帮百姓砍柴、徐特立解救童养媳的故事传颂至今，一口“红井”更是盛满了领袖对群众的深情。民意如秤，人民用“埃政府”（埃：ai，当地客家方言，“我”的意思）道出了自己的心声。

（三）坚持“真正的铜墙铁壁是群众”：发动群众支援革命斗争

中央苏区时期，党及其领导的红军深入发动民众，争取一切积极因素，支援苏区建设和革命战争。1934 年 1 月 27 日，毛泽东在瑞金召开的第二次全国工

---

① 《毛泽东选集》第 1 卷，人民出版社，1991 年版，第 119－120 页。

② 《毛泽东选集》第 1 卷，人民出版社，1991 年版，第 124 页。

③ 《毛泽东选集》第 1 卷，人民出版社，1991 年版，第 136 页。

④ 《毛泽东选集》第 1 卷，人民出版社，1991 年版，第 138 页。

⑤ 《毛泽东选集》第 1 卷，人民出版社，1991 年版，第 137 页。

⑥ 《毛泽东选集》第 1 卷，人民出版社，1991 年版，第 139 页。

农兵代表大会上指出，“真正的铜墙铁壁是什么？是群众，是千百万真心实意拥护革命的群众。这是真正的铜墙铁壁……在革命政府的周围团结起千百万群众来，发展我们的革命战争，我们就能消灭一切反革命，我们就能夺取全中国。”① 他在1934年于瑞金沙洲坝写成的光辉文献《关心群众生活，注意工作方法》中，指出中国革命胜利的根本所在是依靠群众。只有以实际行动感召人民，用现实利益争取群众，才能“唤起工农千百万，同心干，不周山下红旗乱。”

苏区党员干部将人民群众视作力量源泉和胜利之本，积极发动群众、宣传群众和组织群众支援革命事业。针对群众对党缺乏认识、对革命事业信心不足的实际，党员干部深入圩日集会、田间作坊，运用俱乐部、列宁室、标语口号、红色歌谣、化装讲演等形式深入开展群众教育，有效激发了广大民众的革命热情，造成参加与支援革命和建设的热潮，出现“父母动员儿子、老婆宣传老公，弟弟动员哥哥”的动人局面。据统计，中央苏区时期，赣南13个苏区县总人口约240万，青壮年有50万，通过扩红运动参加红军的有33万余人，支前的有60多万人。如果没有全苏区人民群众物质的和精神的支持，没有数十万青壮年的踊跃参军参战，中央苏区的革命斗争就会成为无源之水，无本之木。

（四）坚持“创造第一等的工作”：模范带头争创一流业绩

“苏区干部好作风，自带干粮去办公。日着草鞋干革命，夜走山路访贫农。”中央苏区时期，广大党员干部在局部执政的伟大实践中，坚持马克思主义的群众观点，模范带头，廉洁奉公，以“第一等工作”的标准和成绩，带领人民群众开辟出“一片自由而光明的新天地”。

在中央苏区，凡是要求群众做到的事情和完成的革命任务，党员干部首先能够做到，并且始终与群众“有盐同咸，无盐同淡”。在查田运动中，毛泽东强调干部不能与民争利，要成为维护群众利益的模范，“政府工作人员最好不要求分东西，以作模范”。② 他把模范带头作为反对官僚主义、命令主义问题的要着，指出反对官僚主义的“最有效方法”，“就是拿活的榜样给他们看”。③ 在中央苏区，各级干部模范带头，以身作则，涌现出长冈乡、才溪乡等“苏维埃工

---

① 《毛泽东选集》第1卷，人民出版社，1991年版，第139页。
② 《毛泽东文集》第1卷，人民出版社，1993年版，第273页。
③ 《毛泽东文集》第1卷，人民出版社，1993年版，第277页。

作的模范"。① 长冈乡的群众说："共产党真正好，什么事情都替我们想到了。"② 中共兴国县委提出，所有工作人员都要做到"十个带头"，要成为"四个模范"。③ 对此，毛泽东称赞："兴国的同志们创造了第一等的工作，值得我们称赞他们为模范工作者……他们把群众生活和革命战争联系起来了，他们把革命的工作方法问题和革命的工作任务问题同时解决了。"④

与此同时，毛泽东对党的廉政建设进行了可贵探索，强调要对党员干部进行扎实有效的教育管理和监督。"应该使一切政府工作人员明白，贪污和浪费是极大的犯罪"，⑤ 因为它损害了群众利益，严重脱离群众。从1934年1月起，在中央苏区掀起一场以"反贪污、反浪费、反官僚主义"为目的的惩腐肃贪和群众检举运动。在毛泽东签发的中央执委会《关于惩治贪污浪费行为》第26号训令中，明确规定："贪污公款500元以上者，处以死刑。"⑥ 据统计，仅两年多查处贪官41人，其中枪毙15人。依托完备的法律监督机制和党员干部的廉洁自律，使苏区广大群众看到"只有苏维埃是空前的真正的廉洁政府"。⑦

三、精神瑰宝：苏区干部好作风的现实启示

群众路线是党的生命线，是党的力量源泉和胜利之本。实践表明，我们党最大的政治优势是密切联系群众，执政后的最大危险是脱离群众。要清醒看到，在部分党员干部当中不同程度地存在着形式主义、官僚主义、享乐主义、奢靡之风等问题。习近平指出："贯彻党的群众路线，保持同人民群众的血肉联系的历史进程永远不会结束。"中央苏区时期，中国共产党人在丰富的群众工作实践中的苏区干部好作风，为新时代坚持和贯彻群众路线、做好群众工作提供了重要的历史镜鉴。我们要从历史源头深刻领悟其深刻内涵，大力弘扬党的群众路线优良作风，自觉做到为民务实清廉，才能永葆先进性和纯洁性，始终站在时代前列，率领亿万群众为实现"中国梦"而奋斗。

（一）新时期做好群众工作的根本前提是执政为民

执政为民是为政之本。从政党政治的规律来讲，任何一个政党都是社会利

① 陈莹华、何友良：《中央苏区史略》，上海社会科学院出版社，1992年版，第285页。
② 《毛泽东选集》第1卷，人民出版社，1991年版，第138页。
③ 陈莹华、何友良：《中央苏区史略》，上海社会科学院出版社，1992年版，第291页。
④ 《毛泽东选集》第1卷，人民出版社，1991年版，第140页。
⑤ 《毛泽东文集》第1卷，人民出版社，1993年版，第134页。
⑥ 王关兴：《中国共产党反腐倡廉史》，上海人民出版社，2001年版，第28页。
⑦ 余伯流、凌布机：《中央苏区史》，江西人民出版社，2001年版，第935页。

益群体的政治代表。政党只有很好地代表了这个利益群体，并为其谋取利益，这个社会群体才会支持这个政党。心系群众鱼得水，脱离群众树断根。面对掌握全国政权、拥有政治经济军事绝对优势的国民党反动派的疯狂剿杀，中华苏维埃共和国能够建立并一度达到鼎盛，就在于党和苏维埃政府用执政为民的实际行动赢得民心、汇聚民智，确立了血浓于水的党群关系。当前，经受“四个考验”、防止“四个危险”，对于我们党永葆先进本色、巩固执政地位具有重大而深远的意义。我们要善于从历史中汲取智慧，从传统中感悟精神，切实掌握群众路线的深刻内涵、精神实质与根本要求，把“人民群众对美好生活的向往就是我们的奋斗目标”作为指引、评价和检验一切工作的最高标准，始终植根人民、造福人民，真正做到权为民所用、情为民所系、利为民所谋，千方百计为人民群众办实事、办好事，让人民群众得到实实在在的利益；始终保持同人民群众的血肉联系，自觉接受人民群众的监督，与人民群众心连心、同呼吸、共命运；不断提高在新的形势下做好群众工作的本领，虚心向人民群众求教，充分调动人民群众的积极性主动性创造性，在深深扎根于人民群众丰富生动的实践之中增长政治智慧、提高执政本领。只有这样，我们党长期执政和党领导的各项事业才能获得最广泛最可靠最牢固的群众基础和力量源泉。

（二）新时代做好群众工作的本质要义是求真务实

求真务实是成事之道。求真务实，就是要真抓实干，大兴理论联系实际、密切联系群众和艰苦奋斗之风。中央苏区时期，毛泽东反复强调，无产阶级政党的正确的斗争策略只有在群众的斗争过程中才能产生，只有多次反复地深入群众斗争的实际，作艰苦细致的调查研究，才能形成正确的阶级估量和工作指导；如果像本本主义那样，脱离实际，脱离群众，对工作进行主观主义和唯心主义的指导，就一定会失掉群众并会把各项工作搞糟。中央苏区党的群众工作实践充分表明，求真务实是党的活力之所在，也是党和人民事业兴旺发达的关键之所在。当前，我们正在进行具有许多新的历史特点的伟大斗争，各种新情况、新问题、新挑战层出不穷。“空谈误国，实干兴邦”。我们要大兴求真务实之风，牢固树立正确的政绩观，杜绝官僚主义、形式主义，以对党和人民的事业高度负责的态度干事创业，深入实际调查研究，坚持问政于民、问需于民、问计于民，倾听基层呼声，关心群众疾苦，以真抓实干、埋头苦干、创新敢干的良好形象，引领人民群众实现国家富强、民族振兴、人民幸福的伟大中国梦。

（三）新时代做好群众工作的基本要求是清正廉洁

清正廉洁是立身之基。“物必先腐，而后虫生。”历史反复证明，一个政权的兴亡，往往与吏治清廉与否有着必然的联系。为政清廉才能取信于民，秉公用权才能赢得人心。中央苏区时期，毛泽东指出，“腐败不清除，苏维埃旗帜就打不下去，共产党就会失去威望和民心！与贪污腐化作斗争，是我们共产党人的天职，谁也阻挡不了！”① 中央苏区干部清正、政府清廉、政治清明，根本区别于国民党反动政权的腐朽统治，是引领和扭转旧中国社会风气的风向标，是我们党凝聚民心、艰苦奋斗、克敌制胜、夺取政权的强大正能量。腐败问题是党和国家健康肌体的腐蚀剂，如果听任腐败现象蔓延，就会对党造成致命伤害，甚至亡党亡国。习近平同志在十八届中央纪委二次全会上强调，把权力关进制度的笼子里，“老虎”“苍蝇”一起打，形成不敢腐的惩戒机制、不能腐的防范机制、不易腐的保障机制。为此，我们要效法和学习当年中央苏区反腐倡廉的好制度、好传统、好做法，有腐必反、有贪必肃，切实做到：强化法制观念，提高职业道德水平；健全法规制度，营造廉政环境；完善监督体系，强化“四个监督”，让权力在阳光下运行。

① 王关兴：《中国共产党反腐倡廉史》，上海人民出版社，2001年版，第29页。

全面从严治党条件下中国共产党的创造力问题

重庆警察学院　王银生

中国共产党的长期执政地位，决定党是领导中国特色社会主义事业的举旗人、领路人、领导者、组织者、实施者。中国共产党始终能够经受住各种风浪和考验，始终具有高瞻远瞩的战略眼光，科学把握时代发展脉搏，其重要原因是党始终具有新的创造力。习近平指出："凡是影响党的创造力、凝聚力、战斗力的问题都要及时解决，凡是损害党的先进性和纯洁性的病症都要认真医治，凡是滋生在党的健康肌体上的毒瘤都要坚决祛除，通过持之以恒的努力，使党始终成为中国特色社会主义事业的坚强领导核心。"① 党的十八大以来，勇于面对党面临的重大风险考验和党内存在的突出问题，党的创造力、凝聚力、战斗力显著增强，为党和国家事业发展提供了坚强政治保证。

一、党的创造力的含义与表现

历史和人民选择中国共产党领导中华民族伟大复兴的事业，开辟中国特色社会主义道路，扎根中国大地、吸纳人类文明优秀成果、独立自主实现国家发展的战略，这是党执政合法性来源与现实基础。党的创造力是指长期执政对已积累的理论体系和实践经验进行科学分析、归纳、提炼，提出新理论、新发展、新战略和新举措的能力。党的创造力具有引领、辐射、整合、凝聚国家和民族创造力的作用，是全社会创新力、关注力、发展力、协同力的集中体现。党在政治、思想和组织建设等方面的创新是党创造力的重要标志。改革开放以来，党调动了全社会的积极性、主动性、创造性，为党的创造力奠定了理论基础、

---

① 习近平：《在纪念毛泽东同志诞辰120周年座谈会上的讲话》，《人民日报》2013年12月6日。

精神基础、物质基础、制度基础。在全面从严治党进程中，不断激发党新的创造力，以最大限度集中全社会智慧，最大限度调动一切积极因素。那么，党的创造力主要有哪些含义？

一是指创新能力。习近平指出："创新是一个民族进步的灵魂，是一个国家兴旺发达的不竭动力，也是中华民族最深沉的民族禀赋。"① 表现为党把握中国特色社会主义的发展特点和规律，不断进行实践基础上的理论创新、制度创新和政策创新，使创新成为社会进步的主导力量和重要源泉。党的十八大以来，党以巨大的政治勇气和强烈的责任担当，提出一系列新理念新思想新战略，出台一系列重大方针政策，推出一系列重大举措，推进一系列重大工作，解决了许多长期想解决而没有解决的难题，办成了许多过去想办而没有办成的大事，推动党和国家事业发生历史性变革。

二是自我革命、自我革新的能力。党要管党、全面从严治党是中国共产党立党、治党、管党的基本原则，不断增强党自我净化、自我完善、自我革新、自我提高的能力。从中国革命、建设和改革历程和党生死攸关转折时期党都表现出独立自主、勇于自我革命的能力。

党的十八大以来，着力于"治国必先治党、治党务必从严"的历史与逻辑结合，制度建设与思想建设结合，顶层设计与落实责任结合。改革党的治理方式，运用组织权威与优势，严肃进行组织内部上下互动的治理，把纪律挺在前面，着力解决人民群众反映最强烈、对党的执政基础威胁最大的突出问题，调动全党积极性、主动性、创造性，赢得了党心、民心和军心，极大地改善了党创造力的环境。

三是指新的精神、态度和决心。党历经千难万险，付出巨大牺牲，敢于面对曲折，坚持追求真理，勇于修正错误，攻克了一个又一个看似不可攻克的难关。保持勇于变革、勇于创新，永不僵化、永不停滞的精神状态和一往无前的奋斗精神、牺牲精神、担当精神。保持敢于啃硬骨头，敢于涉险滩，攻坚克难和"钉钉子"的意志。对探索真知、求真务实的态度；对待马克思主义的态度；以人民为中心的立场和态度；保持理论自信、道路自信、制度自信、文化自信的态度。以巨大的政治勇气和智慧，坚决破除一切妨碍科学发展的思想观念和

① 《习近平在欧美同学会成立一百周年庆祝大会上发表重要讲话强调：脚踏着祖国大地胸怀着人民期盼　书写无愧于时代人民历史的绚丽篇章》，《人民日报》2013 年 10 月 22 日。

体制机制弊端的决心。决胜全面建成小康社会，夺取新时代中国特色社会主义伟大胜利，为实现中华民族伟大复兴的中国梦不懈奋斗的坚强决心。

四是指创新思维能力。创新思维方式是创新的基础，思维能力从创新思维开始。党的思维能力主要有战略思维能力、历史思维能力、辩证思维能力、创新思维能力、法治思维能力、底线思维能力。其中，创新思维能力是指敢为天下先的锐气，打破迷信经验的惯性思维，不受现成常规思路和现成模式的约束，寻求全新的独特的思维过程。明者因时而变，智者随事而制。把辩证思维与战略思维、历史思维、创新思维、底线思维等统一起来，作为一个完整的思想方法和工作方法。党坚持以新思路寻找新出路、以新理念引领新发展，不断开创中国特色社会主义建设新局面。

二、党的创造力的来源

第一，党的创造力来源于先进的执政理论。马克思主义是科学的理论、人民的理论、实践的理论、不断发展的开放的理论，具有真理性、正义性、指导性和科学性的理论特征。马克思主义在中国经历了一个从接受到信仰、从教条式照搬到创造性运用、从学习马克思主义原著到开创马克思主义中国化的过程。恩格斯指出："马克思的整个世界观不是教义，而是方法。它提供的不是现成的教条，而是进一步研究的出发点和供这种研究使用的方法。"① 列宁指出："没有革命的理论，就不会有革命的运动""只有以先进理论为指南的党，才能实现先进战士的作用。"② 习近平同志指出，坚持马克思主义，最重要的是坚持马克思主义基本原理和贯穿其中的立场、观点、方法。马克思主义理论、中国特色社会主义理论不断创新，经过伟大的实践，中华民族迎来了从站起来、富起来的伟大飞跃。习近平同志为核心的党中央团结带领人民进行伟大斗争、建设伟大工程、推进伟大事业、实现伟大梦想，党和国家事业取得全方位、开创性历史成就，发生深层次、根本性历史变革，中华民族迎来了从富起来到强起来的伟大飞跃，迎来了实现中华民族伟大复兴的光明前景。

第二，党的创造力来源于广大人民群众的支持与拥护。人民立场是中国共产党的根本政治立场，是马克思主义政党区别于其他政党的显著标志。党来自人民、植根人民、服务人民，人民是党的力量所在，是党的胜利所依，一旦脱

---

① 《马克思恩格斯文集》第10卷，人民出版社，2009年版，第691页。

② 列宁：《论无产阶级政党》，人民出版社，2009年版，第71页。

离群众，就会失去根基。在革命、建设和改革开放时期，党坚持向人民群众学习，善于发挥群众首创精神，尊重人民主体地位，始终保持同人民群众的血肉联系。在党内出现了一些问题和失误的时候，人民群众始终坚信党的领导。列宁说："生机勃勃的创造性的社会主义是由人民群众自己创立的。"① 改革开放以来我国许多成功探索和新鲜经验大都来自于人民群众实践。比如，改革开放之初人民群众地自觉不自觉、有意识无意识的希冀社会利益改革，激发了农村改革的尝试。党由此开始一系列制度和政策创新，使人民生活水平从温饱发展到全面小康。党的十九大报告强调，"凡是涉及群众切身利益的决策都要充分听取群众意见，凡是损害群众利益的做法都要坚决防止和纠正。"加强作风建设，严格中央八项规定，纠正"四风"就是改善党在群众中的形象，培植党在群众中的威信。

第三，党的创造力来源于党的执政优势和执政考验。各级党组织是发挥党创造力的组织保证，广大党员是党创造力的基本力量。党的创造力具有内在规定性，即执政党具有政治优势、组织优势和思想优势。党的执政优势不是与生俱来的，而是后来发展所形成的。习近平总书记多次强调，中国最大的国情就是中国共产党的领导。中国特色社会主义最本质的特征是中国共产党领导，中国特色社会主义制度的最大优势是中国共产党领导，党是最高政治领导力量。在革命党时期，意识形态和革命理想主义起着重要的、无可替代的凝聚团结全党的作用，在执政时期，需要理想主义和现实主义结合起来；需要强大的执政能力和依法执政、民主执政和科学执政；需要提出政治目标和社会发展目标，通过有效的政治功能，组织和动员全社会力量，实现战略目标；需要全党始终保持统一的思想、坚定的意志、协调的行动、强大的战斗力。新中国成立前夕，毛泽东同志极具前瞻性、极具战略性地提出了"赶考"的课题。掌握执政权力、支配执政资源，提供了为民谋利造福的有利条件，同时也带来了以权谋私、背离民意的各种可能。改革开放和发展社会主义市场经济，权力面对的诱惑前所未有。我们党清楚认识到最大考验是执政考验，最大危险是脱离群众。

第四，党的创造力来源于锻造中的自身建设。党始终保持在自身建设上的思想自觉和行动自觉。邓小平说，"我们党也犯过严重错误，但是错误总还是由我们党自己纠正的，不是别的力量来纠正的。"② 一方面，党的十八大以来，开

① 《列宁全集》第26卷，人民出版社，1956版，第269页。

② 《邓小平文选》第2卷，人民出版社，1994年版，第267页。

展了党的群众路线教育实践活动和“三严三实”专题教育，推进“两学一做”学习教育常态化制度化，增强政治意识、大局意识、核心意识、看齐意识，以顽强意志品质正风肃纪、反腐惩恶，消除了党和国家内部存在的严重隐患，党内政治生活气象更新，党内政治生态明显好转。另一方面，提升党自我净化、自我完善、自我革新、自我提高能力。所谓自我净化，主要是指以强烈的忧患意识，依靠组织制度、纪律规矩、优良传统等实现自我纠错，防止党的肌体发生病变。所谓自我完善，主要是指通过思想建设、组织建设、作风建设、反腐倡廉建设和制度建设，使我们党更加成熟、更加坚强。所谓自我革新，主要是指党依据时代条件、具体环境和历史任务的变化，及时调整自己的理论和路线方针政策等，摒弃不合时宜的思想观念和体制机制，做到解放思想、实事求是、与时俱进、求真务实。所谓自我提高，主要是指党的建设水平由低向高发展的一种上升过程，体现于党的理论水平、执政能力、作风形象等方方面面。

第五，党的创造力来源于党组织和党员的学习力。提高党的学习能力，这是新时期党的建设模式的重要切入点，也是党的创造力的原动力。学习、服务、创新是党组织的基本要求，其中创新是推动学习、促进服务的关键因素。党的十九大报告强调，增强学习本领，在全党营造善于学习、勇于实践的浓厚氛围，建设马克思主义学习型政党，推动建设学习大国。创建学习型党组织，保持党的先进性和纯洁性，发挥党组织在学习什么、怎样学习、保障学习条件方面的组织作用，通过学习推进创新。同时，坚持用马克思主义观察时代、解读时代、引领时代，用鲜活丰富的当代中国实践来推动马克思主义发展，用宽广视野吸收人类创造的一切优秀文明成果，坚持在改革中守正出新、不断超越自己，在开放中博采众长、不断完善自己。

第六，党的创造力来源于问题意识和问题导向。习近平同志指出：“问题是创新的起点，也是创新的动力源。只有聆听时代的声音，回应时代的呼唤，认真研究解决重大而紧迫的问题，才能真正把握住历史脉络、找到发展规律，推动理论创新。”① 以习近平同志为核心的党中央坚持问题导向，善于从众多矛盾中抓那些事关国家前途、民族命运和经济社会发展全局的重大问题、关键问题和前沿问题，扭住深层次矛盾和重点难点问题持续发力、精准发力，这是党的十八大以来治国理政的重要思想方法和工作方法。一是在外开放广泛化、经济结构多元化、社会阶层多样化、利益诉求复杂化的条件下，党面临的执政环境

---

① 习近平：《在哲学社会科学工作座谈会上的讲话》，《人民日报》2016 年 5 月 17 日。

是复杂的，影响党的先进性、弱化党的纯洁性的因素也是复杂的，党内存在的思想不纯、组织不纯、作风不纯等突出问题尚未得到根本解决，深刻认识党面临的“四个考验”和“四个危险”，全面从严治党永远在路上。二是中国特色社会主义历史进程中，面临重大挑战、抵御重大风险、克服重大阻力、解决重大矛盾。三是坚持辩证唯物主义和历史唯物主义的方法论。推动经济社会发展把握事物发展的内在矛盾及其运动规律，抓住关键问题、难点问题、牵一发而动全身的问题。正是以化解矛盾、解决问题为目标任务进行开拓性、创造性工作，才解决了许多长期想解决而没有解决的难题，办成了许多过去想办而没有办成的大事。

三、构建新时代党的创造力

第一，全面从严治党战略是党的创造力的原动力。中国特色社会主义进入新时代，我们党统揽伟大斗争、伟大工程、伟大事业、伟大梦想，其中起决定性作用的是党的建设新的伟大工程，持之以恒推进全面从严治党，以不断增强党的政治领导力、思想引领力、群众组织力、社会号召力、旺盛生命力和强大战斗力。一是自身必须始终过硬，自身必须强大。确保党在世界形势深刻变化的历史进程中始终走在时代前列，在应对国内外各种风险和考验的历史进程中始终成为全国人民的主心骨，在坚持和发展中国特色社会主义的历史进程中始终成为坚强领导核心。二是全面落实新时代党的建设总要求，以党的政治建设为统领，以调动全党积极性、主动性、创造性为着力点，全面推进党的政治建设、思想建设、组织建设、作风建设、纪律建设，把制度建设贯穿其中，深入推进反腐败斗争，不断提高党的建设质量，把党建设成为始终走在时代前列、人民衷心拥护、勇于自我革命、经得起各种风浪考验、朝气蓬勃的马克思主义执政党。三是提升国家治理体系和治理能力现代化的能力。通过“统揽全局、协调各方”的执政方式，强化党的组织、领导和协调功能。加大“放权搞活”和社会权力资源的科学配置，使国家权力、政党权力、市场权力、社会权力发挥其作用。鼓励、支持全体公民的积极创新，形成让一切劳动、知识、技术、管理、资本的活力竞相迸发，让一切创造社会财富的源泉充分涌流。

第二，习近平新时代中国特色社会主义思想是党的创造力的引领。历史和实践证明，中国共产党之所以能够完成近代以来各种政治力量不可能完成的艰巨任务，就在于始终把马克思主义这一科学理论作为自己的行动指南，并坚持在实践中不断丰富和发展马克思主义。如果动摇了马克思主义的指导地位，就会动摇中国特色社会主义的理论根基，动摇全党全国各族人民团结奋斗的共同思想基础。习近平新时代中国特色社会主义思想，是当代最新的马克思主义中国化的理论成果，系统回答新时代坚持和发展什么样的中国特色社会主义、怎样坚持和发展中国特色社会主义这个重大时代课题。马克思有一句名言："批判的武器当然不能代替武器的批判，物质力量只能用物质力量来摧毁；但是理论一经掌握群众，也会变成物质力量。"① 毛泽东同志指出："如果我们党有一百个至二百个系统地而不是零碎地、实际地而不是空洞地学会了马克思列宁主义的同志，就会大大地提高我们党的战斗力量。"② 强调理论的重要性，强调理论与实践的辩证关系。当前，全党需要以更大决心和魄力冲破思想观念的束缚，突破利益固化的藩篱。阻碍全面深化改革的阻力之一就是思想认识跟不上、不统一，有的对改革信心不足，有的心怀芥蒂，有的囿于自身利益或者既得利益而不愿意改革等等。"等靠要"的思维还存在，"慵懒散"的现象没有转变。历史总是要前进的，历史从不等待一切犹豫者、观望者、懈怠者、软弱者。为此，发挥党的思想理论引导、指导和向导的作用，营造良好社会舆论氛围，最大限度地赢得全社会对"五位一体""四个全面"的认同与支持，把党的主张变成全社会的自觉行动。

第三，不断满足人民利益需求和美好生活需要是党的创造力的驱动。党的十九大报告指出："全党必须牢记，为什么人的问题，是检验一个政党、一个政权性质的试金石。"坚持"以人民为中心"的"人民至上论""人民幸福论"，人民是历史的创造者，是决定党和国家前途命运的根本力量。把党的"人民至上"的理论依据和贯彻人民至上的思路、措施、办法、体制和机制贯穿到治国理政全部活动之中。从马克思主义的观点看，人民美好生活是一种动态的生活状态，这种状态就是所有社会成员个人的全面而自由发展。在当代社会条件下，全面而自由发展既意味着人的潜能得到尽可能充分的开发和发挥，也意味着生存需要、发展需要、精神需要和享受需要得到尽可能好的满足。

一是党的创造力的实质就是满足人民群众根本利益的需要。马克思指出："人们奋斗所争取的一切，都同他们的利益有关。"③ 他还指出："'思想'一旦

① 《马克思恩格斯全集》第1卷，人民出版社，1956年版，第457页。

② 《毛泽东选集》第2卷，人民出版社，1991年版，第533页。

③ 《马克思恩格斯全集》第1卷，人民出版社，1956年版，第82页。

离开‘利益’，就一定会出丑。”① 当前，广大人民群众的利益，包括根本利益、直接利益、近期利益、长远利益、政治利益等，这些利益诉求、利益关系是党的创造力的驱动力。保障和改善民生要抓住人民最关心最直接最现实的利益问题，既尽力而为，又量力而行，一件事情接着一件事情办，一年接着一年干。

二是党的创造力的价值是满足人民美好生活的需求。我国社会主要矛盾已经转化为人民日益增长的美好生活需要和不平衡不充分的发展之间的矛盾。我国稳定解决了十几亿人的温饱问题，总体上实现小康，不久将全面建成小康社会，人民美好生活需要日益广泛，不仅对物质文化生活提出了更高要求，而且在民主、法治、公平、正义、安全、环境等方面的要求日益增长。为此，使人民群众普遍感到：自己是自由的；自己有和其他社会成员同样的人格、尊严、权利、机会；自己在生活的各个方面受到公正待遇；自己是社会和国家的主人，有参政议政的权利和机会；自己生活的环境是安全的、稳定的、有序的，人与人之间相互尊重、相互信任、相互合作、相互友爱。普遍产生安全感、获得感、公正感、认同感等美好感受。

三是衡量党的工作得失的标准，以最广大人民根本利益为最高标准。检验我们一切工作的成效，最终都要看人民是否真正得到了实惠，人民生活是否真正得到了改善，人民权益是否真正得到了保障。在任何情况下，把人民拥护不拥护、赞成不赞成、高兴不高兴、答应不答应作为衡量一切工作得失的根本标准，使我们党始终拥有不竭的力量源泉。

第四、增强执政本领是党的创造力的推动。党的十九大报告强调，行百里者半九十。中华民族伟大复兴，绝不是轻轻松松、敲锣打鼓就能实现的。全党必须准备付出更为艰巨、更为艰苦的努力。当前我国发展不平衡不充分的一些突出问题尚未解决，发展质量和效益还不高，创新能力不够强，实体经济水平有待提高，生态环境保护任重道远；民生领域还有不少短板等等问题。为此，经济方面，解放和发展社会生产力，激发全社会创造力和发展活力。加快形成以创新为主要引领和支撑的经济体系和发展模式。实施科教兴国战略、人才强国战略、创新驱动发展战略、乡村振兴战略、区域协调发展战略、可持续发展战略、军民融合发展战略等，努力实现更高质量、更有效率、更加公平、更可持续的发展。民主政治方面，我国社会主义民主是维护人民根本利益的最广泛、最真实、最管用的民主。要体现人民意志、保障人民权益、激发人民创造活力，

① 《马克思恩格斯全集》第3卷，人民出版社，1995年版，第52页。

用制度体系保证人民当家做主。文化方面，坚持中国特色社会主义文化发展道路，激发全民族文化创新创造活力，建设社会主义文化强国。提高保障和改善民生水平，加强和创新社会治理。加快生态文明体制改革，建设美丽中国。坚持走中国特色强军之路。坚持“一国两制”，推进祖国统一。坚持和平发展道路，推动构建人类命运共同体。坚定不移全面从严治党，不断提高党的执政能力和领导水平。党员领导干部既要政治过硬，也要本领高强。增强学习本领、增强政治领导本领、增强改革创新本领、增强科学发展本领、增强依法执政本领、增强群众工作本领、增强狠抓落实本领、增强驾驭风险本领。

关于增强中国共产党社会号召力的思考

——兼论红船精神对党的社会号召力的促进作用

嘉兴学院　郭维平

党的十九大明确提出要“不断增强党的政治领导力、思想引领力、群众组织力、社会号召力”，其中第四个是“社会号召力”。增强党的“社会号召力”直接关系到党的领导是否坚强有力，关系到党能否永葆旺盛生命力和强大战斗力，是建设党的伟大工程的重要方面。

一、中国共产党社会号召力的内涵、传统与意义

社会号召力就是社会影响力与发动力，“对于政党而言，它的社会号召力是指政党对于全社会的影响能力、凝聚能力、动员能力、引导能力等”，“主要体现在两个方面，一是它能够实现的对社会影响的范围，二是它对目标群体或阶层动员的力度”。① 中国共产党的社会号召力，主要指它对我国各群体、各阶层的社会政治动员能力及其社会影响，也就是党能把全体人民团结起来，为着共同的价值理想、政治目标和社会愿景一致奋斗的能力。

1. 党的性质决定了党的社会号召力之强大

中国共产党自成立以来就具有强大的社会号召力，这是由党的性质、宗旨和自身形象等决定的。因为中国共产党代表的是最广大人民的根本利益，所以她拥有天然的社会号召力，这是中国共产党的政治优势。马克思主义认为，不同阶级的共同体都是不同阶级的利益关系的代表者，以私有制为基础的共同体都是“虚假的共同体”，它们代表的都是少数人的利益，只有共产主义才代表了全人类利益。中国共产党从红船起航，就把为人民谋幸福作为自己的使命，工

① 张垚：《新时代，怎样增强党的社会号召力》，《人民日报》2017 年 11 月 22 日。

作法宝之一就是最大限度地动员群众、号召群众去争取自己的幸福与解放，这是我们党领导人民取得革命、建设和改革伟大成就的主要经验之一。

历史的观察，中国共产党的社会号召力具有显著特点：第一，社会号召的广泛性。中国共产党成立后立即着手发动工农大众，将党的主张与力量延伸到处于最底层的工矿与农村社会，注重团结劳苦大众与各阶层一切可以团结的力量，发出国家独立、人民解放的社会号召，进行最广泛的社会动员。第二，把思想政治上的号召与动员放在首位。在党创建时期，以李大钊、陈独秀、毛泽东为代表的党的创始人就通过建社团、编刊物、写文章等，不断扩大马克思主义的理论传播，进行反帝反封建的思想动员，将群众自发高涨的爱国救亡意识转化为马克思主义指导下的革命行动，促成了第一次工人运动高潮和农民运动的兴起。建党不久就提出“将宣传教育摆在实际斗争的头等重要位置，为提高群众觉悟、开展政治动员作出精心安排和周密布置”①，充分重视思想号召。第三，社会号召具有群众运动性。从土地革命、抗日战争到解放战争，党发动了农民运动、工人运动、工农武装割据、学生运动等一系列大规模的急风暴雨式的群众运动，使党的方针在群众运动中获得实现，进而不断增强了自身的社会号召力。中国共产党通过有明确目标的社会号召与动员，一是激发了民众的积极性，使人民的国家意识、公共精神、政治参与意识大大增强，使中国出现了革命和建设的高潮；二是集中起民众和国家的力量，实现了资源的最大优化，推进了社会从农业化向工业化与现代化发展；三是提高了我党的人民性和执政能力。回顾历史可见，我党的社会号召对于推进社会的发展与进步具有重要作用。

2. 增强社会号召力是实现伟大梦想的需要

党的十九大宣布，中国特色社会主义进入了新时代，这是一个充满希望、鼓舞人心的时代，是一个实现中华民族伟大复兴中国梦的时代。中国梦体现了中华民族和中国人民的整体利益，是每一个中华儿女的共同期盼。显然，实现梦想需要全国各族人民上下同心，共同奋斗，这就对增强党的社会号召力提出了更高要求。经过改革开放近 40 年发展，我国社会生产力水平明显提高，人民生活显著改善，社会主要矛盾已经转化为人民日益增长的美好生活需要和不平衡不充分的发展之间的矛盾，人民对美好生活的向往更加强烈。但必须清醒地

---

① 刘建军：《中国共产党思想政治教育的理论与实践》，中国人民大学出版社，2008 年版，第 35 页。

认识到，我国发展不平衡不充分的一些突出问题尚未解决，不同社会阶层之间的利益矛盾也比较突出，当今社会思想多样化、利益多元化，意识形态领域的斗争依然错综复杂。面对这种形势，如何团结与号召全国人民同心同德共同奋斗显得十分重要。经过几千年的沧桑岁月，把我国56个民族、13亿多人紧紧凝聚在一起的，是党领导下我们共同经历的非凡奋斗，是我们共同创造的美好家园，是我们共同培育的民族精神，而贯穿其中的、更重要的是党号召我们共同坚守的理想信念。实现中国梦需要凝聚中国力量，就必须以共同的理想目标号召人民，如习近平总书记所说，要让“生活在我们伟大祖国和伟大时代的中国人民，共同享有人生出彩的机会，共同享有梦想成真的机会，共同享有同祖国和时代一起成长与进步的机会”①，这就是最强的社会号召力，伟大梦想的实现需要这种社会号召力。历史已经证明，在我国这样一个大国，除了中国共产党，没有任何一个政治组织能够把全国56个民族、十几亿人的力量紧紧凝聚起来。90多年来，无论遇到什么样的艰难险阻，我们党都通过强大的社会号召力带领人民战胜困难，今天在新的时代节点上，我们党必然要进一步增强社会号召力，才能带领全国人民实现伟大梦想。

3. 增强社会号召力与加强党的建设及领导相辅相成

在当今中国，东西南北中，党是领导一切的。但要看到，我党肩负着新的历史重任，面对新形势下的“四大考验”、“四种危险”，党的社会号召力也经受着新考验。打铁还需自身硬，继续从严治党，大力加强党的执政能力建设、先进性和纯洁性建设，是提升党的社会动员力的基础。党的社会号召力是党的领导的外在表现，党的领导不是一句空话，重要的表现就是具有能把各不相同的社会群体、阶层和力量围绕着共同的价值理念、政治目标和社会愿景团结起来并付诸行动的能力，这就是社会号召力。也就是说，党的社会号召力越强，党的领导与建设就越有力；党的领导与建设越坚强有力，社会号召力也越强，这是相辅相成的两个方面。所以，增强社会号召力和党的自身建设紧密相关，是加强党的建设与领导的需要。党的十八大以来，以习总书记为核心的党中央全面加强党的领导、全面推进从严治党，着力解决人民群众反映最强烈、对党的执政基础威胁最大的突出问题，管党有方、治党有力、建党有效，进一步密切了党群关系，党的执政基础更加巩固，为增强党的社会号召力奠定了基础。从党的领导与建设来看，增强党的社会号召力势在必行、刻不容缓。只有严字

① 人民时评：《让更多人共享人生出彩的机会》，《人民日报》2013年3月17日。

当头，坚持全心全意为人民服务理念，才能在人民心中树立起执政党的崇高形象，成为中华民族、中国人民开创美好未来的领导者，从而使自己在全体人民中拥有极强的号召力，真正成为中国特色社会主义坚强的领导核心。

二、新时代增强党的社会号召力的着力点

新时代出现许多新变化。就社会号召而言，发出号召的主体已从党和国家的唯一性向社会多元性转变，社会活动的民间发起越来越多；社会号召的方式也从组织化走向半社会化，表现为媒体号召、竞争号召、参与式号召等等；号召的轴心则从国家利益转向大众利益的整合。这种情况下如何增强党的社会号召力？需要找准着力点。

1. 不忘初心，弘扬党的优良传统

从党的历史经验看，增强党的社会号召力，必须不忘初心，牢记使命，坚定理想信念，坚持弘扬党的优良传统。90 多年来中国共产党作为世界上最大政党，带领中国人民完成了诸多艰难使命，其社会号召力令世界信服。追根溯源，这种社会号召力首先源自于党的性质、党的初心。中国共产党一经成立就以马克思主义为指导思想，以“为中国人民谋幸福，为中华民族谋复兴”，最终实现共产主义为目标，代表着社会进步、人类进步的方向，所走的路符合社会发展规律，符合最广大人民的利益与意愿，人民愿意跟随，所以党具有与生俱来的社会号召力。第二源自于党领导人民所取得的巨大成就，干出了“号召力”。90 多年来，中国共产党团结与带领人民，进行了新民主主义革命、社会主义革命、改革开放新的伟大革命，实现了中国人民从站起来到富起来、强起来的伟大飞跃，其历史功绩使党和人民成为一体，人民信任共产党，愿意听党的话。第三，源自于党的自我革命。中国共产党在带领人民不懈奋斗中，之所以能战胜一次次困难，很大程度上在于党能以高度的理论自觉、政治自觉、思想自觉、行动自觉进行“自我革命”，即得益于作为马克思主义政党与生俱来的自我革命性。党的十八大以来，党中央全面从严治党，有效解决了党内存在的突出问题，赢得了党心民心，党的号召自然就有力。可见，我们党要进一步增强社会号召力，就要不忘初心，坚定理想信念，坚持全心全意为人民服务的宗旨，弘扬党的优良传统，用习近平新时代中国特色社会主义思想武装全体党员头脑，使广大党员干部掌握强大思想武器，进而用党的理论宣传群众、组织群众，以共同理想引领群众，与人民共筑中国梦。尤其是要严惩腐败，身正自威，只要党组织、党员干部在各项工作中体现先锋模范作用，展示良好形象，在人民群众中就会

赢得更充分的信任与拥护。

2. 准确回应人民群众的共同诉求，树立共同理想

共同的利益是社会成员产生共同价值理念和共同政治目标的基础。要增强党的社会号召力必须更科学全面地分析新时代的中国实际、更准确地回应广大人民群众的诉求，维护广大人民的共同利益，这才能有效地调动人民群众的积极性、主动性和创造性，这是党的社会号召取得成功的基本经验。“号召力”产生于社会实践过程中，当人们遇到困难不知所措时，面临复杂环境彷徨迷离时，我们党能想人民所想，急人民所急，做出具有瞻前性、科学性的决策，引领人民解决实际问题，这样的社会号召力最具生命力。由于当今中国社会号召的目的不是推翻当前社会结构和基本制度，而是改善和提高社会结构的整合程度，稳步推进社会主义现代化建设，实现民族复兴、共同富裕，所以党的社会号召的核心内容不在于政治变革而在于利益协调，在于为最广大人民谋幸福。社会号召应围绕新时代新使命，以推进现代化建设、提高人民生活水平为中心内容。第一，从发动群众角度而言，要坚持利益引导，深切关注民生，维护好、实现好人民的根本利益。党必须针对不同阶层的利益要求，做出不同的回应，其中首先要考虑的是满足最大多数人的利益要求，使社会号召的结果惠及全体人民，保护集体和国家利益不受损害，这关系到党的执政和社会安定的大局。第二，要准确地回应广大人民群众的共同诉求，即要抓住最广大人民最关心最直接最现实的利益问题，“一件事情接着一件事情办，一年接着一年干”，直到人民满意，比如教育、就业、收入分配、社会保障体系、精准脱贫等。党坚持人民立场、让人民群众拥有更多获得感，人民群众就会一心跟党走。第三，从自发生成的角度而言，要努力促进民众的思维方式和行为模式从传统的方式向现代的方式转变，促进民众的生活目标从个人需求向共同理想转变，这需要党的引领和推动，社会主义核心价值观的培育和共同理想目标的构建就显得十分重要。党要注重先进思想与文化的渗透，以体现社会号召目标的先进性与科学性。党的十九大已发出号召：决胜全面建成小康社会，开启全面建设社会主义现代化国家新征程。很显然，这样一个蓝图符合绝大部分人民群众对美好生活的需要与追求。

3. 适应变化，创新社会动员的理念与技术手段

党的社会号召力主要表现为社会政治动员能力。习近平总书记指出：“推进国家治理体系和治理能力现代化，就是要适应时代变化……，使各方面的制度更加科学、更加完善，实现党、国家、社会各项事务治理制度化、规范化、程

序化。"① 党的社会号召与动员方式也要适应时代变化。随着社会转型，社会动员的基本要素比如动员前提、动员主体、动员方式等已发生了很大变化，我们应努力寻找并不断完善与信息化、市场化、经济全球化相适应、与中国特色社会主义新时代相适应的社会动员方式，注重社会性和自发性。从实践来看，以下几种社会动员方式值得提倡：一是参与式动员号召，吸引人们亲自参与社会活动。"如果能让民众出于某种利益的需要而主动参与到某个活动或事件中来，把动员的结果看作是自己所希望实现的目标，那么这种社会动员属于自觉的动员，其效果更佳。"② 比如，号召民众实现两个"百年目标"及民族复兴的中国梦，就是符合广大人民根本利益的社会实践活动，只要能引导民众树立起这个共同理想，民众就会积极主动的参与其中。目前党和政府对主流公共空间的开放，比如村民直接选举、市民参与工程等也就是一些参与式动员的形式。二是传媒式号召动员，即通过网络、电视、广播等传媒来传达党的号召与动员令。随着信息技术和人工智能的日新月异，通过传媒提升社会号召力的机遇与挑战并存。据中国产业信息网发布的 2017 年中国互联网络行业总体发展情况分析，截至 2017 年 12 月，我国网民规模达 7.72 亿，超过全球平均水平（51.7%）4.1 个百分点；手机网民规模达 7.53 亿。这就要求我们党主动适应与积极引领这一变化，不断推动理念与技术手段的创新，从而确保拥有与时俱进的社会号召力。这些年我们党加强了对现代传媒的领导和建设，注重对主流网站的引导与管理，官方微信平台普遍建成，以民众喜闻乐见的方式，营造社会主义的文化舆论环境，充分发挥大众传媒正向作用，使其潜移默化地渗透社会主义核心价值观，实现了有效的社会号召动员。三是竞争性动员，即通过有组织、有制度的竞争、评估、交流、奖惩等具体方式而进行的动员。因为竞争具有正向激励性，通过对某种目标行为的评估、奖惩，达到实践行动上的引导与号召，能有效提高对事业发展目标的期望，有利于激发奋斗精神与开拓创新精神，促进社会的进步。只有不断创新党的社会号召与动员方式，我们党才能确保拥有与时俱进的社会号召力。

三、以红船精神促进党的社会号召力建设

红船精神是党的先进性之源，是中国共产党革命精神之源。90 多年来，红

① 《习近平总书记重要讲话文章选编》，中央文献出版社，2016 年版，第 93 页。
② 郭维平：《中国共产党的社会动员模式研究》，《云南行政学院学报》2013 年第 6 期。

船精神激励着无数共产党人与革命群众为党的事业和人民的幸福而奋勇向前，本身具有强大的社会号召力。今天弘扬红船精神，必将促进党的社会号召力建设。

1. 走在时代前列，生成号召力

有先进性才有号召力。马克思主义政党的先进性在于走在时代前列，红船精神本质上就是走在时代前列的革命精神。在半封建半殖民地的旧中国，中国共产党勇立社会发展的潮头，在南湖红船上宣告成立，从此使中国革命的历史翻开了崭新的一页。对此，毛泽东同志称之为“开天辟地的大事变”。用习近平总书记的话说，就是“小小红船承载千钧，播下了中国革命的火种，开启了中国共产党的跨世纪航程”。① 党的先进性，主要体现在马克思主义指导思想的先进性，坚定的阶级性，广泛的代表性和鲜明的时代性，代表着先进的阶级、先进的社会生产力，代表着时代进步的方向，因而生成了强大的社会号召力。红船初心，深刻地反映了中国共产党人的共产主义理想信念，奠定了为中国人民谋幸福、为中华民族谋复兴的价值基石，因而成为我们党长盛不衰、充满生机活力的动力源。今天，符合中国国情的中国特色社会主义道路、理论、制度和文化，是中国共产党和中国人民的首创，是对开天辟地的红船精神的传承，又一次走在时代前列，前无古人。历史已经证明，中国共产党带领中国人民开创的中国特色社会主义道路，是实现社会主义现代化的必由之路，是中国走向繁荣与富强的必由之路，是中华民族彻底摆脱悲惨命运、实现伟大复兴的必由之路。正因为中国共产党始终站在时代前列，引领人民顺应时代潮流不断向前，所以深得人心，一呼百应。在当今新的历史时期，面对更加复杂的国内外环境，我们仍然要弘扬红船精神，继续走在时代前列，拿出逢山开路、遇水架桥的闯劲儿，保持党的先进性，自然就能得到广大人民的衷心拥护，不断增强党的社会号召力。

2. 百折不挠，干出号召力

有战斗力才有号召力。中国共产党的战斗力来自于“坚定理想，百折不挠的奋斗精神”，这是中国共产党克敌制胜的法宝，也是赢得民心、提升社会号召力的法宝。我们党成立时全国党员仅有 50 余人，中国社会风雨如磐一盘散沙，中外反动势力十分强大。所以中国共产党 90 多年的发展历程不是一帆风顺的，而是历经坎坷和磨难，多次面临生死存亡和严峻的考验。90 多年来，我们党从

① 习近平：《弘扬“红船精神”走在时代前列》，《光明日报》2005 年 6 月 23 日。

奋斗起步，更靠奋斗发展，一路艰苦卓绝，才创造了今天的历史辉煌，我们的事业是靠千千万万共产党员百折不挠的奋斗与牺牲而铸就的。中国共产党在中华民族伟大复兴的历史进程中发挥了中流砥柱作用，干出了强大的社会号召力，全国各族人民都看到了党的坚定、力量与成就，看到了中国的崛起和中华民族的复兴已成为人类社会进入21世纪以来最伟大的历史事件之一，从切身体验中坚定了跟党走的决心，实现了我国自近代以来空前强大的政治团结。中国共产党成功的背后熔铸了百折不挠的奋斗精神，正是这种精神感动了人民，激励了人民，带动了人民，进而使党拥有了强大的社会号召力。今天，中国特色社会主义进入了新时代，我们看到光明的同时也看到还有许多困难，而解决这些困难、危险与挑战必须弘扬坚定理想、百折不挠的奋斗精神，顽强拼搏、锐意进取，所以，红船精神历久弥新、永不过时。习近平总书记以“空谈误国，实干兴邦”警醒领导干部求真务实，以“有志者奋斗无悔”寄语青年朋友建功立业，以“幸福都是奋斗出来的”勉励每一个中国人追求梦想，在十三届全国人大一次会议上进一步指出：“只要精诚团结、共同奋斗，就没有任何力量能够阻挡中国人民实现梦想的步伐，”实际上是代表党中央向全国人民发出了号召。新时代是奋斗的时代，唯奋斗者进，唯奋斗者强，唯奋斗者胜。我们要用红船精神凝聚奋斗力量，不忘初心、牢记使命，永葆凝心聚气的社会号召力。

3. 忠诚为民奉献，保证号召力

有民心才有号召力。立党为公，忠诚为民，一切依靠人民，一切为了人民，是红船精神的灵魂，也是红船初心的思想魅力与强大生命力之所在，它与我们党的性质、目的、宗旨、使命紧密相连，是党获得强大社会号召力的保证。90多年来，“奉献”一直写在中国共产党的旗帜上。早在土地革命战争时期，我们党就连续颁布实施了《井冈山土地法》《兴国土地法》《土地问题决议案》等一批土地法，使广大贫苦农民得到了实际利益，因而极大地激发了贫苦农民的革命热情，同时在人民中获得了空前的社会号召力。1944年9月8日，毛泽东在张思德同志追悼会上发表的著名讲演《为人民服务》，第一次从理论上系统阐述了为人民服务的科学内涵，红船精神作为红色基因，使共产党人的这种赤子情怀愈发坚定。从李大钊、瞿秋白、方志敏、张思德，到雷锋、焦裕禄、孔繁森，再到李保国、廖俊波、黄大年等为中国人民无私奉献的共产党人，使人民坚信这个党代表他们的根本利益，使人民与中国共产党血肉相连。从辛亥革命到人民共和国建立的38年间，中国政治舞台上出现了300个左右的大小政党和社会团体，中国共产党之所以能够大浪淘沙脱颖而出，就是因为中国共产党始终坚持为人民服务的宗旨不动摇，因而人民从内心拥护中国共产党，使党拥有了其他任何政党都无法可及的社会号召力。面对新时代中国特色社会主义新要求，我们党更应秉承红船精神，把人民对美好生活的向往作为奋斗目标，让人民的获得感、幸福感、安全感更加充实、更有保障，进而以强大的社会号召力带领人民取得新的辉煌。我们深信，在红船精神昭示下，把中国共产党的理想信仰、光荣传统、优良作风，与正在进行的中国特色社会主义事业相结合，必将进一步增强党的社会号召力，凝聚起同心共筑中国梦的磅礴力量。

强化高校党组织整体功能的思考

北京信息科技大学　赵爱玲

党的十九大报告提出，要“坚持问题导向，保持战略定力，推动全面从严治党向纵深发展。”① 并对加强基层党组织建设作出了具体安排部署，要求把各领域基层党组织建设成为宣传党的主张、贯彻党的决定、领导基层治理、团结动员群众、推动改革发展的坚强战斗堡垒。高校肩负着学习研究宣传马克思主义、培养中国特色社会主义事业建设者和接班人的重大任务，是党和国家事业发展的重要阵地。高校党组织在推动高等教育事业，落实科教兴国、人才强国和创新驱动发展战略，加强文化和意识形态建设中肩负着重要领导责任。坚持党对高校的领导、加强高校党的建设、强化高校党组织整体功能，是党的建设的重要内容，对巩固和扩大党的执政基础具有重大作用。

一、新时代推动全面从严治党向纵深发展，强化高校党组织整体功能的重要意义及内涵要求

（一）重要意义

1. 坚持和加强党对教育工作领导的根本要求。习近平总书记强调：“办好我国高等教育，必须坚持党的领导，牢牢掌握党对高校工作的领导权，使高校成为坚持党的领导的坚强阵地。”“要加强高校党的基层组织建设，创新体制机制，改进工作方式，……加强党员队伍教育管理，使每个师生党员都做到在党

① 习近平：《决胜全面建成小康社会，夺取新时代中国特色社会主义伟大胜利》，《党的十九大报告辅导读本》，人民出版社，2017 年版。

爱党、在党言党、在党为党。”① 高校党组织作为党的基层组织的重要组成部分，是党在高校全部工作和战斗力的基础，承担着“培养什么人，怎样培养人”和“办什么样的大学，怎样办好大学”的崇高历史使命，要把党的教育方针政策和决策部署贯彻落实到基层，保证高校社会主义办学方向，凝聚广大师生强大力量，办好中国特色社会主义大学，必须不断强化高校党组织整体功能，充分发挥党组织和广大党员干部的作用，把高校党组织建设成为坚强的战斗堡垒。

2. 夯实党的群众基础的现实需要。党的力量在人民、根基在人民，始终与人民群众保持血肉联系是我们党最大的政治优势和执政资源。党的十九大报告明确指出，“中国共产党人的初心和使命，就是为中国人民谋幸福，为中华民族谋复兴。”“要永远与人民同呼吸、共命运、心连心，永远把人民对美好生活的向往作为奋斗目标。”高校党组织担负着教书育人，培养德智体美全面发展的社会主义事业建设者和接班人的重大任务，与广大师生有着最直接、最经常、最密切的联系。强化高校党组织整体功能，不断提高党组织做思想政治工作和群众工作的能力和水平，充分发挥好高校党组织广泛联系广大师生的桥梁和纽带作用，才能更好地组织师生、宣传师生、凝聚师生、服务师生，把广大师生紧紧团结凝聚在党的周围，为办好人民满意的教育，实现中华民族伟大复兴的中国梦贡献力量。

3. 解决党组织建设突出问题的迫切需求。按照党的十九大提出的新时期党的建设总要求，毫不动摇坚持和加强党对高校的领导，为加快高校教育改革发展稳定提供坚强政治、思想和组织保证，必须以“永远在路上”的执着，把全面从严治党引向深入。进入新时代，面对新矛盾新征程新要求，高校党组织面临许多新问题新挑战和突出矛盾，还存在很多迫切需要解决的突出问题。比如，有的高校党组织发挥作用不够好，有的甚至处于软弱涣散状态；有的开展活动与中心任务、与师生期盼结合不紧密，存在自我陶醉、自我循环的现象；有的基层党组织制度不健全不完善，有的制度执行落实不到位；有的党建工作基础保障不到位，没能力没资源开展工作；有的对党员教育管理失之于松、失之于软，先锋模范作用发挥不够充分，等等。推动全面从严治党向纵深发展，强化高校党组织整体功能，正是坚持问题导向，解决高校党组织建设存在问题的有效途径。

---

① 《习近平在全国高校思想政治工作会议上强调　把思想政治工作贯穿教育教学全过程　开创我国高等教育事业发展新局面》，人民网，2016 年 12 月 9 日第 1 版。

（二）基本内涵

推动全面从严治党向纵深发展，强化高校党组织整体功能，就是要将全面从严治党的各项要求落实到高校党建各项工作中，把管党治党的一系列决策部署拓展深化到高校党组织，使高校党组织建设全面进步、全面过硬。

强化高校党组织整体功能，就是要不断丰富和完善高校党组织功能定位，改进和创新高校党组织发挥整体功能的方法和途径，更好地发挥党组织的战斗堡垒作用和党员的先锋模范作用。推动全面从严治党向纵深发展是党组织发挥整体功能的前提、手段，强化高校党组织整体功能是目标、结果，二者密切联系、相辅相成、不可分割，统一于高校党组织建设的生动实践。

（三）基本要求

新时代推动全面从严治党向纵深发展，强化高校党组织整体功能，必须坚持以习近平新时代中国特色社会主义思想为指导，贯彻新时代党的建设总要求，以提升组织力为重点，突出政治功能，努力把高校党组织建设成为宣传党的主张、贯彻党的决定、领导高校发展、团结动员师生、推动改革发展的坚强战斗堡垒。

1. 必须坚持正确政治方向，以习近平新时代中国特色社会主义思想为指导。党的十八大以来，习近平总书记围绕推进党的建设新的伟大工程创造性地提出了一系列新思想新观点新论断，形成了科学完整的党建思想体系。其中，总书记关于党的基层组织建设的重要思想，涵盖了基层党组织建设的各方面和各领域，具有深远的战略性、深厚的理论性、深刻的思想性、丰富的实践性、完整的系统性，是习近平党建思想的重要组成部分，是新时代推动全面从严治党向纵深发展的根本遵循和科学指南。推动全面从严治党向纵深发展，强化高校党组织整体功能，必须以习近平新时代中国特色社会主义思想，特别是关于基层党组织建设的重要思想为指导，用于武装头脑、指导实践、推动工作，教育引导广大党员干部和师生牢记党的宗旨，挺起共产党人的精神脊梁，自觉做共产主义远大理想和中国特色社会主义共同理想的坚定信仰者和忠实实践者。立足高校基层党组织建设实践，不断提高基层党组织建设的质量和水平。

2. 必须坚持以提升组织力为重点，突出党组织政治功能。党的十九大报告指出，加强基层组织建设，“要以提升组织力为重点，突出政治功能。”我们党是政治组织，政治属性是党组织最核心、最本质的特征，政治功能是首要的、最根本的功能。高校党组织的组织力，是高校党组织凭借自身的组织体系和组织资源，对广大师生进行引导、整合和动员的能力，是组织生命力的具体体现。

要紧紧抓住提升组织力的基础和关键，把政治建设摆在首位，进一步突出高校党组织政治功能，教育引导广大干部和师生牢固树立“四个意识”，不断坚定“四个自信”，坚决维护党中央权威和集中统一领导，坚定执行党的政治路线，严格遵守政治纪律和政治规矩，确保党的基本理论、基本路线、基本方略在高校不折不扣地贯彻落实。要紧紧抓住提升组织力的现实需要，聚焦办好人民满意教育的目标，进一步强化高校党组织服务功能，努力做到“为人民服务，为中国共产党治国理政服务，为巩固和发展中国特色社会主义制度服务，为改革开放和社会主义现代化建设服务”。要紧紧抓住提升组织力的主体支撑和组织载体，不断创新和完善高校党组织设置和组织体系，进一步加强高校党员干部队伍和教师队伍建设，严肃党内政治生活，落实好“三会一课”等组织生活制度，选优配强基层党组织带头人，健全党员教育管理长效机制，强化各级党组织和党组织书记抓基层党建主体责任，把管党治党责任压力一层一层传导到位，不断强化高校党组织整体功能，提升高校党的建设质量。

3. 把服务师生作为自觉追求和基本职责，增强党组织服务功能。我们党的性质和宗旨决定了服务功能是基层党组织的基本功能。增强高校党组织服务功能，要求高校党组织要主动适应社会主要矛盾的变化，把服务作为自觉追求和基本职责，坚持围绕中心、服务大局，聚焦广大师生实际需求，明确党组织功能定位，切实找准开展服务、发挥作用的着力点。必须践行党的群众路线、增强服务意识，引导基层党组织和党员干部牢固树立宗旨意识和群众观念，不断增强服务发展大局、服务师生的自觉性和内动力。必须拓宽服务渠道、提升服务水平，加强资源整合，有效运用网络信息技术，搭建服务内容多元、服务措施完善、服务功能齐全的综合性服务平台。必须健全服务群众工作机制，完善党员干部直接联系服务师生制度，健全考核评价机制，以责任倒逼高校基层党组织服务师生工作落到实处。

4. 科学认识和正确把握高校党组织政治功能与服务功能的关系。高校党组织的政治功能与服务功能在本质上是一致的、统一的。一方面，政治功能是党组织的“魂”，是党组织保持正确方向和阶级属性的本质体现。必须把政治功能放在首位，实现党对高校工作的全面领导，把党的组织建设成为团结带领广大师生完成党的中心任务和历史使命的坚强战斗堡垒。另一方面，服务功能是高校党组织的“根”，履行服务功能是党组织工作的基本出发点和落脚点。必须不断提升党组织的服务能力和水平，通过服务更好地贴近师生、团结师生、引导师生、赢得师生，使党的执政基础深深植根于党员干部和教职员工之中。强化高校党组织整体功能，必须坚持以政治建设为统领，突出政治功能，在服务中体现政治功能，在发挥政治功能的同时服务好师生，使二者相互促进、同步增强。

二、贯彻全面从严治党向纵深发展要求，重视高校党组织整体功能存在的主要问题

党的十八大以来，全国高校坚决贯彻习近平总书记对高校党建工作的重要指示和全国高校思想政治工作会议精神，紧紧围绕立德树人根本任务，不断加强和改进高校党的建设，高校党委领导核心作用、院系基层党组织和支部基础组织战斗堡垒作用与党员先锋模范作用得到充分发挥。

但同时也发现，在推动全面从严治党向纵深发展，不断强化高校党组织整体功能中，仍存在一些突出问题，特别是中央巡视组在对高校巡视中发现的一些问题，在很多高校中均有不同程度的体现。比如，部分高校对党委领导下的校长负责制执行不到位，有的高校出现党委“不管论”和党委“包办论”两种倾向。有的高校书记和校长相处不融洽、沟通不到位，分别领导两套人马，党委工作和行政工作各自为政、互相掣肘。导致党委领导下的校长负责制，在有的高校变成了书记和校长谁说了算的问题，严重背离了组织原则。比如，有的高校领导干部对党建工作重视不够，对“围绕中心抓党建，抓好党建促发展”存在理解偏差，认为党建工作相对于科研、教学和行政工作等硬任务硬指标来说“太虚”，不能正确理解党建工作的重要作用和职责任务，抓党建工作的自觉性主动性不够。比如，部分高校落实意识形态工作责任不力，对高校在意识形态工作中的作用认识不足，缺乏政治敏锐性，甚至将意识形态工作与学术自由绝对对立或割裂开来，在大是大非面前立场不够坚定、旗帜不够鲜明，该亮剑的时候不敢亮剑、该碰硬时不敢碰硬，导致马克思主义的指导地位被弱化。比如，院系基层党组织建设相对薄弱，有的高校院系党组织被边缘化。有些高校院系党组织书记选任难度大，“懂党务的不懂学术，工作底气不足、威望不高；而学术科研带头人又对党建工作缺乏热情，对担任党组织书记积极性不高”。有的组织生活制度落实不到位，组织活动内容空洞、形式单一，缺乏吸引力，存在随意化、平淡化、形式化倾向。有些高校发展党员把关不严、程序不严，有的发展学生党员存在“关系户”“突击入党”“跟踪不够”现象，在优秀青年教师中发展党员有一定难度，教师党员组织活动难度大，教育管理存在宽松软现象。这些问题，严重影响了高校党组织整体功能的发挥，必须引起我们的高度

重视。

三、贯彻落实全面从严治党向纵深发展要求，强化高校党组织整体功能的对策建议

推进全面从严治党向纵深发展，强化高校党组织整体功能，必须坚持把握高校党建工作规律与适应高校发展现实需要相结合，针对当前高校党组织发挥整体功能中存在的突出问题和薄弱环节，注重从发挥学校党委的领导核心作用、紧抓高校思想政治工作、提升院系基层党组织建设等方面下功夫，切实加强党对高校的领导，切实把党要管党、全面从严治党要求落到实处。

1. 坚决贯彻落实党委领导下的校长负责制，充分发挥高校党委领导核心作用。一是健全和完善高校党委领导体制和工作机制。要认真贯彻《关于坚持和完善普通高等学校党委领导下的校长负责制的实施意见》，结合高校特点和实际情况，健全党委统一领导、党政分工合作的工作机制，完善科学民主决策机制，细化和落实党委会议事规则、校长办公会议事规则等具体制度，明确党委与行政部门职责，切实解决错位、越位、缺位问题。明确“为谁培养人、培养什么人、如何培养人”的方向性问题，保证高校的社会主义办学方向。二是重点抓好书记、校长的选拔配备和教育管理。落实党委书记和校长是贯彻落实党委领导下校长负责制最重要的主体责任人要求，建立健全有效的书记校长沟通协商工作机制，明确各自职责，形成工作合力，既确保党委领导作用的发挥，又保证行政领导人充分行使职权。

2. 加强和改进思想政治工作，站稳守好高校意识形态工作前沿阵地。一是明确意识形态责任主体。学校层面，要明确党委班子成员的主要责任和分管责任；职能部门层面，要细化组织、宣传、统战、教务、科研、学生、保卫、信息化等部门的意识形态责任，健全协同联动机制；院系层面，要注重把意识形态和思想政治工作要求贯穿到教学、科研、行政等各项工作中去；党支部层面，加强对教师和学生的思想政治教育。强化党政协同、部门联动、分工负责，形成高校各部门各方面齐抓共管意识形态的工作格局。二是加强思想政治课教师队伍建设。通过教育培训、挂职锻炼等方式加强专职教师对马克思主义理论的学习和运用，充分发挥思想政治课主渠道作用，把理论讲准、讲通、讲透、讲活。三是配齐建强思想政治工作骨干队伍。以高标准、严要求选拔培养思想政治工作干部、共青团干部和辅导员，特别要注重加强理论修养、能力提升、职业发展保障，确保思想政治工作队伍坚强有力。

3. 注重院系党组织建设，强化院系党组织政治核心作用。一是选优配强院系党委、党总支和党支部书记。大力推广实施“双带头人”培育工程，大力选拔“党建带头人、学术带头人”担任党组织书记。加强党组织书记后备队伍和党务工作者队伍建设，选拔一批高学历、能力强、素质高的专业教师担任党务工作者。健全完善经费保障制度和考评激励制度，有计划地打造一支学历结构、年龄结构合理的党务工作者队伍。二是严格贯彻落实院系党政联席会议制度。促进基层党组织参与、引导和服务院系中心工作，在院系教学科研管理工作中发挥党组织的政治优势，保证正确的办学方向落实到基层。三是创新党支部设置形式。根据学生学习工作生活实际，将学生党支部建到实验室、宿舍、学生社团，避免出现党支部工作与学生学习生活相脱节；根据学科特点和教学科研需要，在学科团队、重大项目、重点实验室建立党支部，注重探索创新出国学习党员教师临时党支部设置形式。四是规范高校党员发展和教育管理工作。教育大学生端正入党动机，提高入党申请人的政治觉悟和党性修养，解决入党动机功利化问题。注重培养发展优秀青年教师党员，更加关注有海外学习经历的青年教师的思想动态和入党意愿。构建党组织书记与青年教师联系常态化机制，定期在工作、科研、生活等方面对青年优秀教师进行引导。结合大学生个人成长特点和教师教学科研工作特点，严格落实“三会一课”等组织生活制度，充分运用新媒体手段，创新高校党组织活动，增强组织生活活力和吸引力。

扎实推进试点工作　着力打造党建高地

嘉兴学院　吕延勤

党的十九大指出，东西南北中，党是领导一切的。针对某些高校党建工作存在的层层递减、层层弱化的现象，2016 年 9 月，浙江省委教育工委确定我校为二级学院党委领导下的院长负责制试点单位。对此，学校党委高度重视，把试点工作作为打造基层党建高地的重要契机，坚持以红船精神为引领，按照“干在实处、走在前列、勇立潮头”的要求，扎实推进试点工作。在继续推进文法学院、材料与纺织工程学院试点工作的基础上，2017 年又将数理与信息工程学院、师范学院、应用技术学院确定为试点学院，新增二级学院院长转任书记、二级学院书记兼任院长二种模式。目前学校试点学院已由 2 家扩大至 5 家，试点模式从 1 种增加至 3 种，试点工作进展顺利，成效明显。

一、突出改革创新，着力打造基层党建制度建设高地

校党委从加强试点学院规章制度建设入手，进一步完善试点学院党政运行机制，引领其他二级学院加强党建制度建设。试点学院修订了二级学院党委工作规则、党委会议事规则、党政联席会议议事规则，明确二级学院党委“管思想、管干部、管人才、管政策”的具体职责，从制度上保证党委的领导核心地位，明确试点学院在党委领导下充分保障和支持院长开展工作。成立二级学院纪委，明确了二级学院纪委的工作规则、纪委会议事规则。进一步规范教职工代表大会、团员代表大会、学生代表大会、学术委员会、教学委员会等制度，修订完善教学科研管理、党建和思想政治工作等规章制度，厘清学院各种权力与责任的关系，做到以制度管人、按程序办事，确保各项工作有据可依、有章可循。二级党委的主体责任从制度层面得到保证，更好地发挥二级党委承上启下的作用。

各试点学院党委认真落实“一切工作到支部”的要求，配强支部书记，建

立健全教工党支部书记参与学院发展规划等重大事项决策机制，学生支部书记参与学生的重大权益决策等制度，并落实了党支部书记、支委的工作待遇，基层党务干部荣誉感明显增强、积极性普遍提高。基层党支部积极探索“党建+”工作模式，开展“党建+人才培养”、“党建+学科团队”、“党建+社会服务”、“党建+成长成才”等活动，支部的活力明显增强。在试点学院的带动下，其他二级学院也全面加强了党建制度建设，基层党建工作制度化、规范化、程序化水平进一步提高。

二、弘扬红船精神，着力打造基层党建思想引领高地

校党委认真学习贯彻习近平总书记南湖重要讲话精神，大力弘扬红船精神，切实加强试点学院党组织的思想政治建设，带动全校基层党组织提升组织力。试点工作开展以来，试点学院党委抓党的思想政治建设更加坚强有力，更加自觉地坚持以习近平新时代中国特色社会主义思想为指导，更加自觉地弘扬首创、奋斗、奉献精神，扎实做好基层党组织的思想引领工作。文法学院党委组织师生利用休息时间自编自演红色话剧《初心》自2017年12月首演以来，已在学校和地方公演十余场，受到了广大师生和社会各界的一致好评，央视《新闻联播》《光明日报》《中国教育报》等30多家媒体或频道先后报道。在剧本创作和排演过程中，有102名同学为早期中国共产党人的信仰和行动所感染，主动递交了入党申请书，充分展现了试点学院基层党组织对青年学生的强大吸引力和向心力。在基层党组织的思想引领下，教职工思想教育明显加强，凝聚力明显增强，试点单位党政班子群众认同度高。

三、注重示范引领，着力打造基层党建特色品牌高地

校党委以试点学院党建特色品牌建设为重点，带动全校基层党建品牌建设。各试点学院结合自身实际和学科专业特色，打造了一批叫得响、立得住、师生员工认可的党建特色品牌。在2017年学校首次党建特色品牌和党建示范点评选中，5家试点单位共获得7个党建特色品牌和示范点项目立项，占全校获奖项目数的35%。数信学院“IT先锋营 服务领跑营”创建了“一线二联三问”服务机制，受到了广大市民和学校师生的广泛肯定，2016年被评为全省高校党建特色服务品牌案例。材纺学院“话皮——那些年我们记忆中的皮革”项目获2017年度嘉兴市党员志愿服务领办项目。师范学院6个党支部与平湖市经济技术开发区各基层党组织协同推进校地党建“一镇一品”，受到社会好评。在试点学院

的示范引领下，我校基层党建品牌建设呈现了你追我赶的良好局面。

四、坚持立德树人，着力打造基层党建育人成才高地

校党委紧紧围绕立德树人根本任务，切实加强试点学院党建育人成才工作，推动学校基层党组织充分发挥促进学生健康成长成才的引领作用。各试点学院通过实施“党员领航”、“党员领雁”计划，着力为学生成长成才营造良好环境。2017 年材料与纺织工程学院教师指导学生“国创项目”4 项，党员参与率达 75%；“省创项目”6 项，党员参与率达 83%；党员教师带头指导学生考研，考研录取率达 26.1%；带头指导各类学科竞赛，省级以上获奖 23 项。数信学院党委构建了学生“IT 先锋训练营、创新创业与考研训练营、晨读晨练训练营、暑期社会实践活动营”以及教师“党团活动指导团队、竞赛辅导团队、考研辅导团队、实践指导团队”的“四营四团”师生交流平台，党员教师带头参与、率先垂范，广大学生纷纷点赞。在试点学院在带领下，我校基层党建对育人成才的引领作用明显增强。

五、紧扣发展主题，打造基层党建作用发挥高地

发展是硬道理。校党委坚持以试点促改革、以试点促发展的工作理念，通过试点工作推动试点学院改革发展，并为其他二级学院做出示范。试点学院通过健全工作机制、理顺党政关系、激活基层党组织活力，党组织促进发展能力明显提升，全校各项事业呈现出良好的发展势头，在浙江省教育厅组织的普通本科高校分类评价考核中，我校已连续两年获教学为主型综合性高校第一名；5 家试点学院 2017 年共获国家自然基金、国家社科基金 13 项，占全校立项总数的 48.15%；材料与纺织工程学院 2017 年有 3 个考核项目列全校前 3 名；数信学院党建工作跻身学校第 3 名，中兴通讯 ICT 学院通过教育部验收并获 2017 年度“中国校企合作好案例”奖；文法学院党建工作考核由 2016 年第 7 名上升到 2017 年第 1 名；师范学院在 2017 年学校年度工作考核中有 3 个项目获进步奖；应用技术学院在 2017 年学校服务质量提升年考评中荣获先进单位。

目前，浙江省有近 20 所高校在进行二级党委领导下的院长负责制的试点工作，从试点情况来看，效果是好的，党的建设得到显著加强，教职工的凝聚力得到明显增强，学院的工作得到很好发展。但是，我们的试点工作只是走出了第一步，还需要在实践中不断地探索和完善，以便更好地发挥二级党委的作用，落实好二级党委的主体责任。

高校基层党组织严格党内生活的现状与对策研究

大连民族大学　王　翔　王淑繁

党章第三十二条明确规定："党的基层组织是党在社会基层组织中的战斗堡垒，是党的全部工作和战斗力的基础。"这是对党的基层组织的地位和作用的精辟概括①。高校基层党组织是高校开展党员活动的基本单位，同时肩负着培养新时代中国特色社会主义合格建设者和接班人的伟大使命，是党领导高校的组织基础。因此，严肃高校基层党组织政治生活，完善党内生活机制，提升党内生活质量，努力营造风清气正的政治生态，对于高校推进全面从严治党，加强基层党建具有非常重要的意义。

一、当前高校基层党组织严格对待党内生活过程中存在的问题

1. 少数党员党性观念不强，积极性不高。一是部分党员入党后党性意识弱化，不愿意参加党内组织生活，不主动向组织汇报思想，甚至把党内活动当成"负担"。二是部分教师党员缺乏责任感和使命感，认为高校党建工作是领导干部的事，自己对党内生活意义和要求缺乏正确认识，对支部工作漠不关心，把自己的精力过多投放在评职称、搞科研上，没有真正以合格党员标准严格要求自己②。

2. 部分领导干部认识有偏差，模范带头作用发挥不突出。党员领导干部是党员队伍的关键少数，是党内政治生活的组织者和推动者，其示范作用发挥如何直接影响党内组织生活的质量。然而少数高校基层党组织负责人理想信念弱

① 《十九大党章学习手册》，人民出版社，2017 年版，第 213 页。

② 白凯，苗国厚：《高校党组织严格党内生活常态化的策略研析》，《学校党建与思想教育》，2016 年第 11 期。

化，存在敷衍了事心理，在工作中缺乏积极主动、真抓实干的魄力和行动，致使党内生活缺乏实质内容，更鲜有实际效果。部分党员领导干部没有正确认识党内组织生活的重大意义，认为教学科研业务才是硬杠杠，而将党建工作和党内生活看作是可紧可松可有可无的“鸡肋”，经常以教学科研事务繁忙为由，放松政治理论学习和党性修养的提高，甚至消极对待党内生活①。部分党组织领导分工不明确，常常是支部书记唱“独角戏”，其他领导干部没有担负起应有的职责，参加专题组织生活会和民主生活会时自我批评避重就轻，批评别人时“点到为止”，不触及深层次问题，不密切联系群众，官僚主义和形式主义问题仍然凸显，从而影响了其发挥应有的模范带头作用。

3. 有的高校基层党组织建设不到位，主体作用发挥不充分。主要表现为：一是部分基层党组织软弱涣散缺乏凝聚力，对党内生活重视程度不够，缺乏深入学习研究，没有制定相应的工作要求和监管机制，执行纪律不严，担当作为不够，导致党内生活流于形式。二是部分基层党组织战斗堡垒作用发挥不突出，对于党员群众反映的实际困难和突出问题不予解决，逐渐脱离群众；对不执行党的纪律的党员不敢批评教育，不敢动真碰硬，存在从严治党宽松软的情况。三是部分基层党组织人员配备不足，工作难以兼顾。随着全面从严治党的不断深入，基层党建工作任务更加具体，对工作质量的要求也不断提高。部分高校由于专职组织员和辅导员配备政策落实不到位，甚至存在专职党组织负责人不得不同时承担党建、学生管理以及其他业务工作的情况，不能全身心投入党务工作中，严重影响基层党建工作的深入推进。此外，教师党支部负责人多由专业教师兼任，素质良莠不齐，党务知识匮乏且没经过系统培训，迫于自身教学科研压力常常出现重业务轻党务的情况，管党治党履职尽责不到位②。

4. 有的党组织党内生活缺乏创新，难以吸引党员关注。党内生活的效果如何很大程度上取决于活动形式的多样性以及活动内容的先进性和生动性。然而，当前有的基层党组织对党内生活的理解和认知仍然停留在比较封闭和狭隘的层面，组织开展党内生活缺乏与时俱进和开拓创新精神，活动的时效性、针对性和先进性不强，甚至存在平淡化、随意化、庸俗化的现象。在学习内容方面，部分高校基层党组织仍然仅局限于简要地学领导讲话、抄政治理论、读上级文

① 王亭：《高校基层党组织严格党内生活常态化研究》，《学校党建与思想教育》，2018 年第 2 期。

② 赵振伟：《高校基层党组织党内生活规范化研究》，《知音励志》，2016 年第 11 期。

件等，缺乏对习近平新时代中国特色社会主义思想、党的十九大精神等重要理论成果的系统学习，没有结合高校长远发展、单位实际问题和强化业务知识开展交流研讨，与党员群众难以达成思想共识。在活动组织形式上，一些高校基层党组织仅局限于完成“三会一课”和上级要求的主题活动，形式仍以党员会议和党课教育为主，没能利用多媒体手段和网络、信息技术来提升党内生活的实效性，活动方式陈旧僵化缺乏新意。不注重解决党员思想上的困惑，不回应群众关切的现实问题，不针对师生思想实际设计活动主题，党员的民主权利得不到保障，难以吸引广大党员关注和参与，长此以往会削弱基层党组织的凝聚力和号召力。

二、新形势下高校基层党组织严格要求党内生活的对策探析

1. 加强教育引导，严肃党内纪律。高校基层党组织应进一步加强对教职工党员和学生党员的教育和引导，不断提升党员的理论水平和党性观念，增强参加党内生活的严肃性和主动性。同时继续制定和完善高校基层党组织党内生活规范化常态化机制，建立健全监督检查和追究问责机制，对持续或故意不参加党内生活的党员应提出批评教育，屡教不改者依据党章及时严肃处理。对贯彻党内组织生活制度不到位的党组织和党员领导干部要实行问责，并责令限期整改，效果仍不明显的可进行组织调整。

2. 提高基层党组织领导班子素质，充分发挥其模范带头作用。习近平总书记指出，从严治党，关键是抓住领导干部这个“关键少数”。① 因此，高校应按照政治素质好、群众威信高、工作能力强的标准，选配好基层党组织领导班子特别是基层党组织书记，并通过组织集中学习、调研培训等形式加强对基层党务工作者的培养，提高其理论水平和业务能力；结合考核奖励、经费保障等激励措施，鼓励并支持他们大胆工作，从而确保党内生活高效开展。其次，要强化党员领导干部的四个意识，引导他们妥善处理好业务工作与党内生活的关系，明确各自职责任务，共同带动普通党员认真参加党内生活。此外，应进一步加强对高校基层党组织领导干部落实党内生活制度情况的考核，将参与党内生活情况与领导干部绩效考核、评奖评优紧密结合起来，切实把党员领导干部的责任和义务落到实处。

3. 加强基层党组织建设，整顿软弱涣散的基层党组织。高校应建立经常性

---

① 刘云山：《努力营造良好政治生态》，《学习时报》，2015 年第 1 版。

督导机制，每年结合年度考核工作对基层党组织进行检查和评估，加大整顿软弱涣散党组织的工作力度，推进基层党组织“分类定级”、“晋位升级”，提升基层党组织的凝聚力和战斗力，使其成为教育党员的阵地、团结师生的核心、攻坚克难的堡垒。其次，高校基层党组织应建立健全党内激励、关怀、帮扶机制，拓宽党员服务群众的渠道，建立联系和服务群众的工作体系，充分听取群众意见和建议，关心群众切身利益，为群众解决实际困难。此外，高校基层党组织委员会应根据党员人数和工作需要进行合理配置，确需增补或调整的应按照规定报批；严格执行换届规定，为高校基层党组织严格党内生活提供组织保障。

4. 增强创新意识，切实提高党内生活质量。当前高校基层党组织党内生活之所以对党员特别是年轻党员缺乏吸引力和凝聚力，主要原因之一就是活动形式过于单一，内容枯燥乏味。因此，实现高校基层党组织党内生活健康可持续发展必须增强创新意识，改进工作方法，将党内组织生活与时代特点、党员需求等紧密结合，不断丰富和完善工作方法。首先，高校基层党组织应当在深入谈心谈话、充分了解党员需求的基础上，围绕学校中心工作、社会热点问题以及党员的思想和工作实际，确定党内生活的主题和内容，以问题为导向制定工作方案，力求有针对性地解决实际问题。其次，要注意改进工作方法，在继续坚持“三会一课”、专题组织生活会和民主生活会等现有模式基础上，结合高校实际，积极开展生动活泼、形式多样的主题党日活动，如聘请专家讲授理论，先进典型讲事迹，参观共建单位和教育基地等，增强党内生活的吸引力和感染力。此外，要紧跟时代潮流和信息化社会发展要求，积极开展体验式、开放式、互动式党内活动，探索“互联网 + 党建”、“智慧党建”等做法，充分利用网站、微信等新媒体扩大党内生活的平台，丰富党内生活的形式，有效推动工作开展。

井冈山时期中国共产党解决“小团体主义”的历史经验与现实启示

井冈山大学　肖发生　张泰城

“小团体主义”是中国共产党在成长和发展过程中内部出现一种非无产阶级思想。后被毛泽东统称为“山头主义”。井冈山斗争时期是中国共产党进入乡村社会，独立领导中国革命，局部执政、建设军队的重要时期。由于历史和现实等各种因素的影响，湘赣边界的党政军等方面不同程度地出现了“小团体主义”的思潮。这些思潮的出现给当时的边界和红四军党的建设造成了较大危害。以毛泽东为代表的中国共产党人为解决这些问题进行了艰辛的探索，其中采取各种措施去加以解决，留下了许多宝贵的历史经验。

对于井冈山斗争时期“小团体主义”这一问题研究，目前学术界主要涉及两个方面研究。一方面主要是通过对当时中国共产党反对“山头主义”的历史、思想、破解方法等进行研究。如李方祥对新民主主义革命时期中国共产党反对“山头主义”的历史考察进行研究，王钦双、王前对七大前后如何破解山头主义方法进行研究，李妮对毛泽东反对党内山头主义的思想和实践进行相关的研究等，因“小团体主义”也与之相关，这一方面主要是通过对党内“山头主义”研究加以表现，但总体研究和涉及方面都很少。① 另一方面，主要是通过对井冈山斗争时期党的建设研究，如对井冈山时期思想建党的理论、实践、特点、经验等进行相关的研究，同时还有井冈山时期党的制度建设、组织建设、作风

① 参见陈伙成：《关于党反对山头主义的思考》，《中共党史研究》，1993 年第 6 期；王钦双、王前：《七大前后毛泽东如何破解山头主义》，《党的文献》，2015 年第 8 期；李方祥：《新民主主义革命时期中共反对“山头主义”的历史考察》，《中国高校社会科学》，2015 年第 9 期；李妮：《毛泽东反对党内山头主义的思想与实践研究》，华东交通大学硕士论文，2016 年等。

建设等相关研究中也对解决“小团体主义”略有涉及。这方面相关研究较多，如胡龙生、刘茂秋等对井冈山时期思想建党的特点进行研究，宋昆鸿对思想建党的相关的理论与实践进行研究，刘付春对思想建党组织建党发展进行研究等。① 总体来看，井冈山时期解决“小团体主义”的研究在很多方面的文章中都略有涉及，但是，专门研究井冈山斗争时期中国共产党对于这一问题的解决基本没有。本文主要通过以下几个方面对井冈山时期中国共产党解决“小团体主义”进行探究。

一、井冈山时期“小团体主义”的表现

井冈山斗争时期“小团体主义”表现多种多样，它对当时中国共产党也造成了较大的危害。其主要表现为以下四个方面。

1. 片面强调本部门、本团体、本地方利益

井冈山斗争时期，自红四军成立以后，“小团体主义”也渐渐开始突显，其中表现得比较明显的就是片面强调团体部门的利益，当时出现的分团主义就表现得特别明显。杨克敏在关于湘赣边苏区情况的综合报告中指出：“红军第四军中有一最不好的现象，就是分团主义。二十八团的枪支与三十一团的枪支是不平均的，屡次开会议决要平均，可是议决自议决，实际是行不通的。二十八团原是朱德带领的，三十一团原是毛泽东带领的，两团之间，似乎有二十八团与三十一团之分别，团与团之间似有点历史上的限。不过朱毛之间并没有什么意见，朱毛以下的官长就难说了，但是还不过是小的问题，还不能影响大局，对于革命还不致有多大的妨碍，不过站在的观点与革命的观点上来说，未免太笑话了。”②

红四军部队情况报告中也同样指出：“各纵队、各支队、各大队只顾自己，不顾别人，只晓得自己这一个小团体，没有看见整个的革命集团。如像一个纵队内，要往各支队去拨人拨枪，各支队就不大愿意拨，拨些有病的人和损坏了的枪支出来给别人，自己把好枪留下。甚至有些部队把人、枪藏起来，使你考

① 胡龙生、刘茂秋、张金炳：《井冈山时期“思想建党”的特点及现实启示》，《党建研究》，2003 年第 6 期；刘付春：《论井冈山时期思想建党组织建党的新发展》，《党文苑》，2008 年第 10 期；宋昆鸿：《井冈山时期毛泽东思想建党理论与实践研究》，南昌大学硕士论文，2012 年等。

② 《井冈山的红色文献》，江西人民出版社，2017 年版，第 247 页。

查不到。”① 后来杨至城在《艰苦转战——忆井冈山斗争历史片段》中也曾回忆：“因为我们的部队是从旧军队中起义和农村斗争中来的，另有一部分是在战斗中俘虏过来的。战士们来自四面八方，思想不统一，纪律也不太好，有些人存在着浓厚的本位主义，打起仗来还有点发洋财思想。记得我们部队到井冈山会师的时候，军委决定由二十八团抽调一些子弹补给三十一团，在这件事情当中，就发现了一些问题，有不少战士把子弹藏在自己的包袱里，不愿意拿出来给兄弟部队，有些战士在打土豪当中，见到有合用的小东西，就自己拿用。”②

另外，井冈山斗争时期，红军士兵成分复杂多样，“边界红军的来源：（一）潮汕叶贺旧部；（二）前武昌国民政府警卫团；（三）平浏的农民；（四）湘南的农民和水口山的工人；（五）许克祥、唐生智、白崇禧、朱培德、吴尚、熊式辉等部的俘虏兵；（六）边界各县的农民。”③，因为这些士兵文化水平低，又受封建传统文化的影响也较为严重，虽然都在军队中，但也渐渐开始由相互之间一些共同关系所组成许多团体和圈子，维护本“团体”自身的利益。陈毅在关于朱毛红军的党务概况报告中指出：“因四军是由各种自有其本身奋斗的历史部队而组成，混编的办法始终未执行，因此历史的残余尚保留在一般同志的脑中，武昌出（毛部）南昌出发（朱部）的资格在军队中是有相当的尊重的，尤其军队的习惯，一班，一排，一连，一营，一团，生活各为一集团，农民的自私关系，自然要划分界而且非常清楚，因此小团体主义的色彩就很浓重，各团为各团争利益，各〔各〕营为各营争利益，各连为各连争利法，如枪弹人员之类则主张自己要多，如担任勤务则主张自己要少一点，尤其各连还有同乡关系，广东人，湖南人，北方老乡，他们总是情投意合，分外不同，遇有病痛，以这一类人为最能帮忙自己的。”④

2. 相互瞧不起，相互嫉妒

井冈山斗争时期，有些部队之间相互瞧不起对方，如当时红四军内南昌起义部队中的士兵认为自己很厉害，装备精良，看不起秋收起义的部队士兵。秋收起义的部队则认为南昌起义部队旧军队的作风重，纪律差，是“油子兵”⑤

① 《井冈山的红色文献》，江西人民出版社，2017 年版，第 501 页。

② 井冈山革命根据地党史资料征集编研协作小组、井冈山革命博物馆：《井冈山革命根据地回忆录》（八），1986 年版，第 5 页。

③ 《毛泽东选集》第 1 卷，人民出版社，1991 年版，第 63 页。

④ 《井冈山的红色文献》，江西人民出版社，2017 年版，第 389 - 390 页。

⑤ 《土地革命战争时期陈毅史料选编》，解放军出版社，2013 年版，第 265 页。

此外，有些上井冈山的部队士兵也瞧不起袁王本地的部队，认为他们是土匪出身。

其次就是有些男女之间也相互瞧不起对方。李克如在《我对井冈山斗争的回忆》中指出："回到湖南暴动后向井冈山转移时，包括的妇女、小孩、因为那时白色恐怖，敌人到处杀人，留在湘南农村不安全，所以就带上山，这样也打来了很多问题，有的男同志看不起女同志，而有的女同志也有叽叽喳喳的毛病，那时男同志把女同志称为'迫击炮'，一看到女同志来了，就说：'迫击炮来了。'女同志听到不高兴，就骂。"①

还有就是个人之间相互瞧不起对方。陈正人在《回忆井冈山的伟大斗争》曾回忆到："袁文才有点见解，但个人英雄主义很厉害，个性也比较固执，有点看不起宁冈县委书记龙超清和永新县委书记王怀，认为他们二人年纪轻，本事不大。"②

3. 不听从调遣，不服从管理

井冈山斗争时期，"小团体主义"另外一种表现就是不听调遣，不服从管，有时甚至个人领导凌驾于党的领导之上，正如毛泽东所指出："党在这个时期中不能有绝对的领导权，小团体主义充分存在而发展。"③

一方面，对于当时湘赣边界各地方党组织来看，由于井冈山封闭的环境，导致各地党组织之间联系沟通明显较少，这使得很多地方党组织中存为浓厚的地方主义、宗族观念等。杨克敏在关于湘赣边苏区情况的综合报告中指出："这一区域因为在两省边陲之地，隔重要城市太远，文化及经济、政治等都要较他处落后。社会组织，大多是聚族而居。从前边界采取拉夫式征收党员时，党的组织，每每一个乡村，一个支部，开起支部会来简直就是等于家族会议，苏维埃的组织也是一样。边界的工作作不起，这是一个主要原因。"④ 当时边界各县的党，过去各县的党，很有农民党的色彩，有走上非无产阶级领导的倾向，永新的党要公开脱离特委，成立"独立国"。其他各县，如宁、鄗、莲等县亦不注

① 井冈山革命根据地党史资料征集编研协作小组、井冈山革命博物馆：《井冈山革命根据地回忆录》（七），1986 年版，第 84 页。

② 井冈山革命根据地党史资料征集编研协作小组、井冈山革命博物馆：《井冈山革命根据地回忆录》（一），1986 年版，第 76 页。

③ 《毛泽东选集》第 1 卷，人民出版社，1991 年版，第 66 页。

④ 《井冈山的红色文献》，江西人民出版社，2017 年版，第 230 页。

意向特委做报告，以与特委发生关系。这都是组织上很严重的错误。① 也正因此，当时边界有部分地方党组织“自立山头”，不完全听从上级党组织的命令和安排。

另一方面针对当时红军内部来看，当时也存在这种情况，井冈山斗争时期“八月失败”就是最好的说明。1928 年，当湘南敌人开始退却的时候，朱德、陈毅决定折回宁冈，回援永新。就在此时，部队发生了意外变故。当时红二十九团官兵思乡心切，借口湖南省委有要红四军去湘南的命令，瞒着军委和上级军官，私自召开士兵委员会会议，决定“杀回老家去”，径直开往湘南。朱德、陈毅立即赶往红二十九团劝阻，同时信告毛泽东。红二十九团党代表龚楚不听劝阻，当时省委代表杜修经更是“导扬其焰”，致使红二十九团于 7 月 17 日由酃县水口冒进湘南。朱德、陈毅情知劝阻无效，为避免红军大队分裂，只得率红二十八团跟随前进。最后部队遭到敌人的打击，失败惨重，大伤元气，整个红二十九团几乎都解体了。此外赣敌获悉红军主力远在湘南，便对井冈山革命根据地发动猛攻。边界各县相继沦陷，导致边界和湘南同归失败，井冈山被杀之人、被焚之屋不计其数。② 正如同陈茂在《“八月失败”和回师井冈山》中曾回忆“二十九团过来五，六十人，其余的跑的跑，回的回，叛变的叛变了；这就是二十九团当时骄傲自满，不服从党的领导所造成的‘八月失败’。”③

1928 年在《湖南省委　中央巡视员给毛泽东、朱德转军委信》中也指出：“兄处军队中土匪溃兵，洪会的成分占多数，这是最危险的现象。现在军中指挥，不是集体的党的领导。党的命令不能在军中起很大作用。长时有些部队的同志，不服从党而服从军长军党代表等。”④ 由此可见，当时不听从调遣，不服从管理现象之严重。

4. 相互攻击，相互争斗，各说各的话，各唱各的调

井冈山斗争时期，中国共产党内部争斗也是十分激烈，表现得十分突出，这对当时党和军队造成较大危害。

一方面，红四军内部争斗也是十分激烈。1929 年 5 月，在永定湖雷前会议中，会上针对个人领导与党的领导、前委与军委分权等问题发生了争论。会议

---

① 《井冈山的红色文献》，江西人民出版社，2017 年版，第 144 页。

② 《井冈山精神》，中共党史出版社，2017 年版，第 67 页。

③ 井冈山革命根据地党史资料征集编研协作小组、井冈山革命博物馆著：《井冈山革命根据地回忆录》（四），1986 年版，第 15 页。

④ 《井冈山的红色文献》，江西人民出版社，2017 年版，第 134 – 135 页。

上毛泽东认为领导工作的重心还在军队，“军队指挥需要集中而敏捷”，不必设置重叠机构，批评在前委下“硬生生地插进一个军委”，实际是“分权主义”，主张撤销军委，得到林彪、江华、谭震林等人支持，而当时红四军临时军委书记刘安恭认为“既名四军，就要有军委”，指责前委“管的太多”，是“书记专政”、“家长制”等，也得到了朱德等人的支持，最后闹得不欢而散。

另一方面，相互争斗和攻击比较严重的当属当时的“土客籍矛盾”。当时土客籍矛盾主要表现在三个方面，第一就是表现在当时的打土豪分田地中。1928年在《井冈山前委对中央的报告》曾提及：“例如边界八月失败，土籍豪绅带领反动军队回宁冈，宣传客籍将要杀土籍，土籍农民大部分反水，挂起白带子，带领白军烧屋搜山。十月、十一月红军打败白军，土籍农民跟着反动派逃走，客籍农民又去没收土籍农民的财物。”① 第二是土客籍之间争夺领导，在当时宁冈特别突出，宁冈县工农兵苏维埃政府成立后，关于选举谁担任苏维埃政府主席，土客籍之间闹得不可开交，毛泽东见双方争执激烈，为避免矛盾深化，同意袁文才的方案由两籍人轮流担任，任期为3个月。也正是因为如此，宁冈县苏维埃政府主席当时就换了好几个，如当时担任的有文根宗、甘金皇等。由于这样，“党的力量非常之弱，党内有土客籍之争夺领导，所以妨碍党的发展。”② 第三就是土客籍之间历史的争斗，正如李国斌在《回顾创建井冈山革命根据地的一些斗争生活》中曾指出：“在井冈山这块山区里有个土客籍问题。土籍是本地人，客籍是外来人。客话与土话也有很大的不同，本地人有时也很难听懂客话。山里大部分人是客籍人。在历史上，土客籍就存在着某些矛盾，土籍人又骂客籍人是山古老、野蛮人等。”③

也正是如此，当时党内土客籍争斗十分突出。正如杨克敏在关于湘赣边苏区情况的综合报告中指出：“最没有办法的就是宁冈县委，因为土客籍关系，天天内部里在暗斗明争县委的负责人多半是知识分子，所以批来扯去，简直闹不清楚，本身既有问题，工作自然可想而见了。”④ 陈伯钧也在《回忆井冈山的斗争》中指出：“宁冈的土客籍斗争很尖锐，土籍把客籍逼到山边。土籍也有部分很进步的人，如县委书记龙超清，团委书记肖子南，斗争就很坚决。因为袁文

① 《井冈山的红色文献》，江西人民出版社，2017年版，第175页。
② 《井冈山的红色文献》，江西人民出版社，2017年版，第252页。
③ 井冈山革命根据地党史资料征集编研协作小组、井冈山革命博物馆：《井冈山革命根据地回忆录》（四），1986年版，第15页。
④ 《井冈山的红色文献》，江西人民出版社，2017年版，第251页。

才掌握了武器，他们有些不相信袁文才。他们之间也有斗争，这是旧社会遗留下来的。”① 对于后来也正是由于“土客籍矛盾”的影响，党内之间的争斗越来越频繁，最后导致袁、王被错杀，给当时党和根据地带来严重危害。

二、井冈山时期“小团体主义”形成原因

众所周知，“团体”和“圈子”等自古以来就一直存在。它的存在是与人的社会属性完全分不开。亚里士多德也曾说：“人类是天生社会性动物。”此外，俗话说，物以类聚，聚以群分，人类在生存和发展的过程中为了实现各自的利益诉求，需要相互结合、相互依靠，最后通过协商形成一个群体或者团体，这是很正常的。但是在一个团体或者群体内部如果又结合成一个个团体与大团体想内斗，这就会形成小团体主义。中国历史上的“朋党之争”等情况形成就是这样的。

井冈山斗争时期，中国共产党和红军内部小团体主义的出现不是偶然的，而是由历史和现实的两方面因素造成的。

从历史因素来看，一方面，在当时中国共产党农村斗争的岁月，又处在农村这种封闭的环境中，必然会受到中国历来所特有封建主义思想的影响。正如1928年6月的《湖南工作决议案》中指出：“县委的地方观念十分的充足，十分的表现农民党（农民落后意识的战胜）的趋向。”②

另一方面，中国人基本生活在各种圈子中，常人很难避免。井冈山斗争时期也是如此。当时红军士兵成分复杂多样，都来自各种不同的部队和地区，也正是如此，自然就渐渐开始由一些相互之间的共同关系组成许多“团体”和“圈子”。

从现实因素来看，一方面这与当时客观的环境所离不开的。长期以来，井冈山区域各县人民生活在封闭的山区，过着“日出而作，日落而息”的生活方式，对外部世界的事与物几乎一无所知。③ 井冈山斗争时期，由于这样的封闭山区的环境，再加上但是红军也正处于白色政权的包围中，根据地被分割，导致各个党组织和部队之间联系较为困难，地方党组织与中央之间联系亦是如此，

---

① 井冈山革命根据地党史资料征集编研协作小组、井冈山革命博物馆：《井冈山革命根据地回忆录》（十一），1986年版，第138页。

② 《井冈山的红色文献》，江西人民出版社，2017年版，第105页。

③ 张泰城、陈钢、肖发生：《井冈山区域经济社会历史变迁研究（1912——2012）》，中国社会科学出版社，2013年版，第103页。

党组织之间信息传达困难，有些地方甚至几乎和上级没什么联系，这样就为当时党内“山头”的形成提供了一种可能。

另一方面，由于当时党员思想理论水平低，加上当时军事战争的频繁，受教育人数特别少，对部队的改造也少，加快了“小团体主义”的迅速发展。《中共中央给红军第四军前委的指示信》中指出：“红军中右倾思想如取消观念、分家观念、离队观念与缩小团体倾向、极端民主化、红军脱离生产即不能存在等观念，都非常错误，皆源于同志理论水平低，党的教育缺乏。”① 此外，毛泽东也指出：“山头主义的社会历史根源，是中国小资产阶级的特别广大和长期被敌人分割的农村根据地，而党内教育不足则是其主观原因。”②

三、井冈山时期中国共产党解决“小团体主义”的措施

面对当时“小团体主义”造成的较大危害，以毛泽东、朱德为代表的中国共产党人探索并运用各种方式对其等加以防范和解决。

1. 加强党内无产阶级思想教育，提升党员阶级觉悟

井冈山斗争时期，要有效控制和解决以“小团体主义”和地方主义为代表的非无产阶级思想，完全离不开党内思想教育工作的开展。毛泽东也指出，导致其出现的主观原因，就是因为党内教育的不足，所以在当时加强党内无产阶级思想教育工作，可谓是当时党的重要工作之一。

加强党内无产阶级思想教育，一方面是加强主要领导干部的教育工作。首先，对于领导干部教育加强马列主义、党的路线方针政策等理论知识教育是必不可少的，并且要求领导首先做做各级或各团带头的工作，然后就是做全体工作。其次便是以说服主义精神和发动范围内群众斗争来对其加以教育。1929 年《江西省委致湘赣边特委工作（综合）指示》中指出：“用说服主义的精神。边特应派负责同志找他们诚恳的谈话，很公开地批评他们小资产阶级意识、农民和流氓无产阶级意识及一切封建残余思想和习惯的错误倾向，积极的指示党的目前任务和策略，给他们以正确的出路，给以党的适当工作，经常参加党的组织生活（如支部党团等），要他们在实际行动中来改变其错误倾向。”“说服圈子领袖和夺取圈子群众是互相联系进行的，夺取了群众可以帮助说服主义的进行，说服了圈子领袖也便可以帮助夺取群众工作，如果夺取群众工作成了功，

① 《井冈山的红色文献》，江西人民出版社，2017 年版，第 438 页。

② 《毛泽东选集》第 3 卷，人民出版社，1991 年版，第 940 页。

圈子领袖纵使说不服，他们也没有作用了。"①

另一方面就是针对大众进行无产阶级思想教育。对于大众的教育形式多种多样，如边界各级党组织要经常给党员上党课来加以思想教育，有的通过举办党团训练班等形式，引导党员学习马列主义和无产阶级革命的理论，当然授课内容也是多种多样，有讲马克思列宁主义基础知识、苏联革命的历史经验、党的政策、"工农武装割据"思想等，也有其他的一些内容，如入党宣誓教育等。在1928年10月《中央通告　第69号——创造无产阶级的党和其主要路线》中指出："党内教育训练工作乃异常之重要，主要方法如下：（1）发展党内讨论，特别是支部的讨论，使支部成为党员教育训练的中心；（2）上级党部注意供给下级党部之教育训练材料；（3）中央及各省须创办专门登载教育训练材料及党内讨论的刊物；（4）省市县委不断的举办训练班，训练教育宣传人才及党的干部。"② 通过各种方式的无产阶级思想教育，更有效加强党内的团结。

2. 健全党内制度，严肃党内政治生活

井冈山斗争时期，党内各方面制度还不健全，党内"小团体主义"等非无产阶级思想所造成的问题也逐渐突显，单靠党内的思想教育工作是完全不够的，改造党及党员的思想，也需要相关制度的保障，健全党内制度，为更好防范和解决党内各种非无产阶级思想提供了有效的制度保障。

毛泽东着重强调纪律问题并且制定"三大纪律八项注意"，从根本上讲，那是因为我们党是靠革命理想和铁的纪律组织起来的马克思主义政党，纪律严明既是我们党的性质和宗旨的集中体现，也是我们党的光荣传统和独特优势。一个问题就是用无产阶级思想改造农民群众，克服各种非无产阶级思想影响，建立一支有别于一切旧式军队的新型人民军队。实现这一目标靠什么？一是靠坚强的政治思想领导，再就是靠铁的纪律。③ 三大纪律八项注意的提出，为当时克服党内非无产阶级思想效果显著。

此外，军需制度也是重要一点。毛泽东给林彪的信中指出："小团体主义充分存在而发展，党不敢作调动枪支上的尝试，红军后方兼顾主义与少数同志的红军本位主义是冲突的，军需制度和编制法规未能建立，个人支配政治和武器的事常常有的，这时候的党从连到军从它的实质说是处在一种从属的地位，在某些问题

---

① 《井冈山的红色文献》，江西人民出版社，2017年版，第419—420页。

② 张泰城、陈钢、肖发生：《井冈山时期文献资料汇编》，第281页。

③ 吕臻：《毛泽东"三大纪律八项注意"蕴含的历史伟力和魅力》，《思想理论教育导刊》，2017年12期。

上是绝对听命于个人。后来，红军回到边界后，党能开始在理论上建设小团体主义了（虽然在实际上还不能），军需制度建立，成立了七十五支长枪一连的制度，然还没有能触及短枪，拨枪交与地方没有第一时期那样困难了。”①

另外，巡视制度也是如此，“省委应派人到各区域去巡视改造特委、县委，并规定改造下级党部的方法”“省委常务委员可扩充到七人，经常以三人到四人出去巡视，同时省委各科之组织，须立即健全起来”②。通过对各级地方党组织巡视工作，对于党内“小团体主义”等非无产阶级思想也具有一定的防范作用。

当然，中国共产党在当时还通过加强报告制度和会议制度等，有效防范和解决“小团体主义”。1928 年《湘赣边界各县第二次代表大会决议案》中指出：“其他各县，如宁、酃、莲等县亦不注意向特委作报告，以与特委发生关系。这都是组织上很严重的错误。”《中国共产党红四军第九次代表大会决议案》中指出：“每次讲话内容对群众的影响，下级政治机关须报告上级政治机关。”关于党内会议制度。

同时井冈山斗争时期，严肃党内政治生活，加强党内民主集中制，开展批评与自我批评，不断完善支部生活也是当时的一大要点。1928 年 6 月《湘南工作决议案中》强调：“湘南目前的重要工作，首先应当在党内党外公开批评并指出自己过去的错误，接受省委新政策，进行游击战争，发动群众斗争，造成农村大规模的割据。”③ 同年 9 月，在《中央通告　第 16 号——第六次全国代表大会的总结与精神》中指出：“大会认为‘自己批评’为强固党的武器，同时反对滥用此批评，以致削弱党的威信和纪律。”10 月，在《中央通告　第 69 号——创造无产阶级的党和其主要路线》对党内支部生活也作了相关的说明，认为：“支部生活不仅做到按期到会纳费，还要做到自动的讨论政治讨论工作分配工作，自我批评，每个同志成为群众的组织员和宣传员，上级党部只是指导者和帮助者，不是命令者。”④ 1929 年 10 月宛希先在《共产党组织根本原则》中指出：“共产党的组织是民主集中制。民主就民主，集中就集中，为什么要民主集中？因为完全民主，事就做不通。譬如共产党每一件事，无论大小缓急都要召集全国代表大会，那必定办不到的。若要完全集中，总是使少数人去命令大多数人做事，那么，大多数人的良好意见又抛弃了，那末永远的让他错去吗？

---

① 《井冈山的红色文献》，江西人民出版社，2017 年版，第 326 页。

② 《井冈山的红色文献》，江西人民出版社，2017 年版，第 68 页。

③ 张泰城、陈钢、肖发生：《井冈山时期文献资料汇编》，第 202 页。

④ 张泰城、陈钢、肖发生：《井冈山时期文献资料汇编》，第 280 页。

那是绝对不能的，所以又要民主。因此共产党的组织是要用民主集中制才办得事通。”①

最后，坚决肃清阳奉阴违的两面派，严肃党内政治生活，在全党内加强纪律教育也是十分重要也是必要的，上至党内领导干部，下至每一位普通党员，有效控制党内“小团体主义”的成长。

3. 促进红军的整编工作，维护党内团结统一

井冈山斗争时期，自红四军成立以后，分团主义也逐渐突显，再者由于当时红军内成分比较复杂，存在着较为浓厚的地方主义色彩，有些人开始形成特有的一些“圈子”，这个党内都造成了较大危害。如当时二十九团中很多都是有湘南宜章的农民组成，他们很多人不愿意留在井冈山进行艰苦斗争，纷纷要求回湘南，后面也正因此造成了“湘南失败”，给当时革命造成重大危害。

为打破各团的界限，有效团结部队，红军对一些部队开始进行整编改造。初上井冈山，毛泽东十分重视团结“山头”的问题，处理得比较好的是团结了袁王部队，将这支绿林武装改造成中国工农红军第一师第二团，成为党领导下的革命军队，井冈山军民空前团结，为建立和巩固井冈山革命根据地坚定坚实基础。②，在井冈山会师不久，陈毅曾向毛泽东建议，对部队进行改编，两个部队的干部相互交流一下，特别是对南昌起义的部队，这一建议当时也受到毛泽东的高度赞赏。

当时前委对红五军进行整编，撤除红五军番号，将红五军改为三十团，彭德怀担任团长，包括后来分为第一纵队、第三纵队等，而且多次提出提出整编，打乱原有来源部队的组成。正如毛泽东在写给林彪的信中指出：“因一、二、三纵队的编制，小团体主义从事实上开始减弱，纵队委员会比前委要起作用些。”③ 通过这种方式，有效缓解了党内“山头主义”的成长，有效促进党的团结统一。

4. 注重党内领导干部的培养、选拔、任免及调任交流工作，保障党的领导核心地位

井冈山斗争时期，更好防范与解决“小团体主义”的有效途径，也完全离不开对党内领导干部的培养、选拔和任免。当时“小团体主义”存在很多是由于当

---

① 《井冈山的红色文献》，江西人民出版社，2017 年版，第 68 页。

② 李方祥：《新民主主义革命时期中共反对“山头主义”的历史考察》，《中国高校社会科学》，2015 年第 5 期。

③ 《井冈山的红色文献》，江西人民出版社，2017 年版，第 329 页。

时党内一些主要领导干部为了自己个人的利益，结党营私，拉帮结派所造成的。

在当时，面对敌人的重重包围，由于不断进行斗争导致党和部队的人员损耗较大，如何保持革命队伍的战斗力，为党内造就更多优秀的领导干部，在当时也是一个较为突出的问题。以毛泽东为首的中国共产党人，开始意识到培养全面领导干部的重要性。由于当时人才的来源比较单一，根据革命斗争的需要，在结合当时的具体的实际状况，一方面，党内主要通过招纳一些优秀的党员士兵，开办如教导队、党团训练班等方式来为当时培养更多优秀的领导干部，另一方面，就是通过以无产阶级思想的教育，来对国民党战俘和一些土匪等地方武装进行收编改造，经过一定的培训后，再选派一些优秀的人才到各个党组织进行工作。此外，也通过文件形式，请求上级部门选派一些能力突出，素质过硬的领导干部来根据地进行斗争。陈正人在《回忆井冈山的伟大斗争》中曾回忆到："毛泽东同志很注意既要培养土籍革命干部，也要培养客籍革命干部。在客籍人多，土籍人少的地方，要设法把客籍干部培养上来，乡政府主席或支部书记，要培养客籍人来当。"① 另外，在培养干部的同时，中国共产党也十分注重党内领导干部的选拔工作，1929 年 12 月在古田会议中，毛泽东批判了"招兵买马""招贤纳士"的小团体主义思想，提出"有斗争经验的工农积极分子加入红军队伍，改变红军成分"的主张。② 通过运用"五湖四海"人才选拔的思想，有效控制"小团体主义"的滋生，为根据地造就更多领域的人才提供了强有力的动力，更加保障党的领导核心地位。

除了对领导干部的培养外，为更有效解决"小团体主义"，中国共产党还通过对一些党的领导干部任免及调离交流工作等，来防止"小团体主义"的扩大。如何长工，1928 年初曾被毛泽东派到王佐部队做政治工作。曾先后任工农革命军第一师二团党代表、红四军三十二团党代表兼中共宁冈中心县委书记等。关于党内领导干部的调任交流工作，杨克敏曾在关于湘赣边苏区情况的综合报告中指出："近来大加改组，将土客籍的党员都调一大部分出外工作再由特委派前二十八团党代表何长工去充任书记，并派一二外来同志去县委，同时区委也要更动了一些，以后当然要好些。"③ 当时前委书记毛泽东在给中央的报告中指

① 井冈山革命根据地党史资料征集编研协作小组、井冈山革命博物馆：《井冈山革命根据地回忆录》（一），1986 年版，第 89 页。

② 《毛泽东军事文集》第 1 卷，军事科学出版社、中央文献出版社，1993 年版，第 720 页。

③ 《井冈山的红色文献》，江西人民出版社，2017 年版，第 251 页。

出：“至少特委工作人员调往别地工作，请省委派二三得力同志来主持特委，现特委工作人员调往别县工作，不但于秘密工作有益，抑且于党内布尔什维克化有用，因边界工作人员在边界久，颇染上些地方主义，农民意识的色彩，调动又可纠正这些坏倾向，请省委斟酌此点。”①

四、井冈山斗争时期中国共产党解决“小团体主义”的现实启示

十八大以来，以习近平同志为核心的党中央越来越重视这一问题。正如习近平总书记在十八届中央纪委三次全会讲话中指出“党内决不能搞封建依附那一套，决不能搞小山头、小圈子、小团伙那一套，决不能搞门客、门宦、门附那一套，搞这种东西总有一天会出事!”② 深入研究井冈山斗争时期中国共产党解决“小团体主义”的具体实践，有许多宝贵的经验启示值得当代党的借鉴。

1. 加强党内思想政治教育工作，提升党员思想理论水平

井冈山斗争时期解决“小团体主义”，最重要的一点就是加强党的思想政治教育工作，全面开展党内思想教育工作，对于加强党的思想建设，加快党员的思想理论教育，用马列主义等无产阶级思想加强对党员的教育越来越重要，这也有利于让党员坚定自身理想信念，提高个人的政治素养与思想水平，有效防范党内“小团体主义”的滋生。

近年来，“山头主义”和“圈子文化”越来越受大家所高度关注，甚至有些人认为这已经逐渐渗入人们的日常生活中。2015 年，根据中国青年报社会调查中心的一项在线调查显示，74.2% 的受访者表示身边存在“山头”、“圈子”现象，③ 面对现在存在的这些问题，全面开展思想教育工作是十分关键的，这对于提高整体党员的思想道德素质，提高群众的认知是至关重要的。习近平曾在全国宣传思想工作会议上指出：“能否做好意识形态工作，事关党的前途命运，事关国家长治久安，事关民族凝聚力和向心力。”④ 加强党内思想教育工作，从最基础开始着手，特别是党章党规的学习，此外，加强共产党员“不忘初心，

---

① 《井冈山的红色文献》，江西人民出版社，2017 年版，第 324 页。

② 中共中央文献研究室：《十八大以来重要文献选编》（上），中央文献出版社，2014 年版。

③ 《74.2% 的受访者表示身边就有“山头”、“圈子”现象》，《中国青年报》2015 年 3 月 2 日，第 7 版。

④ 《把宣传工作做得更好——论学习贯彻习近平总书记 8・19 重要讲话精神》，《人民日报》2013 年 8 月 21 日。

牢记使命”主题教育等，对于党员思想政治理论水平的提高也具有重大作用。

2. 将党的政治建设摆在首位，严格规范党内政治生活

党内“小团体主义”，是一种为维护自身利益，在党内搞团团伙伙，拉帮结派。党内“小团体主义”的出现，对党的团结统一造成较大危害。井冈山斗争时期，中国共产党通过各种途径去加强党内团结统一，有效防范和解决党内“山头主义”。现如今，党内“山头主义”越来越受关注，其造成的问题也较多，把党的政治建设摆在首位是十分必要的，同时也必须坚持民主集中制。党的十九大报告中指出：“要尊崇党章，严格执行新形势下党内政治生活若干准则，增强党内政治生活的政治性、时代性、原则性、战斗性，自觉抵制商品交换原则对党内生活的侵蚀，营造风清气正的良好政治生态。完善和落实民主集中制的各项制度，坚持民主基础上的集中和集中指导下的民主相结合，既充分发扬民主，又善于集中统一。”① 从党内各种小事开始着手，从一些最基础的方面严格要求，严格规范党内政治生活，对于反对党内“山头主义”具有重大作用。

3. 加大党内监督和惩治力度，全面从严治党

解决“小团体主义”，同样离不开党内的监督和惩治力度。井冈山斗争时期，面对党内“小团体主义”，中国共产党通过如“三大纪律，八项注意”和“军需制度”“巡视制度”“报告制度”“会议制度”等加以规范。现如今，随着改革开放和中国经济的迅速发展，面对不同的时代环境，党内越来越重视“山头主义”，并对其监督和惩治力度也不断加大。从 2015 年 8 月《中国共产党巡视工作条例》、2015 年 10 月《中国共产党纪律处分条例》、2016 年 6 月《中国共产党问责条例》、2016 年 10 月的《关于新形势下党内政治生活的若干准则》、2017 年 10 月的《中央八项规定实施细则》、2017 年 10 月最新的《中国共产党章程》和 2017 年 12 月的《中国共产党党务公开条例（试行）》等一些相关的党的文件中的具体条例，可以看出中国共产党重视和坚决反对党内“山头主义”、团团伙伙、拉帮结派等现象的决心，中国共产党在运用大量的相关制度来大力惩治党内“山头主义”的同时，也通过各种方式加以防范和监督，甚至小到对党员领导干部日常的办公接待用餐等方面的详细规定，树立典型，形成有效地机制。在党内保持出一种惩治的高压态势，形成强大的威慑力，从而不断深入

① 《决胜全面建成小康社会　夺取新时代中国特色社会主义伟大胜利——在中国共产党第十九次全国代表大会的报告》，人民出版社，2017 年版。

全面从严治党。所以，加大党内监督和惩治力度，对于党内“山头主义”的防范和解决至关重要。

4. 不断完善党员领导干部培养、选拔和任免等机制，坚持正确用人导向

解决“小团体主义”更加体现于党内领导干部的培养、选拔和任免等。井冈山斗争时期，以毛泽东为代表的中国共产党人一方面注重干部的培养，另一方面也重视领导干部的选拔工作。“五湖四海”这一选拔原则就充分被利用。通过地域和亲人的限制等要求，选拔出优秀的人才，一方面更好有利于党的团结统一，有效防范党内“山头主义”，另一方面也更有有效促进党的健康有序发展。现如今，中国共产党也越来越坚持正确的用人导向，对于选拔党内的领导干部，有明确的制度规定，如2014年所实施的《党政领导干部选拔任用工作条例》便是最直接的，里面对于选拔党内领导干部的标准都做了详细的规定说明。同时，在《关于新形势下党内政治生活的若干准则》中指出：“坚持正确选人用人导向，是严肃党内政治生活的组织保证。”① 此外，加强各地领导干部的调离和交流方式越来越常见，一是加强普通地区与少数民族地区之间党内领导干部调任交流，二是加强发达地区和不发达地区之间干部调任交流方式，三是加强中央政府与地方政府之间的干部调任交流方式，通过以上这些方式，为反对党内“山头主义”提供有力保障。

“小团体主义”从中国共产党成立以来就一直存在的一种非无产阶级思想，并对党的建设和发展造成一定的危害。井冈山斗争时期，中国共产党在解决“小团体主义”方面不断进行艰辛探索与实践，留下了许多宝贵的经验启示值得当代党的借鉴。党的十八大以来，以习近平同志为核心的党中央高度重视对党的历史的总结运用，习近平总书记在主持中央政治局第七次集体学习时强调指出：“历史是最好的教科书。”他指出，认真总结党的历史，更好地发挥党的历史的鉴今、资政作用，是新形势下推动党和国家事业不断发展的迫切需要。② 在新的时代条件，借鉴历史经验，吸取教训，不忘初心，就能使中国共产党永葆本色，有序发展，共同带领海内外中华儿女，为实现中华民族伟大复兴的中国梦而不懈奋斗！

---

① 《关于新形势下党内政治生活的若干准则》，《人民日报》2016年11月3日，第5版。

② 《历史是最好的教科书——学习习近平同志关于党的历史的重要论述》，《人民日报》2013年7月22日。

毛泽东关于党的实事求是思想路线及其历史价值再探析

山东大学　刘明芝

实事求是的思想路线，是毛泽东在运用马克思主义原理过程中，与中国优秀传统文化密切结合，适应中国革命实践的迫切需要而产生的。它的形成在中国革命和社会主义现代化建设中发挥了极大作用。作为实事求是思想路线的提出者，毛泽东在实事求是思想路线的产生中做出了巨大的贡献，《反对本本主义》《实践论》《矛盾论》《新民主主义论》等多部著作中，毛泽东对这条思想路线进行了精辟阐释，从而为实事求是思想路线架构起了丰富的内容。实事求是思想路线对中国革命的伟大胜利、社会主义建设的伟大实践和中国特色社会主义的快速发展提供了坚强的思想保障，对马克思主义理论进行了创新性地丰富与发展，特别是为历史跨入中国特色社会主义各个发展时期党的思想路线的不断丰富与发展奠定了坚实的理论基础，为新时代习近平中国特色社会主义思想提供了重要的理论保证，是我们党不可多得的宝贵精神财富。

一、实事求是思想路线的产生

作为一条从实践中产生并经过长期实践检验的正确路线，实事求是思想路线的产生有着深刻的理论基础和实践条件。

（一）实事求是思想路线形成的理论基础

实事求是思想路线产生的理论基础是很深厚的。在这其中，马克思主义哲学的唯物论、辩证法、认识论以及群众史观思想，为实事求是思想路线的产生提供了世界观与方法论的指导，中国优秀的传统文化为实事求是思想路线的产生奠定了丰厚的理论底蕴。

第一，它是辩证唯物主义与历史唯物主义在中国的具体运用。辩证唯物主义和历史唯物主义是马克思恩格斯等创造的科学理论。实事求是思想路线是毛泽东把辩证唯物主义原理应用到中国革命实践中的产物，是历史唯物主义的人民群众在社会实践中伟大作用思想的具体体现。这种体现主要表现在以下几方面。

一是它是马克思主义的辩证唯物论思想与中国革命具体实践的结合。马克思主义唯物论认为，世界是物质的，物质世界处在不断运动变化之中，人的认识必须遵循物质决定意识的客观规律才能够获得。人的大脑虽然是客观认识的主体，但我们想问题、办事情不能从头脑主观想象出发，而要一切从实际出发，把握事物的本质和规律，才能达到认识世界改造世界的目的。在毛泽东看来，“实事求是”就是要求我们去研究探索客观事物的内部规律，具体地说，“实事”就是独立于人的意识之外的客观事物，“求”就是要求我们去分析研究，“是”就是客观事物内部所固有的规律性。我们要从客观存在的实际出发，研究找出事物固有的规律性，分析事物之间的内部联系，指导我们的工作行动。毛泽东对“实事求是”的深刻分析表明他正确地把握了马克思主义的理论精髓，坚持了辩证唯物主义从物质到意识的基本原理。

二是对实践是检验真理的唯一标准这一马克思主义辩证唯物主义认识论原理的重大继承。实践证明，这条正确的思想路线是毛泽东在领导中国革命过程中经过艰辛探索反复实践而形成的。1945 年在党的七大党章上明确指出，全党必须遵循马克思主义与中国实际相结合的思想原则，这与毛泽东所倡导的实事求是思想是统一的。毛泽东指出，科学的真理只能有一个，人们要发现真理只能通过主观见之于客观的实践活动，只有深入人民群众的社会实践中才能发现真理，才能检验获得的认识是否为真理。在这里，毛泽东强调了实践检验真理的重要性，他又说，政策只有在人民实践中才能证明正确与否，才能确定其正确的还是错误的及其正确与错误的程度。毛泽东的论述说明他对实践的高度重视，表明马克思主义认识论思想对其思想产生的巨大作用。历史与事实证明，广大人民群众的社会实践是检验认识正确与否的唯一标准，只有通过社会实践才能验证真理的正确性。真理在实践中得到检验与发展是在实际工作中不断贯彻实事求是思想路线的一条正确有效途径，同样，实践检验真理正确与否的过程也是实事求是思想路线内容不断丰富、完善与发展的过程。

三是马克思主义的历史唯物主义群众史观在具体工作中的运用和发展。历史唯物主义站在人类社会发展历史的高度上第一次科学地提出了人民群众是社会历史发展的决定力量，认为人民群众对社会历史发展起推动作用，是社会实践的主体，是社会财富的创造者，在创造历史中起决定作用。毛泽东实事求是思想路线的提出符合了人类社会的认识原则，他强调人民群众在社会发展中具有主人翁及主体作用，认为："人民，只有人民，才是创造世界历史的动力。"① 所以，在推动社会历史发展过程中只有重视人民群众的作用，发挥人民群众的积极性和主动性，激发群众的革命斗志，实事求是的思想路线才会得以贯彻落实。毛泽东实事求是的思想路线与唯物史观的群众路线是相辅相成的。

第二，它是对中国优秀传统文化的继承和发展。中国传统文化博大精深、源远流长，其丰富而优秀的内容也是毛泽东实事求是的思想路线能够得以产生的重要思想文化基础。在把马克思主义理论与中国革命实际相结合的过程中，在创造性地提出我党实事求是思想路线的过程中，毛泽东从中国优秀传统文化中汲取了丰富的思想营养。

中国优秀传统文化中蕴含着实事求是的思想。宋代朱熹的"格物致知""即物穷理"思想，明末清初王船山的"即事穷理"思想，都强调通过接触事物，探索其中的规律，从而认识事物。清初思想家顾炎武提倡"修己治人之实学"，主张"实行""实践""实事""实功"。所以，崇实致用是中国古代许多学者的共识。另外，清末理学家曾国藩提出汉学的"实事求是"与宋学的"即物穷理"既一脉相承又与时俱进，在一定程度上突出了"实事求是"的精神。毛泽东熟稔中国传统文化，重视传统文化的学习和研究，他对实事求是思想路线的精辟阐述，不能不说是吸收了中国传统文化的精华。另外还有，毛泽东出生于湖南省湘潭县，湖湘文化对其影响很大，湖湘文化有着经世致用的实学传统，如作为湖湘文化代表人物的胡宏就极力推崇"实"。毛泽东是在这种地域文化熏陶下而成长的，他能够提出实事求是思想路线与某种程度上在他成长的地方具有浓厚地域特色的湖湘地方传统文化也有很大关系。

从中国传统哲学方面看，毛泽东实事求是思想路线也是对中国传统哲学认识论，特别是对其中的知行关系问题批判性的总结与发展。在中国哲学的发展历史上，认识论主要是围绕着知行关系，即认识和实践的关系而展开的，如王夫之的"知行合一"、孙中山的"行先知后"等，这些观点虽然都有一定的合理之处，但又都具有局限性。毛泽东在批判地继承传统知行观的基础上，以马克思主义基本原理为指导，唯物辩证地解决了认识和实践的关系问题。他强调一切正确的认识都只能来源于实践，实践是认识的唯一源泉。毛泽东把中国传

① 《毛泽东选集》第3卷，人民出版社，1991年版，第1031页。

统文化中的知行统一观在哲学上批判性地提升为马克思主义的认识辩证运动过程，对中国优秀传统文化创造性地进行了马克思主义的转换，把实事求是的思想路线内容提升到了一个新的层面。简而言之，实事求是思想路线是毛泽东对中国传统哲学认识论的继承与发展。

（二）中国革命的实践需要

毛泽东的实事求是思想路线最早产生于第二次国内革命战争时期。在当时，以蒋介石、汪精卫为代表的国民党反动派发动反革命政变，疯狂镇压中国共产党的革命力量，瞿秋白、李三立、王明等人在不了解中国国情的情况下，错误地坚持盲动主义、冒险主义和教条主义，把马克思列宁主义教条化，把苏俄的革命经验神圣化，使革命力量遭受了很大的损失和破坏。在关系党和革命生死存亡的关键时刻，以毛泽东为代表的中国共产党人从当时的中国实际情况出发，及时从革命实践中总结经验教训，认识到中国革命要取得胜利单凭生搬硬套的“本本主义”是行不通的，应该理论与实际相结合，把马克思主义基本原理和中国的国情联系起来，根据中国革命的实际情况走出适合中国自身的革命道路。只有将马克思主义理论同中国革命具体实际相结合，中国革命才能有望取得胜利。在毛泽东这一正确思想的指导下，中国共产党领导人民在井冈山创建农村革命根据地，并根据井冈山斗争经验，逐渐形成了以农村包围城市武装夺取政权的富有中国特色的中国革命道路理论。

在土地革命过程中由于坚持了实事求是思想路线的指导，中国共产党成功的保存了自己的革命力量，调动了一切反对封建主义的积极因素，保证了土地革命的胜利。在抗日战争和解放战争时期，由于毛泽东实事求是思想路线的指引，中国革命也不断地走向新的胜利。抗日战争爆发后，面对强大的日本帝国主义与当时产生的悲观与乐观的各种错误认识，毛泽东仍然坚持一切从中国的实际出发、实事求是的原则，认为在抗战中必须充分发动人民群众的力量，尤其是广大农民的力量，开展全面抗战并建立敌后根据地和开展游击战争。在毛泽东实事求是思想路线的指导下，亿万人民群众的革命积极性被充分调动起来，中国人民积极应战，最终打败了日本侵略者，取得了抗日战争的伟大胜利。抗日战争胜利后蒋介石紧接着又发动了全面内战，企图消灭共产党以实现在中国的专制统治，中国共产党再次面临着内战的生死考验。在毛泽东实事求是思想路线的正确指导下，中国人民解放军英勇奋战，继续坚持走农村包围城市武装夺取政权的道路，连续进行了辽沈、淮海、平津三大战役，集中优势兵力歼灭了敌人的有生力量，基本上消灭了国民党主力军，1949 年南京解放后，基本宣告了国民党统治的覆灭，全中国得到了解放，新民主主义革命取得了伟大的胜利。

(三) 毛泽东个人的主观因素

前有所述，毛泽东的实事求是思想路线是马克思主义理论、中国优秀的传统文化以及中国革命实践相结合而形成的。伟大的时代造就伟大的人物。但是客观与主观的辩证法告诉人们，社会客观条件再好，没有个人的主观努力也不可能成就伟大的事业。实事求是思想路线之所以能够被提出，除了客观上的条件以外也离不开毛泽东个人的主观努力。毛泽东出生于一个普通的农民家庭，早在县城读书时，他就接触到了郑观应的《盛世危言》。全书贯穿着“富强救国”的主题，详细介绍了西方的现代工业技术和军事等。毛泽东对此书通读了十几遍，意识到国家正处于民族危难之际需要有志之士勇于担当，所以他决心为国奋起改造中国。自此之后，毛泽东一直在为拯救中华民族的目标而奋斗。

毛泽东青年时期在接受马克思主义之前就能坚持求实精神。在《讲堂录》笔记中，他主张既要读有字之书，也要读无字之书。认为作为中国人，要对中国这个地盘上的事情进行研究。在这种求实思想的指导下，毛泽东注重社会调查和社会实践，从中获得书本上没有的社会知识。接受马克思主义理论之后，毛泽东在对中国革命道路进行探索的过程中，他更加注重调查研究，深入群众，了解群众，走群众路线，坚持实事求是。

此外，毛泽东一生勤奋好学，十分热爱读书。毛泽东读书涉猎的领域极其广泛，文、史、哲、及军事、自然科学等古今中外的书籍无所不读。尤其是从1936年至1946年在延安度过的10年间，他刻苦钻研马列著作，认真总结革命斗争经验，对教条主义进行了深入批判，开展延安整风运动，最终使实事求是思想路线在全党范围内得以确立。

二、实事求是思想路线的丰富内容

毛泽东实事求是的思想路线具有丰富的内容。其中，实事求是、一切从实际出发、理论联系实际、在实践中检验真理和发展真理构成了其丰富内容的主要方面。

(一) 实事求是

“实事求是”取自东汉史学家班固的《汉书·河间献王传》。班固在书中说，“修学好古，实事求是”①。之后，唐代学者颜师古在为《汉书》作注时将其注释为“务得实事，每求真是也”。概括起来说，“实事求是”一词是指严谨治学、求得真谛的治学态度，也就是说人们做事要先从实际出发再引出结论。

“实事求是”是毛泽东实事求是思想路线的核心和灵魂。在《实践论》《矛盾论》中，他反对以教条主义和经验主义为表现形式的主观主义，强调坚持一切从实际出发，实事求是。在《中国共产党在民族战争中的地位》一文中，他指出共产党应该是自觉践行实事求是的模范。在《新民主主义论》中第一次使用实事求是的概念，指出我们的民族饱受灾难和迫害，应该以科学的态度研究中国革命问题，只有坚持科学的态度和认真负责的精神，我们的民族才能得以解放。所谓科学态度就是实事求是。那么，到底什么是“实事求是”，其含义是什么，对此毛泽东指出：“‘实事’是客观存在的一切事物，‘是’是事物内在的规律性的东西，‘求’就是去探索、去研究。”② 毛泽东的论述不仅清楚地阐述了实事求是的含义，还说明了实事求是的目的、意义以及做到实事求是的方法。在党的七大上毛泽东又指出，“我们的阵地只能一个一个地夺取，我们的力量只能一点一点地聚集，这是一个实事求是的问题。”③ 可以看出，毛泽东不仅重视、倡导实事求是，还以身作则亲自为实事求是思想路线冠以丰富的理论含义与内容。

（二）一切从实际出发

理论是行动的先导。有了实事求是的科学思想路线，如何贯彻落实也需要进行探索。毛泽东认为，一切从实际出发是坚持实事求是思想路线的出发点。一切从实际出发，就是要从中国的革命现实出发，从人民群众的根本利益出发，而不是从个人的主观愿望和想象出发。他指出我们要从国内外、省内外、县内外等实际情况出发，从其中找出规律性，作为我们行动的向导，从本本出发就会偏离正确的革命道路，陷入主观主义的误区。1942 年 5 月，毛泽东在延安文艺座谈会上的讲话中指出，看问题不要从定义出发，而要从客观存在出发，分析其解决问题的方针、政策、办法。毛泽东还认为一切从实际出发不要割断历史。不仅要了解中国的现在，还要了解中国的过去，不仅要懂得中国，还要懂得世界上的其他国家，历史全面地看待问题。在毛泽东那里，一切从实际出发

---

① 《汉书》第 6 卷，第 2410 页。
② 《毛泽东选集》第 3 卷，人民出版社，1991 年版，第 801 页。
③ 《毛泽东文集》第 3 卷，人民出版社，1996 年版，第 419 页。

是实事求是的前提条件。此外，毛泽东强调一切从实际出发要从人民群众的根本利益出发，谁能从人民群众的根本利益出发，谁就能找到社会历史发展的规律，把握社会历史发展的趋势。从实际出发与从人民群众的根本利益出发在本质上是一致的，只有把两者结合起来，才能做到实事求是。

（三）理论联系实际

坚持理论联系实际是一切从实际出发、实事求是的必然要求。毛泽东也十分重视理论联系实际，在他的著作中多次论述理论联系实际的重要性。

在《反对本本主义》一文中，毛泽东指出，要解决中国问题离不开马克思主义的指导，而坚持以马克思主义为指导必须结合我国的实际情况，脱离实际情况的本本主义一定要纠正。他在《中国共产党在民族战争中的地位》一文中指出，马克思主义的伟大之处是它和各个国家的革命实践相联系，我们要结合中国革命的特点谈马克思主义，否则马克思主义的科学思想就发挥不了其应有的作用。所以，怎么样根据中国特点应用马克思主义的问题是全党急需解决的问题。毛泽东一再强调，学习马克思主义把握其中的精髓，不能违背理论和实际相统一的实质原则，如此等等。在中国革命历史上，毛泽东不断克服了教条主义和经验主义对实际工作带来的危害，积极倡导把马克思主义和中国的具体实际结合起来，即既不能只注重理论，也不能只注重客观实际，要实现二者的有机统一，这是实事求是实现的最终目的。

（四）在实践中检验真理和发展真理

毛泽东向来注重实践，注重调查研究，坚持“没有调查，没有发言权”①，注重从实践中发现问题。认为经受住实践的检验是实事求是思想路线的根本目的。他指出，我们不能孤立、静止地研究马克思列宁主义，而应以中国革命的实际问题为中心来研究，真正的理论来自客观实际又能在客观实际中得到证明。毛泽东认为要取得中国革命的胜利，必须从中国的革命实际出发，形成正确的革命理论。新中国成立后，毛泽东也仍然坚持他的实践观点，多次进行社会调查研究，提出人的正确思想来自于社会实践，从社会的生产斗争、阶级斗争和科学实验这三项实践中得来。一个真理性认识的获得，需要经过从实践到认识、再从认识到实践的多次反复才能完成，等等。这些论述不但说明毛泽东重视实践，而且还说明实事求是不仅是一条正确的思想路线，不断变化的实践也能为实事求是这条正确的思想路线注入新的思想内容。

---

① 《毛泽东选集》第1卷，人民出版社，1991年版，第109页。

三、实事求是思想路线的历史意义与当代价值

实事求是的思想路线是新民主主义革命的产物。它的产生无论是对当时的革命现状还是对其之后的中国社会发展都有着深刻的意义。从当时中国革命实践来说，这条思想路线为当时的中国革命取得胜利提供了坚强的思想理论保证，丰富与发展了马克思主义哲学及其方法论；从对毛泽东时期中国社会主义建设及其之后的中国特色社会主义建设的长远影响来说，它为各时期党的思想路线的不断丰富与发展奠定了坚实基础。同时，也为党的十八大以来习近平新时代中国特色社会主义思想的提出提供了重要的理论保障。

（一）实事求是思想路线的历史意义

实事求是思想路线较早地形成于毛泽东时代，但在我党历史上却有着重要的贡献。在实践上说，它是我们党战胜敌人的重要法宝，在实事求是思想路线的指导下，中国共产党推翻了“三座大山”，取得了新民主主义革命的伟大胜利。从理论上看，它创新性地丰富与发展了马克思主义哲学及其方法论。

首先，为中国革命胜利提供了强大的思想武器。中国革命初期，社会混乱，人心涣散，人民群众缺乏统一的指导思想，中国社会发展岌岌可危。毛泽东实事求是思想路线的提出，统一了全党及人民群众的思想，团结了全国各族人民，激发了群众的昂扬斗志，最终夺取了新民主主义革命的伟大胜利。

在革命斗争中，毛泽东等中国共产党人为确立正确的思想路线付出了艰辛的努力。以陈独秀为代表的右倾机会主义，在革命过程中放弃了无产阶级在革命中的领导权，表现出了对于人民力量的悲观和对敌人力量的恐惧，不敢积极发动和组织群众进行斗争，错失了许多取得胜利的有利时机。以瞿秋白、李三立为代表的“左”倾错误主义，革命中急于求成，夸大革命力量，轻视敌人力量和客观困难，革命过程中采取盲动的冒险行为。在党内统治了四年之久的以王明为代表的教条主义，把理论和实践相分离，不顾实际情况生搬硬套书本上的原则和概念来处理问题。在经过了艰苦的革命探索之后，毛泽东在党内的威信逐渐上升，在党内的领导地位也逐渐得到确立，他的实事求是思想路线的提出也逐渐得到认可。他把马克思主义理论与中国革命实际相结合，带头坚持实事求是的思想路线，为中国革命探索出一条以农村包围城市、武装夺取政权的科学道路。在毛泽东实事求是正确思想路线的指引下，中国共产党领导中国人民推翻了“三座大山”，建立了社会主义新中国。事实一再证明，没有实事求是思想路线的正确指导，就不会有中国革命的正确道路，就不会有新民主主义革

命的彻底胜利，不会有新中国的诞生，更不会有社会主义现代化建设的不断深推进。

其次，丰富与发展了马克思主义的基本原理。中国革命实践在实事求是思想路线指导下取得伟大胜利的同时，又为马克思主义哲学增添了新的活力。

坚持一切从实际出发、实事求是，这是马克思主义的唯物论。实践出真知、实践是认识的来源、认识是一个永无止境的在实践中辩证发展的过程、真理需要通过实践检验等是马克思主义的认识论。毛泽东的实事求是思想路线正是坚持了马克思主义的理论，做到了唯物论、认识论、辩证法的有机结合与统一。同时，毛泽东在历史观上以马克思主义哲学视野高度重视人民群众在社会实践中的伟大作用，实现了辩证唯物主义认识论和唯物史观的群众观点的有机统一。

具体地说，毛泽东的实事求是思想路线坚持了马克思主义的唯物论、辩证法、认识论，继承了历史唯物主义的群众观点。这条正确的思想路线强调一切从实际出发，实事求是；强调实践的重要性，重视调查研究；强调从实践到认识、再从认识到实践的反复性；强调重视人民群众在社会实践中的伟大作用，要从人民群众的根本利益出发以及人民群众是社会历史的主体，等等。这些真知灼见是马克思主义指导中国革命取得成功的重要思想武器，从另外一方面，毛泽东领导中国人民所进行的革命实践探索也丰富、推进了马克思主义理论。

（二）实事求是思想路线在我党历史上的继承发展

中国共产党领导中国人民进行革命、建设和改革的实践证明，什么时候我们党坚持了实事求是的思想路线，执行了实事求是的行为准则，我们党和人民的事业就会取得成功，否则就会遭受挫折。

中国社会发展进入了中国特色社会主义建设和发展时期，毛泽东所创立的实事求是思想路线也在不断地丰富着和发展着。

自 1978 年开始，中国社会主义建设进入改革开放新时期。党的第二代领导人邓小平在回答了社会主义本质及其怎样对其建设问题的基础上重新确立了实事求是思想路线，将其表述为“解放思想，实事求是”。邓小平继承与创新了毛泽东的实事求是思想路线，强调新时期“解放思想”的重大意义，他重新确立的“解放思想，实事求是”思想路线打破了“两个凡是”的思想障碍，开创了中国社会主义现代化建设的新局面，克服了过时、僵化的观念和体制，对“什么是社会主义，怎样建设社会主义”有了重新认识，使我们党对社会主义认识提高到了新层次。

江泽民在推进中国特色社会主义过程中，围绕着党的建设问题把党的思想路线进一步表述为解放思想，实事求是，与时俱进，并形成了“三个代表”重要思想，从而为党的思想路线增添了具有时代感的内容。在这一思想路线的推动下，建设小康社会与社会主义现代化建设等方面的发展步伐有了新的推进。

随着国内外形势发生深刻的变化，我国社会发展面临新的困难和问题，在发展过程中许多矛盾应运而生，“实现什么样的发展，怎样发展”任务十分紧迫。在回答和解决这个问题的过程当中，胡锦涛在坚持解放思想、实事求是、与时俱进的基础上，又求真务实，提出了科学发展观。“求真”就是要深入探求客观事物的内在的规律从而把握其真理性，“务实”就是要应用这些规律去改造客观世界来不断推进实践。在这一时期，党的思想路线围绕着发展问题得以贯彻和延续。在科学发展观思想指导下，中国特色社会主义建设事业不断加快。

（三）实事求是思想路线在新时代从严治党下的有效推进

党的十八大以来，中国特色社会主义发展进入新时代，党和国家的事业也发生了历史性的变革。面对我国经济发展进入新常态、改革进入深水区遇到前所未有的困难与问题，以及世界经济复苏乏力、全球性问题加剧、综合国力竞争日趋激烈等一系列复杂多变的国际形势，以习近平同志为核心的党中央以逢山开路、遇水架桥的大无畏精神积极应对与接受来自各方面的挑战。在治国理政、从严治党的过程中，他继承与秉承了党的实事求是思想路线，反复强调“调查研究”特别是十分重视来自于改革实际的“问题导向”“底线思维”等的重要性，提出了深化改革过程中的一系列重要思想，如“四个全面”“五大发展理念”“中国梦”以及“顶层设计”“牵住牛鼻子”“绿水青山就是金山银山”“以人民为中心”“历史、现实、未来是相通的”① 等思想方法，都是基于从实际出发的实事求是的思想路线，或者说是对实事求是思想路线的继承和发展。在此基础上，他还紧密结合新的时代条件和实践的新要求，以辩证唯物主义和历史唯物主义的思维眼光对共产主义执政、社会主义建设、人类社会发展三大规律进行了不懈探索，形成了新时代中国特色社会主义思想。

习近平新时代中国特色社会主义思想在总结中国特色社会主义的伟大实践的基础上，科学地回答了十八大以来中国特色社会主义的发展问题，即“新时

① 《习近平总书记系列重要讲话的方法论探讨》，《中共福建省委党校学报》，2017 年第 7 期。

代坚持和发展什么样的中国特色社会主义、怎样坚持和发展中国特色社会主义"① 这一根本问题。习近平新时代中国特色社会主义思想是马克思主义中国化的最新理论成果，是对中国特色社会主义理论的重大贡献与创新，为新时代中国特色社会主义的发展提供了正确的理论指导，是中国共产党顺利推进"四个全面"战略布局、"五位一体"总体布局实施以及实现中华民族伟大复兴中国梦等方面的行动指南，也为实现全球治理、构建人类命运共同体提供了中国方案，为世界其他国家的社会主义建设提供了理论借鉴。

① 《决胜全面建成小康社会　夺取新时代中国特色社会主义伟大胜利——在中国共产党第十九次全国代表大会上的报告》，《人民日报》2017 年 10 月 28 日。

西柏坡时期中国共产党走向全国的执政准备

河北师范大学　戴建兵　姚志军

西柏坡时期，解放战争凯歌行进、新中国筹建紧锣密鼓，中国共产党执掌全国政权已成民心所向。但是，打碎一个旧世界不易，建设一个新世界尤其艰难。为应对急剧变化的内外部环境和局势，毛泽东、中共中央通过建立请示报告制度、开展反无纪律无政府状态斗争、健全党委制等一系列战略举措，全面加强党的政策制度建设、思想作风建设、组织建设和执政方略建设，为夺取新民主主义革命在全国胜利提供保障，为即将到来的中国共产党全面执政奠定基础。因此，西柏坡时期中国共产党一系列管党治党治军的重要战略举措，其核心和本质是加强执政能力建设，是走向全国的执政准备。

一、建立请示报告制度，确立政治规矩

建立请示报告制度是西柏坡时期中国共产党用制度规矩管党治党的首要举措。解放战争转入战略进攻后，战争进程加快、规模不断扩大，战争形式正从游击战争向正规战争转变，对人民军队的正规化要求空前提高。解放区面积扩大，并逐渐连成一片，一大批大中城市陆续回到人民怀抱，解放区工作正从分散向集中转变。中国共产党集中全力推进战争、土改、整党、统战和城市工作，全党工作重心正从农村向城市转移。中国共产党能不能抓住机遇，统筹全局，以统一的政令军令凝聚全党全军的思想智慧意志和行动，从而推动中国革命历史实现重大转折？这一系列错综复杂的内外部环境和局势变化极大地考验着中国共产党的执政能力。为此，毛泽东、中共中央着手在全党建立请示报告制度。

（一）制定系统化、规范化、科学化的请示报告制度体系

西柏坡时期，中国共产党的请示报告制度由毛泽东、中共中央制定发出的一系列党内指示和决议组成。1948 年 1 月 7 日，毛泽东为中共中央起草《关于

建立报告制度》的指示，明确规定从当年起，各中央局和分局书记以及各野战军首长和军区首长必须定期向中央作综合报告。1948 年 3 月 25 日，毛泽东为中共中央起草《关于建立报告制度的补充指示》，对请示报告制度作了三项具体补充，对如何落实请示报告制度，保证中央知情权以及中央权威作出具体规定。1948 年 6 月 5 日，中共中央发出《关于宣传工作中请示与报告制度的决定》，对宣传系统定期作政策性报告和情况报告予以规定。1948 年 6 月 25 日，毛泽东为中共中央起草了《各中央局、分局、前委应向中央报告的事项》，明确规定 18 项内容必须事前请示或事后报告中央。1948 年 9 月 8 日至 13 日，中共中央在西柏坡召开政治局会议，通过了《关于各中央局、分局、军区、军委分会及前委会向中央请示报告制度的决议》（以下简称《请示报告制度决议》），对各项工作中的决定权和请示备案等制度作了详细规定，同时规定区党委、省委、军党委至县委和师（旅）团级须向上级请示与报告，标志着系统化、规范化、科学化的请示报告制度体系最终确立下来。

第一，阐明建立请示报告制度的必要性和重要性。《关于建立报告制度》的指示开宗明义，指出“为了及时反映情况，使中央有可能在事先或事后帮助各地不犯或少犯错误，争取革命战争更加伟大的胜利起见”,① 从当年起实行报告制度。指示还进一步阐明分析：“我们所以规定这项政策性的经常的综合的报告和请示的制度，是因为党的第七次全国代表大会以后，仍然有一些（不是一切）中央局和分局的同志，不认识事先或事后向中央作报告并请求指示的必要和重要性，或仅仅作了一些技术性的报告和请示，以致中央不明了或者不充分明了他们重要的（不是次要的或技术性的）活动和政策的内容，因而发生了某些不可挽救的、或难以挽救的、或能够挽救但已受了损失的事情。而那些事前请示、事后报告的中央局或分局，则避免了或减少了这样的损失”。② 这就阐明了建立请示报告制度的初衷，是为加强中央对各地的政策和业务指导，避免革命事业遭受不必要的损失，以争取更加伟大的胜利。

第二，规定请示报告的详细内容。内容是请示报告的主体部分，必须反映实际情况，才能体现报告的价值。《关于建立报告制度》对报告内容提出概括性要求，各中央局和分局的报告内容“包括该区军事、政治、土地改革、整党、经济、宣传和文化等各项活动的动态，活动中发生的问题和倾向，对于这些问

① 《毛泽东年谱》下卷，中央文献出版社，2013 年版，第 263、264 页。

② 《毛泽东选集》第 4 卷，人民出版社，1991 年版，第 1265 页。

题和倾向的解决方法"①；各野战军首长和军区首长报告和请示的内容应包括"关于该军纪律，物质生活，指战员情绪，指战员中发生的偏向，克服偏向的方法，技术、战术进步或退步的情况，敌军的长处、短处和士气高低，我军政治工作的情况，我军对土地政策、城市政策、俘虏政策的执行情况和克服偏向的方法，军民关系和各阶层人民的动向等"②。《各中央局、分局、前委应向中央报告的事项》进一步将报告内容细化，要求必须在事先或事后报告中央的项目包括税收政策、工资政策、财经政策、军队建设、金融政策、外交政策、文教政策、司法政策和整党与党建等18项内容。《关于宣传工作中请示与报告制度的决定》从统一宣传工作需要出发，把发表、播出重要言论，出版、翻译重要著作等列入报告内容。此外，《关于建立报告制度的补充指示》还将各地上下级之间发生的有关政策和策略性质的指示、报告及答复一同列入报告内容，规定"你们对于下级发出的一切有关政策及策略性质的指示及答复，不论是属于何项问题（军事、土改、财政、经济、整党、政权、外交、工青妇运、宣传、组织、文教、城工、肃反、打人杀人及对待中间人士等），不论是用电报发出的或用书面发出的，均须同时发给中央一份"③。同时，"下级向你们所作政策及策略性的报告，其内容重要者，亦须同时告知我们，文长者摘要电告或函告"④。请示报告的内容从初始的概括性要求，逐渐补充细化，更加具体可操作。

第三，明确报告撰写要求和落实制度。西柏坡时期请示报告制度体系中，关于报告的撰写要求和落实制度都有严格规定。一是明确撰写报告责任人。《关于建立报告制度》规定，"各中央局和分局，由书记负责（自己动手，不要秘书代劳），每两个月，向中央和中央主席作一次综合报告。"⑤"书记在前线指挥作战时，除自己报告外，指定代理书记或副书记作后方活动的报告。"⑥；各野战军首长和军区首长，"从今年起，每两个月要作一次政策性的综合报告和请示。"⑦二是撰写报告的态度要"实事求是"。《请示报告制度的决议》指出，报告撰写人"必须是实事求是，知之为知之，不知为不知的老实态度，切忌敷衍

① 《毛泽东选集》第4卷，人民出版社，1991年版，第1264页。
② 《毛泽东选集》第4卷，人民出版社，1991年版，第1266页。
③ 《毛泽东年谱》下卷，中央文献出版社，2013年版，第298页。
④ 《毛泽东年谱》下卷，中央文献出版社，2013年版，第298页。
⑤ 《毛泽东选集》第4卷，人民出版社，1991年版，第1264页。
⑥ 《毛泽东选集》第4卷，人民出版社，1991年版，第1265页。
⑦ 《毛泽东选集》第4卷，人民出版社，1991年版，第1265页。

塞责，使报告流为形式”。① 三是要求及时、定期、简明扼要报告。《关于建立报告制度》规定，“综合报告内容要扼要，文字要简练，要指出问题或争论之所在”。② 同时对篇幅字数、写作详略、报告频次都作了严格规定。四是规定报送方式。《请示报告制度的决议》指出，“各种请示报告事项以及需送中央备审之文件材料等，时间紧迫者，由电报拍来；时间不很紧迫者，关内各地应尽量用书面送达”。③

（二）严格督促检查，力促贯彻落实

中国共产党的请示报告制度体系经历了提出——补充细化——形成决议并最终定型的复杂过程。而请示报告制度的实施更是历经曲折、克服了重重阻力。从 1948 年 1 月到 9 月，历经毛泽东、中共中央批转典型报告示范、严厉批评个别指导、多次发出党内指示督促，并结合发起反无纪律无政府状态斗争破除思想作风根源，才最终得以在全党施行。

第一，批转典型报告引导示范。为推动请示报告制度实行，毛泽东、中共中央和中央军委多次批转典型报告，肯定和褒奖严格执行报告的中央局、分局和前委，为全党树立典型进行引导和示范。1948 年 1 月 14 日，毛泽东为中央军委起草致粟裕等电，告知：“八日十三时详细报告已悉，甚慰。”④ 同时嘱：“此种综合报告，望两个月写一次，使我们明了整个情况。临时事件，则临时电告。”⑤ 1948 年 3 月 8 日，邓小平就解放区全盘的策略与政策问题向中共中央作出报告。1948 年 3 月 14 日，毛泽东致电邓小平，“寅齐电悉，非常之好，立即转发各地仿照办理。”⑥ 并于当日向各中央局、分局、前委转发了邓小平的寅齐电，就树立“全盘的策略观点与政策观点”与综合性报告的关系进行阐述，指出：“没有全盘的策略观点与政策观点，中国革命是永远不能胜利的。”⑦ “我们

---

① 李明华、王荣丽主编：《西柏坡档案》第 1 卷，中国档案出版社，2012 年版，第 450 页。

② 《毛泽东选集》第 4 卷，人民出版社，1991 年版，第 1265 页。

③ 李明华、王荣丽主编：《西柏坡档案》第 1 卷，中国档案出版社，2012 年版，第 450 页。

④ 王荣丽、李海明、陈宗良主编：《西柏坡纪事》上册，中央文献出版社，2011 年版，第 323 页。

⑤ 王荣丽、李海明、陈宗良主编：《西柏坡纪事》上册，中央文献出版社，2011 年版，第 323 页。

⑥ 《毛泽东年谱》下卷，中央文献出版社，2013 年版，第 295 页。

⑦ 《毛泽东年谱》下卷，中央文献出版社，2013 年版，第 295 页。

要求你们每两个月做一次（每年共六次）的综合性的工作报告，就是要求你们将这种策略与政策的规定、策略与政策在实行后的结果及根据这种结果而作出的你们的自我检讨（这些就是你们日常工作的主要工作）向我们作报告。”① 1948 年 8 月 14 日，毛泽东为中共中央及中央军委起草致各野战军、各军区及各中央局、分局电，转发徐向前等八月五日向中央军委作的关于晋中战役后部队情况及整训计划的报告，并指出“我们希望一切野战兵团及一切后方军区均有这样内容充实有分析有结论的报告”②，以此引导督促全军认真执行请示报告制度。

第二，严厉批评个别指导。毛泽东、中共中央还把典型示范与个别批评指导相结合，推进请示报告制度贯彻落实。1948 年 1 至 3 月中共中央关于请示报告制度的指示下达后，除东北局书记林彪外，各中央局分局都按照规定向中央主席写了综合报告。为此，毛泽东、中共中央于 1948 年 5 月对林彪和东北局进行了第一次批评。林彪复电承认不对。但 5 月和 7 月两次，林彪仍然不作报告，亦不声明理由。1948 年 8 月 9 日，中共中央再次催促林彪作综合报告。在此形势下，林彪这才于 13 日致电中央，表示“从此以后当坚决按期作报告”，并说第一次报告“一星期后当可发给中央”。③ 1948 年 8 月 15 日，毛泽东以中共中央名义致电林彪和东北局，对林彪收到关于报告制度的规定六个月以来，经过几次催促仍不向中央作报告提出批评，表示“完全不了解你们在这件事上何以采取这样的敷衍态度”。④ 电报质疑和批评了林彪提出的“工作忙碌”“缺乏向中央作综合性报告的材料来源”等“不能成立”的理由，指明是由于心中“存在着一种无纪律思想”。1949 年 8 月 20 日毛泽东致林彪并告中央局、分局和各战区电，表示收到 8 月 15 日的综合报告甚慰，并深入阐述实行请示报告制度的重大意义：“此种综合报告和各个具体问题的个别报告，不但不相冲突，而且必须有此种报告，并要有多次此种报告之后，才能使我们看得出一个大战略区的全貌。对于写作此种报告的同志亦有一种好处，就是他必须在写作时既要联系又要超脱各项具体问题、各项事务工作，在全局上，在共同性上，好好思索一

---

① 《毛泽东年谱》下卷，中央文献出版社，2013 年版，第 295、296 页。

② 《毛泽东年谱》下卷，中央文献出版社，2013 年版，第 336 页。

③ 转自双传学：《毛泽东干部教育思想研究——新民主主义革命时期》，江苏人民出版社，2006 年版，第 515 页。

④ 王荣丽、李海明、陈宗良主编：《西柏坡纪事》下册，中央文献出版社，2011 年版，第 550 页。

会。而这种思索则是一个领导同志所不可缺少的，缺少了此种思索，领导工作就会失败。”①

第三，多次发出指示督促落实。请示报告制度推进过程中，毛泽东、中共中央于7月26日、8月23日和9月4日分别发出指示，重申严格执行请示报告制度和改进综合报告工作。此外，在一系列相关指示中，还从不同角度、不同侧面强化请示报告制度执行。一是强调报告人的义务与责任意识。《关于建立报告制度的补充指示》指出，“每一个中央委员、中央候补委员均有单独向中央或中央主席随时反映情况及陈述意见的义务及权利”②，从义务与权力的高度督促高级干部按要求执行。二是严厉批评自满自是，对中央指示熟视无睹的工作状态。1948年3月14日毛泽东为转发邓小平寅齐电致电各中央局、分局、前委负责同志，指出：“最可怕的是领导同志的自满自是，自己缺乏策略观点与政策观点，而又对中央的指示熟视无睹（不细看这些指示，不研究这些指示，忙于不应当忙的事务工作而忽视了策略指导与政策指导这种自己责任上的主要工作）。”③ 并就请示报告重大意义作出深刻阐述。三是破除思想作风根源。结合在全党全军开展的反无纪律无政府状态的斗争，毛泽东、中共中央在1948年8月23日发出的指示中要求各中央局、分局、军区及前委在一次至几次会议上加以认真检讨，实行自我批评，规定克服办法，改进综合报告工作。1948年9月4日再次发出指示，进一步强调：“必须严格执行请示报告制度，在党内军内开展反对无纪律无政府状态，反对事前不请示事后不报告的错误态度，反对报喜不报忧的无原则现象，反对经验主义和游击主义等的斗争。”④ 四是通报执行情况，总结推广经验。1948年9月28日，中共中央发出《关于各地执行请示报告制度情况的通报》，通报了东北军区、西野前委、西北局等关于半年来执行中央报告制度很差的检讨，分析了未执行报告制度的情况和原因。《通报》还对中原局、东北局执行报告制度的具体规定和经验进行总结介绍。

二、开展反无纪律无政府状态斗争，强化政治权威

请示报告制度实行前后，中国革命形势发展迅猛，各地在战争、土改、整

① 《毛泽东年谱》下卷，中央文献出版社，2013年版，第337、338页。

② 《毛泽东年谱》下卷，中央文献出版社，2013年版，第298页。

③ 《毛泽东年谱》下卷，中央文献出版社，2013年版，第295页。

④ 王荣丽、李海明、陈宗良主编：《西柏坡纪事》下册，中央文献出版社，2011年版，第569页。

党、工商业政策、统一战线等关系全局的工作中暴露出越来越多的矛盾和问题，亟待整顿规范。1948 年 5 月初，中共中央在阜平城南庄召开书记处扩大会议，“把反对无政府无纪律状态，适当缩小地方权力”列入会议议题。会议结束后，毛泽东将会议议题概括为“军队向前进，生产长一寸，加强纪律性”三项战略任务，并在全党全军发起了反无纪律无政府状态的斗争。

（一）无纪律无政府状态的诸多表现

所谓无纪律无政府状态，主要是指“擅自修改中央的或上级党委的政策和策略，执行他们自以为是的违背统一意志和统一纪律的极端有害的政策和策略”；借口工作繁忙，对重大事项事前不请示事后不报告；“将自己管理的地方，看成好像一个独立国”。

第一，擅自修改或拒不执行正确的政策和策略。1948 年 2 月 27 日毛泽东为中共中央起草关于工商业政策的指示，批评某些地方的党组织违反中央的工商业政策，造成严重破坏工商业的现象。指示指出，“对于这种错误，必须迅速加以纠正。这些地方的党委，在纠正这种错误的时候，必须从领导方针和领导方法两方面认真地进行检查。”① 1948 年 4 月 10 日毛泽东为中共中央起草致华东局转许世友等并告各中央局、分局、前委电，严正指出了华东野战军在宣布对敌宽大政策时，对罪大恶极的大反革命分子及大恶霸分子，也和其他敌方人员不加区别地一概宣布既往不咎，将功折罪的政策错误，并予以严厉批评纠正。1948 年 5 月 31 日，中共中央致各中央局、分局电，对一些地方打击“三三制”党外人士的过“左”的错误行动进行批评和纠正。②

第二，借口工作繁忙，对重大政治问题事前不请示事后不报告。1948 年 2 月 25 日，毛泽东为中共中央起草关于各地应注意总结城市工作经验致各中央局、分局、野战军前委并告中工委电，指出多年来各地不注意总结收复和管理城市工作经验，“让这些经验埋没，让各种错误的方针及方法反复重犯，让良好

① 某些地方不加区别地将农村中斗争地主富农、消灭封建势力的办法错误地应用于城市，错误地没收地主富农经营的工商业，在工厂片面增加工人福利而忽视工人阶级远大利益，在工作方法上政策界限模糊，指导工作不力，纠正错误滞后，从而造成城市工商业的凋敝（——笔者综合电报文稿注）。

② 中央在 1947 年 2 月 1 日指示：“‘三三制’仍应实行，废除‘三三制’的意见是错误的。”但是到 1948，在过去一年多时间里，很多解放区不经过中央同意，擅自修改中央“三三制仍应执行”的指示，从政治上和组织上打击“三三制”党外人士，致使许多原本心向中共的民主人士被迫远离中共的领导，甚至站到中共的对立面，严重破坏了党的统一战线政策。

的经验限于一地无法为全党取法。"① 电文分析这种现象是经验主义、地方主义"还在我们党内占有重要地位"的表现后，批评指出，"这种在重大问题上（不是小问题或技术问题，而是重大的政治问题）事前不请示，事后不报告的极端恶劣的习惯，在七大以后并未根绝，现在已相当严重地影响了党的工作的发展"。② 1948 年 5 月 28 日毛泽东关于同外国订立商业性协定问题致电林彪等并中央东北局电，允许地方订立涉外商业协定，"但须将要求详情事前报告中央审查批准事后将经营结果及偿还情形报告中央审核。"③ 同时，"过去一切商业性协定之详细内容及经营和偿还情形，望东北局补报中央。"④ 电文还强调指出，"你们过去为什么对于这样重要的外交行动采取事前不请示事后不报告的态度，亦须对中央说明理由。"⑤

第三，将自己管辖的区域视为独立国。毛泽东、中共中央在 1948 年 5 月 25 日发布的《关于一九四八年土地改革工作和整党工作的指示》中批评一些地方"在工作繁忙的借口之下，采取事前不请示事后不报告的错误态度，将自己管理的地方，看成好像一个独立国"，⑥ 对军队中存在的这类现象，也进行严厉批评和纠正。1948 年 8 月 14 日毛泽东为中共中央及中央军委起草致各野战军、各军区及各中央局、分局电，在转发和肯定徐向前等八月五日向中央军委作的关于晋中战役后部队情况及整训计划的报告后，指出军队中对于重要的训练计划和作战计划、训练经过和作战经过、政策教育和执行政策经过等重大事项，事前既不请示，事后又不报告，仍然将自己所指挥的野战兵团或军区机关部队看成好像一个独立国，对于中央发动党内反对这种无纪律状态的危险倾向，仍然没有认真的检讨和反省这样一种现象，还没有完全绝迹。该指示警告一切兵团及军区的负责同志们，要把执行请示报告制度"作为一种绝对不允许违反的指令"。1948 年 11 月 2 日，中央军委致电林彪等及华北、华东、中原、西北各前委各军区的负责同志，并转各政委、师委、军分区的同志们电，部署检查与整顿全军纪律问题，在提到关于反对无纪律无政府状态一项问题时，特意注明

① 《毛泽东年谱》下卷，中央文献出版社，2013 年版，第 287 页。

② 《毛泽东年谱》下卷，中央文献出版社，2013 年版，第 386、387 页。

③ 《毛泽东年谱》下卷，中央文献出版社，2013 年版，第 313 页。

④ 王荣丽、李海明、陈宗良主编：《西柏坡纪事》下册，中央文献出版社，2011 年版，第 474 页。

⑤ 王荣丽、李海明、陈宗良主编：《西柏坡纪事》下册，中央文献出版社，2011 年版，第 474 页。

⑥ 《毛泽东选集》第 4 卷，人民出版社，1991 年版，第 1332 页。

"这里所说的无纪律问题是指事前不请示，事后不报告，瞒上不瞒下，报好不报坏，将军队看成自己个人或少数人的财产，看成好象一个独立国",① 要求全军逐级进行检讨并形成决议。

（二）解决中国共产党内无纪律无政府状态的措施

为维护中国共产党的统一性、团结性和纯洁性，维护中共中央的政治核心地位和政治权威，统一筹划革命事业发展，防止和减少无纪律无政府状态给革命事业造成巨大损失，毛泽东、中共中央通过一系列果断的决策，领导全党全军开展了反无纪律无政府状态斗争。

第一，辨明无纪律无政府状态产生的原因、主要表现和危害。一是分析原因。1948 年 10 月 10 日，毛泽东为中共中央起草《关于九月会议的通知》。通知对无纪律无政府状态形成原因进行深入分析，指出，"由于我党我军在过去长时期内是处于被敌人分割的、游击战争的并且是农村的环境之下，我们曾经允许各地方党的和军事的领导机关保持着很大的自治权，这一种情况，曾经使得各地方的党组织和军队发挥了他们的自动性和积极性，度过了长期的严重的困难局面，但在同时，也产生了某些无纪律状态和无政府状态，地方主义和游击主义，损害了革命事业。"② 二是明确表现形式。1948 年 4 月 10 日，毛泽东为中共中央起草致华东局转许世友等并告各中央局、分局、前委电，不仅指明地方有五个方面政策明显违反中央路线和政策，还集中概括了五种无纪律无政府状态的恶劣作风。文电指出，"在日本投降以后的两年多时间内，不少地方在关于土地改革的政策方面，在关于工商业及工运的政策方面，在关于打人杀人的政策方面，在统一战线的政策方面，在宣传教育的政策方面，以及在其他某些方面，地方党和军队的领导机关不得中央同意甚至不得中央委托的领导机关（即各中央局、中央分局、前委及其他中央委托的领导机关）的同意，自由地迫不及待地粗率地冒险地规定及执行明显地违背中央路线和政策的某些政策，地方主义的和经验主义的恶劣作风，事前不请示事后不报告的恶劣作风，多报功绩少报（甚至不报）错误缺点的恶劣作风，对于原则性问题粗枝大叶缺乏反复考虑慎重处置态度的恶劣作风，不愿精心研究中央文件以致往往直接违反这些文件中的某些规定的恶劣作风，仍然存在。"文电特别强调"所有这些不良现象，

---

① 王荣丽、李海明、陈宗良主编：《西柏坡纪事》下册，中央文献出版社，2011 年版，第 645 页。

② 《毛泽东选集》第 4 卷，人民出版社，1991 年版，第 1346 页。

中央要求一切受中央委托的领导机关的负责同志严肃地注意加以改变”。① 三是阐明危害。1948 年 2 月 27 日毛泽东为中共中央起草关于工商业政策的指示指出，“全党同志须知，现在敌人已经彻底孤立了，但是敌人的孤立并不就等于我们的胜利。我们如果在政策上犯了错误，还是不能取得胜利。具体说来，在战争、整党、土地改革、工商业和镇压反革命五个政策问题中，任何一个问题犯了原则的错误，不加改正，我们就会失败。”② 1948 年 8 月 22 日毛泽东为中共中央起草致东北局电再次分析指出，“这一问题（指无纪律无政府状态——笔者注）的性质是如此重要，即只有解决这一问题，才能由小规模的地方性的游击战争，过渡到大规模的全国性的正规战争，由局部胜利过渡到全国胜利。这是许多环节在目前时期的一个中心环节，这一个环节解决了，其他环节就可以顺利解决。”③

第二，科学洞察并阐明历史转折规律和任务要求。1948 年 4 月 10 日，毛泽东为中共中央起草致华东局转许世友等并告各中央局、分局、前委电，指出：“中国新的革命高潮的到来，我党已经处在夺取全国政权的直接的道路上。这一形势要求我们全党全军首先在一切政治上的政策及策略方面，在军事上的战略及重大战役方面的完全统一，经济上及政府行政上在几个大的区域内的统一，然后按照革命形势的发展进一步地考虑在军队的编制和供应上，在战役行动的互相配合上，以及在经济上在政府行政上（那时须建立中央政府）作重大的统一。总之，革命形势要求我党缩小（不是废除）各地方各兵团的自治权，将全国一切可能和必须统一的权力统一于中央，而在各地区和各部分则统一于受中央委托的领导机关。”④ 电文科学把握历史转折规律，阐明了转折时期的形势、任务和要求，并指明：“各地领导同志必须迅速完成在这方面的一切必要的精神准备和组织准备。”1948 年 10 月 10 日，毛泽东在《关于九月会议的通知》中阐明无纪律无政府状态产生的原因后，结合当时的形势发展，再次强调中国共产党必须“用最大的努力克服这些无纪律状态和无政府状态，克服地方主义和游击主义，将一切可能和必须集中的权力集中于中央和中央代表机关里，使战争

---

① 王荣丽、李海明、陈宗良主编：《西柏坡纪事》上册，中央文献出版社，2011 年版，第 432 页。

② 《毛泽东年谱》下卷，中央文献出版社，2013 年版，第 288 页。

③ 王荣丽、李海明、陈宗良主编：《西柏坡纪事》下册，中央文献出版社，2011 年版，第 555 页。

④ 《毛泽东年谱》下卷，中央文献出版社，2013 年版，第 302 页。

由游击战争的形式过渡到正规战争的形式”①。

第三，加强政策和纪律教育。一是加强政策教育。1948 年 2 月 27 日，毛泽东为中共中央起草关于工商业政策的指示，先是阐明政党与政策的关系，指出：“政策是革命政党一切实际行动的出发点，并且表现于行动的过程和归宿。一个革命政党的任何行动都是实行政策。不是实行正确的政策，就是实行错误的政策。”② 在进一步分析政策与经验的关系后，着重指出，“在每一行动之前，必须向党员和群众讲明我们按情况规定的政策。否则，党员和群众就会脱离我们政策的领导而盲目行动，执行错误的政策。”③ 二是加强纪律教育。1948 年 5 月 28 日，中共中央发出关于学习列宁著作《共产主义运动中的" 左" 派幼稚病》第二章的通知，要求“各局、各前委收到后，应即在公开党报党刊上发表，并印成小册子，分发给一切干部阅读，并组织讨论为要”。④ 1948 年 6 月 1 日，中共中央宣传部在《关于重印左派幼稚病第二章前言》中指出：“毛主席最近指示全党干部研究列宁《左派幼稚病》一书的第二章。他说：‘请同志们看此书的第二章，使同志们懂得必须消灭现在存在于我们工作中的某些严重的无纪律状态或无政府状态。’”⑤

第四，严肃政治纪律和政治规矩。一是严格落实请示报告制度。1948 年 5 月 28 日，毛泽东致电林彪等并中央东北局，强调在同外国订立商业性协定问题上，“事前不经批准，事后又不报告经营结果及偿还情形，则是不许可的”⑥。1948 年 8 月 14 日，毛泽东为中共中央及中央军委起草致各野战军、各军区及各中央局、分局电，指出，“我们现在向一切兵团及军区的负责同志们提出警告，在战争第三年内，我们将要求你们严格执行及时的和完备的报告制度，将这件事作为一种绝对不允许违反的指令。”⑦ 1948 年 9 月 4 日，毛泽东为中共中央起草致各中央局、分局，各军区、军委分会、前委等电，进一步强调必须严格执行请示报告制度，在党内军内开展反对无纪律无政府状态，反对事前不请示事后不报告的错误态度，反对报喜不报忧的无原则现象，反对经验主义和游击主

---

① 《毛泽东选集》第 4 卷，人民出版社，1991 年版，第 1346 页。
② 《毛泽东年谱》下卷，中央文献出版社，2013 年版，第 288 页。
③ 《毛泽东选集》第 4 卷，人民出版社，1991 年版，第 1286 页。
④ 王荣丽、李海明、陈宗良主编：《西柏坡纪事》下册，中央文献出版社，2011 年版，第 473 页。
⑤ 李明华、王荣丽主编：《西柏坡档案》第 3 卷，中国档案出版社，2012 年版，第 1031 页。
⑥ 《毛泽东年谱》下卷，中央文献出版社，2013 年版，第 313 页。
⑦ 《毛泽东年谱》下卷，中央文献出版社，2013 年版，第 336 页。

义等的斗争。二是立行立改纠正工作失误。1948 年 4 月 10 日，毛泽东为中共中央起草致华东局转许世友等并告各中央局、分局、前委电，强调：“中央的一切政策必须无保留地执行，不能允许不得中央同意由任何下级机关自由修改。”① 1948 年 5 月 31 日中共中央致各中央局、分局电，在纠正各地打击党外人士的过左的错误后指出，“兹特责成各局于电到后半月至一月内，将当地地委一级，区党委一级，中央局或分局一级共三级的党外知名人士列一总名单，注明简历、现状及我党对他的待遇意见，电告中央。”② 同时要求各地“将自己对统一战线三三制及党外人士问题”进行总结，“对中央作一总结报告”③。三是彻底消除独立国的思想作风。1948 年 5 月 25 日，中共中央发布《关于一九四八年土地改革工作和整党工作的指示》，要求：“各级党委必须对这一点（无纪律无政府状态以及将自己管理的地方，看成好像一个独立国——笔者注）进行反复讨论，认真克服这种无纪律状态或无政府状态，将一切可能和必须集中的权力，集中于中央和中央代表机关。”④ 1948 年 8 月 14 日毛泽东为中共中央及中央军委起草致各野战军、各军区及各中央局、分局电、1948 年 11 月 2 日中央军委关于检查与整顿全军纪律问题致电林彪等及华北、华东、中原、西北各前委各军区的负责同志，并转各纵委、师委、军分区的同志们电均含有此类要求。四是强调地方不得与中央平列。1948 年九月会议通过的《请示报告制度决议》中强调指出，“各地党报必须无条件地宣传中央的路线和政策，并不得在宣传中将中央和受中央委托执行中央的路线政策和任务的机关（即各中央局、分局、军委分会和前委会）相平列。相反地，必须公开向党内外声明，各受中央委托的机关是执行中央的路线政策和任务的。各中央局、分局、军委分会及前委会在发出自己的决议、指示、命令和训令时，亦必须注意到此点，不得将自己和中央相平列，甚或向党内军内将自己造成高出中央的影响。”⑤

第五，加强科学方法指导。一是旗帜鲜明反对无纪律无政府状态。1948 年 7 月 26 日，毛泽东为中共中央起草致各中央局、分局、前委重申严格执行报告制度电，结合督促请示报告制度，指出：“希望你们严格督促所属厉行报告制度，你们则应以身作则严格遵守对中央的报告制度”，“彻底消灭事前不请示、

① 《毛泽东年谱》下卷，中央文献出版社，2013 年版，第 301 页。
② 《毛泽东年谱》下卷，中央文献出版社，2013 年版，第 315 页。
③ 《毛泽东年谱》下卷，中央文献出版社，2013 年版，第 315 页。
④ 《毛泽东选集》第 4 卷，人民出版社，1991 年版，第 1332 页。
⑤ 李明华、王荣丽主编：《西柏坡档案》第 1 卷，中国档案出版社，2012 年版，第 448 页。

事后不报告的不正确态度，彻底纠正存在着的某些严重的无纪律无政府状态。”① 文电强调各地各军领导人在执行请示报告问题上要以身作则，以上率下。二是深刻检讨开展自我批评。1948 年 8 月 22 日，毛泽东为中共中央起草致东北局电肯定东北局的做法，指出“你们这次检讨是有益的”，不如此“就不可能脱出被动取得主动就不可能克服完全不适用于现在大规模战争的某些严重的存在着的经验主义、游击主义、无纪律状态和无政府状态，就不可能克服你们领导之下各部门、各党委（首先是军队）同样存在着的这种不良现象”，毛泽东随即笔锋一转，直指各地各军，“不但你们应当作此种自我批评（你们已经作了），一切中央局、分局、军区及前委均应当作此种自我批评（他们还未作）。你们未陆电所指出的缺点及错误，他们及他们所属是大体上同样存在着的。因此我们决定将你们未陆电及中央本电转发给他们，并要求他们就此问题作一次正式检讨。”② 1948 年 8 月 23 日，毛泽东为中共中央起草致各中央局、分局、军区及前委电，要求各地改进向中央做综合报告的工作。指示说：“关于各中央局、分局、军区及前委克服自己及自己属下的经验主义、游击主义、无纪律状态和无政府状态，仿照东北局办法，在各中央局、分局、军区及前委的一次至几次会议上加以认真检讨，实行自我批评，规定克服办法，仍有完全必要。不能因为做几次综合报告，就不检讨这个长期在党内首先在各高级领导机关内存在着尚未解决仅在近来才开始认真解决的关系重大的问题。”③ 最后指出：“你们对于中央的领导工作，不论是内容和方法，如有批评，亦请提出。”④ 三是逐级落实认真实行。1948 年 9 月 4 日，毛泽东为中共中央起草致各中央局、分局，各军区、军委分会、前委等电，进一步强调：“必须严格执行请示报告制度，在党内军内开展反对元纪律无政府状态，反对事前不请示事后不报告的错误态度，反对报喜不报忧的无原则现象，反对经验主义和游击主义等的斗争。要求望将此电及有关各电和重要文件，择要转发给所属各省委、区党委、地委、市委、二级军区、纵委、旅委，使他们一致明白，认真实行。”⑤

---

① 《毛泽东年谱》下卷，中央文献出版社，2013 年版，第 328 页。

② 王荣丽、李海明、陈宗良主编：《西柏坡纪事》下册，中央文献出版社，2011 年版，第 554、555 页。

③ 《毛泽东年谱》下卷，中央文献出版社，2013 年版，第 338 页。

④ 《毛泽东年谱》下卷，中央文献出版社，2013 年版，第 338 页。

⑤ 王荣丽、李海明、陈宗良主编：《西柏坡纪事》下册，中央文献出版社，2011 年版，第 569 页。

三、健全党委制，确立执政机制

健全党委制是毛泽东、中共中央继建立请示报告制度、开展反无纪律无政府状态斗争之后实施的第三项战略举措。从1948年1月至9月，请示报告制度实行以来，制度体系不断完善，经过耐心反复的督促引导，各地对报告制度的重大意义认识更加统一，执行报告制度更加自觉，请示报告制度在全党得到确立。全党全军政令军令统一，向心力凝聚力战斗力大为提高。为巩固制度建设和思想作风建设成果，毛泽东、中共中央在战略大决战拉开帷幕的重要历史节点，实施健全党委制的新举措，把中国共产党的执政能力建设推向新的阶段。

（一）加强思想作风建设，巩固制度建设成果

承接建立请示报告制度、开展反无纪律无政府状态斗争良好态势，毛泽东、中共中央采取进一步健全丰富请示报告制度体系、引导反无纪律无政府状态斗争向中下级延伸、整顿全军纪律等办法，以加强思想作风建设，巩固制度建设成果。

第一，进一步健全丰富请示报告制度体系。一是健全财经报告制度。1948年10月20日中央财经部关于定期向中央作经济报告问题给华北局、华东局、西北局、东北局、中原局、晋绥分局、热河分局、豫皖苏分局的指示，指出："各地向中央的经济报告已开始建立，但尚不够经常，兹特重行规定必须定期报告事项，望即令财委会或财办遵照执行。"① 指示对各地货币发行、物价、财政收支概算等财经工作报告内容等都作出明确要求。二是健全组织系统报告制度。1948年11月28日，毛泽东等圈阅发出《中共中央组织部关于组织部门业务与报告请示制度的通知》。通知指出由于各种客观的与主观的原因，党的组织部门"并未建立起相应的业务，分工亦不明确"②，并"存在严重的无政府无纪律状态"③。通知强调："为了保证党的纲领与中央政策的实现，为了适应当前迅速发展的革命形势，各级组织部门必须克服上述现象，立即着手建立健全各项业务和检查督促制度，并把建立经常的报告请示制度作为'一个中心的环节'来

① 王荣丽、李海明、陈宗良主编：《西柏坡纪事》下册，中央文献出版社，2011年版，第620页。

② 王荣丽、李海明、陈宗良主编：《西柏坡纪事》下册，中央文献出版社，2011年版，第685页。

③ 王荣丽、李海明、陈宗良主编：《西柏坡纪事》下册，中央文献出版社，2011年版，第685页。

解决。”①

第二，综合施策把三项战略举措引向深入。1948 年 10、11 两月，毛泽东、中共中央和中央军委集中审阅华北局、晋绥分局、中原局和华东野战军前委、华北野战军前委、西北野战军前委关于执行请示报告情况、健全党委制以及克服党内无纪律无政府状态的各类报告、决定或决议，并酌情批示，把三项战略引向深入。一是强调思想检讨和制度建设并重。1948 年 10 月 21 日，中共中央表示“同意”晋绥分局关于建立请示报告制度的决定，但“须增加一项，规定你们所辖各级党委，除随时应请示和报告的事项外，还应定期向你们做综合性的以及专门工作的报告，具体规定报告日期项目及其应注意之点，并以此作为制度”②，以保证这一“决定”既“收思想检讨之效”又有“组织上制度上的保证”。二是推动三项战略举措向基层延伸。1948 年 10 月 29 日，中共中央和中央军委对华东野战军前委扩大会关于加强纪律性克服党内无纪律无政府状态的决议作出批示，“中央军委批准你们这一决议，望将此决议印成党内文件，先发给纵委、师委，俟下一战役结束后整训期间内再发至团委，并领导营委及连队支部进行深入讨论。”③ 1948 年 11 月 13 日，中共中央对《中原局关于各地检查请示报告制度反对无纪律无政府状态情况综合报告》作出批示，肯定了中原局关于各地检查请示报告制度反对无纪律无政府状态的情况的综合报告，要求：“此类检讨电应转发至地委一级及师（旅）一级，引起他们注意。一切区党委、地委、纵委、旅委、军区、军分区、中原区党委、地委三级政府的党组，三级党报的委员会五万人口以上大城市的市委、市政府及市军事机构的党组，均应于今年十一月至明年三月五个月内开会检讨并开展反无纪律无政府状态的斗争，并作出简明扼要的决议交上级审阅修改，遵照实行。并将这一切决议原文送来中央备审，不得违误，如果有某一单位不开会检讨，不作出决议者，即应认为违反纪律，给以批评，补开会议，补作决议。望你们坚决不放松地抓紧这一斗争是为至盼。”④ 三是坚决纠正违纪处理犯罪行为。1948 年 11 月 24 日，中央军

---

① 王荣丽、李海明、陈宗良主编：《西柏坡纪事》下册，中央文献出版社，2011 年版，第 685 页。

② 王荣丽、李海明、陈宗良主编：《西柏坡纪事》下册，中央文献出版社，2011 年版，第 620 页。

③ 王荣丽、李海明、陈宗良主编：《西柏坡纪事》下册，中央文献出版社，2011 年版，第 633 页。

④ 王荣丽、李海明、陈宗良主编：《西柏坡纪事》下册，中央文献出版社，2011 年版，第 660 页。

委致电中原局并告刘伯承等：你们应“责成地方各级党委，军队各级党委（在整训时期），政府和人民团体的党组，严格地检讨自己系统和本单位的无组织无纪律现象，并作出决议，送至中央局及前委审查批准，然后再由你们汇报中央。凡其中有严重违反纪律现象尤其是犯罪行为，都应在决议中定出纠正和处理办法，决不可采取自由主义态度对待之”①。

第三，检查整顿全军纪律。1948 年 11 月 2 日，中央军委关于检查与整顿全军纪律问题致电林彪等及华北、华东、中原、西北各前委各军区的负责同志，并转各纵委、师委、军分区的同志们，指出：“你们在结束沈阳、营口作战进行全军整训开师级以上干部会议时，希望你们对纪律问题专门讨论一次，公开奖励最好者，批评最坏者，并做出整顿纪律的明确决议。然后要各纵委、师委对于此项问题开会检讨一次，并做出专门的决议，经你们审查批准，报告中央军委审阅。全国各野战军及地方军的纪律状况，皆有最好、较好、较坏、最坏四种，均望于整训时照此办理。我人民解放军全军各前委（在东北是军委分会）、各纵委、各师委、各军区、各军分区均须有开会检讨无纪律无政府状态问题及整顿纪律问题，均须做出关于此两项问题的简明扼要的决议。两项检讨应分别开会，不要混在一次会上检讨；须写出两个决议，不要将两项问题写在一个决议上。此两项决议须利用秋冬两季（现在至明年三月）作战间隙有较长时间休整的时机完成之。”指示还就无纪律无政府状态与整顿纪律问题的具体变现再次予以申明。

（二）强调集体领导完善民主集中制

中国共产党是按照马克思主义建党原则建立起来的无产阶级政党，建党之始就强调用组织党的委员会的形式确定集体领导制度，实行民主集中制。但是，在长期的战争环境中，这种领导体制并没有有效建立和实行。西柏坡时期，毛泽东、中共中央着眼于新中国成立后的全面执政，进一步巩固建立请示报告制度、反无纪律无政府状态斗争成果，在 1948 年 9 月会议通过《中共中央关于召开党的各级代表大会和代表会议的决议》后，又先后撰写《健全党委制》、《党委会的工作方法》（七届二中全会结论的一个部分）两个党内指示，指导全党提高领导水平和执政能力。

第一，扩大与建立党内正常的民主生活。《关于召开党的各级代表大会和代表

① 王荣丽、李海明、陈宗良主编：《西柏坡纪事》下册，中央文献出版社，2011 年版，第 678、679 页。

会议的决议》阐明党是以马列主义革命理论和民主集中制为基础的，进而详细分析了1949年9月此前的中国共产党没有发展党内正常民主生活的原因及现象，结合新的形势以及中国共产党的发展，指出："全国广大阶层的人民群众日益积极地和广泛地要求参加民主政治生活。在这种情况下，党和政府就有可能和必要实现正规的民主生活，过去存在的民主生活不足的状况就必须加以改变。"① 决议就扩大与建立党内正常民主生活作出详细规定并把健全党委制列入其中。

第二，健全党委制，讲究工作方法。一是关于健全党委制。毛泽东在《健全党委制》这篇文献中，科学阐述并指明了党的委员会如何健全开会制度、健全会议决策制度、健全集体领导制度。强调党委制是保证集体领导、防止个人包办的党的重要制度。二是关于党委会的工作方法。毛泽东认真总结了中国共产党的历史上坚持集体领导，贯彻民主集中制的经验教训，通过《党委会的工作方法》这篇著作，系统阐明了怎样开好常委会、常委会怎样做决策、常委会怎样体现集体领导这三个重大问题。同时，将一把手怎样当、怎样实行集体领导作为贯穿三个问题的主题。毛泽东在西柏坡时期写下的《健全党委制》和《党委会的工作方法》两篇著作，成为指导中国共产党提高领导水平和执政能力建设光辉文献。

四、结论

西柏坡时期是中国共产党化茧成蝶、浴火重生的蜕变期、升华期。在科学理论指导下，中国共产党坚持走自主选择的、符合国情的革命道路，经过28年浴血奋战，最终走向了历史的辉煌。在西柏坡时期中国共产党一系列伟大革命实践中，建立报告制度、反无纪律无政府状态斗争和健全党委制三个环节紧密衔接，构成有机统一的整体，成为中国共产党加强执政能力建设的独特风景，不仅影响和改变了中国共产党自身的命运，也影响和改变了中国历史、中国社会的发展命运，至今仍充盈着鲜活的时代价值。按照毛泽东的"辩证法"，建立请示报告制度和健全党委制是"立"，反无纪律无政府状态斗争是"破"，三者环环相扣，相辅相成，在"破""立"结合中促成了中国共产党的蜕变与升华、成功与辉煌，为中国共产党夺取新民主主义革命胜利提供了保证，为中共走向全中国执政做好了准备。

---

① 李明华、王荣丽主编：《西柏坡档案》第1卷，中国档案出版社，2012年版，第451页。

第一，思想理念的准备。建立请示报告制度、反无纪律无政府状态斗争和健全党委制等执政能力建设举措，破除了全党全军普遍存在的分散主义与地方主义、山头主义与游击主义思想，破除了“独立国”思想，破除了无纪律无政府思想。全党全军紧密围绕“军队向前进、生产长一寸、加强纪律性、革命无不胜”的战略任务，统一了对党的路线方针政策的认识、对形势任务政策与策略的认识，树立了“全国一盘棋”的思想，树立了全党全军协同一致的思想，强化了认真执行民主集中制，加强集体领导，健全民主生活，严格执行党的政策纪律、遵守制度和规矩的思想。

第二，政策与策略的准备。在建立请示报告制度、反无纪律无政府状态斗争和健全党委制等执政能力建设举措实施中，毛泽东、中共中央反复多次就政策与策略的关系、执行正确政策与策略的重大意义、政策、策略和经验的关系等理论实践问题进行阐述分析，对全党全军进行政策与策略教育。建立请示报告制度，破除无纪律无政府状态，使毛泽东、中共中央得以及时全面了解各地的实际，全面总结吸取各地的工作经验和教训，制定正确的方针政策和策略、制度规范与方法，交由各地结合实际实行。经过上下结合，集中全党智慧，在土地改革、整党、统一战线、城市政策等各个领域各个方面的工作中，制定形成一系列科学完备的方针政策与策略制度体系，使中国共产党赢得了党心民心，顺利实现了工作重心向城市的转移。

第三，领导体系和执政机制的准备。健全的领导体系和管理机制，要求信息渠道畅通，资源配置合理，决策民主科学，执行保障有力。建立请示报告制度和反无纪律无政府状态斗争打破了各自为政各行其是的组织管理形态，破除了区域阻隔的“独立国”现象，建立了通畅的信息交流沟通反馈机制，整合和统一各地领导组织管理体系，强化了全党全军政令军令的统一。健全党委制强调集体领导，完善民主集中制，保证了决策的科学化民主化，从而全面提升了中国共产党的组织管理体系和效能。

第四，执政方略的准备。《健全党委制》《党委会的工作方法》两篇文献，深刻总结中国共产党的历史经验，用生动通俗的语言，简明扼要的文字，对中国共产党坚持集体领导与个人负责相结合，在实际工作中如何弹钢琴、如何做到胸中有数、如何当班长、如何“抓紧”与“开会”等执政方法方略，进行了深入浅出通俗易懂的阐述和普及，提高了全党领导水平和执政能力，丰富发展了马克思主义领导科学理论。

从巡视监督到制度治党：新时代党内政治生态演进的四个维度

河北农业大学　贾晓强　闻　竞

一、理论缘起及分析框架

关于政治生态的研究，最早起源于西方发达国家对生态环境危机和人类可持续发展的关注，由此产生了绿色思潮、生态主义、绿党政治等政治现象。而伴随着生态学与政治行政学的深度融合，出现了运用生态学的思维模式分析政治现象和政治规律的学说，即政治生态学。1962 年，弗雷德・W. 里格斯的《行政生态学》出版，开启了政治生态学的起源，并对西方的行为主义政治学产生了深远的影响。之后，戴维・伊斯顿开创了政治系统理论，构建了政治系统的输入－输出分析模型；阿尔蒙德提出的结构功能主义理论，认为政治系统由相互作用的政治结构组成。王沪宁所著的《行政生态分析》和王邦佐编著的《西方政党制度的社会生态分析》《中国政党制度的社会生态分析》等，成为国内最早关注政治生态学研究的代表著作。刘京希的《政治生态论——政治发展的生态学考察》、夏美武的《当代中国政治生态建设研究》等一系列以“政治生态”为研究对象的专著出版，标志着国内政治生态学研究的成熟。

运用政治生态学的相关理论进行党内政治生态研究，就是通过生态学中的原则和方法来分析党内政治现象并探索其内在规律。在党内政治生态的构造与演进过程中不存在孤立要素，无论是党内政治生态系统的各个要素之间，还是党内政治生态与其他生态系统之间，都存在着相互协调、共同发展的联系。党内政治生态有别于西方语境下的政党政治生态，既不同于戴维・伊斯顿设想的“输入－输出”政治系统模型，也没有过分强调政治系统与外部环境的均衡性，它主要是由于权钱交易、官商勾结、圈子文化等贪污腐败现象引起的系统性反思，是党内政治生活和党内政治风气等党内政治环境的综合体现，因此，在本文的研究中，着重关注党内政治生态内部政治秩序、政治主体、政治制度、政治文化等要素之间相互作用相互影响的联动关系。新时代提出“全面净化党内政治生态”的重要命题，就是以提升党内的政治凝聚力、增强党的执政能力为基本出发点，通过党内政治生态建设促进整个政治生态的发展，增强人民群众的政治认同，巩固党的执政基础和执政地位。

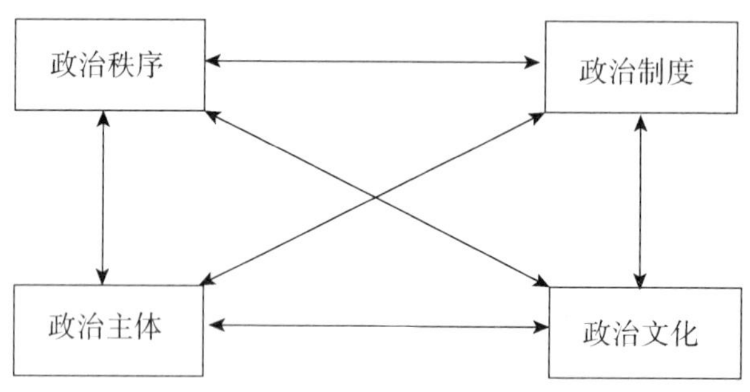

图 1：新时代党内政治生态演进的分析框架

从政治秩序、政治制度、政治主体、政治文化四个维度构建分析框架（见图1）探究党内政治生态，有助于理解党内政治生态的发展现状，把握党内政治生态的演进规律。首先，稳定的政治秩序，是维护政治生态发展的基础和前提。政治秩序的稳定性，不仅需要来自政治主体对政治组织和政治目标的政治认同，更需要来自政治规则和权力关系的约束和制约。其次，高效的政治制度，是保障政治生态发展的关键因素。政治制度不仅关系到政治秩序的稳定，而且对于约束政治主体、规范政治文化起到了至关重要的作用。再次，积极的政治主体，是实现政治生态发展的内在动力。无论是政治秩序的维护、政治制度的构建，还是政治文化的营造都是由政治主体来完成的。最后，健康的政治文化，是良性政治生态发展的重要表现。政治文化不仅关乎政治秩序的稳定发展，影响政治主体的行为选择，而且体现了政治制度的价值导向。总体而言，良性的党内政治生态要求党内政治秩序的稳定有序，党员领导干部的廉洁高效，党内政治制度的有效运转，党内政治文化的权威性和民主性。

二、巡视监督：净化党内政治生态的必然性选择

巡视监督严肃党内政治生活，严惩腐败行为，在净化党内政治生态中，巡视监督一直扮演着政治秩序的守护者、政治制度的监督者、政治主体的约束者、

政治文化的重塑者等积极角色。

（一）从权力监督和权力制约上讲，巡视监督有助于打破党内政治秩序的庇护网络

“个人权利与国家权力之间的平衡，是政治生态的根本问题”①。在我国的权力关系结构中，伴随着公民意识的觉醒和中等收入阶层的发展在一定程度上增强了社会自治的力量，但并没有改变“强国家——弱社会”的关系结构。这种关系结构在改革开放的初期，有利于整合社会资源，激发生产活力，是实现社会进步的重要动因，但由于体制内缺乏制约权力的制度性安排，体制外社会不具备制衡国家权力的能力，也成为了贫富两极分化和官员贪污腐败的重要根源。无论是在中央各部委，还是在地方政府，在自上而下的权力输出模式下和首长负责制的权责一致原则下，权力的过分集中，极易形成“威权庇护网络”②，这种权力庇护网络在某种程度上保持了利益集团之间的力量平衡，实现了政治秩序的稳定运行，但也提高了腐败行为的收益，降低了违法犯罪的成本，造成政治生态的局部恶化。

巡视监督作为一种自上而下的权力监督机制，有效弥补了政治生态内部权力制约不足所带来的问题。它可以通过网络、走访等多种形式，疏通了社会民众参与政治监督的渠道，发现了大量的腐败问题，惩治了大批腐败分子，有效遏制了腐败现象，实现了权力监督的效用最大化。在强势反腐的过程中，部分省份出现了系统性风险和塌方式腐败，不良的政治生态被打破，固化的利益集团被肢解，也引起了人们对巡视监督干扰政治秩序、破坏政治稳定的担忧。但是在中央权威的统一领导之下，巡视反腐依据党纪国法严厉处置腐败问题，提升了党的形象，获得了社会公众的普遍认可，形成了有利于政治秩序稳定的内外环境。通过巡视监督进一步疏通了中央与地方的权力关系，避免了“选择性落实，象征性执行”的现象，防止了政策异化，保持了地方与中央的一致性，推进了政治生态的有序发展。

---

① 孙关宏：《政治生态视角下的反腐败：兼论个人与国家之间的关系》，《中共浙江省委党校学报》，2016 年第 4 期。

② 萧功秦：《超越左右激进主义：走出中国转型的困局》，浙江大学出版社，2012 年版，第 19 页。

（二）从制度设计和制度演进上讲，巡视监督有助于改进党内政治制度的运转机制

从政治生态形成之初，便伴随着政治制度的设计和变迁。科学的制度设计往往注重制度成本的最小化和制度收益的最大化，但由于制度设计本身便存在着一定的个体行为偏好，难以实现“完全理性”，并且制度实施效果也是多方利益主体共同作用的结果，因此，任何的政治制度安排都不是绝对完美的，存在权力寻租和权力腐败的可能性。但是，制度也不是一成不变的，政治制度因社会发展而产生，也因社会变革的需要而产生制度变迁。在政治制度的确立、修改、补充和完善过程中，既依赖于传统的制度惯性，也受到政治环境的影响，甚至在制度实施过程中，由于利益集团的博弈和干扰，存在偏离制度目标的可能性。所以，制度的设计者们在进行制度设计和制度演进中，会通过确立权力的监督和制衡机制来提升政治制度的有效性，通过约束性的制度建构来预防和惩处制度性腐败。

我国的制度设计不同于西方的“权力制衡”，主要通过监督机制来保障政治权力的有效运转，逐渐形成了人大监督、纪委监督、审计监督、司法监督、社会监督在内的诸多监督制度。但由于制度性腐败的“组织结构性”①，不断弱化监督制度的监督效果，甚至导致诸多监督制度的无效，出现了“上级监督太远，同级监督太软，下级监督太难”的监督难题。在强势反腐的背景下，巡视监督采用“机动式巡视”、“巡视回头看”等形式，实现了巡视全覆盖、监督无禁区，巡视监督的效果日益突显。但这并不意味着其他监督制度的无效，更不意味着巡视监督可以“替代”其他监督制度，巡视监督仍然是党内监督体系的有机补充，巡视监督的实际效果仍然需要其他权力监督部门的有效配合，形成监督合力。科学有效的监督机制是政治制度有效运作的重要保障，也是党内政治生态健康发展的制度支撑。巡视监督激活了整个监督体系，带动了整个政治制度的有效运转。

（三）从政治认知和个体理性上讲，巡视监督有助于约束党员领导干部的行为动机

政治主体作为政治生态的组成因子，政治主体的行为动机直接关乎政治生态产生和发展的全过程。政治认知体现了政治主体所认同的政治意识和政治价值，关系到政治主体的行为选择，影响到政治主体参与政治生态的价值和原则。

① 邵道生：《“制度性腐败”与“制度反腐”》，《民主与科学》，2010 年第 2 期。

政治主体作为“理性”政治人，在政治实践中必然会进行个人利益与公共利益、局部利益与整体利益之间的博弈，个体理性直接影响到实际的政治行为。中国共产党“崇高的党性决定了党的一切从人民的利益出发、全心全意为人民服务的宗旨”①。党员在加入中国共产党之前，由于远离公共生活，在个人利益与公共利益之间的考验相对虚化，然而在加入党组织之后，尤其是担任领导职务，意味着拥有支配公共资源的权力，就面临着利益选择、个人价值与政治原则之间的真实考验。在利益诱惑和价值诱导之下，部分党员干部丧失自身的廉洁性，背离党的原则和宗旨，成为政治腐败的内在根源。

在铁腕反腐之下，巡视监督对腐败分子形成了持久的震慑力，增加了腐败成本，打击了腐败动机，对党员领导干部的行为动机构成了外在约束力。由于领导干部的决策难度和决策风险增加，领导干部的政绩考核因素增多，官员晋升模式发生转变，出现了“官不聊生”的荒诞说法，在党内政治生态中出现了不作为、懒作为现象。一方面，在晋升机制和奖惩机制不健全的情况下，由于缺乏政治寻租的激励，一些领导干部存在“付出与回报不对等的失衡心理”②，缺乏积极进取和主动作为的服务意识，采取“无为而治”的消极不作为策略。另一方面，在权力责任机制和绩效评估机制不健全的情况下，部分领导干部以难以明确权力的边界为由产生了“为官不为”的惰性心理，担忧连带责任会危及自身利益，产生了“踢皮球、打太极”等形式主义的做法。不作为、懒作为现象虽然不像贪污腐败那样情节恶劣，但却对政治文化和政治秩序产生消极影响，造成党内政治生态的局部恶化。

（四）从文化构建和文化转型上讲，巡视监督有助于维护党内政治文化的政治权威

“政治文化影响着政治体系中每一个政治角色的行动”③。作为一种价值理念系统，政治文化不仅包括了政治主体的情感和认知，也包括了政治系统的原则规则和组织特性，对政治生态具有价值引导的作用。党内政治文化来源于马克思主义经典理论学说，又根植于中国传统优秀文化之中，并在革命和建设实

---

① 曹峰旗：《人性与党性的张力：党内政治生态建设的制度之维》，《探索》，2017 年第 2 期。

② 邹庆国：《从不作为政治到责任政治：净化党内政治生态的一个分析维度》，《江汉论坛》，2017 年第 2 期。

③ ［美］阿尔蒙德、鲍威尔：《比较政治学：体系、过程和政策》，上海译文出版社，1987 年版，第 29 页。

践中不断丰富和发展。在党内政治生态中，民主集中制既是中国共产党的组织原则和领导原则，也是党内政治文化和政治制度运行的核心原则。而在政治实践中，“潜规则”盛行、“权力寻租”泛滥等腐败现象直接背离了民主集中制原则，破坏了风清气正的政治文化，造成党内政治生态的局部恶化。主要表现为：一方面，由于领导干部自身权力的腐化、组织原则的丧失，无法对子女亲属形成有效的道德教育和行为规范，甚至会默许或纵容家庭成员借助自己的权力和地位从事违法乱纪的事情，造成家族式腐败。另一方面，由于政治生活的封闭性和政治权力的排他性，出现了形态各异的山头、团伙、帮派，这种政治文化将公共权力与自身利益捆绑在一起，使正常的政治关系异化，出现了不正常的人身依附和利益输送现象，形成了拉帮结派的圈子文化。

党内政治文化的腐化严重影响到了党的形象，损害了党内政治生态的健康发展。巡视监督突出政治巡视的重点，坚持“四个意识”，要求全面从严治党，突出党中央的领导权威和核心地位，这无疑是对党内民主集中制的重塑。政治巡视在某种程度上加强了党中央在政治文化中的权威性，并对地方权力集中问题形成一种制约，为地方民主政治文化建设提供了新的契机，有助于贯彻已有的道德规范和行为准则，严肃党内政治纪律和政治规矩，营造风清气正的政治文化。政治巡视打破了地方“权力庇护”的政治文化，突出了政治文化的权威性，而在破坏与重构之上，党内政治文化建设需要加强政治文化的民主性，进一步完善党内民主集中制。

三、制度治党：新时代党内政治生态的演进路径

新时代净化党内政治生态坚持“制度治党”的原则，从政治秩序、政治制度、政治主体、政治文化四个维度，通过制度化的渠道推进党内政治生态的良性发展。

（一）健全党内法规体系，明确职责权限，维护党内政治秩序的稳定性

在“强国家—弱社会”的权力关系结构中，通过保持国家与社会之间的力量均衡来保障政治生态稳定是一个艰辛而漫长的过程。在权威体制下，法律法规仍然是维护党内政治秩序稳定的重要依据，需要梳理党内的组织结构，科学配置职责权限，划定清晰明确的权力边界，构建规范透明的权力运行机制，压缩权力寻租的空间，防止权力的盲目扩张和权力腐败，才能实现党内政治生态的稳定性。

一方面，党内法规体系是维护党内和谐团结和党内政治秩序稳定发展的基石。任何权力分工和职责划分都需要以法律的形式来体现其正当性和合法性，通过规范性文件来明确党内政治权力的界限，构建规范权力、约束权力的法律依据，使权力运作有章可循，真正将权力关在制度的笼子里。十八届六中全会审议通过的《关于新形势下党内政治生活的若干准则》和《中国共产党党内监督条例》，成为全面从严治党的重要文件。它不仅完善党内法规体系建设，保障了党内法规的协调性和适应性，而且明确了党内政治生活的准则，严明政治纪律和组织纪律，通过权力的有效监督有效地遏止了权力庇护网络的产生。另一方面，从“权力—责任”相吻合的权力运行逻辑出发，需要借鉴行政体制改革中“权力清单”和“责任清单”制度的有益经验，实现党内权力清单制度和责任清单制度相统一。针对党内法规中没有明确规定而现实发展又急切需要的职权，需要建立权力清单制度明确党内部门哪些事项是必须做的，哪些是严令禁止的，明确党内各职能部门的权力界限，确保权力清单的时效性和准确性。而责任清单则是对权力来源的重新审视，每一项权力运行的背后都需要承担相应责任，明确政治权力来源的合法性，有助于使权力回归到制度理性，对党的执政能力提出了更高的要求。

（二）健全国家监察体制，整合监督资源，提升党内监督制度的效能性

中国共产党作为中国的唯一执政党，净化党内政治生态关系到了国家权力结构的优化重组。在制度设计和制度变迁中，构建国家监察体制是我国监督体系演进的必然选择，它既不能与现有的监督机制割裂开来，也无法独立于已有政治制度之外重新设计一套监察体系。只有通过权力监督体系的渐进式改革来保障整个政治体制的有效运作，才能实现权力监督的效能最大化。建立国家监察体制，要依据《宪法》和《监察法》的要求，通过国家权力授权的方式进行权力监督，使监察委员会成为与政府、法院、检察院相平行的国家机构，有效行使监察权。监察委员会与党的纪律检查机关合署办公，既加强了党的领导，又提升了权力监督的独立性，有助于以党内政治生态的优化带动国家政治生态的良性发展。

国家监察体制改革需要继续保持巡视监督的震慑力，弥补监督体系的漏洞，增强权力监督制度的有效性。从制度变革的收益性上讲，国家监察体制改革整合了既有的反腐败力量，实现党内监督和党外监督的有效补充，有助于充分发挥各个监督制度的作用，克服现有监督体系上的诸多缺陷，形成统一高效的反腐监督体制。而且，国家监察体制改革涉及国家权力监督体系和运行模式的转

变，减低了利益集团的寻租空间，进一步规范了党和国家的权力关系，实现了权力结构的重新配置，对于整个政治生态具有联动效应。从制度变革的规范性上讲，国家监察体制改革明确了监督目标和权责范围，将巡视监督和净化党内政治生态纳入到制度化的轨道上，进一步形成了“不能腐”的机制。一方面，国家监察体制改革扩大了监察对象的范围，明确违反国法与违反党纪的行为界限，超越了党内巡视监督的范围，将所有拥有公共权力的公职人员纳入到监察范围之中，对政治权力实施监督制约，实现了监督对象的全覆盖。另一方面，国家监察委员会由国家权力机关直接选举产生并对其负责，整合了现有机构的相关职能，履行纪检和监察两项职责，行使监督、调查、处置等权力，形成了规范严密的监察体系。

（三）完善干部人事制度，规范政治动机，激发党内政治主体的能动性

干部人事制度改革直接触及党员领导干部的切身利益，是关系到改革事业发展的复杂工作，直接影响到党内政治生态的整体水平。只有进一步改革选人用人机制，严格遵循干部选用程序，增强领导干部的政治意识，激发领导干部的创造力，才能形成净化党内政治生态的内生动力。这就需要引进市场经济的竞争机制来约束领导干部的理性选择，运用考核评估机制规范领导干部的政治行为。

一方面，要引入市场竞争机制，打破“官本位”思想束缚，健全领导干部能上能下制度。干部能上能下制度是保证党内政治精英更新换代，激发干部队伍活力，优化党内组织结构体系，完善干部队伍知识体系的重要举措，是“政治生态发展的关键节点”①。通过奖励考核评估突出者，诫勉考核评估平庸者，形成高效竞争的干部管理机制，消除领导干部队伍中的消极懈怠心理和为官不为现象。竞争上岗是“引入竞争机制的体现形式之一”②，既制约了“一把手”对用人权的垄断，又有助于党内政治资源的自由流动和优化配置，提升了干部选拔的公开性和透明性，增强了选人用人的公正性和科学性。另一方面，要明确干部考核的评估机制，注重评估成果的转化应用，树立正确的政绩观。量化干部考核评估标准体系是干部考核的前提，需要坚持好干部的“五条标准”，从德、能、勤、绩、廉五个方面对干部进行综合评估，明确干部考核评价的具体

① 陈仲：《领导干部能上能下法治化：建设良好政治生态的突破口》，《探索》，2016 年第 1 期。

② 宋世明：《竞争上岗的制度分析》，《行政论坛》，2007 年第 1 期。

内容。严格规范的考核评估程序是干部考核的必然选择，需要将科学的评估结论纳入到干部考核档案之中，把考核结果作为干部培养选拔的重要参考依据。此外，应该对政治生态内外环境的变化，需要注重允许试错和包容过失的制度空间，构建干部容错纠错机制，将改革创新事业中的失误与违法乱纪的腐败行为相区分，减轻领导干部因担心工作失误带来的心理压力，为改革创新、锐意进取的干部提供制度性保障。

（四）坚持民主集中制原则，促进政治参与，增强党内政治文化的民主性

良性的政治文化有助于增强政治组织内部的政治认同，提升政治生态的稳定性和适应性。从政治文化的构建上讲，民主集中制原则不仅仅是党内根本性组织原则，更是党的各项事业发展的重要保证，保持权威性和民主性之间的均衡是党内政治文化的核心内容。而从政治文化的转型上讲，权威型的政治文化已经在巡视监督进程中被逐渐重塑，而伴随着党员权利意识的觉醒，参政议政能力的提升，需要构建参与型的政治文化来促进党内民主政治的发展。

要坚持民主集中制原则，传承发扬党内民主文化。一方面，要依据民主集中制原则组织党内政治生活，用马克思主义政党理论武装全党，严格党的政治纪律和组织原则，恪守党的组织规则和议事流程，从严从实开展党内民主生活。以清正廉洁的政治文化抵制腐败的政治文化，自觉接受党内监督，密切联系群众，消除腐败滋生的文化土壤。另一方面，要处理好“关键少数”的问题，割断政治权力与个人利益之间的联系，防止因滥用权力带来的个人专断和权力腐败。“关键少数”作为党政各级领导机关的主要领导干部，相对集中的政治权力赋予了独特的政治权威，对于党内民主政治的健康发展起到了至关重要的作用。

要尊重党员的主体地位，充分发挥党内参与文化。社会主义市场经济的深入发展，促进了党员主体意识和权利意识的觉醒，激发了政治参与的热情，提升了政治参与的积极性和主动性，为党内政治参与文化创造了良好的外部条件。培育党内政治参与文化，不仅需要不断增强党员的主人翁意识，保障党员的民主权利，提升党员参与党内政治生活的能力，增加党员参与党内政治的实践活动。而且需要明确党员的义务和责任，注重党性修养，严格遵守党纪国法，用实际行动践行党的宗旨和原则，保持党员的先进性。无论是参与党内民主选举，还是参与党内民主监督，有序的政治参与有助于凝聚共识，维护党内团结，促进党内政治生态的健康发展。

新时代反腐败问题研究

东北石油大学　冷翠玲

腐败问题是人类社会的顽疾，也是各国政府共同面临的亟待解决的难题。世界各国在反腐败问题上虽然达成了一定的共识，但囿于各国不同的历史发展、文化传统和国情等，在腐败问题的处理方式上各有千秋，既有可采纳的经验也有需吸取的教训。中国在十八大以来，在反腐败这条道路上披荆斩棘，以强烈的历史责任感、深沉的忧患意识和顽强的意志品质在这场“输不起的斗争”中向党和人民交出了一份优异的答卷。

2017 年 10 月 19 日，中共中央纪律检查委员会副书记、监察部部长、国家预防腐败局局长杨晓渡在十九大新闻中心的记者会上指出，十八大以来共立案审查省军级以上党员干部及其他中管干部 440 人，其中中央委员、候补中央委员有 43 人，中央纪委委员有 9 人；纪律处分厅局级干部 8900 余人，处分县处级干部 6.3 万多人，基层党员干部 27.8 万人；共追回外逃人员 3453 人，其中“百名红通人员”已有 48 人落网。①

中央在反腐败问题上的决心是有目共睹的，但防止腐败的发生、找准病因并开出良方彻底根治腐败仍是我们要攻克的难关。

一、表象：新时代腐败问题的表现

“腐败”一词最早出现于汉书，用于指谷物发霉腐烂。从词意的构造上理解，腐败就是变质。随着社会的变迁，新时代的腐败问题也以各种不同的形态展现在人们面前。

腐败问题自产生以来，其展现的方式也随着时代的变化“与时俱进”。目

① 《十九大之后反腐重点在哪?》，人民网，2017 年 10 月 19 日。

前，中国的腐败问题在方式上表现最为突出的是：

1. “炫耀性腐败”日益明显。“炫耀性腐败”是指公共部门或公共部门人员为满足其心理上的满足，进而谋取特定群体利益或者个人利益，利用公众赋予的公共权力，动用公共资源进行奢侈消费，造成国家或公众利益损害的行为。“炫耀性腐败”是传统腐败异化的一种形式，具体体现为夸示财富的消费、炫耀心理的满足等。

2. “期权化腐败”日益隐蔽。“期权化腐败”是指在官场腐败中将期权引进了“官员”和“富商”之间进行的权钱交易之中，官员利用自己手中的权力影响，为企业、老板、海外投资者牟取利益或大力提拔自己的人。同时，为了逃避纪检、司法部门的监督和查处，他们不图眼前的直接回报，而是为日后退休、下海经商等牟取更大的利益打下坚实基础，一旦退下来或辞职以后即到自己关照过的单位任职等方式，收益十分丰厚。

3. “隐形腐败”日益增多。所谓隐形腐败，是指从事行政事务性管理的工作人员滥用事务性权力谋取个人利益的行为。隐形腐败实际上是一定范围内腐败的泛化。由于隐形腐败使人感到安全并有托词，所以参与隐形腐败的人数众多，使隐形腐败被许多人认可，甚至形成一种势力、一种市场。如超标准建造豪华办公楼，违反规定超编超标购买小轿车，公款吃喝，公款游山玩水、进行高消费娱乐活动等。

4. 外向型腐败现象日益凸现，携巨款外逃案猛增。随着中国入世，腐败分子利用资本跨地域、跨行业、跨国境流动的机会，与地区外、行业外、境外的不法分子相勾结，共同犯罪；有的利用国家间法律的差异，国内犯罪，国外洗钱；有的以境外商人为合作对象，在为对方牟利后，在境外进行“交易”，赃款赃物滞存境外。

二、实质：新时代腐败问题发生的诱因

现代社会，腐败问题的发生可以看作是公权力异化的产物，即原本为公共利益服务的权力异化为对私利的追逐。公权力若良好运行，其对社会公共活动可以提供规范及指导，但公权力的运行若偏离了正轨，就会使其成为谋私利的工具。

中国社会正处在转型期，财富观异化、权力运作的失衡、既得利益集团等各种问题的存在诱发了腐败问题的发生。

（一）部分公职人员的财富观出现异化

现代法治社会中，人民是国家权力的所有者，但囿于现实生活中人民不可能全部亲身参与国家事务的管理，于是催生了政府出现的正当性，即人们自愿将私人权利中的一部分让渡出来放置于公共领域中，借助国家的强制力和公正性来维护自身的权利，使政府成为自己的代理人。而在具体的实践中，国家和政府的权力必然要由具体的官员行使，便使得这些官员成为管理阶层，拥有了公共权力、公共财产和公共资源。与各级官员的政治地位相比，他们的社会经济地位却无法与之匹配，这为腐败问题的发生埋下了伏笔。

改革开放的不断深化和发展带来了社会经济的迅速发展，而经济的高速发展使人们得以期待并实际上促进了生活水平的快速提高。然而生活水平的提高却首先发生在生产部门、生产管理者和商品经营者阶层，党政工作人员生活水平的提高有着后继性，且往往受到法律法规、财政收支等限制，使他们不能直接从经济活动中受益，激发了他们运用权力获得经济利益的强烈动机。① 中国民众自古以来就有“不患寡而患不均”的社会心理，生活在同样的社会中收入差距却相对悬殊，一部分公职人员极易患上“红眼病”。

市场经济大潮中，商品价值的观念，随着市场经济的发展渗透到了社会生活的各个领域，同样也开始影响公职人员的思想观念，更准确地说是影响了他们的价值观和财富观。在党政机关中，原有的道德观念与价值标准被打破，人民越来越用商品经济的眼光去看待政治权力的问题，权力商品化、市场化、私有化的观念越来越成为党政机关人员的办事准则，以权谋私成了他们的潜在驱动力，这样就破坏了长期以来形成的道德自律观念，大大增加了腐败动机。② 面对物质诱惑，部分公职人员手中的权力开始异化，“不安现状”的寻求快速“致富”之路，便将私人的利益需求作为决策的依据，在腐败的道路上越走越远。

（二）权力配置的失衡激发了腐败行为的发生

现代社会，随着国家管理社会经济职能的增强，公共权力渗透到社会经济

① 任建明、杜治洲：《腐败与反腐败——理论、模型和方法》，清华大学出版社，2009 年版，第 35 页。

② 任建明、杜治洲：《腐败与反腐败——理论、模型和方法》，清华大学出版社，2009 年版，第 36 页。

生活的各个领域，并通过各种方式干预这些领域的活动。① 这也意味着国家和社会管理阶层手中掌握的权力仍然十分广泛，而当前腐败问题的一个突出表现就是政府“一把手”的腐败，这是权力配置缺乏有效制约和监督的重要体现。② 国家社会管理阶层掌管着资源、生存资料和公共资产分配的权力，这些权力直接关乎着利益的分配，虽然国家减少了对经济活动的直接经营，但却增加了对社会经济活动的管理权。

随着改革开放的深入，由于社会对国家管理、服务职能的权限和范围未能与法律的规定和限制完全契合，因此使得国家机关在实施权力的过程中增加了任意性和自由性，管理和服务过程中的腐败现象便随之发生。

（三）既得利益集团群体腐化

腐败是一种秘密行为，这种秘密行为之所以能够成功，很大程度上取决于信息的不对称和权力的不对等。权力层次越高，其危害后果由于高层权力所具有的天然隐秘性和权威性而不易察觉，而且由于层次的增加导致权力交错，使悖逆的过程愈加具有复杂性。③ 这种隐秘性和权威性又必然导致对权力运行的监督异常困难，最为广泛的监督主体事实上却不能发挥监督的作用。当公共权力掌握在少数人手里时，在较为闭塞的社会结构中，因缺乏合理的社会流动机制，使信息的不对称和权力的不对等得以维持并巩固。

在中国目前的“金字塔”形社会结构中，处于上层的既得利益集团自我封闭，在决策过程中倾向于维护其自身的利益，而产业工人和农业劳动者则处于社会结构的底层，在收入分配和资产拥有量方面处于绝对的劣势，他们的合法利益和政治诉求很多时候得不到重视。社会结构的封闭产生了权威信息的缺失和信息沟通不畅的问题，又由于我国政治体制改革与其他改革比较而言相对滞后，导致一些传统的社会基础性阶层地位不断下降。与此同时，一些新社会阶层的政治地位并没有与其经济地位的提升同步进行，导致一些人甚至通过非法

① 任建明，杜治洲：《腐败与反腐败——理论、模型和方法》，清华大学出版社，2009 年版，第 35 页。

② 江雪莲：《关于我国的权力寻租与黑色经济腐败现象的思考》，《河北师范大学学报（哲社版）》，2002 年第 5 期。

③ 马天山：《腐败犯罪研究——关于腐败犯罪及其制约机制的理论和实践探讨》，郎胜等主编：《改革开放 30 年刑事法治研究》（2008 年度 · 上卷），中国人民公安大学出版社，2008 年版。

手段来提升自己的政治地位。①

因此，既得利益集团与利益相对受损阶层之间矛盾的存在，一方面使得权力运行得不到监督，另一方面在涉及自身利益的事项时，为了办事便利，处于社会结构底层的人员有时不得不选择向权力腐败妥协，这在客观上加重了腐败现象的发生。

三、实践：新时代反腐败的途径

腐败是人类社会的顽疾，反腐败是世界性难题，面对这一难题，世界各国的举措虽多，但取得成效者少。十八大以来，以习近平同志为核心的党中央以壮士断腕的决心，在反腐败的道路上披荆斩棘，根据中国目前腐败的各种表象，针对病因开药方，采取多种途径上“打老虎”、下“拍苍蝇”，外“猎逃狐”，走出了一条具有中国特色的卓有成效的反腐败之路。

（一）不想腐——加强理想信念教育

腐败问题之所以发生，从个体角度看，是掌握权力的人在面对权力时忘记了其权力的来源、忘记了自己的初心。人的理想信念一旦动摇，腐败行为也就“顺理成章”的发生了，故此，遏制腐败，首先需要从思想源头上使党政工作人员杜绝腐败的念头，在头脑中根植“不想腐”的信念。因为一个人能否廉洁自律，最大的诱惑是自己，最难战胜的敌人也是自己。一个人战胜不了自己，制度设计的再缜密，也会“法令滋彰，盗贼多有”。中国传统文化历来把自律看作做人、做事、做官的基础和根本。②

形象地说，理想信念就是共产党人精神上的“钙”，没有理想信念，理想信念不坚定，精神上就会“缺钙”，就会得“软骨病”。加强理想信念教育，坚定理想信念，坚守共产党人精神追求，始终是共产党人安身立命的根本。对马克思主义的信仰，对社会主义和共产主义的信念，是共产党人的政治灵魂，是共产党人经受住任何考验的精神支柱。现实生活中，一些党员干部出这样那样的问题，说到底是信仰迷茫、精神迷失。

加强理想信念教育，也必须筑牢思想防线，加强主观世界改造，牢固树立

---

① 周显信：《当代我国社会阶层矛盾的性质、特点与基本对策》，《中国矿业大学学报》，2003 年第 3 期。

② 习近平：《在同中央办公厅各单位班子成员和干部职工代表座谈时的讲话》，《人民日报》2014 年 5 月 8 日。

正确的世界观、人生观、价值观，做到持之为明镜、内化为修养、升华为信条，用坚定的理想信念练就“金刚不坏之身”，将腐败彻底扼杀在摇篮中，使党政工作人员靠得住、信得过、能放心。

（二）不敢腐——加强对权力的监督与制约

“一切有权力的人都容易滥用权力，这是万古不易的一条经验。有权力的人使用权力一直到遇有界限的地方方才休止。因此，要防止滥用权力，就必须以权力约束权力。”可见，通过加强对权力的监督与制约，方可使党政机关工作人员在监督和制约面前真正做到“不敢腐”。加强对权力的监督与制约，是促进领导干部正确使用权力、不犯或少犯错误的重要保证，也是有效防止腐败的重要手段。

加强对权力的监督与制约，首先要落实党委的主体责任和纪委的监督责任。各级党委要旗帜鲜明地反对腐败，更加科学有效地防治腐败，做到干部清正、政府清廉、政治清明，永葆共产党人清正廉洁的政治本色。各级党组织必须明白，加强党风廉政建设，加强对干部的监督，是对干部的爱护，放弃了这方面责任，就是对党和人民、对干部的极大不负责任。而各级纪委要履行好监督责任，既协助党委加强党风建设和组织协调反腐败工作，又督促检查相关部门落实惩治和预防腐败工作任务，经常进行检查监督，严肃查处腐败问题。

加强对权力的监督与制约，其次要用好巡视这把反腐“利剑”。巡视就是要发现问题和反映问题，这是党章赋予的重要职责，是加强党的建设的重要举措，是从严治党、维护党纪的重要手段。因此，要着力发现是否存在违反中央八项规定的问题、违纪违法问题、违反政治纪律问题及选人用人上的不正之风和腐败行为。而巡视组要当好中央的“千里眼”，找出“老虎”“苍蝇”，抓住违纪违法问题线索，落实监督责任，敢于碰硬，真正做到早发现、早报告，促进问题解决，遏制腐败现象蔓延的势头，将巡视的遏制作用和震慑作用真正发挥到实处。

（三）不能腐——加大腐败问题的惩戒力度

从事情发生的时间节点看，绝大多数腐败问题处于一种事后发现的状态，当事前的理想信念教育无法形成“不想腐”的理念、事中的监督与制约无法形成“不敢腐”的机制时，事后“不能腐”的惩戒力度则会成为反腐败的最后一道有利防线。

小智治事，中智治人，大致立法。治理一个国家、一个社会，关键是要立规矩、讲规矩、守规矩。没有健全的制度，权力没有关进制度的笼子里，腐败现象就控制不住，因此建章立制非常重要，要把笼子扎紧一点，牛栏关猫是关不住的，空隙太大，猫可以来去自如。

加大腐败问题的事后惩戒，就要狠抓制度执行，扎牢制度篱笆，真正让铁规发力、让禁令生威。制度不在多，而在于精，在于务实管用，突出针对性和指导性。如果空洞乏力，起不到应有的作用，再多的制度也会流于形式。要搞好配套衔接，做到彼此呼应，增强整体功能。要增强制度执行力，制度执行到人到事，做到用制度管权管事管人。制定制度要广泛听取党员、干部意见，从而增加对制度的认同。要坚持制度面前人人平等、执行制度没有例外，不留"暗门"、不开"天窗"，坚决维护制度的严肃性和权威性，坚决纠正有令不行、有禁不止的行为，使制度成为硬约束而不是"橡皮筋"。①

十八大以来，以习近平同志为核心的党中央通过对典型案例的剖析、深化腐败问题多发领域和环节的改革，把经过实践检验、必须长期坚持的制度规定以党内法规的形式固化下来，制定和修订了80余部党内法规，基本形成以党章为根本，以民主集中制为核心，以《关于新形势下党内政治生活的若干准则》《中国共产党廉洁自律准则》《中国共产党党内监督条例》《中国共产党纪律处分条例》等法规为主干的党内法规制度体系。同时，颁布了《中华人民共和国监察法》、通过了《中华人民共和国宪法》修改案，加之《中华人民共和国刑法》关于贪污贿赂犯罪的规定，形成了党内法规与国家法律规定的无缝衔接。

加大腐败问题的事后惩戒，还要建立和完善外逃人员数据库，建立统计数据动态更新机制，对外逃腐败分子的情况做到数字准、情况明；搭建追逃追赃的国际合作平台，加大交涉力度，突破重点个案，使企图外套的分子丢掉幻想、望而却步，通过与外逃目的地签署引渡条约、建立执法合作，推动在二十国集团、亚太经合组织、《联合国反腐败公约》等多边框架下的国际合作。经过国内国外"双管齐下"的"双拳"出击，必将加速"猎狐"行动的完成，彻底击碎腐败分子外逃脱罪的侥幸心理。

四、结语

一棵参天大树，若任蛀虫繁衍啃咬，最终必定逐渐枯萎；一个国家或政党，若任腐败毒瘤蔓延，最终也难免趋于衰亡。习近平在第十八届中央纪律检查委

---

① 习近平：《在党的群众路线教育实践活动总结大会上的讲话》（2014年10月8日），《人民日报》2014年10月9日。

员会第二次全体会议上指出："腐败是社会毒瘤。如果任凭腐败问题愈演愈烈，最终必然亡党亡国。我们党把党风廉政建设和反腐败斗争提到关系党和国家生死存亡的高度来认识，是深刻总结了古今中外的历史教训的。"

当今世界，没有哪个国家有中国这样的反腐力度和成效，也没有哪个国家能够像中国这样，在强力肃贪反腐的同时，经济社会大局继续稳定向好。十八大以来，随着反腐败斗争成效凸显，中国的反腐败斗争不仅赢得了国际社会的尊重，也推动了国际反腐新秩序的构建。中国当前的反腐败成绩，是"足以同在中国这样一个世界上人口最多的国家解决温饱问题、极大消除贫困相提并论的一个巨大贡献"。

反腐败斗争永远在路上，十八大以来，在坚持问题导向、保持战略定力的前提下，我们已经在反腐败这场历史性赶考中向人民交出了一份优异的答卷。未来，在习近平新时代中国特色社会主义思想的指导下，中国的反腐败斗争将更加深入，成效更加显著。

过错问责与容错免责的判定关键点分析

浙江大学 张栋梁

2016年颁布实施的《中国共产党问责条例》，聚焦全面从严治党，突出管党治党政治责任，着力解决一些党组织和党的领导干部党的领导弱化、党的建设缺失、全面从严治党不力，党的观念淡漠、组织涣散、纪律松弛、不担当、不负责等突出问题，体现了党的十八大以来管党治党理论和实践创新成果，是全面从严治党重要的制度遵循。与此同时，党中央也非常重视对干部干事创业积极性的保护，习近平总书记要求建立容错纠错机制，宽容干部在工作中特别是改革创新中的失误；李克强总理也多次提出要加快建立容错免责机制。

改革是没有先例、无法照搬的事业，需要进一步解放思想、大胆地进行实践和探索。而创新就会有失败，探索就会有失误，这是客观规律。然而，失败并不可怕，改革开拓创新路上的失败，往往能够起到启迪和教育人们的积极作用。过错问责与容错免责的务实辩证思路，体现了党的十八大以来以习近平同志为核心的党中央的理论创新、实践创新和制度创新。在实践探索中，如何判定过错"可容"还是"不可容"、确定"问责"还是"免责"，成为实务操作中面临的最关键要素，也是亟待破解的最核心命题。

一、指导思想与基本原则

全面从严治党战略布局下，党中央敢于较真碰硬、层层传导压力，让失责必问、问责必严成为常态。与此同时，又鼓励广大干部大胆探索、改革创新、干事创业，宽容改革失误，着力解决当前一些干部不担当、不敢为等问题，充分体现依规依纪严肃问责与改革创新容错免责的辩证统一。

（一）指导思想

2016 年 1 月，习近平总书记在省部级主要领导干部学习贯彻党的十八届五中全会精神专题研讨班上的讲话中，提出了“三个区分开来”的重要论断：要把干部在推进改革中因缺乏经验、先行先试出现的失误和错误，同明知故犯的违纪违法行为区分开来；把上级尚无明确限制的探索性试验中的失误和错误，同上级明令禁止后依然我行我素的违纪违法行为区分开来；把为推动发展的无意过失，同为谋取私利的违纪违法行为区分开来。此后，习近平总书记又多次强调，既要鼓励创新、表扬先进，也要允许试错、宽容失败，强调要坚持“三个区分开来”，保护作风正派又敢作敢为、锐意进取的干部，最大限度调动广大干部的积极性、主动性、创造性，激励其更好带领群众干事创业，形成改革者上、不改革者下的用人导向，以勇于自我革命的气魄、坚忍不拔的毅力推进改革。

党的十九大报告指出：“建立激励机制和容错纠错机制，旗帜鲜明为那些敢于担当、踏实做事、不谋私利的干部撑腰鼓劲。”这是新时代党立足最广大人民根本利益、深入推进“四个全面”、在新的历史起点上实现中华民族伟大复兴的重大创举，充分体现了让改革和发展成果惠及最广大人民群众的本质要求，集中反映了习近平治国理政思想与时俱进的创新。2018 年 5 月，中共中央办公厅印发《关于进一步激励广大干部新时代新担当新作为的意见》，深入贯彻习近平新时代中国特色社会主义思想和党的十九大精神，对建立激励机制和容错纠错机制，进一步激励广大干部新时代新担当新作为提出明确要求。

习近平新时代中国特色社会主义思想中关于“三个区分开来”的重要论断，是当前依规依纪严肃问责与改革创新容错免责最核心的指导思想。在推动各项改革政策与措施落地的过程中，广大干部的探索和创新，无论是遭遇了失败的经历还是收获了成功的经验，都是改革事业的财富。对广大干部在改革探索中、措施落实中出现的工作失误和无意过失不追究、不问责或减轻处罚，并给予一定的关心和鼓励，体现的正是实事求是、与时俱进的精神。

（二）基本原则

改革创新容错免责机制是干部在改革创新过程中未能实现预期目标或出现偏差失误，但符合法律法规和政策，未谋取私利，无主观故意，且能及时纠错改正，可免除相关责任或从轻、减轻处理的一种机制。建立容错免责机制是国家治理体系和治理能力现代化方面日趋成熟，更是一种治理思想上的解放。改革创新容错免责机制是对干部的一种正向激励，有利于推动干部做改革促进派和改革实干家，是支持改革、鼓励创新、允许试错和宽容失败的制度化体现。对于统筹推进“五位一体”总体布局和协调推进“四个全面”战略布局，实现党的历史使命，具有十分重要的意义。

在改革创新容错免责机制构建过程中，其关键点的确定主要遵循以下几项总体原则：一是强调适用范围广覆盖，既包括党员干部，又包括广大手握公权的工作人员；二是突出改革创新难点和重点领域的免责条款；三是构建有合规、清晰、简便的操作流程；四是与干部正向激励、严肃问责有机统一。当前的改革创新是全面深化改革，涉及领域非常广，在制定容错机制实施办法时既要在重点领域先行先试，又要在实践中不断完善。构建改革创新容错免责机制要加强针对性设计，正确区分为公与为私、敢为与乱为、失职与失误、负责与懈怠的不同情形，区别对待，最大限度为敢担当、敢负责的干部营造干事创业的宽松环境。同时，宽容改革失误要有底线思维，把握合理尺度，既要合法合理容错，更要有健全的纠错机制，保证让“豁免权”不会成为“挡箭牌”。

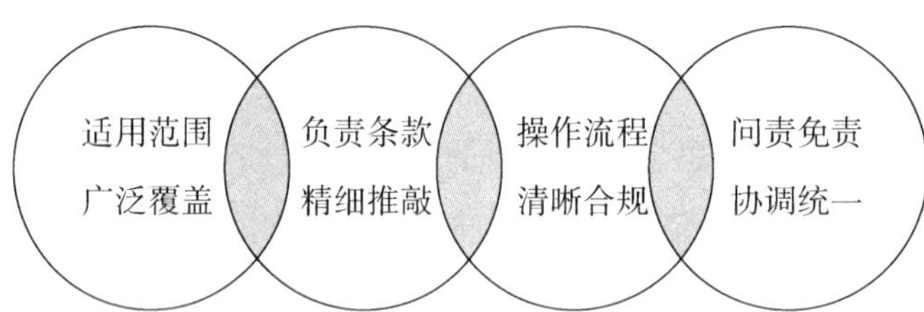

图1：改革创新容错免责关键点的确定原则

二、关键点判定与实施

改革创新呼唤勇于探索、大胆创新的有为者，改革创新容错免责机制旨在强化敢于担当、攻坚克难的用人导向，进而激励广大干部争当改革促进派。判定依规依纪严肃问责与改革创新容错免责，构建改革创新容错免责机制建设是一项系统工程，需要在“三个区分开来”的指引下，从条件情形、程序权限、内容方法予以判定实施。

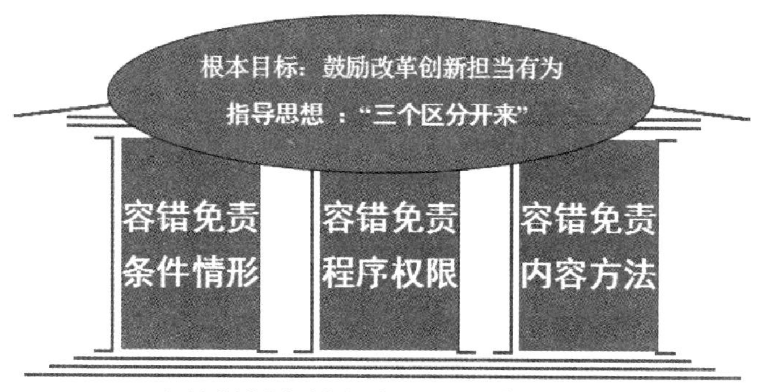

图 2：改革创新容错免责机制判定关键点

（一）判定条件与情形

判定依规依纪严肃问责与改革创新容错免责，首先要对干部容错免责的情形和条件进行细化。出于公心、善意履职、不违反党纪国法的禁止性规定，理应成为确定容错免责的基本原则。深入调研评估对可以容错免责的条件情形进行梳理确认，对具备符合党章、党内法规和法律、法规精神，符合中央和行政主管部门的决策部署精神，有利于推进改革创新发展，按照相关规定程序进行决策，没有为本人、他人或单位谋取私利，主动挽回损失、消除不良影响或者有效阻止危害结果发生等条件情形，逐一进行深入研究分析、确认细化。把创造性地执行党的路线方针政策与搞"上有政策、下有对策"区别开来，把改革创新中因缺乏经验、先行先试导致的失误与明知故犯、违纪违法区别开来，把加快发展过程中受客观因素影响而造成工作过失与不作为、乱作为、失职渎职区别开来，把一心为公的干部与以权谋私的干部区别开来，把敢闯敢试的干部与擅权专断、乱作为、违法违纪的干部区别开来。对落实全面从严治党责任不到位、不予容错免责的情形进行研究论证，正确区分干部改革创新试错失误和违纪违法的情形，坚决防止借机搞法治"例外"、纪律"松绑"、作风"减压"的情况。

（二）实施程序与权限

判定改革创新容错免责，要对干部容错免责的程序和权限进行精心设计。准确把握和客观公正判定出现失误或轻微违纪的情形，是出于公心、未求私利的，厘清哪些错误能容、哪些不能容，无疑是建立容错免责机制的基础。干部在改革创新出现失误可能遭受问责时，向谁提出免责申请、如何申请，主管部门如何核实、如何认定，如何防止借机逃避追责问责等，是干部容错免责机制程序权限设计的关键。构建改革创新容错免责机制过程中，还要完善改革风险防范和纠错机制，实施重大改革创新项目和有较大突破、探索的工作，按有关规定进行风险评估和论证，对改革过程中出现的工作偏差或失误要主动采取应对措施及时纠正。

（三）实施内容与方法

判定改革创新容错免责，要对干部容错免责的内容方法进行规范。改革创新容错免责，是干部在干净高效干事、履职担当创新过程中出现失误或轻微违纪，本应给予问责追究或党政纪处分，但因达到尽职要求，能够获得责任豁免，对其从轻、减轻甚至免予问责或处分。实施容错免责的内容方法既要符合法律规范、经得起历史的检验，又要考虑人性化、充分考量公开的内容和范围。建立健全允许试错、宽容失败的容错免责机制，是保护和调动干部干事创业积极性、鼓励大胆改革创新的有益尝试，不能成为树立矛盾、制造争议的因素，更不能成为徇私舞弊、逃避追责的工具，坚决防止激励变纵容、保护变庇护。

判定依规依纪严肃问责与改革创新容错免责，要妥善把握事业为上、实事求是、依纪依法、容纠并举等原则，结合动机态度、客观条件、程序方法、性质程度、后果影响以及挽回损失等情况，对干部的失误错误进行综合分析，对该容的大胆容错，不该容的坚决不容。对给予容错的干部，考核考察要客观评价，选拔任用要公正合理。准确把握政策界限，对违纪违法行为必须严肃查处，防止混淆问题性质、拿容错当“保护伞”，搞纪律“松绑”，确保容错在纪律红线、法律底线内进行。坚持有错必纠、有过必改，对苗头性、倾向性问题早发现早纠正，对失误错误及时采取补救措施，帮助干部汲取教训、改进提高，让他们放下包袱、轻装上阵。严肃查处诬告陷害行为，及时为受到不实反映的干部澄清正名、消除顾虑，引导干部争当改革的促进派、实干家，专心致志为党和人民干事创业、建功立业。

中央苏区监察体系的实践探索及现实启示

赣南师范大学　邱小云

习近平总书记在十九大报告中指出："人民群众最痛恨腐败现象，腐败是我们党面临的最大威胁。当前，反腐败斗争形势依然严峻复杂……（反腐败）要坚持无禁区、全覆盖、零容忍，坚持重遏制、强高压、长震慑，坚持受贿行贿一起查，坚决防止党内形成利益集团。推进反腐败国家立法，建设覆盖纪检监察系统的检举举报平台。强化不敢腐的震慑，扎牢不能腐的笼子，增强不想腐的自觉，通过不懈努力换来海晏河清、朗朗乾坤。"① 2018 年 3 月 11 日，第十三届全国人民代表大会第一次会议正式通过，中华人民共和国国家监察委员会是最高监察机关，其主要职能之一是开展廉政建设与反腐败工作。在党和国家高度重视反腐倡廉的社会主义新时代，吸取历史经验，继续研究中央苏区时期的反腐倡廉，研究中央苏区的监察机制，对当下反腐倡廉具有重要的借鉴意义。当前学术界对中央苏区时期监察机制的研究已取得一定的成果，② 但现有成果

---

① 习近平：《决胜全面建成小康社会夺取新时代中国特色社会主义伟大胜利》，《人民日报》2017 年 10 月 19 日。

② 具有代表性的成果有：王关兴、陈挥：《中国共产党反腐倡廉史》，上海人民出版社，2001 年版；林海主编：《中央苏区检察史》，中国检察出版社，2001 年版；傅克诚等：《中央苏区廉政建设》，中央文献出版社，2007 年版；朱钦胜：《中央苏区反腐倡廉史》，中国社会科学出版社，2009 年版；江西省档案局编：《防尘扫埃　地净天蓝——回望中央苏区反腐倡廉岁月》，江西人民出版社，2013 年版；刘宋斌：《土地革命战争时期中央苏区的监察制度》，《江西社会科学》，1989 年第 2 期；谢建社：《中央苏区反腐倡廉的成功经验与深刻启迪》，《江西师范大学学报》，2002 年第 4 期；凌步机：《中央苏区的反腐倡廉工作》，《中国井冈山干部学院学报》，2005 年第 2 期；张吉雄：《论中央苏区反腐防腐实践的廉政文化价值与启示》，《思想理论教育导刊》，2012 年第 11 期；邓小艳：《中央苏区反腐倡廉的历史经验及其启示》，湖南师范大学 2006 年硕士学位论文；钟长洲：《中央苏区巡视制度研究》，赣南师范大学 2015 年硕士学位论文；谢建平：《中华苏维埃共和国监察制度研究》，华东师范大学 2017 年博士毕业论文。

鲜见从监察机制的角度对中央苏区的监察制度进行考察，本文拟就此做一粗浅探讨。

一、中央苏区监察体系的建立

绝对的权力导致绝对的腐败。腐败问题是一个历史性的、世界性的难题。中国共产党在中央苏区局部执政时期，也存在着腐败问题。中央苏区著名贪腐案——于都事件，被称为“苏区第一案”。此外还有瑞金苏区系列贪腐案，左祥云、谢开松贪腐案，就连中央印刷厂、造币厂、军委印刷所等重要机关单位也不例外发生贪腐案。面对严重的腐败问题，中国共产党不得不从制度层面上设立各种监察制度来制约和监督权力的行使，以期减少腐败的发生。在各种监察制度的组合之下，中央苏区的反腐工作取得重大成功，苏维埃政府被誉为是有史以来“最廉洁的政府”。中央苏区监察机制的建立是逐步展开的，中华苏维埃共和国建立后，已逐渐形成党内有中央党务委员会及各级监察委员会、临时性的特别委员会等机构，苏维埃政府机关内有从中央政府到地方各级政府的行政、审计、司法监察制度，此外还有作为对党和政府监察制度重要调整、补充、完善的自下而上的社会监督体系，包括工农群众监督、社团组织监督、新闻舆论监督等。

（一）党内监督

中央党务委员会的前身是中国共产党第一个纪律检查机关——中央监察委员会，中央监察委员会在中共六大被取消，代之以权限较小的中央审查委员会。但形势的发展，使得中国共产党不得不重视腐败问题，1933 年 9 月 17 日，中共中央发出成立中央党务委员会以及在中央苏区省、县成立监察委员会的指示，希望可以在党内减少违法乱纪、贪污腐化现象的发生①。根据指示，从 1933 年秋末开始，中央苏区所辖各省县地区都先后选举成立了监察委员会，1934 年 1 月在中共六届五中全会上，选举产生了以李维汉为书记的中央党务委员会。两者的设立，使中央苏区时期党内监察机制初步形成。

中央苏区时期，在中央党务委员会及省县各级监察委员会设立之前，党内发挥重要监察作用的是中央审查委员会及具有临时性质的特别委员会。中央审查委员会是在中共六大成立的，六大党章规定中央审查委员会由各级党的代表

---

① 中央档案馆编：《中共中央文件选集》（1933 年），中共中央党校出版社，1991 年版，第 340 页。

大会选举产生，其工作的主要职能是“监督各级党部之财政，会计及各机关之工作”①，没有权利监督、处理犯错误和违反纪律的党员。至于党员“犯纪律的问题，由党员大会或各级党部审查之。各级委员会得成立特别委员会以预先审查关于违犯党纪的问题。此特别委员会之决议，经该级党部批准后，方发生效力”②。此种特别委员会是党内为审查党员违纪案件而成立的临时性质的审查机构，当案件审查完毕，特别委员会也就不复存在，只能在下一个案件出现时，再次设立特别委员会。

此外，党内巡视制度在党内监察中也发挥着不可代替的作用。中央苏区是土地革命战争时期，中国共产党领导建立的面积最大、人口最多的革命根据地，也是苏维埃中央政府的所在地，“全国苏维埃运动的大本营”③。同时中央苏区地处赣闽粤三省交界之地，交通不便，远离在上海的中共中央以及江西省委，为检查、指导中央苏区革命的发展，巡视制度便应运而生。从 1928 年到 1930 年，中共中央和江西省委先后派遣多名巡视员前往中央苏区巡视指导，中共中央派遣的巡视员有周肃清、刘作抚（原名刘家镇）和潘心源，而江西省委为贯彻落实中央制定的《中央巡视条例》，几乎所有的省委委员都曾轮流到下面开展巡视工作。根据 1931 年通过的《中央巡视条例》，规定巡视员的任务之一是“执行教育和提拔工农干部……同时检查各地现有的干部，将检查的结果报告给中央”④。中央苏区地处偏僻，经济不发达，导致工人及知识分子数量群体少，党员多以不识字、思想保守的农民为主，使得中央苏区党内充斥着地方主义、农民意识，加上投机的地主富农混入党的下层指导机关，使党的决议往往在下层得不到贯彻落实，如“兴国县同志，大部分负责者、活动者，都为地位（主）富农分子，故过去对于抗租债，均有拖延不理的表现，土地革命则藉口六次大会之决议认为是宣传时期”⑤，导致兴国县建政一年之久，还没有开展土地革

① 中央档案馆编:《中共中央文件选集》（1928 年），中共中央党校出版社，1989 年版，第 480 页。

② 中央档案馆编:《中共中央文件选集》（1928 年），中共中央党校出版社，1989 年版，第 480 - 481 页。

③ 江西省档案馆、中共江西省委党史教研室编:《中央革命根据地史料选编（下）》，江西人民出版社，1982 年版，第 480 - 481 页。

④ 中央档案馆编:《中共中央文件选集》，中共中央党校出版社，1989 年版，第 222 - 223 页。

⑤ 中央档案馆、江西省档案馆编:《江西革命历史文件汇集》（1930 年）中共江西省委办公厅，1989 年版，第 94 - 95 页。

命。后在省巡视员张怀万和毛泽东等人的主持下，处分兴国县党政领导十几人之后，兴国县的土地革命才得以开展。可见，巡视员在下层巡视中，不仅可以对下级党部进行检查和改造，还可以检查、推动上级决议在基层的实施。

（二）政权监督

中央苏区的政权监察在于构建了一套包括行政监察、审计监察以及司法监察在内的政权监察体系。中央苏区的行政监察制度包括从中央至地方的各级工农检察部。工农检察部成立于1931年11月中华苏维埃第一次全国代表大会，大会通过了《工农检察部组织条例》，条例明确规定，工农检察部“若发觉了犯罪行为，如行贿、浪费公款、贪污等，有权报告法院以便施行法律上的检查和裁判”①。中央苏区的审计监察主要是依托审计委员会实现的，其形成大致经历了三个阶段：财审分离型的财政（经济）审查委员会、财审合一型的中央财政人民委员部审计处、财审分离型的中央审计委员会②，地位也不断提高，到第三阶段时，中央审计委员会是直属于中央执行委员会，与人民委员会处于同一地位。不管地位如何变化，但其基本职责却未改变，仍然是“审查、稽核中央政府和各省以及瑞金直属县的预决算；审查各机关、革命团体的财政收支；审查国家企业的财务收支”③。中央苏区各地，皆曾制定过许多监察法规，具有地方性的特点，无法普适于整个中央苏区，中华苏维埃共和国建立后相继颁布的《中华苏维埃共和国宪法大纲》和一系列其他法律法规，使中央苏区形成以《中华苏维埃共和国宪法大纲》为核心、初具规模的法制体系。同时，中华苏维埃共和国临时中央政府在中央执行委员会下设临时最高法庭，在中央人民委员会下设立司法部，在地方设立各级司法审判机构，对贪污腐化分子进行依法审判。

（三）社会监督

中央苏区的社会监督体系包括工农群众监督、社团组织监督和新闻舆论监督。社会监督是在党和政府的领导下社会各界进行的自下而上的监督，对中央苏区的反腐倡廉工作有着不可忽视的作用。工农群众的监督主要是依靠“各级工农检察部或科设立的控告局和组建的突击队；在各单位及街道、村庄建立的通讯员；机关、团体、企业内部设立的轻骑队”④ 以及由工农检察机关在公开

---

① 肖居孝：《中央苏区司法工作文献资料选编》，中国发展出版社，2015年版，第28页。

② 朱钦胜：《中央苏区反腐倡廉史》，中国社会科学出版社，2009年版，第103页。

③ 余伯流、何友良：《中国苏区史》，江西人民出版社，2011年版。

④ 谢建平：《中华苏维埃共和国监察制度研究》，华东师范大学2017年博士毕业论文，第944页。

审理不涉及违法行为的官僚主义者和腐败分子时设立的群众法庭。社团组织的监督是在中国共产党于中央苏区广泛建立的群众性社团组织的基础上实现的，这些社团组织包括赤色工会、贫农团、妇女协会、赤卫队、少先队、儿童团、反帝拥苏同盟、互济会等。这些群众性社团组织的设立，密切了群众与苏维埃政权的联系，同时也有利于社团组织在各自的领域内发挥其监察苏维埃政权机关及其工作人员的功能和作用。我们"姑且不论这些社团组织在实践中的监察作用发挥是否让人完全满意，但一个不容忽视的现实，就是广大的社团组织监察制度在实践中是得到了广泛的运用，并取得了一定的效果"①。

中央苏区时期，党和政府十分重视新闻舆论在反腐倡廉工作中的作用，作为中华苏维埃共和国临时中央政府机关报，《红色中华》报在其发刊词中就明确其工作任务包括"引导工农群众对于自己的政权，尽了批评、监督、拥护的责任"，"指导各级苏维埃的实际工作，纠正各级苏维埃在工作中的缺点与错误"。②《红色中华》还专门开辟"黑板"报道苏维埃政府工作人员消极怠工、立场不坚定，"反贪污浪费专栏"则报道贪污浪费案件中有关人员的处理结果。此外《青年实话》《斗争》《红星》等苏区报刊也开辟相关栏目，"及时、集中地刊发揭露、批判腐败现象的消息和案情处理情况。"新闻舆论监督，不仅可以报道贪腐案件，揭露苏维埃政府的不良现象，提醒苏维埃政府工作人员洁身自爱，还可以唤醒民众意识，加强社会舆论批判力量，进而对中央苏区反腐大局起到防微杜渐之用。

二、中央苏区监察体系的实施成效与不足

党内监督、政权监督、社会监督三者构成了中央苏区的监察体系，为中央苏区的反腐倡廉工作作出了重大贡献，也是新中国监察体系设立的"伟大预演"。党和苏区政府领导人高度重视反腐问题，在不同场合，以不同的形式，提出要严厉惩治贪污腐败现象。监察体系在中央苏区的建立与实施，取得了显著成效，同时也不可避免地存在一些不足。

（一）实施成效

中央苏区在党和政府及社会力量三者的监督之下，对于反腐倡廉所取得的

---

① 谢建平：《中华苏维埃共和国监察制度研究》华东师范大学2017年博士毕业论文，第163页。

② 《发刊词》，《红色中华》1931年12月11日，第115页。

成效是显著的。在反贪污腐化的斗争中，“中央苏区先后严厉查处了瑞金叶坪苏维埃政府主席谢步升贪污腐化案。中央政府总务厅左祥云贪污案、瑞金县苏维埃财政部唐仁达贪污案、于都县苏维埃主席熊仙璧集体贪污案等一大批大案要案”①。以检举运动为例，董必武在《把检举运动更广大的开展起来》一文中对检举运动作了初步的总结，指出：“在检举运动中，大批的洗刷了坏分子，如中央政府各部共洗刷了六十四人，其中有九个贪污的，十五个破坏苏维埃法令和政府威信的，四十个消极怠工自由回家的。江西乐安县一级及善和增田两区乡共洗刷了七十二人、万太县区各机关中洗刷了六十人，胜利县一级共二十三人，石城县一级洗刷了二十人、区一级二十五人、乡一级四人。福建曙光县共洗刷了七十四人。粤赣于都在县一级共洗刷了三十八人，在区乡共五十五人，合作社洗刷了三十一人。西江在县一级洗刷了二十人，区乡共六十人。会昌检举才开始，已在县一级洗刷了九人。”②

中央苏区反腐倡廉所取得的成效不仅仅在于查处多少贪污腐化分子、审理多少案件、挽回多少损失，还在于纯洁了革命队伍，强化了苏区党员干部一心为民的宗旨意识，密切了党群干群关系，增进了苏区群众对党和苏维埃政府的政治认同和情感支持，确保了反“围剿”战争和经济建设的顺利开展；其次，促进了苏区干部好作风的形成，通过党内监督、政权监督和社会监督，在中央苏区逐步形成一种不想腐、不能腐、不敢腐的氛围，在广大干部中逐渐培养出一种艰苦奋斗、清正廉洁、任劳任怨、一心为民的优良作风，努力创造“第一等的工作”，推动苏区革命事业健康发展。长征前夕，中央审计委员会发表《关于四个月节省运动总结》指出，“只有苏维埃是真正的空前的廉洁政府”③。可见，中央苏区政府被誉为“最廉洁的政府”是名副其实的。

（二）不足之处

1. 行政体制的束缚。中央苏区的行政体制对监察体系的束缚是先天性的。中央苏区在 1933 年第四次反“围剿”胜利后，进入鼎盛时期，设有江西、福建、闽赣、粤赣 4 个省和瑞金直辖县，共有 60 个行政县，疆域总面积约有 8.4 万平方公里，共有人口 453 万人，红军 13 万人④。在行政体制上，中央苏区采

---

① 江西省档案局编：《防尘扫埃　地净天蓝——回望中央苏区反腐倡廉岁月》，江西人民出版社，2013 年版。

② 董必武：《把检举运动更广大的开展起来》，《斗争》，1934 年 5 月 26 日。

③ 《关于四个月节省运动总结》，《红色中华》，1934 年 9 月 11 日。

④ 余伯流、凌步机：《中央苏区史》，江西人民出版社，2017 年版，第 577—579 页。

取“中央——省（苏）——县（苏）——乡、区（苏）”的管理模式，看起来没什么问题，但中央苏区的总面积才8.4万平方公里，而且还设有4个省，这就导致中央苏区不仅机构众多，呈叠屋架床之势，机关工作人员也众多，这在无形之中导致腐败现象增多，特别是越到基层，腐败情况越严重，因为底层距离中央一级太远了。这种情况势必导致监察困难加重，进而增加监察人员，最后就连监察机构也越来越臃肿。

2. 监察法律不完善。中央苏区依靠党内监督、政权监督、社会监督，建立了一套严密的监察体系，竭力遏制贪污腐化现象的发生，但事实上贪污腐化现象屡禁不止，监察体系查办了诸多案件，也惩办了许多贪污腐化分子，虽给普通民众以振奋，拍手称快，实际上监察体系只做到了事后处理，没有做到预防监督，落入过度重视监察惩处的极端主义现象之中。这种现象的发生根本在于监察法律的不完善。中央苏区的监察法律，大多是对贪污腐化分子的惩治法律，缺乏对预防反腐法律的重视。中央苏区时期，尚未制定出一部包括惩处条例和训令在内的反腐法律，惩办贪污分子主要是由党章、当地政府法令、中央政府训令、工农群众要求进行。同时中央苏区监察法律的不完善还体现于监察制度细则的不完善、不到位，“存在着简单化的倾向，大多依赖于各项监察制度的工作内容和工作职责展开，缺乏具体的实施条例和工作机制的指导，致使监察制度在具体的实践过程中出现了部分偏差，甚至于在对苏区出现的较为严重的肃反扩大化等现象面前也无能为力。”①

3. 重人治轻法治思想。中央苏区时期是革命战争年代，赤白对立严重，人权无法保障的现象在中央苏区的反腐倡廉工作中也有体现，最明显的就是重人治轻法治的工作思想。中华苏维埃共和国是以工农联盟为基础的国家，工农阶级积极参与到国家治理之中，反腐工作也不例外。如上述群众法庭，其审理的主要案件是不涉及犯法行为的案件，审理案件时，法庭会事先邀请许多群众到场，到会群众都有发言权和表决权，且法庭审理结果是以到会群众的大多数表决为主，这就导致没有法律或者只有一点法律基础的群众作为审判员审判贪污分子，群众按自己的意愿审理案件，出现法律判决不当甚至错误也就在意料之中。

法国著名心理学家古斯塔夫·勒庞曾对陪审团、群众法庭作过经典论述，这可为中央苏区群众法庭审判结果提供有力佐证。勒庞在研究陪审团时指出，

---

① 发刊词.《红色中华》，1931年12月11日，第155页。

陪审团成员容易受到他人的暗示、影响，而且这种暗示、影响基本上是由无意识的情感引导，不管是来自上层领导的或者是周边同伴的，同时他们还存在论证能力弱的缺点。此外，陪审团还向我们“证明了智力水平有多么不重要。当审议大会为了就一个不完全是技术性的性质问题给出意见而被召开时，智力毫无用处”①。群众法庭也毫无疑问地存在这些问题。重人治轻法治的情况在党内也存在着。刘作抚给中央的报告曾提到，在中央苏区早期，“与党无关的犯人都要来问过党部，党部说杀，由政府一出布告就杀”②。毛泽东在当时也认为，“党员理论常识太低，须赶紧进行教育”③，只有加强党员的法治意识，监察制度才能在恰当、合法的运行中体现其价值并落到实处。

三、中央苏区监察体系的现实启示

作为中国共产党全面执政前夕的“伟大预演”，中央苏区监察体系对新中国特别是当下我国监察体系的完善以及深入开展反腐工作具有重要的启示与借鉴意义。

（一）坚持党的初心

中央苏区时期，毛泽东曾反复对苏区党员干部强调，“真正的铜墙铁壁是什么？是群众，是千百万真心实意地拥护革命的群众。这是真正的铜墙铁壁，什么力量也打不破的，完全打不破的。”④ 要求党员干部“要像和尚念阿弥陀佛那样，时刻叨念争取群众，密切联系群众，一刻也不能脱离群众”。⑤ 要切实关心群众生活，“解决群众的穿衣问题，吃饭问题，住房问题，柴米油盐问题，疾病卫生问题，婚姻问题”⑥。不仅要求党员干部牢记，贪污浪费是极大的犯罪，而且要求苏维埃监察体系的建立必须以维护苏维埃政权和广大苏区民众的切身利益为工作的出发点。在新的历史时期，习近平总书记指出，无论我们走得多远，都不能忘记走过的路；无论我们走到多么光辉的未来，都不能忘记为什么出发。党的根基在人民、党的力量在人民，中国共产党的初心就是“为中国人民谋幸

---

① ［法］古斯塔夫·勒庞著，刘旭东译：《乌合之众》，台海出版社，2016 年版，第 164 页。

② 《中央革命根据地史料选编（上）》江西人民出版社，1982 年版，第 247 页。

③ 《毛泽东书信选集》，中央文献出版社，2003 年版，第 22 页。

④ 《毛泽东选集》第 1 卷，人民出版社，1991 年版。

⑤ 李小三：《苏区干部好作风》，江西人民出版社，2011 年版。

⑥ 《毛泽东选集》，人民出版社，1991 年版，第 138 页。

福”。贪污腐败行为是损公利己的行为，对国家、人民造成严重的损失，国家的监察机构应该坚守初心，完善监察体系，发挥监察的作用，严厉打击包括贪污腐败在内的所有违法犯罪行为，挽回、降低国家和人民的损失，始终维护人民群众的利益，“为中国人民谋幸福”。

（二）加强法治建设

中央苏区时期，监察体系中人治的思想较浓厚，造成许多冤假错案发生，这是中央苏区监察制度中的不足之一，也是我们应汲取的教训。但这并不表明在中央苏区没有法治观念、法治思想。1933 年 10 月 12 日，工农检察部部长何叔衡发出批示，指出：“江西省苏裁判部第一八二号判决书关于贪污王承谱判决枪毙及李佐都判处监禁二年的并案，是过‘左’的判决，根据案件事实，王承谱只是贪污公款，不见有反革命重大行为，处以死刑是非常失当的，应改为监禁一年，剥夺公权一年；李佐都改处监禁六个月，剥夺公权一年，所贪污的财物追缴还公家。宣布原判无效。”① 可见，法治思想、观念与人治思想相比只是稍显淡薄而已，在中央苏区并不是不存在。新中国成立后，我国的监察体系不断完善，但仍不可避免地出现冤假错案。如“聂树斌案”。这些冤假错案的发生，其背后有着极其复杂的原因，但一个根本性的原因就是我国目前的法治建设还不够健全，监察体系还不够完善，只有加强法治建设，建设法治国家，切实做到依法监督、审理案件，才能真正杜绝冤假错案，保证检察工作的公平与公正。

（三）加强社会监督

中央苏区时期非常重视发挥社会力量对机关工作人员的监督，如在乡、村通衢之地设立控告箱、组织突击队、轻骑队，对苏区工作人员的工作情况以及官僚、贪污腐化等现象进行检查。此外还充分发挥舆论监督的作用，进行检举、报道贪污腐化现象。如在《红色中华》开辟“黑榜”、“铁锤”专栏，在《斗争》报开设“批评与自我批评”专栏，对违法违规事件或人物进行无情的揭露，使之几无藏身之地。社会监督在中央苏区反腐工作中发挥出巨大威力。当前，社会主义建设进入新时代，市场经济愈加活跃，党员干部及手中拥有公权力的工作人员面对的诱惑越来越大，贪污腐败的表现形式已远非中央苏区时期所能比，反腐形势也越来越严峻。当前，反腐工作必须在强化党内和政府监督力度

① 江西省档案局编：《防尘扫埃　地净天蓝——回望中央苏区反腐倡廉岁月》，江西人民出版社，2013 年版，第 397 页。

的同时，借鉴中央苏区的经验，在坚持法治的前提下，加强社会监督，重视发挥多元化舆论监督的力量，及时处理社会监督反馈的信息，并随时公布于众，提高腐败成本，进一步遏制腐败现象的发生，提升群众对中国共产党的执政信心。

中央苏区时期是中国共产党探索治国理政之道、积累执政经验的重要时期，也是夺取全国政权、实现全面执政的伟大预演。面对腐败这一千年难题，中国共产党在中央苏区先后制定了党内监察、苏维埃政府监察等正式制度，以及由诸多社会监察组合的非正式社会监督制度，构建了一套与中央苏区政治经济相适应的、比较完备的监察体系。在这套体系中，党内监督、政府监督、社会监督是中央苏区监察体系的重要组成部分，三者缺一不可，共同为中央苏区反腐倡廉工作作出了巨大贡献，有效遏制了各种贪污腐败现象的滋生蔓延，为中央苏区获得了“最廉洁的政府”美誉，并保持了党的纯洁性。在中国特色社会主义建设进入新时代的背景下，这些措施对完善我国当前的检察工作积累了宝贵的历史经验，留下了丰富的历史智慧与启迪。

中共长征时期全面从严治党的历史经验考察

遵义师范学院　裴恒涛

习近平总书记多次强调，历史是最好的教科书，中国革命历史是最好的营养剂。认真总结党的历史，更好发挥党的历史鉴今、资政作用，是新形势下推动党和国家事业不断发展的迫切需要。中共党史中丰富的经验教训为当下全面从严治党提供了宝贵历史镜鉴。从严治党是中共的优良传统和宝贵经验，长征时期是中国共产党领导的民主革命的一段特殊时期，期间从严治党的历史经验弥足宝贵，有一定的现实意义。关于民主革命时期中共从严治党的问题，学界作了相关研究，涉及民主革命时期中共从严治党的历史考察，包括从严开展思想教育、从严培育优良作风、从严推进组织建设、从严建立党的制度等方面，① 有学者分析了红军长征与党对军队绝对领导的历史经验问题，② 有学者则分析了从严治党的重要前提严明纪律问题。③ 本文在学者研究基础上，试对中共长征时期全面从严治党的历史经验进行梳理。

一、中共长征时期从严治党的历史背景

1. 客观方面：长征时期，中国革命处于特殊时期、转折时期。这一时期，中共领导的苏维埃运动开始从失败中寻求胜利转折，即如遵义会议决议指出所指：中央苏区、湘鄂赣苏区、湘赣苏区与闽浙赣苏区变为游击区，苏维埃革命

① 肖贵清、王然：《民主革命时期中共从严治党考察》，《中国高校社会科学》，2016 年第 4 期。

② 袁新涛：《红军长征与党对军队绝对领导的历史回顾及经验启示》，《党政研究》，2016 年第 5 期。

③ 梁柱：《严明纪律是从严治党的重要前提》，《中国特色社会主义研究》，2013 年第 3 期。

运动中出现挫折。① 长征时期，也是中国的阶级矛盾和民族矛盾发生重要转换的时期，即随着日本帝国主义侵华的加剧，中华民族的民族危机不断加深，换言之，伴随着中日民族矛盾的不断激化，这一阶段成为国内革命战争向抗日民族解放战争转折的重要时期。但由于蒋介石国民政府囿于其阶级及集团利益，顽固坚持并贯彻其“攘外必先安内”政策，助长了民族危机的加深，使抗日民族统一战线的建立颇费周折，蒋介石国民党军事集团集中全国政治军事经济资源对中国共产党领导的苏区政权及工农红军竭力绞杀，给中共的生存环境造成了极大压力。总之，客观方面，这一时期总的特点是革命出于暂时的低谷，党和红军面临强敌和恶劣的生存环境的严峻考验。

2. 主观方面：长征时期，面对中国革命的低潮以及严峻的困难局面，以农民为主体的中国共产党内部各种错误思想不时出现，使党面临严峻形势、生死考验。全国而言，共产党员数量的急剧减少，如第五次反“围剿”失败前全国有党员 30 多万人，而长征结束不久、西安事变前后全国党员的数量只有 4 万。② 特别是长征初期，在党和红军面临极端困难的处境下，一些共产党员对革命的前途丧失信心，脱离革命队伍，甚至变节投敌。此外，各种“左倾”或右倾的思想在一部分党员干部中广泛存在，对党和红军的战略行动造成消极影响。王明“左”倾教条主义直接导致中央苏区第五次反“围剿”战争失败，其追随者博古等人坚持“左”倾错误思想，给长征初期的行军与作战造成不利影响。张国焘的右倾机会主义、军阀主义思想，一度对长征中的党和红军造成极大危机。正如新中国成立后毛泽东对斯诺的采访中指出，1935 年长征途中在草地与张国焘之间的斗争是其一生中最黑暗的时刻，“当时党面临着分裂，甚至有可能发生前途未卜的内战”。③

二、中共长征时期全面从严治党的历史考察

全面从严治党，核心是加强党的领导，严肃党的政治纪律和政治规矩，严肃党内政治生活，加强党内监督和制度保障，坚持人民立场，始终保持党同人民群众的血肉联系。

1. 加强党的思想建设，用科学的马克思主义理论和观点武装党员干部

① 中共中央党史资料征集委员会：《遵义会议文献》，人民出版社，1985 年版，第 25 页。
② 安振华：《延安时期与延安精神研究》，陕西人民出版社，2014 年版，第 101 页。
③ 斯诺：《红星照耀中国》（修订版），河北人民出版社，1992 年版，第 373 页。

思想建党是党的建设的首要工作，也是中国共产党区别于其他政党的一大特色。长征中，中国共产党的思想建设主要是通过党在红军中的思想政治工作完成的。中国共产党在红军中的革命的政治工作，是红军与白军相比的优势所在，是红军长征中的生命线。长征中，中国共产党坚持自身的思想政治建设，不断纠正自身错误，用科学的马克思主义的理论与观点武装全体党员，指导广大红军官兵，发挥了领导核心的作用。以博古为首的临时中央，从1933年春由上海迁到中央根据地以来，在军事、政治、组织各方面贯彻王明的“左”倾路线，军事采取进攻的冒险主义、防御中的保守主义、撤退中的逃跑主义，政治上在统一战线方面实行的关门主义，是造成第五次反围剿失败及长征初期被动挨打的一个重要原因。长征中，党和红军在行军和作战的实践中，不断总结经验教训，自觉用马克思主义理论和观点武装全党。以遵义会议为标志的系列会议纠正“左”倾错误，确立毛泽东在党和红军中的领导地位，重新确立实事求是的马克思主义思想路线，确立符合中国国情的军事路线，树立了长征中党的思想建设的典范。其他根据地及红军在党的领导下，在长征时期的实践斗争中，同各种错误路线和思想做斗争，加强党的思想建设，努力建设马克思主义指导下的无产阶级政党。如红二、六军团会师以后，在任弼时同志为首的省委及贺龙同志为首的军分区领导下，强调党的领导和建设，开展反对夏曦同志的肃反扩大化和一度削弱党的领导和解散政治机关的错误做法，在军团内进一步恢复和健全了党、团组织。

认清形势，不断保持正确的路线，走在时代的前列，保持党的先进性。长征中，中国共产党人总揽全局，运筹帷幄，及时地根据国内外阶级矛盾的动向调整自己的方针政策，特别是随着日本帝国主义侵华不断加剧，中日民族矛盾日益成为当时中国社会主要矛盾，而国共两党的阶级矛盾暂时退居次要地位的大势，及时调整战略，实行抗日民族统一战线的策略和总方针，实现了从国内战争向民族解放战争的转变。《两河口会议》重申北上陕甘的方针，《瓦窑堡会议》批判了党内认为中国民族资产阶级不可能和中国工人农民联合抗日的错误观点，确立抗日民族统一战线的策略。会后，毛泽东作的《论反对日本帝国主义的策略》报告，系统地提出了建立抗日民族统一战线的问题，总结了两次国内革命战争时期的基本经验，规定了党在民主革命时期的基本路线。

坚持马克思主义理论联系实际的观点，制定正确的革命路线，同错误的路线进行斗争，这是长征胜利的重要保证，正如刘伯承回顾长征的历程后所说：“长征是彻底纠正了‘左’倾错误路线，确立了毛泽东同志正确路线的领导，才取得胜利的；长征是在与张国焘的右倾机会主义路线和他的分裂阴谋作了坚决斗争，并坚持了毛泽东同志的正确主张，才取得胜利的。”①

加强党的思想建设，必须发挥好党的思想政治工作的优势，团结教育广大干部。如通过开办红军大学，耐心细致地对党和红军的干部开展思想政治工作。长征路上，开办红军大学，是培养思想政治素质高、军事业务能力强的红军干部的重要方式。1935年6月，红一、四方面在四川西北部会合后，为提高干部的军事政治水平，适应抗日救国的需要，党中央决定，把红一方面军干部团和红四方面红军学校合并，成立中国工农红军大学。红军大学的教育方针是“理论联系实际，全面培养干部”，即把马列主义的原理，特别是军事方面的理论，结合当时斗争的实际，需要什么学什么，缺什么补什么。教学课程主要设政治课和军事课。在政治教育方面，开设了中国革命史、中共党史、马列主义理论知识和军队政治工作等课。着重讲红军的性质、任务和宗旨，组织学习党的抗日民族统一战线政策，以及党的民族自治、民族平等、民族联合等政策。在军事教育方面，主要开设了《苏联红军战斗条令》和《苏军野战条令》课程。同时油印《红炉》作为校刊。要求把学员培养成为有高度政治觉悟，有指挥作战本领，有管理教育能力，有艰苦奋斗不怕牺牲精神的红军干部。

长征路上，党的领导干部经常开展耐心细致的思想政治教育工作。任弼时长征中经常说“越是艰难困苦，越要发挥我党政治工作的威力”。② 关向应、成仿吾同志，也时常用各种生动活泼的方式进行简短的鼓动和教育。他们经常给战士讲故事，如讲革命导师马克思在断了经济来源的饥荒中如何伏案写《资本论》；讲十月革命后，列宁怎样带领群众粉碎白匪的经济封锁，战胜了饥荒；讲太平天国的将领在断水断粮的困境中如何带头吃牛皮、树皮；讲自己的留学故事及如何弃文参加革命。这些生动故事或切身体会，避免了泛泛而谈的说教式的长篇大论，滋润了广大红军战士的心，振奋了革命精神，鼓舞了革命斗志。

2. 加强纪律建设和制度建设，落实民主集中制，实行批评与自我批评，用严格的纪律约束党员干部

严明组织纪律，加强民主集中制，实行批评与自我批评，是马克思主义政党的重要原则，是加强党的自身建设，保持党内活力，发挥党的战斗力的重要

---

① 中国人民解放军历史资料丛书编审委员会：《红军长征·回忆史料（1）》，解放军出版社，1990年版，第15页。

② 中国人民解放军历史资料丛书编审委员会：《红军长征·回忆史料（2）》，解放军出版社，1992年版，第241页。

制度保障。长征中具有转折意义的遵义会议的胜利召开，即是实行民主集中制的典范。遵义会议的绝大多数与会者，包括博古同志在内，识大体，顾大局，忠于党的事业，显示了高度的马克思主义原则性。此外，保守军事秘密，服从组织安排。服从上级命令，服从大局，党指挥枪，指哪里打哪里，是长征中纪律建设的重要方面，也是长征这一危急环境中战略转移出奇制胜的保证。红军长征的部署是在秘密的情况下进行的，长征初期许多红军指战员甚至包括红军的高级将领对红军的意图及前进方面并不清楚，但他们依然坚持党性修养，服从大局，严守党的组织纪律，服从组织决定。如长征中在担任全军殿后的红五军团红三十师工作的团级干部韩伟回忆说："刘伯承同志非常守纪律。他虽然受到不公正的待遇，对'左'倾教条主义者的那套错误的东西，自然比我们体会更深，但他并没有在部属面前流露任何不满情绪。当我大胆地问他：部队是不是要有大的行动？刘伯承同志却回避这个问题，并严肃地说：部队中有议论，当领导的要做好思想工作，稳定指战员的情绪。刘伯承同志这样严守纪律，使我深受教育。"①

严守组织纪律，服从中央的统一领导。长征中，以毛泽东为核心的党中央领导的陕甘支队与陕北红军红十五军团会师会，红十五军团编入红一方面军，红十五军团长徐海东强调组织纪律观念，大局意识，他多次表示说："现在情况不同了，有党中央直接领导，今后一切大政方针由中央掌管，我们就照中央指示办，要执行好，贯彻好。他教育部队，要尊重和服从中央的领导，要求全体干部、党员要保持自觉的党性和高度的组织纪律性。"②

严肃纪律方面，中国共产党在长征中注意正反面典型的示范作用，教育广大党员干部群众。陈云曾说："军队有大批党员也是保证我们西征胜利的一个原因。在某些部队中，党员占了百分之四十。连长以上的指挥员一律都是共产党员，大多数排长也都是党员或共青团员。军队里的共产党员，无论是指挥员，还是普通战士，都作出了勇敢无畏、忠于党、忠于工人阶级的表率。""军队里实际上集中了我们党的全部精华"。③ 在长征的每次攻坚战斗中，共产党员身先士卒，冲锋在前，不怕流血牺牲，涌现了许多可歌可泣的优秀共产党员形象。如湘江战役中担任后卫的红三十师师长陈树湘，在圆满完成阻敌任务后，身负

① 中国人民解放军历史资料丛书编审委员会：《红军长征·回忆史料（1）》，第150页。

② 中国人民解放军历史资料丛书编审委员会：《红军长征·回忆史料（2）》，第32页。

③ 陈云：《关于红军长征和遵义会议情况的报告》，刘统整理注释：《亲历长征：来自红军长征者的原始记录》，中央文献出版社，2006年版，第15页。

重伤，寡不敌众，不幸落入敌手，敌人用担架抬着陈师长去向上级邀功请赏，陈树湘乘敌不备，用手从腹部伤口处绞断肠子，壮烈牺牲，年仅29岁，实现了他“为苏维埃新中国流尽最后一滴血”的誓言，其惊天地、泣鬼神的壮举再次证明了共产党人是用特殊材料制成的，可以战胜和克服各种心理及生理的考验。

对触犯党纪、军纪的行为进行严厉处罚。如1934年10月30日，中央红军红五军团第九师供给部军实科长因在双元附近遗失冲锋枪子弹二千余发，于当日上午将其扣留送军团高级裁判所。① 11月11日，第九师三十七团一营代营长李发长政治动摇，有反革命企图，决定撤职逮捕送保卫局。② 在长征中，吃饭是最大的问题之一，“粮食就是生命，粮食就是政治”。红二军团红六师17团某个连队的政治指导员在给全连发青稞面粉时，悄悄为自己多拿了一把。此事迅速反映到上级政治机关，引起震动，就因为一把粉子，这个指导员被撤了职，军团政治部主任甘泗淇亲自签署了处分决定。师部在部队中宣布这个处分决定，并对这个指导员进行严厉批评。③ 在四川草地毛儿盖藏民区，红军总部命令要遵守三大纪律八项注意，严守民族政策。贺子珍的弟弟贺敏仁因自由散漫，骄傲自大，忍受不了长征路上的艰苦，擅入喇嘛寺拿了藏民的铜板，触犯了红军铁的纪律，被处以枪毙。此事不乏内部斗争的牵连，对贺敏仁的控告有夸大之嫌，但体现了长征中红军铁的纪律及在纪律面前的人人平等。贺子珍（别名贺自珍）在谈到此事说：“如果这件事发生在平时，当然可以争个是非曲直，但当时是战争，是红军生死存亡的紧要关头，一切都要服从这个大局，不能干扰毛泽东对军队指挥工作的进行。即使有人有意的陷害，我也要用红军的纪律约束自己，也要用红军的纪律严格要求自己的亲人。”④

3. 加强作风建设，保持优良作风，时刻保持同人民群众的血肉联系

党和红军在长征的艰苦岁月里，把革命党和军队的优良传统发扬光大，培育出了伟大的长征精神。其中最主要的就是做到官兵一致，军民一致。长征中，党和军队的领导干部始终保持优良的革命作风，和广大战士和人民群众在一起，共甘共苦，患难与共。党在红军战士和人民群众中有威信，有号召力。正如化名廉臣的陈云所言：“在别的军队中当一团长，个人生活已极奢华，更无论师长

---

① 陈伯钧等：《红军长征日记》，中国档案出版社，1986年版，第9页。

② 陈伯钧等：《红军长征日记》，中国档案出版社，1986年版，第13页。

③ 中国人民解放军历史资料丛书编审委员会：《红军长征·回忆史料（2）》，第400－401页。

④ 王行娟：《贺自珍的风雨人生》（第2版），辽宁人民出版社，2008年版，第165页。

军长矣。但赤军军官则相反是：红军军官之日常生活，真是与兵士同甘苦。上至总司令下至兵士，饭食一律平等。赤军军官所穿之衣服与兵士相同，故朱德有‘火夫头’之称。”“这种赤军军官与兵士同甘共苦之日常生活，确为国内其他军队之军官所无。也正因为赤军领袖在日常生活上与兵士同甘苦，所以虽在各种困难环境之下，而红军兵士仍毫无怨言。”① 榜样本身就是最有力的政治工作，长征中，党和红军的高级干部率先垂范，关心爱护战士，保证了党领导的革命队伍的紧密团结，迸发出无穷的战斗力。如长征中，党和红军总部要求各级领导干部亲自做收容工作，发动党团员对体弱有病的同志进行协助，帮助掉队人员背枪和背包，并动员一切马匹运送伤病员。任弼时和贺龙等同志以身作则，用自己的乘马，往返抢救生病的干部和战士。此外，在长征的艰难日子里，任弼时同志坚持和干部战士同甘苦共患难，从不搞特殊。他经常和大家一起走路。没有床，他就和战士们一样睡在稻草堆里。没有粮食，他和同志们一起吃南瓜、红苕、玉米，一起吃野菜、野果，还啃过牛皮。战士挨饿受冻，他也同样挨饿受冻。正如红二、六方面军参加长征的同志指出：“我们部队就是靠加强政治思想工作，靠官兵亲密团结，英勇顽强的战斗精神，去征服雪山、草地等险阻的。”②

长征中，党同人民群众建立了密切的关系，无论是党和红军的高级干部，还是普通党员战士，都自觉践行党的力量在人民，党的根基在人民，全心全意为人民服务。广大党员干部关心群众疾苦，以实际行动改善民生。如毛泽东等党和红军领导人送衣物给少数民族群众，同少数民族群众促膝谈心，嘘寒问暖。在民族聚居地区，努力贯彻党的民族政策，尊重少数民族的风俗习惯、宗教信仰及语言文字。

加强纪律监督方面的制度建设，把权力关在制度的笼子里。长征中党依据不同的地区环境，各级党组织制定了系列群众纪律规定。如中央红军长征在广西发布的《关于对苗瑶民的口号》，在贵州期间制定的《关于注意与苗民关系加强纪律检查的指示》《关于进入城市执行政策的规定》。红四方面军在西康等地制定的《番区十要十不要》《回区十要十不要》。红二十五军在甘肃制定“三大禁令，四项注意”等。

① 陈云：《随军西行见闻录》，刘统整理注释：《亲历长征：来自红军长征者的原始记录》，第46页。

② 中国人民解放军历史资料丛书编审委员会：《红军长征·回忆史料（2）》，第371页。

4. 加强党的组织特别是基层党组织建设，发挥其战斗堡垒作用

加强党的基层党组织建设并发挥其战斗堡垒作用是长征中从严治党的重要方面。一是发挥好支部建在连上的优良传统，发挥红军中基层党组织的战斗堡垒作用。支部建在连上，是红军的优良传统，也是党领导人民军队和保持人民军队战斗力的重要方式。毛泽东同志曾指出："红军所以艰难奋战而不溃散，'支部建在连上'是一个重要原因。"长征过程中，红军重视连队组织工作，如总政治部1935年4月6日发布关于连队组织工作训令，对红军连队组织工作机构的设置、工作职能进行了明确，如规定连队设立党支部、列宁青年组、政治战士、十人团及地方工作组，十人工作团主要帮助连指导员对个别政治落后分子和新战士进行政治解释教育。地方工作组除进行宣传争取群众、扩红之外，应对本连队的纪律严格检查，保障本连队纪律的巩固。① 在紧张的行军和战斗之余的休息中，红军各军团经常召开支部会议，进行精神鼓动，如童小鹏回忆军团司令部及直属队长征前夕在铜锣湾召开支部大会进行动员，"说明这次反攻的意义，要大家发扬艰苦奋斗不怕牺牲的精神，准备走夜路，爬大山，打大仗，党团员要起模范作用"。② 对于长征中有开小差思想的战士，党小组密切关注，召开连队党小组会议，研究具体帮助办法，耐心说服教育帮助有开小差思想的同志，使他们消除顾虑，坚定信念。如长征时在红1军团2师5团2营当机枪排长，同时担任党小组长的陈国球曾回忆了活跃在长征路上的党小组的工作情况，他们战斗当先锋，危险任务党员上，还成功解决了战士李国发开小差的思想苗头，经过党小组同志的一番耐心细致的思想启发教育，使李国发提高了阶级觉悟，认识到了自己想法的错误，成长为一名优秀的革命战士和共产党员，胜利走完长征，光荣牺牲在东征战役中，为解放事业流尽最后一滴血。③ 长征中，红军基层党组织的支部书记发挥了先锋模范作用，有的为党的事业献出了宝贵的生命，在红军指战员面前树立了不朽的丰碑。《红星》报曾以《这样坚决勇敢的支部书记，我们应该学习他》为题报道了红军某连支部书记朱锡林同志的光荣事迹，他在南岭背战役中，当敌人冲锋到四、五十米时，他一个人跑到最前面打手榴弹阻住敌人，掩护了全营安全的撤退，在枪林弹雨中光荣牺牲。④

---

① 《贵州社会科学》编辑部：《红军长征在贵州史料选辑》，1983年内部出版，第80页。

② 中国人民解放军历史资料丛书编审委员会：《红军长征·回忆史料（1）》，第106页。

③ 中国人民解放军历史资料丛书编审委员会编：《红军长征·回忆史料（2）》，第51－55页。

④ 《这样坚决勇敢的支部书记，我们应该学习他》，《红星》（报）1934年11月25日。

二是在长征经过的地区，尽可能建立秘密的群众组织与党的支部。如长征中发行的红军机关报《红星》报社论强调红军所到之处，要武装当地工农积极分子，动员他们加入红军，建立新的游击队与独立团、营，“建立我们党的支部，是我们的中心任务”。① 红军长征中成立了不少地方党支部，如中央红军长征过湖南宜章期间，“介绍了□□新党员，成立了□个党的支部”②。在贵州期间，党中央建立了长征途中唯一的一个省级党组织——中共贵州省工委。如李维汉回忆，红军二占遵义时，“我们在遵义城外一个农民家中开会，经中央批准，成立了中共贵州工作委员会，成员有林青、邓止戈、秦天真等，仍由林青负责。”③ 等等，这些长征中建立的基层党组织，对于加强党的建设，发动组织群众，传播党的声音，扩大党的影响，推动长征胜利，起到了重要作用。

三、中共长征时期从严治党的历史经验借鉴

1. 善于把握形势，总揽全局，始终走在时代的前列

习近平总书记指出，长征是一次理想信念的伟大远征，长征是一次开创新局的伟大远征。中国共产党在长征中，坚定共产主义的信仰，坚定革命必胜的理想信念，自觉根据国内外阶级矛盾的变化，不断地加强思想建设，克服各种错误指导思想的干扰，适时调整自己的战略方针，把北上抗日从宣传口号的层面落实到建立抗日民族统一战线的实践层面，落脚抗日战争的前线陕北，使中共逐渐成为中华民族抗日民族解放战争的中流砥柱。

当下，全面从严治党，正是站在世界发展大局和中共发展过程中面临的重大问题的基础上考虑的。世界形势多变，中国共产党作为世界上最大的执政党面临的风险与考验也前所未有。这就需要中国共产党人不忘初心，坚定社会主义和共产主义的理想信念，练就“金刚不坏之身”，用科学理论武装头脑，不断培植共产党人的精神家园。就要求共产党人与时俱进，总揽全局，运筹帷幄，科学把握时代大势，紧跟时代潮流。

2. 善于重点突破，把思想和作风建设作为从严治党的重心

全面从严治党，千头万绪，是项系统工程。长征中，中国共产党在极端危急的环境中，始终坚持把思想和作风建设作为坚持党的领导，发挥党组织战斗

---

① 《在新的环境下的政治工作（社论）》，《红星》（报）1934 年 10 月 25 日。

② 《宜章城市工作的经验》，《红星》（报）1934 年 11 月 25 日。

③ 李维汉：《回忆与研究》（上），中共党史资料出版社，1986 年版，第 357 页。

堡垒作用的重中之重。坚持对党内存在的主观主义、军阀主义、官僚主义等错误思想作斗争，以遵义会议为代表重新恢复了党的实事求是的思想路线，以俄界等系列会议同张国焘的军阀主义、分裂主义作坚决的斗争，保持了党的队伍的纯洁性和战斗力，为长征的胜利奠定了思想基础。

当下，全面从严治党，就要把思想和作风建设作为根本来抓，以踏石留印、抓铁有痕的劲头抓作风建设，筑牢全体党员的思想防线。始终坚持用马克思主义的基本观点、理论和方法武装、教育全体党员，并在实践中不断完善和发展马克思主义理论体系。就是要善于运用马克思主义中国化的最新成果中国特色社会主义理论体系来武装全体党员干部。始终保持党全心全意为人民服务的宗旨，坚持党的群众路线教育，克服各种脱离群众的不良作风，彻底坚决地进行反腐败斗争，反腐倡廉常抓不懈，建立健全惩治和预防腐败体系，始终保持党同人民群众的血肉联系。

3. 注重加强纪律建设、制度建设和法制建设

“加强纪律性，革命无不胜”。长征时期是中国共产党历史上的危急时期，严酷的自然条件，强大的敌人，内部的各种斗争，时刻考验着中国共产党人。长征路上，中共及其领导的红军用严明的政治纪律、组织纪律、群众纪律，保证了党和红军的团结，保证了党和红军同人民群众的血肉联系，为长征的胜利乃至中国革命的胜利奠定了坚强的纪律和制度保障。

严明的纪律是全面从严治党的保证。正如习近平总书记强调：“党面临的形势越复杂、肩负的任务越艰巨，就越要加强纪律建设，越要维护党的团结统一，确保全党统一意志、统一行动、步调一致前进。”① 全面加强从严治党，就必须严明党的纪律，包括严明政治纪律和组织纪律。遵守党的政治纪律，就是始终坚持党的领导，坚持党的基本理论、基本路线、基本纲领、基本经验、基本要求，同党中央保持高度一致。严明党的组织纪律，就是严格贯彻党的民主集中制这一根本组织制度和领导制度，用严明的组织纪律，增强党性修养，约束党员干部的行为，把权力关在制度的笼子里，老虎苍蝇一起打；加强军队思想政治工作，加强党对军队的绝对领导，保持人民军队的革命本色；强调制度反腐，建立反腐倡廉的长效机制，遏制腐败行为的高发态势，保持风清气正的政治生态。

总之，长征是中国共产党人重塑自信心的重要历程，是中国共产党人全面

---

① 《习近平总书记系列重要讲话读本》，人民出版社，2014 年版，第 172 页。

从严治党、治军的生动案例。正如十九大报告强调“勇于自我革命，从严管党治党，是我们党最鲜明的品格”，认真梳理中国共产党长征时期全面从严治党的历史经验，对于全面建设小康社会进入决胜阶段、中国特色社会主义进入新时代关键时期，加强党的建设，坚持全面从严治党，不断增强党自我净化、自我完善、自我革新、自我提高的能力，始终保持党同人民群众的血肉联系，具有重要的历史借鉴意义。

结合新时代特点大力弘扬中国共产党革命精神

嘉兴学院　赵金飞　冯彦娟

伟大的事业孕育伟大的精神。中国共产党的历史，是一部党领导人民进行革命、建设和改革的奋斗史，也是一部不断铸造崇高革命精神的文明史。90多年来，我们党培育并形成了一系列彰显马克思主义政党性质、展现中国共产党人精神形象的革命精神。在长期革命斗争中，中国共产党之所以由小变大、由弱变强，能在前进道路上战胜各种艰难险阻、不断夺取一个又一个的新胜利，这与其高度重视革命精神建设是密不可分的。然而，在中国特色社会主义新时代，我们党面临的首要危险是精神懈怠。因此，结合新时代特点大力弘扬以"红船精神"为源头的中国共产党革命精神，对于增强"四个自信"，统筹推进"四个伟大"，具有极其重要的意义。

一、习近平总书记高度重视革命精神的传承

党的十八大以来，习近平总书记先后出席纪念毛泽东同志诞辰120周年座谈会、纪念邓小平同志诞辰110周年座谈会、纪念中国人民抗日战争暨世界反法西斯战争胜利70周年大会、庆祝中国共产党成立95周年大会、纪念红军长征胜利80周年大会等，并发表一系列重要讲话；到河北阜平和西柏坡、山东临沂、河南兰考、福建古田、陕西延安、贵州遵义、江西井冈山、安徽金寨、宁夏将台堡、山西吕梁、上海和浙江嘉兴等地，考察革命老区、参观革命纪念设施、瞻仰革命遗址遗迹。习近平总书记就学习弘扬西柏坡精神、沂蒙精神、焦裕精神、古田会议精神、延安精神、遵义会议精神、井冈山精神、长征精神、吕梁精神、"红船精神"作了重要论述，提出了一系列新思想、新论断、新观点、新要求。

习近平总书记从党和国家事业发展全局的高度，明确要求把革命精神作为

党和国家的宝贵精神财富和丰厚政治资源，作为凝聚人心、战胜困难、开拓前进的强大精神动力。他强调历史是最好的教科书，中国革命历史是最好的营养剂，革命精神教育更是对精神上、思想上的洗礼。他强调，革命精神是党的性质宗旨、优良传统、优良作风的集中体现，是中华民族自强不息的民族品格的集中展示。

习近平总书记高度重视革命历史纪念类设施、遗址和爱国主义教育基地的保护和利用。2014 年 12 月，习近平总书记在视察南京军区机关时强调指出，“要把红色资源利用好，把红色传统发扬好，把红色基因传承好。”习近平总书记在纪念红军长征胜利 80 周年大会上的讲话中指出：“精神是一个民族赖以长久生存的灵魂，唯有精神上达到一定的高度，这个民族才能在历史的洪流中屹立不倒、奋勇向前。”① 因此，一个民族必须拥有自己的精神家园，缺乏精神家园的民族，会因精神灵魂无所归属、理想追求无所寄托而漂泊不定，最终迷失在历史的长河中。

2013 年 11 月 25 日，习近平在山东考察时指出：“沂蒙精神要大力弘扬。”2015 年 9 月 2 日，习近平在颁发“中国人民抗日战争胜利 70 周年”纪念章仪式上的讲话中指出：“实现我们的目标，需要英雄，需要英雄精神。”2015 年 2 月 17 日，习近平赴陕西看望慰问广大干部群众时说：“全面从严治党要继续从延安精神中汲取力量。”2016 年 7 月 18 日，习近平在宁夏考察时发表讲话中指出：“伟大的长征精神是中国共产党人革命风范的生动反映，我们要不断结合新的实际传承好、弘扬好。”2017 年 10 月 31 日，党的十九大闭幕仅一周，习近平总书记就带领新一届中央政治局常委，专程来到了党的诞生地，瞻仰上海中共一大会址和嘉兴南湖红船，探寻我们党的精神密码，发表南湖重要讲话，号召我们要结合时代特点大力弘扬“红船精神”，让“红船精神”永放光芒。习近平总书记在南湖重要讲话中告诫我们：“事业的发展永无止境，共产党人的初心永远不能改变。唯有不忘初心，方可告慰历史、告慰先辈；方可赢得民心、赢得时代；方可善作善成、一往无前。”②

---

① 《习近平谈治国理政》第 2 卷，外文出版社，2017 年版，第 47 – 48 页。

② 杜尚泽、霍小光：《梦想从这里启航——记习近平总书记带领中共中央政治局常委赴上海瞻仰中共一大会址、赴浙江嘉兴瞻仰南湖红船》，《人民日报》2017 年 11 月 1 日，第 2 版。

二、精神懈怠是中国共产党面临的首要危险

中国特色社会主义进入了新时代，这是党的十九大对我国社会发展所处的历史方位作出的重要判断。在新时代，我国的经济实力、科技实力、军事实力、综合国力大大增强，人民生活条件也大幅度改善。但是，与前辈相比，我们这一代共产党人各方面条件优越了，因而精神懈怠的危险也更加严峻地摆在我们全党面前。在党的十九大报告中，习近平同志要求全党“深刻认识党面临的精神懈怠危险、能力不足危险、脱离群众危险、消极腐败危险的尖锐性和严峻性”。[①] 在“四种危险”中，精神懈怠是首要危险，是能力不足、脱离群众、消极腐败的思想根源所在。因此，高度警惕精神懈怠的危险，坚定理想信念，始终保持积极向上、勇于开拓进取的精神状态，是新时代我们党必须解决的重大课题。

什么是“精神懈怠”？相对于个体来说，精神指人的主观意识、思维活动和自觉的心理状态等内心世界现象。对马克思主义政党来说，精神是党的“灵魂”，是党的理论和思想活动、党的意志、党的生机和活力、党的风貌、党的作风的总称。所谓“懈怠”，是指松懈、懒惰的意思。精神懈怠，是指一个人、一个党，失去了信仰、目标和斗志，不思进取，无所作为。当前，虽然大多数党员、干部的精神状态是好的，但也有一些党员、干部的精神懈怠问题比较严重。主要表现在：部分党员、干部的理想信念淡漠，精神之钙缺失；敬业精神缺乏，工作热情不高；组织纪律散漫，党性修养不够；道德自律不强，奢靡之风盛行。

人无精神则不立，党无精神则不强。精神是一个人的灵魂，人有了这点精神，就有了精气神，就有了精神支柱，人也就有了追求、有了价值。对一个政党来说，精神是一个政党赖以生存和发展的文化品格和精神支撑。共产党人的精神状态，是共产党人所信奉的社会主义的坚定信念和共产主义远大理想的政治体现，它是共产党人所具备的政治觉悟、意志品质、思想道德和工作作风等综合素质在精神风貌上的展示。如果一位共产党员失去了这种良好的精神状态，他就失去了支柱，就失去了意志和骨气，就会变得得过且过，无所事事，不思进取。如果整个党组织的成员普遍存在精神懈怠，那就失去了战斗堡垒作用，就会不打自垮。

---

① 《决胜全面建成小康社会，夺取新时代中国特色社会主义伟大胜利——在中国共产党第十九次全国代表大会上的报告》，人民出版社，2017年版，第61页。

精神状态决定事业成败，有什么样的精神状态就有什么样的工作标准。毛泽东同志特别强调精神的作用，他曾提出“人是要有点精神的”① 名言，并且认为：“共产党人要具有无产阶级的彻底革命精神，不为名，不为利，不怕苦，不怕死，一心为革命，一心为人民。”② 邓小平同志特别重视人的精神力量在革命和建设实践中的重要作用。在党的十届三中全会召开前夕，邓小平同志指出：“革命精神是非常宝贵的，没有革命精神，就没有革命行动。”③

三、用革命精神统筹推进“四个伟大”

习近平总书记在党的十九大报告中号召全党，要“以永不懈怠的精神状态和一往无前的奋斗姿态，继续朝着实现中华民族伟大复兴的宏伟目标奋勇前进”。这些话是对我们党在新时代以什么样的精神状态实现伟大目标的明确宣示。

党的十九大报告紧扣新时代中国共产党的历史使命，对统筹推进“四个伟大”作出了全面部署，明确了我们党在新时代治国理政的总方略和推进工作的总抓手。“四个伟大”是习近平新时代中国特色社会主义思想的主要实践和核心内容，集中展现了我们党新时代历史使命和责任担当。

时代变迁，精神永恒。革命精神既是历史的，也是时代的。在决胜全面建成小康社会、开启全面建设社会主义现代化强国新征程中，我们要不断赋予革命精神新的时代内涵，使其绽放新的时代光芒。在中国特色社会主义新时代，革命精神是统筹推进“四个伟大”的宝贵政治资源。

首先，革命精神是我们党团结带领人民进行伟大斗争的强大思想武器。以“红船精神”为源头的革命精神把中国革命实践建立在马克思主义科学理论指导的基础之上，为民族复兴提供了科学思想遵循。中国共产党自成立之日起，就把马克思主义写在自己的旗帜上。从此，我们党科学掌握和运用马克思主义思想武器，敢于和善于抓住主要矛盾进行斗争，不断开创中国革命、建设和改革的新局面。在中国特色社会主义新时代，我们党面临的挑战和困难前所未有。为了有效应对来自政治、经济、文化、社会、生态等领域的困难和挑战，我们党必须团结带领广大人民群众进行具有许多新的历史特点的伟大斗争。其中，

---

① 《毛泽东文集》第 7 卷，人民出版社，1999 年版，第 162 页。

② 《向毛泽东同志的好学生——焦裕禄同志学习》，《人民日报》1966 年 2 月 7 日。

③ 《邓小平文选》第 2 卷，人民出版社，1994 年版，第 146 页。

进行伟大斗争是统揽“四个伟大”的前提。伟大工程的建设、伟大事业的推进、伟大梦想的实现都离不开进行伟大斗争。中国共产党的历史就是一部伟大的斗争史。新时代大力弘扬革命精神，有助于我们不断提高斗争本领，以永不懈怠的精神状态和一往无前的奋斗姿态，在坚持和发展中国特色社会主义的历史进程中夺取伟大斗争新胜利。

其次，革命精神是我们党深入推进党的建设新的伟大工程的强大道德力量。以“红船精神”为源头的革命精神第一次把中国革命实践建立在中国共产党领导的基础之上，为实现民族复兴筑牢了坚强的领导核心。中国共产党从成立之日起，就把实现共产主义作为党的最高理想和最终目标，义无反顾肩负起实现中华民族伟大复兴的历史使命，团结带领人民进行了艰苦卓绝的斗争，实现了中国人民从站起来到富起来、强起来的伟大飞跃。中国特色社会主义最本质的特征是中国共产党领导。办好中国的事情，关键在中国共产党，关键在把党建设好。建设伟大工程是统揽“四个伟大”的保障。新形势下，大力弘扬革命，有助于我们全面推进从严治党，把党建设得更加坚强有力，确保党在世界形势深刻变化的历史进程中始终走在时代前列，在坚持和发展中国特色社会主义的历史进程中始终成为坚强的领导核心。

再次，革命精神是我们党团结领导人民推进中国特色社会主义伟大事业的强大精神动力。以“红船精神”为源头的革命精神第一次把中国革命实践建立在独立自主地探索中国道路的历史起点上，为实现历史使命提供了科学路径。中国共产党自从南湖红船扬帆起航，就把马克思主义基本原理同中国实际和时代特征结合起来，历经千辛万苦，付出各种代价，成功开辟了一条从新民主主义走向社会主义的独特道路，取得革命、建设、改革的伟大胜利，从根本上改变了中国人民和中华民族的前途命运。“中国特色社会主义道路是实现社会主义现代化、创造人民美好生活的必由之路。”① 须知，推进伟大事业是统揽“四个伟大”的方向。在中国特色社会主义新时代，大力弘扬革命精神，有助于我们坚持实干兴邦，增强“四个自信”，保持政治定力，始终坚持和发展中国特色社会主义。

实现伟大梦想，需要伟大的精神作支撑。一个民族、一个国家，如果没有自己的精神支柱，就等于没有灵魂，就会失去凝聚力和生命力。实现伟大梦想，

---

① 《决胜全面建成小康社会，夺取新时代中国特色社会主义伟大胜利——在中国共产党第十九次全国代表大会上的报告》，人民出版社，2017 年版，第 1 页。

必须弘扬中国精神。中国共产党革命精神是中国精神的重要组成部分。结合时代特点大力弘扬革命精神，将有助于我们不忘初心、牢记使命，从革命中汲取创新的力量、奋进的力量和奉献的力量，为决胜全面建成小康社会，夺取新时代中国特色社会主义伟大胜利，实现中华民族伟大复兴的中国梦不懈奋斗。

总之，在中国特色社会主义新时代，大力弘扬革命精神，将有助于我们广大党员干部不忘初心，牢记使命，永远把人民对美好生活的向往作为奋斗目标，为统筹推进“四个伟大”而不懈奋斗。

后 记

为深入学习贯彻习近平新时代中国特色社会主义思想和党的十九大精神，总结交流高校学者关于全面从严治党的理论研究成果与实践探索经验，推进全面从严治党研究，2018 年 7 月，教育部高等学校社会科学发展研究中心与哈尔滨师范大学联合举办“全面从严治党理论研讨会”。

会议筹备期间，收到了来自全国 24 个省（区、市）高校和部分地方党校、军队院校的研究论文 150 余篇。经过评审，来自全国 40 余所高校和有关研究机构从事党史党建研究教学的 60 余位专家学者以文入会，围绕“全面从严治党”主题开展交流研讨。会后，特遴选部分论文结集出版。

本书由教育部高等学校社会科学发展研究中心组编，王炳林任主编并最后审定书稿，赵军、辛宝忠、储新宇参与了书稿的审定，朱喜坤、房正、王婧、朱博宇、崔文龙参与了文稿征集和编辑工作。因篇幅有限，本书只选取了提交会议的部分论文，还有不少研究成果未能编入，敬希相关作者见谅。由于时间和水平所限，书中难免有疏漏和讹误，敬请读者批评指正。

本书得到了教育部人文社会科学研究专项任务项目（中国特色社会主义理论体系研究）“全面从严治党研究”（项目批准号：18JD710025）和教育部社科中心基本科研业务费专项资金项目“新时代党的政治建设研究”（项目批准号：GY201904）的资助，并得到了中国书籍出版社的大力支持，在此表示衷心感谢。

编者

2019 年 10 月